KB190030

미국 외교는 왜 실패하는가

일러두기

- 여기에 실린 글들은 2023년 9월부터 2024년 5월까지 진행한 '제임스 레이니 강좌: 미국과 세계' 강연 시리즈의 내용을 정리한 것이다. 제임스 레이니 강좌는 연세대학교 통일연구원, 미국 태평양세기연구소, ㈜메디치미디어가 함께 기획하고 진행한 강연 프로젝트다. 강연은 일부는 현장 강의로, 일부는 온라인 강의로 진행하였다.

- 본 책에 실린 글 순서는 강좌의 진행 순서가 아니라 출판물의 성격과 구성에 맞추어 수정한 것이다.

- 강연을 모두 진행하고 원고를 정리하는 도중 미국 대통령 선거가 있었다. 이에 각 강연자에게 요청해 도널드 트럼프 당선에 따른 트럼프 2.0 시대의 미국 외교에 대한 전망을 짧게 요청해 글로 받아 각 장의 뒤에 '후기'로 실었다.

- 각 장의 구성은 강사 소개와 강연, 대화, 후기로 나뉘어 있다. 대화 부분은 각 강연자와 문정인 교수가 대담을 나눈 내용과 청중들이 강연자에게 했던 질의응답 내용으로 나뉜다.

- 2장(로버트 칼린/시그프리드 헤커), 3장(찰스 쿱찬), 4장(월터 미드), 5장(존 아이켄베리), 6장(수잔 손튼), 9장(밴 잭슨)은 각 장의 시작면에 해당 강좌의 동영상에 연결 가능한 QR 코드를 삽입하였다.

제임스 레이니 강좌 시리즈 01

미국 외교는
왜 실패하는가

트럼프 2.0, 미국이 만드는 세계의 명암

문정인 엮음

메디치

제임스 레이니 전 주한 미국대사는 저에게 깊은 영향을 준 훌륭한 인물 중 한 분입니다. 그분은 인생에서 상당한 업적을 쌓았으면서도 교만하지 않고 언제나 다른 사람들, 특히 우리와 가장 다른 사람들을 이해하기 위해 노력해야 한다고 강조했습니다. 겸손함과 사회적 공감의 표상이라 할 수 있는 분입니다.

독선과 일방주의적 사고는 종종 갈등과 비극을 수반합니다. 타인을 이해한다는 것이 곧바로 타인의 입장에 동의하는 것을 의미하지는 않습니다. 그러나 상대방에 대한 이해 없이 서로 공통점을 찾는 건 불가능합니다. 그리고 오해는 반드시 갈등과 불화로 이어지게 마련입니다.

저는 젊었을 때 오랜 기간 상원의원으로 활동하며 다자주의적 국제관계와 평화를 위해 노력했던 윌리엄 풀브라이트의 저서 《권력의 오만함(The Arrogance of Power)》을 읽은 적이 있습니다. 그는 또한 전 세계 수천 명의 젊은이에게 다른 나라와 여러 문화를 탐구할 기회를 제공하기 위해 풀브라이트 장학금 프로그램을 만든 장본인이기도 하지요. 저는 그분의 책에 실린 말 중에서 특히 이해와 공감에 대해 이야기하는 다음의 구절들을 좋아합니다.

"권력은 그 자체가 미덕이라고 혼동하고 또 전능하다고 여기는 경향이 있다."

"위대함의 진정한 표식은 강경함이 아니라 너그러움이다."

"성숙함은 우리의 열망과 한계 사이에서 최종적인 타협을 요구한다."

저의 오랜 친구인 도널드 그레그 역시 저에게 좋은 가르침을 주었습니다. CIA 고위 관리, 조지 H. W. 부시 부통령의 국가안보보좌관, 주한 미국대사, 태평양세기연구소(The Pacific Century Institute)의 회장직을 역임한 그는 늘 이런 결론을 반복해서 설파한 바 있습니다. "무지한 상태에서 잠재적 적들은 서로를 악마화할 것이다. 악마화는 오직 대립 가능성을 높일 뿐이다. 악마화를 역전시킬 유일한 방법은 대화다."

또한 저는 미 국방부 장관을 역임했던 윌리엄 페리 박사와도 알게 되었습니다. 그분은 참으로 현인입니다. 클린턴 행정부 2기에서 대북한 고위정책 조정관직을 수행했던 페리 박사는 북한에 대한 미국의 정책을 심층적으로 검토한 바 있습니다. 북한을 둘러싼 문제에 대해 그분은 이렇게 결론 내렸습니다. "우리는 우리가 바라는 대로가 아니라 있는 그대로의 북한을 다루어야 한다." 참으로 통찰력 있고, 당연한 결론이라 하겠습니다.

태평양세기연구소는 바로 위와 같은 이유에서 연세대학교와 함께 학생들과 한국 일반 국민의 국제적 시각을 넓힐 수 있는 프로그램을 만드는 것에 후원하기로 했습니다. 우리는 그 프로그램의 명칭을 정하는 데 고심했습니다. 한국을 세계에 알리고 또한 세계를 한국에 알리는 이해와 공감의 가교 역할을 수행한 분을 열심히 찾았습니다. 그러다 연세대학교 신학대학 교수를 지냈고 주한 미국대사를 역임했던 제임스 레이니가 떠올랐습니다. 외부 세계가 한국에 대한 이해를 키우고, 한국이 더 넓은 주변 세계에 대한 생각을 확장하는 데 그분만큼 열중한 인물을 생각할 수 없었습니다.

그래서 저는 이 프로그램을 '제임스 레이니 강좌'로 부르자고 제안했고, 태평양세기연구소, 연세대학교, 그리고 제임스 레이니 대사 본인이 그 제안을 수락해주었습니다. 저는 이를 아주 기쁘게 생각합니다. 이 책《미국 외교는 왜 실패하는가》는 제임스 레이니 강좌에서 발표한 여러 글과 토론을 편집한 것입니다. 강좌의 기획과 진행을 비롯해 이 책의 편집과 출판을 맡아준 문정인 교수와 ㈜메디치미디어에 감사드립니다. 아무쪼록 많은 분이 이 책을 읽고 미국에 대한 이해와 공감을 넓힐 수 있기를 진심으로 바랍니다.

스펜서 김
태평양세기연구소 공동 창립자

제임스 레이니와 한국

이 책에 실린 글들은 연세대학교 통일연구원에서 주최한 '제임스 레이니 강좌' 프로그램을 위해 준비되었다. 이 프로그램은 1993년 부터 1997년까지 주한 미국대사를 역임하고, 1977년부터 1993년까지 에모리대학교 총장을 지낸 제임스 레이니를 기리기 위한 것이다. 이는 연세대학교에서 신학을 가르쳤던 제임스 레이니의 학문적 유산과 연결되는 자리로서, 저명한 국제관계학자이자 연세대학교의 '제임스 레이니 석좌교수'로 재직 중인 문정인 교수가 강연 프로그램을 기획하고 진행했다. 이 강연들은 한국 문제에 대한 제임스 레이니의 평생에 걸친 관심과 교육, 연구, 공공서비스, 갈등 해결에 대한 그의 헌신을 기리는 의미를 담고 있다.

여기서 1994년 북한 핵위기가 고조되며 미국과 북한이 전쟁 직전까지 갔던 당시, 레이니 대사가 한국과 어떤 인연을 맺었으며 그 위기 해소에 어떤 역할을 했는지 간략히 소개하는 것이 적절할 듯 하다.

제임스 레이니는 전문 외교관이 아닌 인사들 가운데에서도 특히 뛰어난 인물로, 미국 행정부의 수반인 대통령이 자신을 대신해 해외에서 중요한 직책을 수행할 수 있다고 신뢰할 만한 역량과 자격을 갖추고 있었다. 그는 빌 클린턴 대통령의 요청으로 주한 미국 대사를 맡게 되었는데, 이는 정치적 보은 인사가 아니라 그가 가진 특별한 역량과 한국에 대한 경험 및 헌신이 높이 평가되었기 때문이다. 클린턴 대통령은 레이니가 대사로서 실질적인 변화를 만들어낼 수 있는 인물이라고 믿었다.

결과적으로 이는 매우 탁월한 선택이었다. 그는 적재적소에 배치된 인물이었으며, 정확히 필요한 순간에 그 자리에 있었다. 특히 주목할 만한 점은 클린턴 대통령이 레이니를 개인적으로 알지 못했다는 사실이다. 클린턴은 레이니를 오직 그의 명성과 평판을 통해서만 알고 있었음에도 불구하고 그를 발탁했고, 이는 훌륭한 결정으로 이어졌다.

레이니의 목회 및 선교 활동, 학계와 대학 운영, 국제 외교에 걸친 오랜 경력을 돌아볼 때 몇 가지 중요한 요소가 두드러진다.

첫째, 그의 삶이 한국과 깊고도 밀접하게 얽혀 있다는 점이다.

둘째, 그가 이해와 실천의 기반으로 교육의 중요성을 깊이 신뢰했다는 점이다.

셋째, 타인에 대한 본능적인 목회적 관심과 사람들과 오랫동안 지속되는 관계를 형성하는 능력이, 필요할 때마다 그가 활용할 수 있는 핵심 자산이 되었다는 점이다.

마지막으로, 공식적인 외교 교육을 받은 적이 없음에도 불구하고, 신뢰 구축과 화해, 평화를 이루고자 하는 비전을 바탕으로 뛰어난 외교적 감각을 발휘했다는 점이다.

한국에 매료되다

이제 우리는 이러한 요소들을 하나의 흐름으로 엮어 그의 삶을 간략히 정리해보고자 한다. 레이니와 한국의 인연은 그 자체로 특별했으며, 더욱 흥미로운 점은 그것이 철저히 우연의 결과였다는 사실이다.

미시시피강 인근의 아칸소와 테네시에서 성장한 그는 예일대학교 장학금을 받을 기회를 얻었으나, 대신 제2차 세계대전이 끝난 직후 곧바로 군 복무를 선택했다. 1947년, 열아홉 살의 제임스 레이니는 미국 점령군의 일원으로 남한 지역에서 방첩 업무를 맡게 되었다. 그는 훗날 대학교 총장과 대사직을 지내면서도, 인생에서 해방 직후의 한국에 있던 그때만큼 막강한 권한을 행사한 적은 없었다고 회고했다.

당시 한국에 주둔한 대부분의 미군과 달리 레이니의 임무는 한국 사회의 여러 계층과 긴밀히 교류하는 것이었다. 그는 전후 한국의 정치 지형을 이해하는 역할을 맡았으며, 식민 통치가 끝난 지 얼마 되지 않은 혼란스러운 상황 속에서 한국이 새롭게 재편되는 과정을 직접 경험했다. 첫 임무를 수행하는 동안, 레이니는 한국에 깊이 매료되었을 뿐만 아니라, 당시 자신의 상급자들이 한국이라는 나라, 그 국민, 언어와 문화, 가치관을 얼마나 이해하지 못하고 있는지를 뼈저리게 깨달았다. 그로부터 50년이 넘는 시간이 흐른 후, 그는 자신의 초기 한국 경험이 "매우 결정적이고", "깊이 있는"

순간이었다고 회고하며, 그것이 자신의 인생 방향을 형성하는 데 중요한 역할을 했다고 말했다.

군 복무를 마치면서 그는 결심을 굳혔다. 예일대학교로 돌아가 경제학 학위를 마치고, 신학을 공부한 뒤 선교사가 되어, 타인과 사회를 위해 헌신하는 삶을 살겠다는 것이었다. 레이니는 신학 학위를 취득하고, 신시내티의 한 감리교회에서 목회 경험을 쌓았으며, 점점 성장하는 아이들과 아내 버타의 열렬한 지지를 받으며 1959년에 다시 한국으로 돌아왔다. 그는 감리교 선교위원회의 파견을 받아 연세대학교에서 부목사로 봉사하며 신학대학원에서 강의를 맡게 되었다.

연세대학교에서의 공식적인 업무 외에도 그는 아내 버타와 함께 동시대 한국인들과 협력하여 전국적인 기독교 학생운동을 구축하는 데 힘썼다. 당시 한국은 이승만 정권의 붕괴와 함께 정치적 변화와 학생들의 이상주의가 뜨겁게 타오르던 시기였다. 레이니는 낙관적인 마음으로 학생들에게 대중을 위한 봉사와 민주주의를 위한 준비를 독려하며 그들에게 영감을 주었다.

그는 한국어 실력을 연마하는 한편, 여러 청중을 대상으로 강의 경험을 쌓고, 전국을 돌며 공동체 활동에 적극적으로 참여했다. 그는 국가 및 제도 구축, 윤리 문제 등에 대해 강연하며 학생들의 적극적인 사회활동을 장려했다. 이러한 프로젝트 중 하나로 연세대학교 의대·치대 학생들과 간호학과 학생들이 자발적으로 서울 인근의 빈곤한 마을을 찾아 의료 봉사를 제공하는 활동을 했다. 그의 동료들과 제자들 가운데 상당수는 훗날 한국 사회의 지도자로 성장했다.

교육의 목표, 다른 세계를 포용하는 세계관

1964년, 박정희 정부의 탄압이 점점 심해지는 가운데 가족들의 귀국 요청이 거세지면서 레이니는 결국 미국으로 돌아가기로 결정했다. 그는 예일대학교에서 박사 과정을 시작하며 미국 학계에서의 경력을 쌓아갔고, 먼저 밴더빌트대학교에서, 이후 에모리대학교에서 교수로 재직했다.

그는 학문 활동과 더불어 미국의 민권운동에도 적극 참여했다. 특히 자신이 몸담고 있는 기관들에서 인종과 사회적 분열을 극복하고 통합을 실현할 수 있는 실질적인 방안을 모색하는 데 힘썼다. 레이니는 자신의 리더십과 민권운동에 대한 헌신이 "다른 문화 속에서 살아본 경험"에서 비롯되었다고 말했다. 그는 당시 미국 남부에서 자란 많은 사람에게 이러한 경험이 부족하다고 느꼈으며, 한국에서의 경험이 자신에게 큰 차이를 만들어주었다고 회고했다.

1969년, 레이니의 학문적 경력은 에모리대학교의 캔들러신학대학원 학장으로 초빙되면서 급격한 상승궤도에 올랐다. 그는 젊은 학장으로서 혁신적인 교육 방식을 도입했다. 그가 개발한 교육 프로그램은 '지도형 사역(supervised ministry)'으로, 오늘날 '맥락적 교육(contextual education)'이라 불린다. 이 접근법의 핵심은 교수진과 학생들이 단순히 강의실에서 학습하고 연구하며 글을 쓰는 데 그치지 않고, 실제 목회 활동과 연계된 실습 경험을 쌓도록 하는 것이었다. 그는 학생들이 병원, 진료소, 지역 사회기관, 교회 등에서 직접 사역을 수행하며 신학을 현실과 연결할 수 있도록 했다.

1977년, 레이니는 에모리대학교 총장으로 선출되었다. 그는 캔들러신학대학원의 학장 시절, 코카콜라사의 로버트 우드러프와 깊은 우정을 쌓았고, 총장 취임 이후 이 인연은 놀라운 결실을 맺었다. 그 결과 코카콜라 주식 1억 500만 달러 상당의 기부금이 에모리대학교에 전달되었다. 이는 당시 고등교육기관에 이루어진 가장 큰 규모의 자선 기부였으며, 이 기금을 바탕으로 레이니는 에모리대학교를 미국 최고 수준의 대학원 및 연구 중심 대학으로 도약시키는 데 필요한 자원을 확보할 수 있었다.

조지아주를 대표하는 대학인 에모리대학교의 총장으로서 레이니는 조지아주 출신으로 유일하게 미국 대통령에 올랐던 지미 카터와 긴밀한 관계를 맺었다. 레이니는 1980년 대선에서 로널드 레이건에게 패배한 카터를 따뜻하게 맞이하며 그를 적극 지원했다. 그는 카터가 구상하던 '대통령센터'와 '대통령 도서관'을 에모리대학교와 연계하여 설립하도록 초청했다. 이러한 인연으로 훗날 레이니는 북한 핵위기가 최고조에 달했던 시기에 중요한 역할을 수행했다. 그는 김일성이 카터에게 보내온 지속적인 초청을 받아들여 카터가 북한을 방문하도록 적극 설득했으며, 이는 당시 핵위기 해결에 결정적인 영향을 미쳤다.

대화는 '약한 태도'가 아니다

레이니의 세 번째 장기적인 한국 체류는 1993년, 한반도의 긴장이 고조되는 시점에 시작되었다. 당시 북한은 영변 원자로에 대한 국제원자력기구(IAEA)의 사찰이 지나치게 강압적이라고 반발하고 있었다. 영변 원자로가 핵폭탄 제조에 필요한 플루토늄을 생산할 가능성이 있는 시설로 간주되었기 때문이다. 한편 걸프전 이후 미국은 북한의 핵무기 개발 프로그램이 본격적으로 시작되기 전에 이를 차단하려는 강한 의지를 갖고 있었다.

양측은 서로의 의도에 대한 깊은 불신 속에서 각자의 입장을 고수했으며, 공식적인 소통은 거의 이루어지지 않고 있었다. 레이니가 한국에 온 목적이 단순히 백악관의 심부름꾼이나 보고자 역할에 그치는 것이 아님은 분명했다. 그는 주한 미국대사로 부임하자마자 실질적인 영향력을 행사할 수 있는 인적 네트워크 구축에 착수했다. 특히 주한 미군 사령관 게리 럭 장군과 김영삼 정부의 한승주 외무부 장관 등과 긴밀한 관계를 형성했다. 레이니는 이들과 정기적으로 사적인 비공식 대화를 나누며 오랜 시간을 함께 보냈다. 이는 단순한 외교적 형식에 머무는 것이 아니라 실질적인 협력과 신뢰를 쌓기 위한 전략적인 접근이었다.

1994년 상반기, 북한 핵위기가 심화되면서 미국, 북한, 한국, 그리고 IAEA 사이의 불신과 오해가 상황을 더욱 악화시키고 있었다. 레이니는 미국의 대응 방식에 두 가지 중대한 결함이 있다고 보고 경악했다. 첫째, 미국 정부 내에 위기를 총괄하고 조율할 권위 있는 중심점이 부재했다. 각 부처와 기관들은 종종 서로 고립된 채, 때로는 모순되거나 충돌하는 방향으로 움직이고 있었다. 둘째, 한반도문제가 워싱턴에서 충분한 우선순위를 갖지 못하고 있었다. 레이니는 한반도의 상황이 고위 당국자들에게 "부차적인 업무"로 간주되는 경향이 있으며, 그들이 핵심적인 다른 책임을 맡은 상태에서 이 문제를 소홀히 다루고 있다고 우려했다. 그는 제2의 한국전쟁 가능성이 점점 커지는 상황에서도 워싱턴이 그 위험성을 충분히 인식하지 못하고 있다는 점에 경각심을 가졌다.

이에 깊이 우려한 레이니는 직접 워싱턴을 방문하여 한반도문제를 전담할 고위급 인사를 임명할 것을 강력히 촉구했다. 〈워싱턴포스트〉의 돈 오버도퍼 기자에 따르면, 레이니는 "이 사안을 제대로 다루지 않으면 수만 명의 미군이 시신이 되어 돌아오고, 헤아릴 수 없는 수의 한국인이 희생될 것"이라고 경고했다. 레이니의 강력한 요청에 따라 빌 클린턴 대통령은 로버트 갈루치를 북한 핵 문제를 전담하는 상임 대표로 임명했다. 레이니는 이 결정에 대해 크게 만족했다.

레이니가 가졌던 두 번째 우려는 북한의 최고위급 결정권자들과 직접 대화할 창구가 없다는 점이었다. 그는 대면 대화를 중시하는 입장에서 북한과의 직접적인 소통 없이 상황을 해결하는 것은 불가능하다고 보았다. 이 문제에 대해 신임 국방부 장관 윌리엄 페리도 함께 우려하고 있었다. 페리는 미국이 북한의 동기, 가치관, 정치적 역학을 제대로 이해하지 못하고 있다고 판단했다.

레이니는 이후 여러 차례 반복된 상황을 경험하며 가장 큰 문제는 워싱턴이 북한과 대화하는 것 자체를 국내 정치적 맥락에서 '약한 태도'로 해석할까봐 두려워한다는 점이라고 지적했다. 이러한 태도로 인해 미국과 북한은 마치 밤바다에서 서로 지나치는 배들처럼, 충돌 위험이 점점 커지는 상황에서도 소통 없이 흘러가고 있었다.

전쟁을 막다

레이니와 페리는 먼저 미국 내에서 영향력 있고 신망이 두터운 상원의원 두 명, 샘 넌과 리처드 루거에게 평양 방문을 타진하도록 권유했다. 그러나 북한 측에서 허가를 내주지 않아 이 계획은 무산되었다.

그러던 중 1994년 5월, 레이니는 에모리대학교 졸업식 참석을 위해 미국으로 귀국했고, 그 자리에서 지미 카터와 긴 대화를 나누었다. 카터는 국제분쟁 조정자로서 명성을 쌓고 있었으며, 대화 중 김일성으로부터 오래전 받은 초청을 떠올렸다. 그는 국무부의 신중론 때문에 계속해서 방북을 미뤄왔던 상황이었다.

레이니는 카터에게 북한의 초청이 여전히 유효한지 확인할 것을 강력히 권유했다. 이번에는 북한이 방북을 허가했고, 카터는 워싱턴의 미온적인 반응을 개의치 않고 개인 자격으로 적극적으로 평양행을 결정했다. 그는 방북하러 가기 전 서울에 들러 레이니와 한국 정부 관계자들을 만나 논의했으며, 귀국 전에도 다시 서울을 방문해 협의했다.

평양에 도착한 카터는 김일성의 극진한 환대를 받았다. 당시 워싱턴에서는 북한이 영변에서 핵연료 재처리를 시도할 가능성을 차단하기 위한 대응 방안을 검토 중이었고, 상황은 여전히 긴박하게 돌아가고 있었다. 카터가 평양에 도착하던 바로 그 순간, 미 국방부는 주한 미군 증원군의 1차 파병을 결정했다. 당시 이 조치는 서울에 있는 주한 미군 고위 지휘부와 아무런 협의 없이 진행되었다.

이에 대한 소식을 접하자마자 게리 럭 주한 미군 사령관은 즉시 레이니 대사를 찾아가 대사관에서 긴급 비공개 회동을 가졌다. 두 사람은 이 조치가 북한을 진정시키기보다는 오히려 위협적으로 다가가 갈등을 촉발할 가능성이 크다는 점에 깊이 우려했다. 최소한 한국 내에서 대규모 공황을 불러일으킬 것이 분명했다. 특히 서울에는 수만 명의 미국 시민이 거주하고 있었지만, 만약 대규모 혼란이나 전쟁이 발생할 경우 신뢰할 만한 대피 계획조차 마련되어 있지 않았다.

럭 사령관과 레이니 대사는 사태의 심각성을 인식하고, 워싱턴에 사상 초유의 공동 메시지를 발송했다. 메시지의 핵심은 워싱턴의 이러한 조치가 효과적이지 않으며, 오히려 상황을 악화시킬 것이라는 강력한 경고였다. 당시 빌 클린턴 대통령과 앨 고어 부통령을 비롯해 관련 각료 및 고위 당국자들은 백악관 내각 회의실에서 긴급회의를 열고 군사 및 외교적 대응 방안을 논의 중이었다.

그때 평양에 있던 카터로부터 극적인 돌파구가 마련되었다는 소식이 전해졌다. 카터와 김일성 간의 협상에서 핵심적인 합의 사항이 도출되었다.

-영변 핵시설의 동결
-북한에 경수로를 제공하여 전력 생산을 지원
-미국과 북한 간 공식 협상 재개
-추후 남북정상회담 개최(이는 당시 김영삼 대통령이 강력히 희망하던 사안이었다)

이후 수 주간 로버트 갈루치와 협상팀이 제네바에서 '제네바합의'를 마련하며 위의 사항을 공식 협정으로 구체화했다. 제네바합의는 위기를 즉각적으로 완화시켰으며, 북한의 플루토늄 재처리 프로그램을 수년간 지연시키는 효과를 가져왔다. 다만 당시 김일성이 중국을 포함한 다른 외부 압력에 영향을 받았는지는 명확하지 않다. 그러나 카터의 방북이 북한과의 대화 국면을 열어 미국의 대북 전략을 재구성할 기회를 제공한 것은 분명했다. 이후 레이니와 다른 주요 인사들은 한반도의 화해와 평화 분위기를 더욱 강화하고자 '4자 회담' 구상을 적극 추진했다. 이는 남북한 관계를 공고히 하면서 미국과 중국이 이를 지원하는 형식의 협상 구조였다.

삶에는 분명한 목적이 있다

1997년 초, 69세의 나이로 레이니 대사는 한국에서의 임기를 마무리했다. 이는 그가 한국과 처음 운명적으로 마주했던 시점으로부터 반세기 만의 일이었다. 그는 한국이 겪은 엄청난 변화를 직접 목격한 인물이었다. 일제 식민지 점령에서 벗어나 미국에 거의 전적으로 의존하던 나라에서 역동적인 민주국가이자 동등한 외교 파트너로 성장하는 과정을 지켜본 것이다.

이후 그가 다시 한국에 거주하는 일은 없었지만, 이후에도 꾸준히 한국을 방문하며 미국외교협회 한반도 태스크포스 공동의장으로 활동했다. 그는 남북한 간의 긍정적인 대화를 촉진해야 한다는 신념을 지속적으로 피력했으며, 동북아안보포럼 창설 제안 등을 통해 협력 방안을 모색했다. 또한 그의 고향인 애틀랜타에서 성장하고 있는 활기찬 한인 사회의 발전을 기뻐하며 이를 자랑스러워했다. 한국은 그의 생각과 마음속에 영원히 자리 잡은 나라였다.

레이니는 교수, 학장, 대학 총장, 대사라는 여러 직함을 가졌지만, 그의 가장 처음이자 어쩌면 가장 중요한 직함은 '목사'였다. 그는 신학자로서, 또한 예일대학교 교수이자 윤리학자인 리처드 니버의 제자로서, 삶에는 분명한 목적이 있다고 깊이 믿었다. 그는 종종 자신의 삶을 이끄는 보이지 않는 손이 있음을 느꼈다고 말하곤 했다.

그가 맡았던 모든 역할—연세대학교에서의 사역, 미국 학계에서의 활동, 대사로서의 임무—에서 그는 기독교 윤리와 도덕적 리더십을 실천하려 했으며, 이를 통해 사람들의 삶을 개선하고 사회와 제도를 발전시키고자 했다. 이는 곧 비전을 설정하고, 필요한 정보를 수집하며, 신중하게 분석하고, 적절한 자원을 확보하며, 관련된 모든 당사자를 한데 모으고, 신뢰와 공동의 목표 의식을 형성함으로써 현실적인 방법으로 변화를 만들어가는 것을 의미했다. 그가 연세대학교, 밴더빌트대학교, 에모리대학교에서, 그리고 대사로서 수행한 모든 역할에는 이러한 낙관적인 태도와 적극적인 실천 정신이 깃들어 있었으며, 이는 긍정적이고 때로는 놀라운 성과로 이어졌다.

2019년, 그의 오랜 친구 지미 카터는 이렇게 썼다. "레이니의 끝없는 신념, 타인을 향한 연민, 그리고 그가 가진 정신은 경이로울 정도이며, 미국과 세계에 헤아릴 수 없는 혜택을 가져다주었다."

레이니가 자신의 직업적 삶에서 다뤄온 많은 과제는 여전히 해결해야 할 문제로 남아 있으며, 한반도문제도 그중 하나다. 동시에 새로운 도전 과제들도 등장했다. 세계 권력구조는 변화했으며, 레이니 세대에 깊은 영향을 미쳤던 대공황과 제2차 세계대전의 교훈은 일부 사람에게만 희미한 기억으로 남았다. 과거로부터 교훈을 찾는다면 지금 필요한 것은 인류가 당면한 수많은 과제에 대해 최고의 지성들이 신중하게 분석하고, 현재 상황을 정확히 이해하며, 효과적인 대응 방안을 모색하여 분쟁을 방지하고, 공동의 문제를 해결할 수 있도록 지혜를 모으는 일이다.

태평양세기연구소는 이번 강연 시리즈를 기획한 문정인 교수에게 깊은 감사를 표하며, 또한 제임스 레이니 강좌에 귀중한 통찰과 지혜를 제공한 개별 강연자들에게도 감사의 뜻을 전한다.

찰스 모리슨
하와이동서센터 명예 소장

차례

요동치는 세계와 표류하는 미국의 외교정책
대안은 있는가

문정인

요동치는 세계, 트럼프 2.0의 미국

2024년 11월 5일. 미국 대통령 선거에서 박빙의 승부라는 예상을 깨고 공화당의 도널드 트럼프 후보가 압도적 표차로 당선됐다. 트럼프는 법원의 두 차례 유죄 평결, 암살 위기, 온갖 스캔들에도 불구하고 4년 만에 백악관을 다시 차지했다. 공화당이 상원과 하원을 모두 장악하면서 국정 운영에 커다란 탄력을 받게 됐다는 점까지 감안하면, 가히 '트럼프 기적'이라 하지 않을 수 없다.

트럼프의 귀환은 전세계적으로 희비 쌍곡선을 만들어내고 있다. 트럼프 등장을 희소식으로 반기는 국가는 그리 많지 않지만, 이스라엘의 네타냐후와 러시아의 푸틴 정도는 트럼프 행정부 2.0의 출범을 크게 환영할 것이다. 친이스라엘 일변도인 트럼프는 대이스라엘 군사지원을 계속할 것이고, 아브라함협정의 완성을 통해 이스라엘의 안보와 네타냐후의 국내 정치적 입지를 강화해줄 것으로 보인다. 트럼프와 푸틴의 밀착을 통해 러시아-우크라이나 전쟁의 조기 종식이 진전을 보게 되면 푸틴의 국내외적 위상 또한 크게 제고될 것이다. 북한의 김정은도 트럼프 2.0의 수혜자가 될 수 있다. 두고 볼 일이긴 하지만 트럼프 대통령이 김정은 위원장과의 직거래를 통해 북핵문제 해결을 장담해왔으니 대북 강압으로 일관한 바이든 행정부에 비하면 북한의 처지가 크게 개선될 여지가 있다.

그러나 대부분 국가는 트럼프포비아(트럼프 공포증)로 전전긍긍하는 중이다. 트럼프는 대선 기간 중 자신이 대통령에 당선되면 취임 후 24시간 이내에 러시아-우크라이나 전쟁을 종식하겠다고 호언장담했다. 트럼프의 카드는 푸틴과의 외교적 담판과 우크라이나에 대한 군사 및 경제지원 중단이다. 젤렌스키를 비롯한 우크라이나 진영 인사들은 물론 유럽 국가 지도자들이 안절부절못하는 이유다. 우크라이나 상황만이 아니라 NATO 회원국들이 방위비 분담을 공정하게 하지 않을 경우, 미국이 NATO에서 탈퇴할 수도 있다는 트럼프의 엄포 역시 유럽 국가들을 바짝 긴장케 하는 형국이다.

중동에서는 팔레스타인, 이란과 그 동조 세력들이 트럼프 2.0 시대의 외교정책 기조 변화에 대해 커다란 위협을 느끼고 있다. 동아시아도 예외가 아니다. 먼저 대만 정부는 트럼프 진영에서 안보 우산에 대한 명확한 메시지 없이 대만에 대해 미국 방산물자의 추가 매입 압박과 방위비 분담론을 들고나오면서 불안해하고 있다. 한반도에 대한 트럼프 2.0 외교정책 역시 불확실해 보인다. 한편으로 북한과의 관계 개선을 도모하면서, 다른 한편으로 한국에 대한 방위비 분담 압력과 주한 미군 감축 카드를 들고나올 시, 한반도의 안보 지형 역시 불투명해질 게 명약관화하다. 중국도 긴장하는 기색이 역력하다. 마이크 폼페이오, 로버트 오브라이언 등 반중정책을 전면에 내걸고 있는 골수 네오콘 인사들이 차기 트럼프 행정부 인선에서 배제되면서 안도하는 듯했으나, 대표적인 대중 강경파인 엘브리지 콜비를 정책 담당 국방차관에 임명하면서 사정이 달라졌다. 콜비는 J. D. 밴스 부통령, 마코 루비오 국무부 장관, 마이크 월츠 국가안보보좌관과 보조를 맞추며 대중 강경정책의 핵심적 역할을 할 것이기 때문이다. 그뿐 아니라 트럼프 2.0의 보호주의 무역정책은 자유주의 무역질서는 물론 미국에 대해 무역흑자를 누리는 모든 국가를 위협하고 있으며, 기후변화, 핵확산 방지, UN 중심의 다자주의 국제질서에 커다란 악재로 작용할 것이라는 전망이 나온다. 게다가 파나마운하에 대한 영유권을 주장하고, 덴마크 영토인 그린랜드를 사겠다고 나서는가 하면, 팔레스타인의 가자지구를 미국이 소유해 관광지로 개발하겠다고 천명하고 나섰다. 너무나 적나라한 제국주의적 영토 팽창주의라 할 수 있다.

이는 미국이 아직도 세계를 상대로 막강한 영향력을 행사하고 있다는 이야기다. 쥐스탱 트뤼도 캐나다 총리, 소프트뱅크의 손 마사요시(손정의) 등 내로라하는 전세계 정·재계 인사들이 트럼프가 당선되자마자 트럼프 저택이 있는 플로리다의 마라 라고 리조트로 달려가지 않았는가. 마라 라고가 로마처럼 세계로 가는 길목이 된 느낌이다. 이는 미국이 아직도 5대양 6대주에 심오한 영향을 미치고 있다는 것을 여실히 보여준다. 세계 평화와 번영, 안정이 미국의 선택에 달려 있다고 해도 과언이 아니다. 미국의 잘못된 선택은 세계를 파국에 몰아넣을 수도 있고, 반면에 올바른 선택은 세상을 더욱 부유하고 평화롭게 만들 수 있다. 이는 과거 미국의 역사적 궤적을 살펴보면 분명해진다.

패권국 미국, 과거의 궤적

제2차 세계대전 이후 미국의 국제정치적 위상은 실로 놀라웠다.

무엇보다 미국은 해방자로서 자리매김했다. 제2차 세계대전 중 연합군의 중심축 미국은 유럽을 나치 독일의 지배에서, 아시아를 일본 제국주의의 강점에서 해방하는 데 주도적 역할을 했다. 소련군과 달리 미군은 점령군을 넘어 해방군이라는 이미지를 크게 부각했다.

미국은 새로운 국제질서의 판을 짜는 패권적 지도자 역할도 했다. 20세기 전반부 30년도 안 되는 기간에 두 개의 세계대전을 경험한 미국은 집단안전보장 개념에 기초한 국제연합(UN) 창설에 앞장섰고, 관세 및 무역에 관한 일반협정(GATT)과 브레튼우즈체제의 구축을 통해 자유주의 국제경제질서의 기반을 마련했다. 특히 규칙에 기반을 둔 국제질서의 제도적 골격을 정비하는 데 혁혁하게 공헌했다.

비록 자유진영에 국한되기는 했지만, 미국은 국제사회의 특정국가에 대한 후견자이자 보호자로서 역할도 충실히 해냈다. 소련의 팽창을 막는다는 명분 아래 '봉쇄' 전략을 내건 미국은 유럽에서 북대서양조약기구(NATO), 중동에서는 중앙조약기구(CEN-TO), 동남아에서는 동남아조약기구(SEATO), 남태평양에서는 태평양안전보장조약(ANZUS)을 탄생시켰다. 여기에 더해 동아시아에서는 한미동맹과 미일동맹 또 대만과도 양자동맹을 구축해, 한편으로는 소련의 팽창을 막고 다른 한편으로는 이들 국가에 대한 안보우산을 제공했다. 이는 세계 경찰로서의 미국의 이미지를 한층 더 공고히 만들었다.

마지막으로 미국은 자애로운 시혜국으로서의 위상도 구축할 수 있었다. 제2차 세계대전 이후 미국은 마셜플랜에 따라 전후 유럽 경제의 재건에 커다란 공헌을 했고, 일본, 한국 등 동아시아 국가의 경제 부흥에도 핵심적 역할을 했다. 식민지에서 갓 벗어난 신생

국들을 대상으로는 대대적인 대외경제원조(ODA) 프로그램을 운용하기도 했다. 그런 점에서 미국은 전후 복구를 촉진하고 세계 경제를 회복, 활성화하는 데 중추적 역할을 했다고 평가할 수 있다.

이후 미국은 40년 넘게 끌어온 소련과의 냉전에서도 승리했다. 1989년을 기점으로 독일 통일, 소련 붕괴, 동구 사회주의권의 와해는 세계질서를 미국 중심의 단극 구조로 이끌었고, 자유민주주의와 시장경제체제의 승리는 공산주의를 역사의 뒷전으로 물러나게 했다. 프랜시스 후쿠야마는 이를 '역사의 종말'로 규정하면서 이제 세계는 자유민주주의와 시장경제가 지배하는 평화와 번영의 새로운 역사적 단계로 들어섰다는 주장을 편 바 있다.

그러나 후쿠야마의 예측은 빗나갔다. 불행히도 인류 역사는 단선적이 아니라 나선형의 복합 진화와 퇴행의 반복을 보여주었다. 2001년 9·11 테러는 미국에 고통스러운 역사의 변곡점이었다. 제한적이지만 미국은 이슬람 테러리스트와의 전쟁에서 승리를 거두었는데, 대신 그 비용은 만만치 않았다. 이슬람 테러리스트를 응징하고 민주주의 확산을 명분으로 한 아프가니스탄과 이라크 침공은 숱한 부작용을 수반했고, 미국은 아직도 이슬람 테러리스트의 위협에서 완전히 벗어나지 못하고 있다.

2010년대 이후부터는 결이 다른 도전이 대두되었다. 다름 아닌 중국의 부상과 그에 따른 중국 위협론이다. 이미 1990년대 초중반부터 미국 내에서는 중국 위협론에 대한 치열한 논쟁이 있었다. 그러나 미국 중심의 단극체제와 부시, 클린턴 행정부의 대중 관여정책은 이러한 위협론을 불식하기에 충분했다. 그러나 2010년대 들어와 사정이 달라졌다. 중국 경제의 급격한 부상 때문이다. 중국 GDP가 미국 GDP의 50%를 넘어서기 시작했고, 교역량에서는 중국이 미국을 앞질러 세계 최대 교역국으로 등극했다. 게다가 만성

적자 국가 미국과 달리 중국은 세계 최대 외화보유국이 되었다. 거기에 더해 중국의 군사력 증강도 눈에 띄게 나타났다.

이러한 중국의 부상을 보는 미국 내 시각은 다양했다. 헨리 키신저 박사 같은 이는 중국의 부상을 역사적 필연으로 인식, 이를 수용하고 중국과의 공존과 공동진화를 주장하고 나섰다. 미국과 중국의 공동 리더십으로 표방되는 G-2 개념은 이런 맥락에서 나온 것이다. 이에 비해 '미국 최고주의'를 표방하는 이들은 미국의 우월적 지위를 위협하는 중국의 부상을 용납할 수 없으며, 미국이 동맹국과 파트너 국가들과 협력하여 중국을 견제해야 한다는 태도를 견지했다. 이들 중 일부는 중국 공산당이 세계 제패의 야욕을 가지고 있다고 보고, 이를 사전에 분쇄하지 않으면 미국과 세계가 엄청난 화를 입게 될 것이라는 논지를 펴기도 했다. 이에 비해 바이든 행정부에서 외교·국제관계를 책임졌던 제이크 설리번과 커트 캠벨은 바이든 행정부에 합류하기 전에 중국과의 협력과 경쟁을 동시에 전개하는 '전략적 경쟁론'을 편 바 있다.

이러한 담론 경쟁에서 승자는 '미국 최고주의'와 '중국 타도론'이었다. 이제 미국에 중국 위협론은 더는 가상적인 것이 아니라 구체적 현실로 다가왔다. 극도로 양극화한 국내 정치 구도에서 민주, 공화 양당이 합의를 이루는 유일한 외교정책 사안이 바로 대중국 강경론이다. 미국과 중국은 지정학, 지경학, 기술, 가치 분야에서 경쟁과 대결을 피하기 어려워 보인다. 그런 점에서 중국의 부상과 위협은 현재 미국이 처한 가장 큰 도전이라 하겠다.

그러나 미국이 당면하고 있는 난제는 중국문제에 그치지 않는다. 러시아의 우크라이나 침공에서 보듯이 푸틴 러시아의 영토 야욕은 결코 간과할 수 없는 과제다. 가자 사태 또한 단순히 이스라엘-팔레스타인 분쟁에 그치는 것이 아니다. 가자 사태의 장기화와 그에 따른 위기관리 실패는 중동 전역의 불안정성을 고조시킨다. 북한 핵문제와 한반도, 대만해협에서의 긴장, 남중국해에서의 무력충돌, 미국의 인도-태평양 전략(이후 '인태 전략'을 혼용해 사용한다) 추진에 따른 여러 부작용 등은 미국 외교정책의 주요 난제로 대두하고 있다. 여기에 더해 신보호주의의 확산과 국제 자유무역질서의 후퇴, 기후변화 위기, 핵무기 확산 등도 미국에는 상당한 부담으로 작용한다.

이러한 도전을 둘러싼 미국 내 논쟁은 어떠한가? 미국은 이를 관리할 수 있는 비전과 능력, 자원, 의지가 있는가? 북한 핵과 한반도문제는 어떻게 다루어질 것인가? 특히 트럼프 2기에 미국의 외교정책은 어떻게 전개될 것인가? 이어지는 10개의 글에서는 바로 이 쟁점들을 체계적이고 깊이 있게 다룰 예정이다.

책의 구성과 제임스 레이니 강좌

연세대학교는 2023년 여름, 필자를 제임스 레이니 석좌교수로 임명하고 '제임스 레이니 강좌'를 전담케 했다. 처음에는 '제임스 레이니 강좌'에서 앞에 언급한 주제를 중심으로 직접 강의하는 것을 고려했었다. 그러나 이렇게 다양한 주제를 혼자 다루는 것이 무리라고 판단, 미국과 세계의 저명한 전문가들을 직접 초빙하거나 화상 초청하여 주요 주제별로 강연하고 함께 대담을 나누는 것으로 진행하게 되었다.

이런 결정에는 필자의 개인적 경험이 크게 작용했다. 필자는 2009년 중국 베이징대학교에 초빙교수로 있으면서 23명의 저명한 중국 학자와 중국 굴기 대전략에 대해 대담을 하고 이를《중국의 내일을 묻다》라는 제목의 책으로 삼성경제연구소에서 출간한 바 있다. 이 책에 대한 반응이 좋았고 삼성경제연구소의 권유도 있고 해서 2013년에는 일본에 관해서도 비슷한 책을 기획해 출간했다. 고려대학교의 서승원 교수와 공저로 작업한 《일본은 지금 무엇을 생각하는가》가 바로 그 결과물이다. 일본의 대전략을 주제로 저명한 일본의 전략가들과 대담하고 그 결과를 책으로 묶었다. 이 역시 독자들 반응이 좋았다. 그래서 이번 제임스 레이니 강좌에서도 그런 방법을 택하기로 했다.

이 책은 10차례에 걸친 제임스 레이니 강좌를 한데 묶어 편집한 것으로 크게 세 부분으로 나뉜다. 참고로 각 장은 강연, 필자와의 대화, 청중과의 질의응답으로 되어 있다. 1부 '북한 핵문제 어떻게 풀 것인가'는 한반도문제를 중점적으로 다룬다. 1장에서 조지타운대학교의 로버트 갈루치 석좌교수는 과거 북한과의 협상 경험을 되살리면서 미국 차기 행정부의 대북 외교전략에 대한 설득력 있는 대안을 제시한다. 2장에서 미들베리국제대학교의 로버트 칼린 특임 연구원과 스탠퍼드대학교의 시그프리드 헤커 명예교수는 북한 핵문제에 대한 미국의 정책 실패를 깊이 있게 분석하고, 한반도 핵재앙을 어떻게 예방할지 그 대안을 모색한다.

2부 '미국 외교는 실패하고 있는가'에서는 미국 외교정책에 대한 이론 논쟁을 집중적으로 조명한다. 조지타운대학교 찰스 쿱찬 교수가 3장에서 미국 외교정책의 실패를 주제로 총론적 논의를 펼치며, 4장에서는 바드칼리지의 월터 미드 교수가 미국의 보수주의 외교정책의 여러 갈래와 다양한 시각을 균형감 있게 소개한다. 5장에서는 프린스턴대학교의 존 아이켄베리 교수가 자유국제주의 시각에서 미국 외교정책의 흐름을 살핀다.

3부 '미국 외교의 주요 쟁점들'에서는 지금 미국이 당면한 외교정책의 주요 쟁점을 선별적으로 다루어 소개한다. 6장에서 예일대학교의 수잔 손튼 연구원은 미국과 중국이 적대적 라이벌 관계에서 벗어날 수 있는가를, 7장에서는 아프가니스탄 주재 미국대사를 지낸 칼 아이켄베리 전 육군 장군이 가자 사태와 우크라이나 전쟁에 대한 미국의 외교정책을 포괄적으로 다룬다. 8장에서는 캘리포니아대학교 버클리캠퍼스의 비노드 아가왈 교수가 미국의 신경제책략(new economic statecraft)을 심층적으로 분석한다. 9장에서 뉴질랜드 웰링턴의 빅토리아대학교 밴 잭슨 교수는 미국의 인도-태평양 전략의 적실성 문제를 비판적으로 검토하고, 10장에서는 독일 뮌헨공과대학교의 미란다 슈뢰어스 교수가 기후변화정책을 둘러싼 미국 국내 정치적 논쟁을 명쾌하게 기술한다.

이 책을 발간하는 과정에서 미국 국내 정치에 큰 변화가 있었다. 일반 예상을 깨고 도널드 트럼프가 미국 대통령 선거에서 큰 표차로 당선해 미국의 47대 대통령에 취임했다. 여기 수록된 강연은 모두 미국 대선 전에 진행되었다. 이 책의 출판사인 메디치미디어에서는 트럼프 2기 행정부의 출범과 관련하여 강연 내용의 일부 보완을 요청했다. 그래서 택한 방법이 각 강의 끝에 후기 형식으로 트럼프 2기 행정부의 정책 방향에 대한 언급을 추가하는 것이었다. 다행히도 강사분 모두가 적극적으로 협조해주어 트럼프 2기 행정부까지 전망하는 책이 될 수 있었다.

북한 핵문제, 어떻게 풀 것인가?

이 책에서 독자들에게 가장 흥미로운 부분은 1부의 북한 핵문제를 둘러싼 한반도문제일 것이다. 1장에서 전 미 국무부 차관보이자

1994년 제네바 북미 핵협상 미국 측 대표였던 로버트 갈루치 교수는 핵 군비통제 전문가이자 북한과의 협상을 직접 성공적으로 이끌었던 당사자로서, 또한 지난 30년 동안 북미 관계의 부침을 목격했던 미 행정부 관계자로서 북한 핵문제에 대한 명쾌한 분석과 처방을 내놓고 있다. 현 단계에서 핵동결이나 폐기는 쉽지 않을 것이다. 한미동맹과 억제, 제재와 같은 강압이 필요하다. 그러나 그것만으로는 북한 핵문제를 해결할 수 없다. 대화와 외교적 협상은 필수적이다. 협상 과정에서 핵무기에만 초점을 맞추면 진전을 보기 어렵다. 북한 핵문제는 한반도와 동북아의 안보 환경과 그를 둘러싼 다양한 역학 관계를 고려하면서 풀어나가야 한다.

갈루치 교수는 트럼프 2기 행정부 등장이 북미 관계에 새로운 파격적 돌파구를 가져올 것이라 보지 않는다. 오히려 핵전쟁의 벼랑에 서게 될 수도 있다고 비관적으로 전망한다. 이런 파국을 막기 위해 차기 트럼프 행정부에 다음과 같이 조언한다. "북한에 대한 적대적 언사를 피하라. 북한과 대화하고 관여하되, 억제력을 소홀히 하면 안 된다. 억제력은 협상에서 가장 중요한 지렛대이다. 그러기 위해서는 한미동맹을 굳건히 할 필요가 있으며, 북한 핵문제를 해결하기 전에 남북, 북미, 한미 간에 정치 관계 정상화가 선행되어야 한다. 무엇보다 북한 핵문제에 정책적 우선순위를 두어야 한다."

2장에서 로버트 칼린과 시그프리드 헤커는 한반도 핵재앙을 피하는 방안을 다각도로 검토한다. 먼저 강연에 나선 칼린 연구원은 한반도 상황이 점차 악화일로에 있으며 반전이 어려워 보인다고 전망한다. 미 CIA와 국무부에서 40년 넘게 북한문제를 분석해온 칼린 연구원이 이러한 비관적 전망을 품게 된 것은 김정은의 전략 변화에 기인한다.

북한은 1990년대 이래 김일성, 김정일, 김정은 모두 미국과의 관계 정상화를 통해 체제 안전과 경제 발전의 해법을 찾으려 했다. 그러나 2019년 2월 하노이 북미정상회담 실패 이후 미국과의 관계 개선에 대한 희망을 접고 새로운 대안을 찾기 시작했다. 북한은 최근 러시아라는 신대륙을 발견했다. 북한은 한편으로 러시아와 또 한편으로 중국과의 관계 개선을 통해 생존 활로를 모색하고 있다. 2023년 12월 이후 남측과의 관계를 적대관계로 설정하고 공세적인 핵교리를 채택한 것도 같은 맥락에서 이해할 수 있다. 칼린 연구원은 현재 북한 핵문제와 관련해 상황이 어렵지만 외교 이외에 다른 대안은 없다며, 북한의 의도와 전략적 결정을 잘 파악하는 동시에 더욱 유연하고 신중한 대북 접근이 필요하다는 처방을 제시한다.

또한 헤커 박사는 북한의 핵보유 욕망도 문제지만 미국의 정책 실패도 북한 핵문제를 악화시키는 데 한몫했다고 질타한다. 북한과의 핵협상 과정에서 여섯 차례의 변곡점이 있었는데 그때마다 미국이 실책을 범했다는 것이다. 그중에서도 2002년 2차 핵위기 시 미국이 보인 실책과 2019년 2월 하노이 북미정상회담에서 트럼프 대통령의 협상 실패는 대화와 외교를 통한 북핵문제 타결에 치명적 패착을 가져왔다고 탄식한다. 헤커 박사는 '북한 핵문제를 악화시키지 말라,' '상황의 악화나 개선과 관계없이 변화하는 상황에 항상 준비하라'라고 조언한다. 또한 북한의 핵무기 활동을 중단시키고(halt), 외교 협상을 통해서 북이 가진 핵시설, 물질, 무기를 감축시키는(rollback) 동시에 시간을 두고 핵 폐기(dismantle)를 추진하는 점진적이고 실용적 해법을 찾아야 한다고 강조한다.

헤커 박사는 또한 트럼프 행정부 2기가 출범해도 북한 핵문제와 북미 관계의 불확실성은 쉽게 해소되지 않으리라고 전망한다. 우선 김정은이 트럼프와의 대화에 쉽게 나서지 않을 것이고, 나선다 해도 협상 조건이 과거와 크게 다를 것이기 때문에 협상이 난항을 겨게 되리라는 것이다. 비핵화가 아니라 핵군축이 협상 의제로 등장할 수 있기 때문이다. 대북 협상과 관련하여 칼린과 헤커는 트럼프 2기 행정부에 "과거로부터 배우라. 상황을 악화시키지 말라. 항상 준비되어 있으라"라고 제언한다.

미국 외교는 실패하고 있는가: 이론 논쟁

2부에 해당하는 3장부터 5장까지는 '미국 외교는 실패하고 있는가'라는 주제 아래 미국 외교정책의 다양한 이론적 입장과 기원, 각 입장들이 어떻게 정책으로 전개되었는지 등에 대해 다루고 있다. 먼저 3장에서 찰스 쿱찬 교수는 미국 외교정책이 꼭 순탄한 것은 아니었다고 회고한다. 독립 초기부터 19세기 말까지는 고립주의, 제2차 세계대전 직전까지는 현실주의와 이상주의 노선 간의 충돌, 미국이 패권적 지위를 구축한 1945년 이후에는 이상주의와 현실주의를 동시에 만족하려 노력했지만 그리 성공적이지 못했다고 평가한다. 특히 국내 정치적 변화와 정파 간 갈등 때문에 미국 외교정책이 일관성을 잃었다고 지적한다.

쿱찬 교수는 미국도 국제정치의 현실 변화를 인식해야 한다고 강조한다. 세계는 다극화되고 있고 미국이 전통적 동맹과 파트너 국과의 협력만으로는 미국의 국익을 보존하고 국제질서를 유지하는 데 한계가 있다는 것이다. 따라서 민주주의와 독재라는 이분법을 넘어 중국 등 다른 진영의 국가들과 적극적으로 협력해야 하는 동시에 글로벌 사우스(Global South), 브릭스(BRICs)와 같은 국가들에 주목해야 한다고 역설한다. 그는 실용적 현실주의를 중심으로 국민적 합의를 구축할 때 미국 외교정책이 성공할 수 있다는 점을 환기한다. 그러나 트럼프 2.0의 등장으로 그런 가능성은 더 희박해졌다고 할 수 있다.

4장에서 월터 미드 교수는 미국의 보수주의 외교 노선이 단일한 게 아니라 다양한 시각으로 구성되어 있다고 진단한다. '미국을 다시 위대하게(MAGA, Make America Great Again)'와 같은 미국 중심적 고립주의 노선, 힘을 통한 민주주의 진흥을 옹호하는 네오콘적 시각, 작은 정부와 대외 개입 최소화를 지향하는 자유지상주의 시각이 혼재해 있다는 것이다.

미드 교수는 미국 보수주의 외교정책을 적절히 이해하기 위해서는 미국 외교정책의 네 가지 큰 사상적 기조를 파악할 필요가 있다고 전제한다. 첫째로 부국강병의 논리를 펴는 해밀턴적 현실주의, 둘째로 미국적 이상을 전세계적으로 확산시켜야 한다는 윌슨적 이상주의, 셋째로 전쟁은 큰 비용과 희생이 따르기 때문에 피해야 하고 시민의 복지 증진에 역점을 두어야 한다는 제퍼슨주의, 마지막으로 미국이 민주주의와 인권의 십자군 역할을 하는 걸 반대하고 자유주의 무역질서에 무관심한 포퓰리스트적 잭슨주의라는 네 가지 사상적 기조를 제시하며, 해밀턴주의와 잭슨주의가 보수의 주종을 이룬다고 진단한다. 미드 교수는 트럼프를 잭슨주의의 대표적인 사례로 분류하면서, 해밀턴주의와 잭슨주의 사이의 긴장과 갈등을 중재할 수 있는 보수 중도 세력이 사라지면서 미국 보수진영의 외교정책을 예단하기 어렵다고 전망한다. 트럼프 2.0에서는 그런 추세가 더 두드러지게 나타날 것으로 내다봤다.

5장에서 존 아이켄베리 교수는 미국 자유주의 외교정책의 본류를 자유국제주의(liberal internationalism)로 규정하고 이 입장의 공과를 객관적으로 재조명한다. 먼저 자유국제주의를 굳건한 자유민주주의에 기초하여 미국적 가치를 확산하고 규칙에 기반을 둔 국제질서의 제도화를 모색하는 것이라고 정의내린다. 자유국제주의는 민주주의와 인권의 확장이라는 윌슨적 이상을 추구하면서도 실용적, 개혁적 측면이 강하기 때문에 윌슨적 이상주의와 차별화된다.

아이켄베리 교수는 자유국제주의의 대표적 성공 사례로 제2차 세계대전 이후 자유주의 경제질서 구축을 통한 경제 성장과 국제무역의 확장, 독일과 일본의 국제사회 재통합, UN, IMF, 세계은행, WTO 등과 같은 다자주의 제도 구축을 통한 호혜적 국제질서 조성, 사회민주적 이상의 배태, 일부 개도국의 자본주의와 민주주의로의 성공적 이행(대표적인 예로 한국을 들 수 있다) 등을 든다.

그러나 자유국제주의가 계속 성공만 거둔 것은 아니다. 아이켄베리 교수는 자유국제주의가 부분적으로 실패했다고 이야기한다. 미국의 이라크 침공, 신자유주의정책이 초래한 2008년 금융위기, 중국의 자유주의 이행에 대한 오판 등이 바로 대표적인 실패 사례다. 그렇지만 자유국제주의는 실보다 득이 더 크며 미국과 가치를 공유하는 국가들과 협력을 통해 자유국제주의를 유지, 발전하는 것이 미국의 국익에 부합한다고 주장한다. 그러나 트럼프 2.0의 등장으로 자유국제주의는 큰 타격을 받을 것이고 '미국 우선주의'와 일방주의가 미국 외교정책의 기조를 이룰 것이라는 비관적 예측을 내놓고 있다.

미국 외교정책의 주요 쟁점: 미중 관계, 우크라이나/가자 사태, 신경제책략, 인도-태평양 전략, 기후변화 위기

3부인 6장부터 10장까지는 중국의 부상에 따른 미중 관계 변화, 러시아의 우크라이나 침공과 가자 사태, 미국의 신경제책략, 인도-

태평양 전략, 기후변화정책 등 현재 미국이 당면한 주요 쟁점들을 집중적으로 다루고 있다.

6장에서 수잔 손튼 전 미 국무부 동아태 차관보 대행이자 예일 대학교 중국센터 선임 연구원은 미중 라이벌 대결이 꼭 파국으로 치닫지는 않을 것이며, 쌍방이 노력하면 그 출구를 찾을 수 있다는 희망적 견해를 편다. 손튼 연구원은 현재 미중 관계 악화의 근본적 이유를 미국과 중국에 만연해 있는 '자국 예외주의'에서 찾고 있다. 더구나 미국, 중국 모두 대국인 만큼 서로 차이점이 클 수밖에 없으며 여러 분야에서 경쟁을 피하기 어려운 게 사실이다. 이러한 상황 전개에는 중국도 빌미를 제공했지만, 미국의 인식과 행태에도 문제점이 있었다고 지적한다. 중국 위협을 지나치게 과장, 왜곡하고 냉전 반공주의라는 시각에서 중국을 국내 정치 쟁점화하면서 미중 관계가 더욱 어려워졌다는 것이다.

손튼 연구원은 미중 간 대결적 라이벌 관계를 건설적인 경쟁 관계로 전환하는 것이 가장 중요한 현안 과제라고 이야기한다. 이를 위해서는 '미국 최고주의' 미몽에서 벗어나 중국과 협력할 것을 권유한다. 어느 국가든, 심지어 미국조차도 국제사회가 직면하고 있는 각종 도전을 혼자서는 다룰 수 없다고 설파하며 많은 국가, 특히 중국과의 협력이 필수적이라고 주장한다. 손튼 연구원은 중국 문제를 다루는 데 보다 실용적이고 현실적 접근이 필요하며, 중국을 인정하고 중국과의 건설적 경쟁 관계를 구축하기 위한 각별한 노력이 선행되어야 한다는 점을 역설한다. 그러나 트럼프 2.0 행정부에서는 상황이 크게 달라질 수도 있다고 분석한다. 트럼프의 정상외교와 거래주의적 접근이 호재로 작용할 수 있으나, 일방주의적이고 고압적인 외교 행보가 미중 관계 개선에 악재가 될 것으로 예측한다.

가자 사태와 러시아의 우크라이나 침공을 다룬 7장에서 칼 아이켄베리 전 대사는 미국이 이 두 사태 모두를 전혀 예상치 못했다고 분석한다. 개전 직전에야 우크라이나 침공 징후를 파악한 미국이 러시아를 상대로 외교적 노력을 전개했으나 무위로 끝났고, 가자 사태의 악화를 막기 위한 외교적 노력도 소득이 없었다고 평가한다. 이에 따라 전쟁이 장기화하면서 민간인 희생자가 늘고 인도주의적 비극이 심화한 것에 대해 우려를 표하며, 각종 국제적 중재 노력에도 불구하고 문제 해결의 실마리가 잡히지 않는 상황을 근심한다.

가자 사태와 우크라이나 전쟁과 관련하여 아이켄베리 전 대사는 몇 가지 날카로운 함의를 도출하고 있다. 첫째, 전쟁의 고질적 장기화 현상이다. 우크라이나의 경우엔 '동결된 전쟁'으로 남을 가능성이 크고, 가자 사태도 단기적 해법이 보이지 않는다. 둘째, 분쟁 쌍방 간에 합의할 가능성이 별로 없다. 우크라이나와 러시아의 경우는 전쟁 목표에 대해 상충하는 인식이 전쟁 종식을 어렵게 하고 있고, 가자 사태 역시 '두 국가 해법'에 대한 서로 대립하는 접근법이 문제의 근원적 해결을 가로막고 있다. 이는 이스라엘과 팔레스타인의 내부 분열에 기인하는 것이기도 하다. 셋째, 가자와 우크라이나 사태의 장기화는 중동과 유럽 지역의 평화와 안보에 상당히 부정적 파급 효과를 가져올 것으로 내다본다. 넷째, 우크라이나와 이스라엘에 대한 지원 여부를 두고 미국 사회가 심각한 내부 분열 양상을 보이는 중이다. 마지막으로 이 두 사태는 비례성의 원칙, 도덕적 상대주의, 민간인 대량살상, 사용 무기의 적실성 등 '정의로운 전쟁'에 대한 도덕적 성찰을 제기한다.

또 아이켄베리 전 대사는 트럼프 2.0의 주요 외교정책 추세에 대해 러시아-우크라이나 전쟁의 조기 외교적 타결, 미국의 보호주의

무역정책에 따른 미중 간 갈등 격화, 이스라엘에 대한 일방적 지지, 첨단기술 분야에서의 경쟁력 우위 유지, 군사력 증강 등이 이슈가 될 것으로 내다보았다.

8장에서 비노드 아가왈 교수는 미국의 최근 대외 경제정책 변화를 '신경제책략'이라는 새로운 이론적 관점에서 접근한다. 전통적으로 경제책략은 외교 및 안보 목적을 달성하기 위해 경제제재를 사용하는 것을 지칭한다. 그러나 아가왈 교수는 이를 확대하여 경쟁력, 국가안보, 중산층 이익 보호 등의 목적을 위해 다양한 경제정책을 동원하는 것을 신경제책략으로 정의한다.

신경제책략은 세 가지 차원에서 이루어진다. 첫째는 국경에서 (at the border) 시행되는 것으로 관세, 비관세 장벽, 수출 통제, 투자 규제 등이 대표적 사례다. 둘째는 국경 안에서(behind the border) 채택되는 일련의 정책으로 전략산업에 대한 보조금 지급, 금융 지원, 세제 혜택, 각종 규제 철폐 등을 포함한다. 이는 과거 한국과 일본이 채택했던 산업정책 또는 신보호주의정책과 맥을 같이 한다. 마지막으로 국경을 넘어서(beyond the border) 행하는 정책으로 여기에는 자국 기업에 대한 무역·투자·기술 관련 해외 정보 인프라 제공, 양자 또는 다자 무역협약, 지역 경제협의체 구축 등이 포함된다.

아가왈 교수는 신경제책략이 민주, 공화 양당의 초당적 지지를 받으면서 하나의 대세를 이루고 있다고 진단한다. 이는 미국이 표방해왔던 전통적 자유무역체제로부터의 퇴행이며 중산층보다는 하이테크 기업 등 부유층에게 더 많은 이익을 가져다주는 불평등 정책이라고 비판한다. 그는 교육, 복지, 의료에 대한 투자를 더 강화하고 다자주의와 열린 지역주의를 표방하는 동시에 세계 수준의 산업 부문별 '다자 레짐'을 구축하여 무역 분쟁을 해소하는 것이 중산층을 위한 보다 바람직한 대안이라고 설파한다. 불행히도 트럼프 2.0에서는 고관세정책, 미국 기업들의 해외투자 미국 회귀 (reshoring) 유인, 산업정책, 기술 탈동조화, 에너지 독립, 반다자주의 경제질서정책 등을 전개하면서 이러한 추세에 역행하는 현상을 목격하게 될 것이라고 우려를 표한다.

9장에서 밴 잭슨 교수는 미국의 인도-태평양 전략을 심도 깊게 다룬다. 오바마 행정부의 아시아 재균형정책이 트럼프 행정부에서 인도-태평양 전략으로 재명명되어 바이든 행정부로 이어졌는데, 이 전략은 본질적으로 중국을 견제, 봉쇄하기 위한 적대적 정책이다. 이는 아태 지역의 평화와 안정을 크게 해칠 것으로 내다본다. 특히 잭슨 교수는 1979년 이후 동아시아 지역에 상대적으로 오랜 기간 평화가 자리 잡을 수 있었던 이유를 동맹과 억제력, 경제적 상호의존, 미중 데탕트를 골자로 하는 미국의 아시아 태평양 전략에서 찾는다. 인태 전략에로의 전환으로 이러한 동아시아 평화가 위기에 처하게 됐다는 게 잭슨 교수의 분석이다.

잭슨 교수는 미국의 인태 전략이 성공할 가능성이 그리 크지 않다고 본다. 미국이 한국, 일본, 호주, 뉴질랜드와 동맹을 강화하여 대중 견제를 한다 해도 기본적으로 능력의 한계가 있기 때문이다. 따라서 시대착오적인 인도-태평양 전략을 수정하고 아시아 태평양 전략을 복원하는 게 바람직하다는 견해를 편다. 그는 미국의 인태 전략에 편승하여 이를 맹목적으로 수용하는 역내 국가들에 대해서도 일침을 가한다. 잭슨 교수는 세력 균형이라는 기존 규범을 존중하며 열린 지역주의와 미중 데탕트를 통해 현재의 위기를 극복해야 한다고 대안을 이야기하지만, 정작 트럼프 2.0에서는 제국주의적, 폭력적, 배타적, 미국 최고주의적 인태 전략이 지속될 것으로 예측한다. 보수애국주의자, 강성 관료, 반동적 보수 지식인과 군산복합체 등이 트럼프 2.0에서 중요한 역할을 할 것이기 때문이다.

10장에서는 독일 뮌헨공과대학교의 미란다 슈뢰어스 교수가 미국의 기후변화정책에 대해 포괄적으로 분석한다. 이상 고온, 잦은 산불, 홍수, 허리케인, 토네이도 등 과거와 다른 기후 패턴 때문에 미국 시민들은 상당한 고통을 받고 있고, 그만큼 기후위기에 대한 대중적 인식도 높아졌다. 그러나 기후변화에 대한 미국의 대응책은 양극화 현상을 보인다. 공화당을 중심으로 한 보수진영은 아직도 기후변화와 환경 규제에 소극적이고, 값싼 에너지 자원을 이용한 경제 성장과 고용 창출에 역점을 둔다. 트럼프가 그 대표적 사례다. 반면에 민주당을 필두로 한 진보진영은 기후변화에 적극적으로 대응해왔다. 동부의 뉴욕주와 서부의 캘리포니아주 등 민주당 강세인 주정부를 중심으로 한 기후변화 위기에 대한 능동적 대처를 눈여겨볼 만하다.

바이든 행정부가 들어서면서 미국은 기후변화문제에 대해 전향적인 정책을 내놓았다. 트럼프 행정부에서 탈퇴했던 파리기후협약에 재가입하고 미국 의정사에서 획기적이라 할 수 있는 인플레이션 감축법(IRA, Inflation Reduction Act)을 의회에서 통과시키기도 했다. 그 결과 2025년까지 CO^2 배출 수준을 2005년 기준 26~28%까지 감축하는 과정에서 청정에너지, 재생에너지, 에너지 안보, 에너지 효율 증대 등에 3,690억 달러를 투자하기로 한 바 있다. 아직도 공화당 일부에서는 기후변화 위기를 부인하는 인사들이 있지만, 기후변화 위기관리정책은 미국 사회의 대세로 자리 잡고 국민적 공감대도 광범위하게 구축되고 있다고 평가한다.

그러나 트럼프 행정부 2기 출범은 기후변화정책에 큰 타격이 될 것이다. 파리기후협약 재탈퇴 가능성과 환경 분야의 인력 및 예산 삭감도 배제하기 어렵다. 한 가지 다행인 것은 뉴욕과 캘리포니아 등 민주당 강세주만이 아니라, 재생에너지 부문에 많은 투자를 한 공화당 강세주인 아이오와, 사우스다코타, 노스다코타, 텍사스 등에서도 기후변화에 대한 정책 기조가 계속 유지될 것이고, 풀뿌리 시민운동 등이 트럼프 2기 행정부에 대한 견제세력이 될 것이라고 분석한다.

미국 리더십의 재창출을 위한 길: 비전, 능력, 내적 합의와 신중

제임스 레이니 강좌에 나온 석학들은 이구동성으로 미국 외교가 성공 못지않게 실패의 그림자도 컸다고 지적한다. 물론 미국의 패권적 지위는 아직도 건재하다. 하지만 과거 실패의 역사를 참고할 때 오늘날 세계 상황은 미국 외교가 다루기에 그리 녹록지 않아 보인다. 미국으로서는 중국의 부상과 도전이 가장 큰 관심사다. 그러나 아직 신냉전의 명시적 징후는 보이지 않으며, 이들 간 군사적 대결이 과거 냉전 때처럼 가시화된 것도 아니다. 국제자본주의 분업 질서에 따른 경제적 상호의존도 비교적 순조롭게 작동하고 있고, 이념과 체제 간의 적대관계도 아직은 본격화되지 않았다. 그런 점에서 세계는 마이클 도일 교수가 이야기하는 '차가운 평화'와 신냉전 사이의 경계선에 있다 하겠다.

　여기서 시급한 과제는 미국이 '차가운 평화'가 신냉전으로 굳어지는 것을 막을 수 있느냐 하는 것이다. 미중 대결 이외에도 위기의 증후는 여러 곳에서 나타나고 있다. 장기화하고 있는 우크라이나 전쟁과 가자 사태, 시한폭탄처럼 위태로운 한반도, 대만해협, 남중국해, 그리고 핵확산, 기후변화, 자유주의 경제질서의 쇠퇴와 같은 지구촌 차원의 도전 등은 세계질서의 장래에 어두운 그림자를 드리운다.

신냉전으로의 퇴행을 막고 지구촌의 평화와 안전을 유지하는 동시에 혼란한 세계질서를 추스르는 데 핵심적인 국가는 두말할 나위 없이 미국이다. 그러나 '팍스 아메리카나(Pax Americana, 미국을 통한 세계 평화)'는 이제 과거의 유산이다. 더는 미국을 제2차 세계대전 이후의 해방자, 패권적 안정자, 안보 후견국, 자애로운 시혜국으로 규정하기 어렵다. 그러나 그 관성은 아직 남아 있고 그에 대한 국제사회의 기대감 또한 높다. 과연 미국이 다시 국제사회의 존경받는 리더로서 혼란과 불확실성의 21세기 세계질서를 바로잡을 수 있을까? 제임스 레이니 강좌에 참여한 석학들은 그 가능성을 믿고 있다. 그러기 위해서는 미국이 해야 할 과제를 분명히 해야 한다. 논의를 종합해 다음 네 가지를 이야기할 수 있다.

첫째, 미래 비전의 문제다. 쿱찬, 미드, 존 아이켄베리의 논의에서 여실히 드러나고 있듯이 미국 외교정책의 미래 비전은 불투명하다. 트럼프 2기 행정부가 들어서면서 극단적 고립주의인 '미국 우선주의'에서 미국 최고주의, 거래주의에 이르기까지 다양한 스펙트럼이 대두되고 있다. 여기서 분명한 것은 극단적 고립주의나 과도한 미국 최고주의가 미국의 국익은 물론 지구촌의 평화와 번영을 위해서도 바람직하지 않다는 사실이다. 보편적 가치를 간과한 거래주의적 접근도 위험스럽기만 하다. 해밀턴적 현실주의와 윌슨적 이상주의를 적절히 배합하고 진영 외교를 넘어선 공존과 포용을 지향하는 미국의 미래 비전이 절실해 보인다. 그래야 미국은 더욱 예측 가능해지고 국제사회가 미국의 리더십을 따르게 될 것이다.

둘째, 미국이 세계를 이끌어나가기 위해서는 그에 상응하는 능력과 자원, 협상의 지렛대를 조속히 복원해야 한다. 과거 미국이 존경받는 리더 국가로 등장할 수 있었던 것도 그런 능력과 자원, 외교력을 갖췄기 때문이다. 그러나 지금의 미국은 현실적 한계가 분명해 보인다. 무엇보다 미국은 다시 국력을 배양해야 한다. 더 나아가 국제질서의 변화를 직시해야 한다. 미국 중심의 단극체제는 이제 끝났다. 쿱찬 교수가 지적했듯이 미국이 동맹국과 파트너 국가들과 협력한다 해도 세계의 현안들을 해결하는 데는 역부족이다. 중국, 브릭스 국가들, 글로벌 사우스 등 가치와 체제가 다른 국가들과의 협력은 필수적이다. '다극체제'라는 새로운 국제정치 현실을 수용하지 않고 일극체제의 관성으로 대외정책을 전개한다면 파국을 면키 어려울 것이다.

셋째, 강연자들은 공통된 목소리로 미국이 국제사회에 힘을 투사하고 미국적 가치를 확산하기 전에 먼저 집안 정리를 잘하라고 주문한다. 무엇보다 시급한 것은 워싱턴 정치의 이념적 경직성을 벗어나는 것이다. 미국이 이념적 우월성을 내세우고 이에 기초하여 국제사회를 재단하는 것은 매우 위험한 결과를 초래할 수 있다. 손튼 연구원이 지적한 바대로 '냉전 반공주의'의 부활은 극히 우려스럽다. 이런 이념적 경직성은 실용적인 국익 추구를 가로막고 미국의 국제적 리더십 구축에 커다란 걸림돌이 될 것이다. 미국 정치의 양극화도 심각한 문제다. 이전투구의 양극화 정치는 중도 세력의 실종을 가져오고, 궁극적으로는 민주, 공화 양당 사이의 합의는 물론 당 내부의 단합도 어렵게 하고 있다. 국내 정치적 합의 체계의 결여는 정책 결정의 일관성을 가로막고, 급기야는 국제사회에서 미국의 정통성을 약화하는 동시에 미국을 신뢰할 수 없는 국가로 전락하게 만든다. 따라서 양극화를 극복하고 국민적 합의를 구할 수 있는 국내 정치적 여건을 다지는 것이 시급하다.

넷째, 미국 외교정책은 더욱 신중하고 겸손해야 한다. 미국이 오만과 일방주의적 편견에서 벗어날 때, 비로소 국제사회의 존경을 회복할 수 있다는 것이다. 1630년, 미국 식민지 당시 매사추세츠만 주지사였던 존 윈스럽은 독립 후 미국의 미래 모습을 개인의 자유와 물질적 풍요가 넘치는 '언덕 위의 도성'으로 묘사한 적이 있다. 이는 미국이 세계의 모범이 되고 다른 국가들이 이러한 모범적인 미국을 자발적으로 따르게 한다는 이야기다. 강제하지 않아도 다른 나라들이 미국을 우러러보는 것이 바로 미국형 소프트파워의 핵심이다. 그러나 '미국 예외주의'와 '미국 최고주의'에 집착하여 신중과 겸양의 미덕을 망각할 때 미국에 대한 다른 나라들의 존경과 자발적 순응은 불가능해진다. '우리 편이냐 아니냐', '역사의 바른 편에 서라'라는 고압적 태도는 오히려 반미 정서를 확산하는 기제가 될 것이다.

트럼프 2.0과 한반도의 미래

새롭게 출범하는 트럼프 2기 행정부는 한반도에 어떤 영향을 미칠까? 아직 한반도정책을 예단하기는 어렵다. 먼저 트럼프 2기 행정부에서는 크게 세 개의 파벌이 경합할 것으로 보인다. 첫째, 트럼프 대통령과 그의 충복들이 표방하는 거래주의파다. 가치보다 실익을 강조하며, 모든 외교관계는 손익계산에 기초해야 하고, 이를 위해 외교적 거래를 하겠다는 사람들이다. 둘째, 'MAGA' 즉 '미국을 다시 위대하게 만들기'파다. 이들 역시 트럼프에 충성하는 집단이지만, 미국의 국제 개입에 반대하고 국익이 심각하게 침해받지 않는 한 전쟁은 안 된다는 시각을 견지한다. 잭슨주의적 고립주의 성격이 강하다. 마지막으로 공화당 강경 주류로 구성된 '네오콘'

파벌이다. 이들은 '미국 최고주의'와 더불어 미국적 가치의 전세계적 확산을 위해 무력 사용도 불사할 수 있다는 주장을 편다. 트럼프 2기의 외교안보정책은 거래주의가 주류를 이루면서 이 세 파벌의 상호작용에 의해 결정될 것으로 예상된다.

현재 트럼프 2기 행정부 내각 구성을 보면 마이크 폼페이오, 로버트 오브라이언, 매트 포틴저 등 네오콘 인사들은 배제되었다. 그뿐 아니라 트럼프 1기에는 렉스 틸러슨 국무부 장관, 제임스 매티스 국방부 장관, 존 켈리 비서실장, 허버트 맥마스터 국가안보보좌관 등 중도 성향의 이른바 '어른'들이 포진하고 있었다. 그러나 트럼프 2.0 내각에서는 거래주의와 MAGA를 지향하는 충성파들이 주류를 이룬다. J. D. 밴스 부통령, 마코 루비오 국무부 장관, 마이크 월츠 국가안보보좌관, 피트 헤그세스 국방부 장관, 존 랫클리프 중앙정보국(CIA) 국장, 털시 개버드 국가정보부장 등 주요 핵심인사들은 MAGA 지향의 트럼프 충성파 인사들이다. 이들 중에서 밴스 부통령, 헤그세스 국방부 장관, 개버드 국가정보부장은 '테러와의 전쟁'에 참전했던 40대의 비교적 젊은 세대로 반전 의식이 강한 편이다. 더구나 한반도문제에 대한 지식이나 관심이 그리 큰 편이 아니다. 다만 파벌과 관계없이 중국에 대해서는 강경정책을 선호한다.

트럼프 대통령은 이미 대선 기간 중 한국과 관련해 세 가지 정책 사안에 대한 견해를 피력한 바 있다. 세 가지 사안 모두 한미동맹의 현재와 미래에 큰 영향을 미칠 것으로 보인다.

첫째는 방위비 분담 압박이다. 트럼프는 한국을 '돈 찍어내는 기계'에 비유하면서 바이든 행정부가 작년 10월 한국 정부와 개정 합의한 한미방위비분담협정에 불만을 표시한 바 있다. 한국 정부가 이미 합의한 연 1조 5천억 원(11억 달러)의 9배에 해당하는 100억 달러(14조 5천억 원)를 분담해야 한다는 것이다. 여기에는 기존 분담금 항목인 주한 미군기지 한국인 근로자 급료, 군사 건설 및 군수지원 비용을 넘어서 연합군사연습 및 훈련, 전략무기의 한반도 배치 비용뿐만 아니라 주한 미군 인건비 일부까지 포함되는 것으로 알려졌다. 쉽게 말해 보호비를 내라는 이야기다. 한국 측이 이를 분담하지 않는다면 한미 연합군사연습 및 훈련의 강도와 빈도는 물론 전략무기의 전진배치에도 변화가 있을 수 있다. 트럼프의 거래주의적 스타일로 보아 심지어 주한 미군 감축 혹은 철수를 협상 카드로 들고나올 가능성도 배제하기 어렵다. 이는 한미동맹은 물론 한국의 방위 태세에 심각한 위협을 가져올 수 있다.

둘째, 트럼프 대통령의 대북정책이다. 트럼프는 누차 김정은과의 직거래 의사를 밝힌 바 있다. 이처럼 북미 관계에 새로운 돌파구가 마련되면 한국 정부에 두 가지 우려를 초래할 것이다. 하나는 트럼프 대통령이 북한의 핵보유를 전제로 한 핵군축 협상을 전개할 수 있는 것이다. 다른 하나는 이 과정에서 한국이 배제되는 '코리아 패싱'이 발생할 수 있다는 우려다. 특히 트럼프 대통령이 북한 핵미사일 활동 중단과 감축을 조건으로 한미 연합군사연습 및 훈련과 미국 전략무기의 전진배치를 중단하고 대북제재 완화와 북미 수교 등을 협상 카드로 제시할 경우, 한국 정부는 커다란 곤궁에 빠지게 될 것이다. 한국 정부가 그동안 견지해온 '완전하고 검증 가능하며 불가역적인 핵폐기(CVID, Complete Verifiable Irreversible Dismantlement)' 원칙이 무너지고 미국의 확장억제 공약도 불투명해질 것이기 때문이다. 트럼프의 대북 직거래로 그동안 북한이 주장해온 '통미봉남'이 가시화되면 국민적 불안과 불만이 크게 고조될 것은 자명해 보인다.

트럼프가 직거래하더라도 김정은을 설득하여 한반도 긴장을 완

화하고 한반도 비핵화와 동북아의 평화, 안정에 공헌하는 예방외
교에 성공한다면 그 이상 바랄 게 없다. 그러나 문제는 상황 악화
가능성을 배제할 수 없다는 점이다. 김정은이 트럼프를 오판할 우
려가 있기 때문이다. 협상 이전이나 협상 과정에서 북한이 7차 핵
실험이나 대륙간탄도미사일(ICBM) 발사 등을 감행하면, 트럼프는
2017년 여름처럼 '화염과 분노' 정책으로 전환할 수도 있다. 트럼
프가 협상을 중단하고 대북 초강경정책을 전개하면 군사적 충돌
가능성도 커지기 마련이다.

셋째, 우리 경제에 대한 부정적 영향의 가능성이다. 트럼프 대통
령은 이미 전세계 국가를 대상으로 10~20%의 보편관세를 부과하
겠다고 선언한 바 있다. 그뿐 아니라 대미 무역 흑자국들에 대해서
는 물량규제와 같은 비관세 조치도 취할 수 있다는 것을 시사했다.
대외경제정책연구원의 최근 보고서에 따르면 트럼프 행정부의 관
세정책으로 한국의 전체 수출액은 약 222억~448억 달러(약 31조
~62조 원) 줄어들 수 있다고 한다. 대체수요에 대한 대응이나 수출
전환이 원활하지 않으면 실질 GDP가 0.29~0.67% 떨어질 수 있다
는 이야기다. 반도체법과 인플레 감축법에 따라 대미 투자를 결정
했던 한국 업체들에 대한 보조금 지급이나 세금감면 조치 등도 감
축 또는 중단될 수 있다. 이 경우 경제적 부담은 더 커지게 마련이
다. 더구나 한국은 2023년에 444억 달러, 2024년에는 557억 달러의
대미 무역흑자를 기록한 바 있다. 트럼프 2.0은 이러한 만성적 무
역수지 적자를 이유로 한미자유무역협정의 재개정을 요구하고 나
설 수도 있다. 수출의 25%를 미국 시장에 의존하고 있는 한국으로
서는 심각한 도전이 아닐 수 없다.

그 밖에도 여러 분야에서 한미동맹의 미래에 대한 적신호가 감
지되고 있다. 무엇보다 윤석열 정부가 강조해온 '민주주의 연합에

의한 가치동맹'이 불투명해 보인다. 그간 윤 정부가 외교적 성과로 자랑해오던 확장억제, 통합억제 강화의 지속 여부도 확실해 보이지 않는다. 특히 우려되는 것은 대북 위협인식과 대중 위협인식 사이의 괴리다. 지금까지 한미는 연합 억제전략의 목표를 북한에 두어왔다. 그러나 트럼프 2.0에서는 이 목표에 큰 변화가 올 수 있다.

여기서 미국 국방성 정책차관에 임명된 엘브리지 콜비에 주목할 필요가 있다. 그는 트럼프 행정부의 가장 중요한 외교 의제를 대중 포위·견제·봉쇄에 둔다. 중국의 패권적 부상을 막는 것이 미국의 이익에 가장 중요하며, 그에 비해 한반도문제는 부차적으로 보는 것 같다. 주한 미군의 임무도 대북보다는 대중 억제에 있다고 본다. 이제 미국은 언제라도 '북한 위협은 한국이 알아서 하라, 우리에겐 중국 위협이 더 중요하다'고 나올 수 있다. 게다가 대만을 둘러싸고 위기가 발생하는 경우 한국의 군사적 참여도 강력히 원하고 있다. 특히 콜비는 미국 주류 인사들과 달리 한국이 자체 핵무장을 해서 대북 핵억제력을 구축하는 동시에 미국의 대중 군사억제에도 도움을 주어야 한다는 주장까지 편다. 이렇게 되면 주한 미군의 위상과 임무에까지 영향을 미칠 수 있다.

한국이 미국의 대중 봉쇄전략에 적극 동참하게 되면, 한반도가 신냉전의 최전선이 될 수밖에 없다. NATO와 러시아 사이에 낀 우크라이나와 비슷한 처지가 되는 것이다. 한국은 대만해협 위기 시 군사적 개입을 피하기 어렵고, 또한 미국은 중국 압박을 위해 한국에 중거리 탄도미사일과 사드(고고도미사일방어체계)의 추가 배치를 요구할 수도 있다. 이런 상황에서 중국은 한국을 적대시할 것이다. 문제는 대다수 우리 국민이 이 정도의 한중 관계 악화를 바라지 않을 것이라는 점이다.

트럼프 2기 행정부의 한미 관계는 과거와 크게 다를 것이다. 트럼프 대통령의 요구사항을 모두 수용하면 해결이 되겠지만 한국의 능력과 국내 정서로 보아 이는 어려워 보인다. 그렇다면 한국이 트럼프 행정부의 과도한 요구에 항의하고 따지는 게 순리다. 그러나 트럼프 대통령의 고압적 협상 태도와 한국 정부의 구조적 취약성을 감안할 때, 이 역시 가능하지 않으리라고 본다. 결국 새로운 대안을 고민해야 할 것이다. 트럼프 2.0은 우리가 알아온 미국이 아닐 수도 있다. '미국 없는 한반도'라는 최악의 시나리오까지 염두에 두고 창의적 대안을 탐구해야 한다.

결론적으로 전세계 정치, 경제, 안보는 미국의 정책과 직결되어 있다. 거듭 강조하거니와 미국이 현명한 정책을 펴면 세계와 동북아 지역이 더 평화롭고 안전하고 번영하게 될 것이며, 미국이 잘못된 정책을 펴면 혼란과 파국 속에 빠져들 것이다. 그런 점에서 미국의 행보는 중요하다. 미국이 이를 인지하여 스스로를 잘 추스르고 미국의 민주주의를 다시 활성화하며 화해와 공존의 논리로 전세계 국가들과 더불어 나아가는 것이 바람직하다.

한국에 주는 함의 또한 분명해 보인다. 한국에 있어 미국과의 동맹은 필수적이지만 미국 외교정책의 가변성 또는 불확실성을 잘 인지하여, 더욱 지혜로운 외교정책을 전개할 필요가 있다. 이를 위해 한국 정부는 자율적 전략적 사고가 필요하며 상황 변화에 현명하고 유연하게 대처해 나갈 수 있는 탄탄한 국력과 외교력을 갖춰야 할 것이다.

1부

북한 핵문제, 어떻게 풀 것인가

1장

미국의 대북정책

차기 행정부를 위한 제언

로버트 갈루치

미국의 대북정책은 한국인들에게 아주 중요하고 민감한 주제입니다. 오늘 이 주제에 대해 강연해주실 로버트 갈루치 교수님을 소개해드리겠습니다. 교수님은 저와 마찬가지로 정치학자입니다. 브랜다이스대학교에서 박사학위를 받았고, 스와스모어칼리지에서 첫 강의를 시작했습니다. 40대 초반에 국무부에 합류하여 정치·군사 담당 차관보가 되었습니다. 1993년과 1994년, 1차 북한 핵위기 발생 때는 북한과의 협상에서 미국 대표를 맡았습니다. 당시 북한 대표가 많은 미국인에게 좋은 기억으로 남은 강석주 당시 외무성 부상으로 나중에 부총리까지 역임했지요.

국무부에서 근무한 이후 갈루치 교수님은 1996년 조지타운대학교의 월시 외교학원 학장이 되었고, 2009년에는 미국에서 가장 권위 있는 자선단체인 맥아더재단의 회장이 되었습니다. 그런 후 다시 조지타운대학교로 돌아와 외교학 특임 교수로 일해왔습니다.

갈루치 교수님은 베트남에 관한 책과 북한 핵위기에 관한 책을 썼으며, 매우 다재다능한 사람입니다. 그는 정통 외교관이 아니었지만, 외교 분야에서 탁월한 업적을 남긴 분입니다. 북한 사람들과의 협상에서 외유내강의 자세로 명성을 얻었으며, 뛰어난 협상가로 평가받았습니다. 그는 북한을 북한의 관점에서 이해하려고 노력했습니다. 당시 협상에 참여한 북한 전문가들, 예를 들어 로버트 칼린이나 조엘 위트 같은 사람들의 전언에 따르면, 북한에 대한 전문지식은 부족했지만 협상과 핵문제에 대해 잘 알고 있었습니다. 그런 소양을 바탕으로 제네바합의를 성공적으로 끌어냈을 것입니다. 오늘 강연이나 대담 도중 종종 30년 전의 제네바합의가 등장하겠지만 핵심 주제는 아닙니다. 오늘은 주로 미국의 대북정책에 대해 이야기할 것입니다.

자, 로버트 갈루치 교수님께 큰 박수를 부탁드립니다.

합의에 이르는 길

30년 전, 제가 국무부 정치·군사 담당 차관보로 있었을 때, 당시 클린턴 행정부는 저를 북한과의 협상 대표로 임명했습니다. 목적은 북한이 핵확산금지조약에서 탈퇴하겠다고 발표한 의도를 파악하고 대안을 논의하는 것이었습니다. 우리는 뉴욕시에 있는 UN 주재 미국 대표부 사무실에서 북한 대표단을 만나기로 했습니다. 사무실은 UN본부 건물 바로 건너편에 있었습니다. 솔직히 말해서 저는 이 임무에 준비가 부족했고 어쩌면 부적합한 사람이었습니다. 저는 경험 많은 협상가도 아니었고, 문정인 교수님이 말씀하신 것처럼 한국 문제에 대해 특별히 잘 알지도 못했습니다. 사실 저는 아시아 전문가도 아니었습니다. 그래서 저는 북한 사람들만이 아니라 외교나 국제관계와 관련한 사람들에게 알려지지 않은 인물이었습니다. 제 가족을 제외하고는 말이죠.

하지만 국무부 장관과 국가안보보좌관의 관점에서 보면, 저는 이 임무에 완벽한 인물이었습니다. 저는 핵에너지와 핵무기에 대해 조금 알고 있었고, 클린턴 행정부가 원하는 대로 이 문제에 제한하여 북한을 어느 정도 다룰 수 있었기 때문입니다. 여기서 중요한 점은 클린턴 행정부는 제 임명을 통해 평양이 실망하기를 원했다는 것입니다. 어쩌면 그들을 약간 모욕할 수도 있었을 겁니다. 아시아 외교계에서 널리 알려진 인물인 윈스턴 로드 동아시아 태평양 담당 차관보는 저와 안전한 거리를 유지했습니다.

북한은 대표단 단장으로 강석주 외무성 부상을 파견했기 때문에 저의 직급 및 정치적 위치가 그에 미치지 못한다는 것을 북한 사람들이 명확히 인식하게 되었습니다. 이는 의도된 것이기도 했습니다. 협상 전망은 그리 밝게 시작하지 않았지만, 16개월간의 끌고 당기는 협상 끝에 강석주와 저는 1994년 10월 소위 제네바합의에 서명했습니다. 이는 약 10년간 지속되었습니다. 대단한 성과는 아니지만 나쁘지 않았습니다.

제가 이 역사적인 일화를 이야기하는 이유는 몇 가지가 있습니다. 첫째, 오늘 제가 말씀드릴 것은 단기적으로 외교가 동북아시아의 정치적, 안보적 상황을 극적으로 개선할 가능성이 낮다는, 다소 낙담할 만한 내용입니다. 그러나 북한과 관계 개선이 아무리 어려워 보여도 결국 노력에 따라 외교적 진전이 가능하다는 점을 관찰하는 것은 좋은 생각이라 봅니다.

둘째, 정치적으로 또 기술적으로 도전적이고 전례가 없는 협상에서 진전된 결과를 만드는 것은 협상 대표를 지원하고 길을 찾도록 돕는 외교관 및 전문요원 팀에 달려 있습니다. 그 당시 우리는 실제로 그런 지원을 받았습니다. 워싱턴의 다음 행정부가 누가 되든 북한과의 협상을 추구한다면 그런 지원을 다시 받을 수 있기를 바랍니다. 30년 전, 윈스턴 로드, 토니 레이크, 샌디 버거, 톰 허버드, 대니 러셀 등 많은 사람이 우리의 협상을 도왔고, 새로운 주한 미국대사인 제임스 레이니도 마찬가지였습니다.

저는 북한과의 협상이 시작될 무렵 제임스 레이니 대사를 처음

만났고, 그가 워싱턴에 와서 브리핑을 받을 때 국무부 길 건너편에 있는 중국 음식점에서 점심을 함께 먹었습니다. 저는 에그롤을 다 먹기도 전에 그의 팬이 되었습니다. 레이니 대사는 한국에서 선교사로 일했었고, 한국어를 구사하며 한국 사람들을 이해하고 사랑했습니다. 그는 현명하고 통찰력 있는 조언자임을 증명했습니다. 국무부의 내부 사정을 잘 아는 사람들은 대사급 자리에 정치적 임명자들이 오는 것을 다소 비판적으로 보는 경향이 있습니다. 하지만 제임스 레이니는 동료들로부터 찬사를 받았고, 오늘 그의 이름을 단 자리에서 제 생각을 나눌 기회를 갖게 되어 영광입니다.

하노이의 좌절과 과잉 결정

바이든 행정부는 첫 3년 동안 반복적으로 북한을 협상 테이블로 불러내려 했습니다. 이는 평양과 워싱턴 간의 관계 개선 방안을 논의하기 위해서였습니다. 바이든 행정부는 어떠한 전제조건 없이 이러한 시도를 했다고 말합니다. 그러나 이 제안은 평양에 의해 수락되지 않았거나, 더 정확히 말하면 완전히 무시된 것으로 보입니다. 왜 그런 반응이 나왔을까요? 왜 북한이 이런 반응을 보였을까요? 간단하게 설명하면, 북한의 반응이 전혀 이해하기 어렵지 않다는 것입니다. 사실 이는 때때로 '과잉 결정'된 것이라 할 수 있습니다.

　우선 살필 것은 북한 지도자 김정은이 하노이 북미정상회담의 결과에 깊이 실망하고, 어쩌면 굴욕감을 느꼈을 것이라는 점입니다. 당시 도널드 트럼프 대통령과 몇 년간의 교류와 개인적인 만남 끝에, 북한은 진지한 제안을 테이블에 올렸다고 믿었습니다. 북한 외무상에 따르면, 그 제안은 영변 핵시설의 모든 운영을 중단하는 것이었습니다. 영변은 북한의 핵 중심지이자 유일한 플루토늄 생산 원자로가 있는 곳입니다. 그런데 그 제안은 미국에 의해 불충분하다고 일축되었습니다. 미국 측은 조기 퇴장했고, 북한 대표단과 지도자만 협상 테이블에 남겨졌습니다. 제가 설명한 이 이야기가 대략적으로라도 사실이라면, 북한의 기대가 너무 높았던 것이 이해될 수 있습니다. 미국 측은 북한의 제안을 완전히 이해하지 못했을 수도 있으며, 이는 왜 그것이 제대로 평가되지 않았는지를 설명합니다. 트럼프 대통령의 뛰어난 협상 기술에도 불구하고, 점심 한 끼 먹으면서 핵무기 프로그램 문제를 해결하겠다는 생각은 터무니없어 보입니다. 어쨌든 지난 행정부의 실패한 정상회담 이후와 바이든 행정부 기간에 북한은 다른 경로를 택했습니다. 이는 여러 정책 성명과 북한 법률에 명시된 공식 서면 성명에서 잘 나타났습니다.

김정은은 우리가 말하는 '레드라인'을 설정했습니다. 다른 국가가 이를 넘었을 경우 북한이 핵보복을 할 수 있다는 것입니다. 김정은은 미국과 한국이 '참수작전' 같은 것을 시도한다면 추가적인 결정 없이 자동으로 핵반응이 있을 것이라고 말했습니다. 북한의 핵무기 교리에 대한 이 공식적이고 공격적인 표현과 함께 남한에 대한 가혹한 발언도 있었습니다. 북한은 남한을 더는 같은 민족으로 간주하지 않을 것이며, 한반도의 평화적 통일은 북한의 정책으로부터 제외될 것이라고 주장했습니다. 또한 김정은은 북한이 핵무기 국가로 남아 있을 것이며, 북한의 핵무기 지위를 변경하기 위한 어떤 협상에도 다시는 참여하지 않을 것이라고 확인했습니다. 바로 이것이 '과잉 결정'입니다.

대응 방향은?

그렇다면 이제 어떻게 해야 할까요? 우선 미국과 한국은 동맹을 강화해야 합니다. 작년의 '워싱턴선언'은 올바른 방향으로 나아가는 한 걸음이었다고 생각합니다. 그 선언은 서울과 워싱턴을 더 긴밀히 연결했습니다. 특히 한반도 비상상황 시 미국의 핵무기 사용이라는 중요한 문제에 있어서요. 워싱턴선언은 미국의 핵태세검토보고서(NPR, Nuclear Posture Review)와 일치한다고 말합니다.

여러분이 읽어보았는지 모르겠지만, 미국에서는 핵무기 문제에 관심이 있는 사람들은 이 보고서를 숨죽이며 기다립니다. 이는 핵문제와 관련한 미 행정부의 태도, 정책, 의도를 설명합니다. 1990년대 초부터 미국의 모든 행정부는 핵태세검토보고서를 작성해야 합니다. 워싱턴선언에서 언급된 것은 이 보고서의 언어를 참조한 것입니다. 대부분의 미국인에게는 이 보고서가 별 의미가 없을 것입니다. 아마 대다수의 한국인들에게도 마찬가지겠지요.

미국의 핵무기 사용에 대한 NPR의 선언적 정책 문구를 인용해보겠습니다. "미국이나 그 동맹국 및 파트너에 대한 북한의 핵공격은 받아들일 수 없으며, 이는 그 정권의 종말을 초래할 것입니다. 김정은 정권이 핵무기를 배치하고 생존할 수 있는 시나리오는 없습니다." 저는 미국의 핵무기정책에 대한 성명을 매우 주의 깊게 읽었습니다. 여러분도 그렇게 하시길 권장합니다. 이런 종류의 언어는 일반적으로는 거의 사용되지 않습니다. 하지만 이 경우 김정은 정권이 핵무기를 사용할 여러 상황을 고려할 때, 바이든 행정부의 핵태세검토보고서는 북한의 핵무기 사용에 미국이 어떻게 대응할지에 대한 어떠한 모호함도 남기지 않고 있습니다.

이제 2024년 상황을 고려할 때, 워싱턴선언은 북한과 우리의 안보에 대해 지금 해야 할 말을 한 것이라고 생각합니다. 북한이 한 국과 미국에 경고하며 그들의 안보에 대해 말하는 것에 비추어보 면, 지금은 모호함을 허용할 때가 아닙니다. 그러나 북한이나 한미 양쪽의 이 모든 강경 발언들은 바로 '지금'을 위한 것임을 특별히 강조할 필요가 있습니다. 이는 '지금' 적절한 말입니다. 바로 미국 에 대통령 선거가 있는 해이기 때문입니다. 내년은 두 후보 중 한 명의 두 번째 4년 임기가 시작되는 해입니다. 우리는 1년 후에 적 절한 정책이 무엇일지 고려해야 합니다.

첫째, 앞으로 더 많은 강경 발언은 적절하지 않을 것입니다. 우 리는 필요한 말만을 하고, 우리 동맹의 생명력과 억제력의 견고함 에 대해 분명히 말해야 합니다. 그리고 이제 다시 북한과 협력을 추구할 방법을 찾아야 합니다.

둘째, 북한의 핵무기 프로그램을 다시 협상의 목적으로 삼아서 는 안 됩니다. 북한의 핵무기 프로그램의 영구성에 대해서도 논쟁 할 필요가 없습니다. 제가 생각하기에 북한의 핵무기를 다루는 유 일한 현실적인 방법은 그것이 현재의 정치 및 안보 관계를 반영하 는 현 상황의 일부임을 인정하는 것입니다. 좋은 소식은 베이징에 위협을 가하지 않는 한 북한과 미국 간의 관계를 개선하는 데 있어 극복할 수 없는 장애물은 없다는 것입니다. 말처럼 쉽지는 않겠지 만 불가능하지는 않습니다.

셋째, 이제 동북아시아의 이상적인 모습을 그리기 전에, 우리가 해결해야 할 중요한 문제들이 있다는 것을 인정해야 합니다. 현실 적으로 핵문제는 언젠가 다루어져야 하지만, 그전에 진정한 정치 적 관여가 있어야 북측, 남측, 미국 모두의 긴장을 완화할 수 있습 니다. 물론 그것이 이루어지기 전까지는 핵무기 실험이나 핵무기 운반수단의 시험이 어떤 진행 중인 정치 과정을 방해하거나 탈선

증폭될 것입니다. 북한에 대한 억제와 강압을 분리하는 방안이 있을까요?

세 번째로, 억지력과 재보장 간의 모순이 있습니다. 한국은 항상 미국의 안보공약에 대해 우려하고 있습니다. 따라서 우리는 미국으로부터 더 많은 것을 원합니다. 하지만 북한은 이것을 미국으로부터 오는 위협 증가로 인식합니다. 보통 억지력과 재확신을 추구할 때, 북한에 대한 억지를 추구하면서 동시에 북한에게 재보장을 제공해야 합니다. 하지만 지금 미국은 한국에게 재보장을 제공함으로써 북한과의 갈등을 악화하고 있다고 봅니다. 이러한 억지책에 내재된 모순을 어떻게 해결할 수 있을까요?

로버트 갈루치 첫 번째 질문부터 시작하겠습니다. 문 교수의 분류 방식에 문제가 있다고 생각합니다. 다시 말해 저는 억지 개념에 다른 종류가 있다고 보지 않습니다. 저에게 억지는 기본적으로 상대방이 도발하면 처벌하겠다는 약속을 의미합니다. 이탈리아에서 말하듯이 'basta così' 말 그대로 '그것이 전부'입니다. '설득할 수 없다면, 공격이 보복을 정당화한다'고 주장하는 경우 실제로 보복이 있을 것이라는 신뢰성 있는 약속이 필요합니다. 만약 이 조건을 충족하지 못한다면 억지를 달성하는 데 실패한 것입니다.

두 번째 질문인 강압과 억지 간의 혼란도 저는 이해하지 못합니다. 전략가라면 누구나 억지=상대방이 무언가를 하지 않도록 하는 것, 강압=상대방이 무언가를 하도록 강제하는 것, 이 둘이 다르다는 것을 인식할 것입니다. 강압이 더 어렵습니다. 제 규칙에 따르면, 상대방에 대한 억지정책을 채택해야 할 때 강압정책을 동시에 채택해야 한다고 주장하지 않습니다. 왜냐하면 모두가 그것이 다르고 더 어렵다는 것을 이해할 것이기 때문입니다.

세 번째 질문인 억지력과 재보장에 대해 이야기해보겠습니다. 이에 대해 매우 유용한 분석 논문이 있습니다. 그 논문에 따르면 한 나라가 다른 나라에 억지를 확장하려 할 때 세 가지를 시도한다고 합니다. 첫 번째는 잠재적 적을 억지하는 것입니다. 두 번째는 억지력을 확장한 동맹국에게 당신이 실제로 억지력과 일관되게 행동할 것이라는 것을 확신시키는 것입니다. 즉, 동맹국의 중요 이익에 대한 공격을 당신의 중요 이익에 대한 공격과 동일하게 간주한다는 것입니다. 세 번째는 당신의 핵태세가 첫 번째와 두 번째를 달성하기 위한 것으로 적대국을 공격하기 위한 것이 아니라는 것을 재확신시키는 것입니다. 따라서 적에 대한 억지, 동맹국에 대한 보장, 그리고 적대국에 대한 재보장이 필요합니다.

여기서 동맹국을 확신시키는 것이 가장 어렵습니다. 억지는 그리 어렵지 않습니다. 몇몇 사람들은 억지에는 그리 많은 것이 필요하지 않다고 주장해왔습니다. 대응할 능력과 의지가 있다는 것을 상대방에게 전달할 수 있다면 억지력을 달성할 수 있습니다. 왜냐하면 상대방이 억지 위협을 무시하면 그들에게 너무나도 끔찍한 결과를 가져다주기 때문입니다. 당신이 실제로 그럴 의지가 있다면, 그들은 억지될 것입니다. 그렇게 어렵지 않습니다. 동맹국을 확신시키는 것이 더 어렵습니다.

제 경험에 따르면, 지난 50년 동안 미국 동맹국들의 기본 입장은 우리를 믿지 않는 것이었습니다. 이 문제는 동북아시아가 아니라 유럽에서 시작되었지요. 우리는 NATO 동맹을 통해 소련과 바르샤바 조약기구를 상대했으며, 우리의 재래식 병력만으로는 소련과 동맹국의 공격을 막을 수 없다고 공개적으로 말했습니다. 1950년대 초기에 헨리 키신저와 다른 사람들의 주장을 받아들여 전술 핵무기를 배치하여 재래식 무기에서 전략 핵무기로의 다리를 놓았습니다. 이는 동맹국을 확신시키기 위한 것이었습니다. 결국 우리는 어떤 것도 동맹국을 완전히 확신시킬 수 없다는 것을 배웠습니다. 우리가 전술 핵무기를 배치하여 전략 핵무기로의 다리를 놓았을 때, 유럽인들은 미국의 계획을 이해하지 못했습니다. 그들은 우리가 전술 핵무기를 사용하여 유럽을 방어할 것이라고 생각했습니다.

최근 한국 대통령도 한국이 자체 핵무기를 가질 수 있는지에 대해 고민한 적이 있습니다. 이는 워싱턴에서 회담으로 이어졌습니다. 따라서 억지는 그리 어렵지 않습니다. 억지는 보장보다 덜 어렵습니다. 재보장은 불가능합니다. 북한이나 중국, 러시아가 우리의 핵무기를 두려워하지 않도록 설득하는 것은 불가능합니다. 그들은 우리의 핵무기가 그들을 공격하기 위한 것이 아니라 그들이 우리나 우리의 동맹국을 공격하지 않도록 설득하기 위한 것이라고 말해도 믿지 않을 것입니다.

문정인 북한에 대한 억지를 이야기할 때 세 가지 요소가 핵심적입니다. 첫째, 북한이 미국의 능력, 둘째, 미국의 의도, 셋째, 미국이 핵무기를 사용할 정치적 의지를 어떻게 인식하고 평가하는지입니다. 과거 북한 사람들과 이야기해보면, 북한은 미국이 강력한 능력을 갖고 있으며, 또한 핵무기를 사용할 의도와 정치적 의지를 갖고 있다고 판단하는 것 같습니다. 따라서 미국의 억지력이 효과를 보고 있다고 파악됩니다. 그러나 한국인들은 그렇게 느끼지 않습니다. 항상 대북 억지력에 문제가 있기 때문에 미국이 이를 보완해주길 원합니다. 반면 북한은 이를 추가적 위협으로 인식하면서 한반도 상황이 악화될 수 있습니다. 이런 딜레마에서 어떻게 벗어날 수 있을까요?

로버트 갈루치 이해합니다. 문 교수님 관점이 완전히 옳다고 생각합니다. 하지만 조심해야 합니다. 이는 오랜 기간 동안 우리가 유럽에서 겪어온 문제입니다. 제가 생각하는 원칙은 동맹국을 행복하게 만드는 조치는 없다는 것입니다. 예를 들어, 서울로부터 더 강경한 입장을 취하라는 요청을 받았다고 가정해보겠습니다. 트럼프 행정부가 마지막으로 진행한 NPR에서는 새로운 무기 시스템을 배치하려고 했습니다. 이는 탄도미사일이 아닌 순항미사일에 핵무기를 탑재하는 것이었습니다. 즉 해상발사 순항미사일(SLCM)에 핵탄두를 탑재하는 것입니다. 트럼프 행정부가 마지막으로 진행한 NPR에서 이 미사일을 다시 배치하기로 결정했습니다. 이러한 조치가 동맹국들을 행복하게 만들 것이라고 생각했던 거지요.

흥미롭게도 상황은 그렇게 간단하지 않았습니다. 제 원칙을 다시 말하자면, 무엇을 하더라도 동맹국을 행복하게 만들 수 없다는 것입니다. 그리고 우리는 이 결정으로 동맹국들을 행복하게 만들지 못할 뿐만 아니라, 적에 대해 재보장하는 데에도 실패할 것입니다. 이는 분명히 낮은 위력을 가진 무기들이기 때문에 더 '사용 가능'한 핵무기들이 될 것입니다. 왜냐하면 이들은 메가톤이나 높은 킬로톤 범위가 아닌 매우 낮은 킬로톤 범위의 무기들이기 때문입니다. 이는 커다란 위험을 수반하기 때문에 모든 사람이 이러한 무기 배치에 불만을 갖게 됩니다. 그래서 저는 바이든 행정부가 실제로 했던 일을 해야 한다고 생각합니다. 바이든 행정부는 낮은 위력의 전술무기에 꽂혀 있는 트럼프 행정부의 결정을 재검토하고, 이들이 실제로 더 사용 가능하다는 것을 인정하고, 그렇기 때문에 핵무기의 사용 문턱을 낮추게 될 것이라고 판단했지요. 그건 우리가 원하는 게 아닙니다. 우리의 목표는 핵전쟁을 피하는 것이며, 재래식 전쟁을 다루기 위해 핵무기를 사용하여 핵전쟁으로 빨려 들어가서는 안 됩니다.

내 버튼이 김정은의 버튼보다 크다

문정인 그렇다면 트럼프가 11월에 재선된다면 어떻게 될까요?

로버트 갈루치 음, 우리는 도널드 트럼프와 그의 핵무기에 대한 인식을 조금 알고 있습니다. 유명한 회의가 있었습니다. '탱크'라고 불리는 곳에서 합동참모본부가 열립니다. 육군, 해군, 공군의 참모총장들과 합참의장이 모이는 자리지요. 새로운 행정부가 시작될 때 전통적으로 신임 대통령을 '탱크'에 모셔 그에게 단독으로 사용할 수 있는 핵무기에 대한 브리핑을 제공합니다. 모든 미국 대통령들은 핵무기의 단독 사용권한을 가지고 있습니다. 즉, 그들은 지구상의 다른 어떤 인사와 상의하지 않고 두 가지 종류의 핵무기를 발사할 수 있습니다.

이는 도널드 트럼프가 아무리 국제사회와 미국 역사, 동맹의 목적을 이해하는 뛰어난 지도자라 해도, 아침에 일어나서 그날 기분이 나쁘다고 느껴 누군가에 핵무기를 사용해야겠다고 마음 먹으면 그는 핵을 사용할 수 있다는 것입니다. 누구와 상의할 필요가 없죠. 부통령이 아래 층에 있고 군 지휘부가 다른 방에 있다 해도 그들과 상의할 필요가 없어요. 그는 단지 '풋볼(football)'이라고 불리는 핵가방을 들고 그를 수행하는 30대의 젊은 장교를 호출하면 됩니다. 이들이 핵가방을 가져오면 대통령은 지문인식을 해 그 가방을 열고 생체코드인식을 통해 미 대통령이라는 것을 확인합니다. 그리고 그는 자신의 주머니에서 숫자가 기재된 코드 카드, 흔히 비스킷(biscuit) 또는 풋볼 비스킷(football biscuit)이라 불리는 걸 꺼냅니다.

이 비스킷 카드는 핵공격 패키지에 대한 코드를 담고 있습니다. 여기에는 저위력 핵공격, 전략 핵공격 등 다양한 선택지가 있는데 이들 중 하나를 선택하여 펜타곤 지하 벙커에 있는 국가군사지휘센터에 전화를 해, 본인이 누구인가를 밝히고 지시하면 핵공격이 이루어집니다. 대통령이 ICBM, 잠수함 발사 탄도미사일, 그리고 기타 탄도미사일 발사 명령만 내리면 되는 겁니다. 그러나 전략 폭격기는 예외입니다. B-2나 B-52 등 전략 폭격기에 대한 명령은 대통령이 직접 내릴 수 없습니다. 핵3각체제(nuclear triad) 중에서 사일로에 보관 중인 ICBM 등 지상 발사 탄도미사일과 잠수함 발사 탄도미사일에 대해서는 대통령이 발사 명령을 내릴 수 있습니다.

대통령이 이런 결정을 내리면 어느 누구도 토를 달 수 없습니다. 국가군사지휘센터에서 기술적 검토를 끝내면, 대통령은 ICBM 발사 명령을 전략사령부에 내릴 수 있고 잠수함 발사 탄도 및 순항미사일의 경우는 해당 사령부에 명령을 내릴 수 있습니다. 그러면 곧바로 발사 장교에게 전달이 되고 핵공격이 이루어지게 됩니다. 제가 자세히 이런 과정을 설명하는 것은 여러분도 미국의 핵무기 운용체계를 알 필요가 있기 때문입니다. 바로 이런 명령 과정이 지금 우리를 걱정스럽게 만드는 것이지요.

윌리엄 페리 전 미 국방부 장관이 《핵단추(Button)》라는 책을 집필했는데 이 과정을 아주 뛰어나게 기술하고 있습니다. 페리 장관은 트럼프 대통령이 위험스러운 인물이어서 이 책을 쓴 게 아니라고 말합니다. 그는 "이 책을 쓴 것은 미국의 모든 대통령, 심지어 내가 가장 존경하는 대통령을 위해서"라고 밝히고 있습니다. 여러

분께 바로 그 메시지를 전달코자 한 것입니다.

바이든이 그런 일을 할 수 있을까요? 저는 상상할 수 없습니다. 트럼프가 그것을 할 수 있을까요? 저는 상상할 수 있습니다. 그러나 이점은 중요하지 않습니다. 중요한 것은 어떤 나라도 대통령이 그런 권한을 가지면 안 된다는 것입니다. 차이가 있지만 다른 국가들도 우리의 단독사용권한을 모방했습니다. 러시아도 마찬가지입니다.

문정인 2017년에 트럼프가 "내 버튼이 김정은의 버튼보다 크다"고 말했을 때, 한국에서는 일부 우려가 있었습니다. 다음 질문으로 넘어가겠습니다. 트럼프 대통령을 조언하는 사람들 중에는 한국이 핵무기를 보유해야 한다는 아이디어를 제안하는 사람들도 있습니다. 가령 엘드리지 콜비 같은 이는 중국을 견제하기 위해서 한국과 일본의 핵무장을 허용해야 한다고 주장합니다. 또 더그 밴도우 같은 이는 한반도 최악의 상태에서는 주한 미군이 북한 핵무기의 볼모로 잡힐 수 있기 때문에 주한 미군을 철수하고 한국의 핵무기 보유를 고려해야 한다는 의견도 제시합니다. 이에 대한 교수님의 생각은 무엇입니까?

로버트 갈루치 저는 그것이 믿기 어려울 정도로 미친 주장이라고 생각합니다. 억지 개념으로 돌아가면, 억지력은 상대방이 우리가 보복할 능력과 의지가 있다고 믿는지 여부에 달려 있습니다. 만약 우리가 방어할 수 없는 위협, 즉 물리적으로 거부할 수 없는 위협이 있다면 우리는 핵무기를 사용할 것입니다. 이는 다른 나라들도 같은 생각을 가질 수 있음을 의미합니다. 우리가 이미 수천 개의 핵무기를 가지고 있는 상황에서, 북한이 100개 정도의 핵무기를 가지고 있다고 해도 미국과 한국의 안보는 여전히 강력합니다.

현재 미국은 '핵 선제 사용 불가' 정책을 채택하지 않고 있습니다. '선제 사용 불가' 정책은 다른 나라보다 먼저 핵무기를 사용하지 않겠다고 약속하는 것을 의미합니다. 이는 모든 핵무기 보유 국가가 각각 다른 나라보다 먼저 사용하지 않겠다고 약속하면, 핵무기가 절대 사용되지 않을 것이라는 아름다운 아이디어입니다. 하지만 미국은 그것을 채택하지 않았습니다. 대신 우리는 핵무기 사용을 고려할 여러 가지 상황을 설정했습니다.

따라서 한국이나 일본, 또는 미국의 확장 억지력의 대상이 되는 다른 어떤 국가도 현재의 억지력보다 나은 방안을 찾기 어렵습니다. 트럼프 대통령이 다시 당선된다면 어떻게 될지 모르겠습니다. 그가 우리의 동맹을 얼마나 소중히 여기는지에 대해 의문을 가질 수 있습니다.

문정인 트럼프 대통령이 전술 핵무기를 일본과 한국에 이전, 배치, 또는 판매할 가능성은 어떻습니까? 그는 거래 지향적인 사람입니다.

로버트 갈루치 그럴 가능성도 있습니다. 문제는 트럼프 대통령이 미국 동맹의 목적에 대한 이해와 존중이 거의 없다는 것입니다. 핵무기 확산에 대해서도 크게 신경 쓰지 않는 것 같습니다. 트럼프가 일본의 핵무기 보유에 대해 질문을 받았을 때, 그는 '그들의 일'이라며 크게 신경 쓰지 않는다고 했습니다. 그는 일본이 미군 주둔 비용을 더 많이 지불해야 한다고 주장했죠. 이러한 상황에서 억지력과 안보가 그의 손에 있는 것에 대해 의문을 가질 수 있고 대안을 생각해야 합니다. 만약 제가 정부에서 일하고 핵무기 보유를 만류하는 임무를 받았다면 그것을 시도했겠지만요.

문정인 그러면 트럼프가 일본과 한국이 핵무기를 가지도록 허용할 가능성이 있다는 말씀인가요?

로버트 갈루치 우리는 지금 최악의 시나리오를 가정하고 있습니다. 트럼프는 그가 한 말을 통해 그의 본능을 분명히 밝혔습니다. 하지만 그것이 그가 설득될 수 없다는 것을 의미하지는 않습니다. 합참의장, 국방부 장관, 상원 외교위원장이 그의 사무실에 들어가 "큰 실수를 하고 있다. 하지 말라"라고 설명할 때 그의 생각을 바꿀 수 있습니다. 그는 어리석지 않다고 생각합니다. 단지 제2차 세계대전 이후 미국이 만들어온 국제사회에 대한 감각이 부족할 뿐입니다. 그래서 트럼프가 대통령이 된다 해도 이 문제를 해결할 수 없다고 단정하지는 않습니다. 하지만 바로 접근해야 합니다.

북한과 아무것도 하지 않기

문정인 바이든 행정부가 북한과의 대화를 시도하고, 아무런 조건 없는 대화를 제안한 바 있습니다. 그런데 바이든 행정부에서 누가 북한을 담당하고 있나요? 전에는 담당자가 있었지만 지금은 없습니다. 누가 책임지고 있습니까?

로버트 갈루치 제가 오늘 강연을 어떻게 마무리했는지 기억하십니까? "다음 행정부가 이 게임이 가치가 있다고 결론 내리기를 바란다"고 했습니다. 우리는 이것이 가치가 있는지 여부를 판단해야 합니다. 오바마 행정부는 그것이 가치가 없다고 판단했습니다. 그들은 달성할 수 없는 외교정책 목표에 정치적 신뢰성을 걸지 않겠다고 결정했습니다. 트럼프 행정부는 놀랍고도 공포스럽게 정상회담이 해결책이 될 것이라고 생각했습니다. 트럼프의 개인적 특성과 그의 자신감 때문에 정상회담이 문제를 해결할 것이라고 믿었던 거지요. 그러나 정상회담은 오랜 기간의 회의 준비 없이 진행되었습니다. 물론 좋은 인재들이 있기도 했었습니다. 스티브 비건 같은 이들은 훌륭했지요. 그럼에도 그건 단지 '트럼프 쇼'에 불과했습니다.

문정인 하지만 바이든 행정부는 아무것도 하지 않았습니다. 그도 김정은과 점심을 가질 수 있었을 텐데요. 성 김을 특사로 임명하긴 했지만 그는 당시 처음엔 필리핀 대사를, 다음엔 인도네시아 대사를 맡고 있던 중이어서 겸직으로 특사를 맡았습니다. 참으로 이상한 인사조치라고 할 수 있지요. 어떻게 그가 특사 역할을 제대로 할 수 있었겠습니까?

로버트 갈루치 바이든 행정부의 행동에 대해 당신과 마찬가지로 비판적입니다. 그러나 이 결정은 어리석어서가 아니라 계산된 것입니다. 그들은 자신을 노출시키지 않기로 결정했습니다. 미국에서는 북한과 협상하는 것이 순진하다고 여겨질 수 있습니다. 이는 국가안보 세계에서는 어리석은 것보다 더 나쁜 것입니다. 그래서 어떤 미국 행정부도 북한과 협상하는 것은 큰 위험을 감수해야 합니다. 이들은 그 게임이 가치가 없다고 판단한 것입니다.

문정인 하지만 바이든이 11월에 재선되고, 토니 블링컨이 국무부 장관으로, 제이크 설리번이 국가안보보좌관으로 계속 남아 있다고 가정해봅시다. 그 경우 바이든 행정부는 우크라이나문제, 가자

문제, 대만해협에서의 긴장 고조를 함께 다루게 될 것입니다. 그러면 북한문제는 어떻게 될까요?

로버트 갈루치 그들은 북한문제를 제대로 해결할 수 있습니다. 이 강연의 마지막에 제가 무엇을 말했습니까? 제가 바라는 것은 그들이 이 게임이 가치가 있다고 결정하는 것입니다. 보도에 따르면, 오바마가 백악관을 떠날 때 전통적으로 퇴임하는 대통령이 차기 대통령을 만나서 집무실에서 대화를 나누는 시간이 있습니다. 오바마가 트럼프와 그렇게 했을 때, 오바마는 "북한문제는 지옥과 같은 문제"라고 말했다고 합니다. 이제 누군가가 "오바마 대통령, 당신은 지구상에서 가장 똑똑한 사람 중 하나입니다. 왜 그 문제를 제대로 해결하지 않았습니까?"라고 묻고 싶을 것입니다. 저는 그를 그렇게 잘 알지는 못합니다. 한 가지 분명한 것은 오바마의 분석에 잘못된 점이 있다고 생각하지 않습니다. 오바마와 바이든 모두 북한과의 실질적인 관여를 시도하지 않았다는 점이 문제지요.

* * *

문정인 이제 질의응답 시간을 가지겠습니다. 손을 들어주시겠습니까?

찰스 윤 안녕하세요. 제 이름은 찰스 윤입니다. 저는 갈루치 교수님의 책을 인상 깊게 읽었습니다. '완전하고 검증 가능하며 불가역적인 핵폐기' 이른바 'CVID'는 훌륭한 계획이라 봅니다만 사실은 정치적 헛소리라고 봅니다. 교수님은 북한과 정치적으로 교류해야 한다고 제안하는 것 같습니다. 비핵화를 전제로 하지 않고도 긴장을 완화하고 위험을 줄일 수 있다고요. 그런데 왜 미국은 여전히 CVID 같은 비현실적이고 역효과를 내는 정책을 고집하는 걸까요?

로버트 갈루치 미국 전역을 돌아다니며 공화당과 민주당을 포함한 다양한 사람들에게 물어보면, 그들은 북한이 핵무기를 포기하는 합의를 할 수 있다고 믿지 않습니다. 따라서 CVID가 달성 가능하다는 주장에 대해 논쟁할 필요도 없습니다. 그들은 CVID라는 실현할 수 없는 높은 기준을 설정하고 있죠. 그것은 무력을 통해서만 이룰 수 있다고 믿습니다. 저는 그 입장을 인정하지 않습니다. 저에게 CVID는 말도 안 되는 소리였습니다. 먼저 포괄적인 검증이 필요합니다. 저는 1차 걸프전 이후 몇 년 동안 이라크에서 핵사찰을 했습니다. 핵무기는 작고, 핵물질은 야구공 크기 정도입니다. 모든 가방을 열어볼 수는 없습니다. 그러므로 포괄적으로 검증하는 것은 불가능합니다. 재처리 공장은 숨기기 어렵고, 농축 공장도 마찬가지입니다. CVID는 성공할 수 없는 기준이었습니다. 바보 같은 기준이었죠.

이제 우리가 정말로 논의해야 할 문제로 돌아갑시다. "지금이나 미래에 북한이 자신들의 정치적, 외교적 관계에서 충분히 안전하다고 느끼게 해서 핵무기를 포기하고 국제사회에 합류하며 정상적인 관계를 맺는 합의를 할 수 있을까요." 이게 나에게 주어진 질문이라면 나는 가능성이 있다고 답하겠습니다. 쉽지는 않겠지만, 그것이 올바른 질문입니다.

이지윤 저는 워터베리대학교에서 온 이지윤입니다. 트럼프 행정부가 다시 들어서면, 그동안 뉴스에서 많이 다루지 않았던 북한에서의 집단학살이나 고문 같은 인권 문제들에 어떤 변화가 있을까요?

로버트 갈루치 제가 제네바합의 협상을 할 때, 인권단체 사람들이 오는 것을 보면 반대 방향으로 도망쳤습니다. 그들은 저에게 북한 정권의 끔찍한 행태와 인권 유린에 대해 말해줄 필요가 없었습니다. 이미 알고 있었기 때문입니다. 하지만 그것은 제 일이 아니었습니다. 제 일은 북한의 핵무기 프로그램을 다루는 것이었습니다. 인권단체에서는 북한과 협상하는 미국 행정부 관리가 북한의 인권문제를 다루기를 원할 수 있지요. 하지만 저는 인권문제를 다루는 것이 핵문제를 해결하는 데 도움이 되지 않을 것이라고 생각했습니다. 제가 인권문제를 제기하면, 북한 대표단은 격렬하게 반응했을 것입니다. 저는 탄도미사일 문제를 제기했을 때도 그들이 격렬하게 반응하는 것을 봤습니다. 그들은 인권문제가 협상의 범위를 넘는 의제라고 했습니다. 솔직히 말씀드리자면 저는 그들에게 인권문제를 제기하지 않았습니다. 나는 어떤 식으로든지 인권문제에 연루되는 것을 원치 않았습니다. 인권문제를 제기하는 것이 시기상조라고 보았지요. 그리고 그런 방식으로 인권문제를 제기하는 것도 마땅치 않았어요.

다시 말하지만 저는 잘못했던 것 같아요. 진지하게 북미 관계 정상화를 원한다면 인권 상황을 무시할 수 없습니다. 물론 우리는 인권을 심각하게 유린하는 사람들을 친구나 동맹으로 대하지 않습니다. 우리는 그들을 배척하고 비난해야 합니다. 오늘 발표에서 저는 인권을 핵무기 문제와 동등하게 다뤄야 한다고 말했습니다. 인권문제를 해결하지 않으면 정상화할 수 없기 때문입니다. 그리고 정상화가 이루어지지 않으면 그들이 핵무기를 포기하지 않을 것입니다. 이것은 제게 있어 균형이 맞아야 하는 문제이며, 분리될 수 없습니다.

마지막으로 제가 북한 관계자들과의 트랙 2 대화에서 그들에게 인권문제를 이야기하고 싶다고 했을 때, 그들은 "무엇?"이라는 반응을 보였습니다. 그들은 "우리는 핵무기에 대해 이야기하고 있다"라고 말했습니다. 저는 "당신들의 체제가 완벽하다고 말하지 않았습니다. 개선될 수 있으며, 우리와 정상적인 관계를 맺고 싶다면 반드시 개선해야 합니다"라고 말했습니다. 이것이 오늘 제 메시지입니다.

청중 1 미국은 핵무기를 보유하고 있으며 한국에 핵우산을 제공해 왔습니다. 이에 따라 한국은 자체 핵무기를 개발하지 않았지요. 북한이 핵 능력을 보유하지 않았던 때는 그것으로 충분했을 수 있습니다. 하지만 이제는 설득력이 떨어집니다. 게다가 미국은 우크라이나에 대해 부다페스트협약으로 비슷한 보장을 했지만, 현재 우크라이나의 상황을 보면 미국의 방어에 대한 의구심이 생깁니다. 저는 한국의 자체 핵무장정책이 합리적이고 논리적인 전략이라고 생각합니다. 이에 대해 어떻게 생각하십니까?

로버트 갈루치 미국이 우크라이나의 안보를 보장하지 못한 상황에서 왜 한국이 미국에 안보를 맡겨야 하는지 물으셨는데, 여기 중요한 차이점이 있습니다. 미국은 한국과 '조약동맹'을 맺었지만, 우크라이나와는 조약동맹을 맺지 않았다는 점입니다. 우리는 우크라이나를 지원하기 위해 수백 억 달러를 지출했지만, 바이든 대통령은 명확하게 우리는 우크라이나를 지키기 위해 러시아와 전쟁을 하지는 않을 것이라고 천명했습니다. 이 점이 중요합니다. 우리는 러시아와 전쟁을 하지 않겠다고 했고, 우크라이나에 제공하는 군사지원은 러시아 영토에 대해 사용되지 않도록 하고 있습니다. 우리는 NATO 회원국인 폴란드를 방어하기 위해서라면 러시아와 전쟁을 할 것입니다. 그러나 우크라이나와는 그렇지 않습니다. 이 점에서 한국과 상황이 다릅니다. 한국, 일본, 호주 및 NATO와 같은 동맹국들은 우리와 공식적인 조약동맹을 맺고 있습니다.

대만에 대해 바이든 대통령은 이런 말을 한 적이 있습니다. "우리는 귀국의 뒤를 지킬 것이다(We have your back)." 이 말이 무슨 의미인지 명확하지 않게 느껴질 수 있습니다. 어린아이들이 놀이터에서 "내가 뒤를 봐줄 터이니 가서 싸워라"라고 하는 것인지 중국과 전쟁을 하겠다는 것인지 명확히 알 수가 없습니다. 그러나 바이든의 말은 '대만의 지위가 무력으로 변경되는 것을 허용하지 않겠다'는 대만과의 합의를 지지하는 입장이라고 봅니다. 이는 행복한 이야기가 아닙니다. 향후 어떻게 전개될지 저도 알 수가 없습니다.

대만 건은 우크라이나와 달리 회색 지대입니다. 미국 어느 대통령도 우크라이나에 대해 입장 표명을 한 바 없습니다. 그러나 바이든의 대만에 대한 언급은 아주 명백합니다. 중국이 대만을 봉쇄하거나 침공하게 되면 우리는 대만문제로 중국과 전쟁에 들어갈 수도 있습니다. 저는 그런 전쟁을 기대하지 않습니다. 그런 전쟁을 치를 준비가 되어 있지 않다고 말할 수는 없지만, 그런 전쟁이 있어서는 안 될 것입니다.

한반도 자체 핵무장에 대해 이야기하면, 저는 오랜 시간 동안 다른 국가들에 핵확산 반대를 설교해왔습니다. 미국 정부에서 일하면서 인도를 포함한 여러 나라에 핵무기를 보유하지 말라고 설득해야 했어요. 인도가 핵무기 프로그램을 시작한 지 얼마 되지 않았을 때 저는 그곳에 가서 제 주장을 밝혔습니다. 그들은 "미국은 3만 개의 핵무기를 보유하고 있는데 왜 우리는 하나도 가지면 안 되냐"고 했습니다. 당시는 미국 핵무기 보유 수가 절정에 달했을 때지요. 어쨌든 이제는 설교하지 않습니다.

로버트 갈루치

지금 동맹인 미국이 수천 개의 핵무기를 가지고 있는데 한국이 자신들의 안보 목표를 달성하기 위해 독자적 핵무기 보유가 유일한 방법이라고 결정한다면, 저는 그 결정이 잘못이라고 생각합니다. 미국과의 동맹을 유지하고 확장억제에 의존하는 것이 더 나은 선택이라고 생각합니다. 그러나 이 건은 주권적 결정입니다. 옳은 선택을 하기 바랍니다. 학생 질문의 핵심은 "우리는 미국의 안보 공약을 신뢰할 수 없다"인 것 같습니다. 물론 미국이 북한의 대륙간탄도미사일 공격에 취약해진다면 그런 주장이 설득력이 있겠지요. 서울을 지키기 위해 샌프란시스코를 희생해야 한다면 이는 전쟁을 한다는 걸 의미합니다. 그래서 NPR에 언급된 억지력이 중요한 것이지요. 북한이 미국이나 동맹을 대상으로 핵무기를 사용하는 순간, 북한은 완전히 파괴될 것입니다. 북한은 파괴에서 벗어날 수 없다는 것을 알고 있습니다. 귀하는 우리의 억지력에 의구심을 갖지만 저는 우리의 억지력을 믿습니다.

프리실라 저는 이화여자대학교 석사과정에 있는 프리실라라고 합니다. 제 질문은 교수님이 언급하신 미국과의 동맹 관계와 일반적으로 핵확산 문제에서 미국의 역할에 관한 것입니다. 현재 미국은 중국과 전략적 경쟁 관계에 있습니다. 중국도 북한문제에 있어서 한국과 일본만큼 관여하고 있지만, 다른 진영에 속해 있습니다. 미국과 중국이 이 문제를 해결하기 위해 협력할 수 있는 현실적 여건이 마련될 수 있을까요? 있다면 어떻게 가능할까요?

로버트 갈루치 중국에 대한 이야기는 경험적인 차원에서 답할 수밖에 없습니다. 제가 북한과 협상할 때 두 번이나 베이징에 가서 그들의 도움을 요청했습니다. 저는 아시아 전문가도 아니고 한국 전문가도 아니지만, 중국이 북한에 큰 영향을 미친다는 것을 알고 있었습니다. 그래서 국무부 장관의 지시로 베이징에 갔습니다. 하지만 중국은 큰 도움을 주지 않았습니다. 그러나 이는 중국이 안보리에서 북한에 대한 제재를 지지하지 않았다는 의미는 아닙니다. 그들이 제재를 지지했는지 여부는 모릅니다. 그러나 중국과의 협력이 필요하다는 점은 분명합니다. 우리가 베이징에 가서 그들에게 상황을 제대로 알려주지 않았다면 진전을 보기 어려울 수도 있었다고 생각합니다. 16개월 동안 북한과 협상하면서 북한 측과 회동할 때마다 그 결과를 한국에 알려주곤 했습니다. 중국 측에는 그렇게까지 하지는 않았지만 가급적 가까이 했습니다. 유럽 측에는 그러지 않았습니다.

미중 관계가 좋지 않다는 귀하의 지적은 정확합니다. 아마도 당분간 좋아질 전망이 보이지 않습니다. 중국은 그들에게 완충국가역할을 하는 북한을 보호하고자 하지만, 북한이 현재 이 지역에 배치된 수준 이상의 미군, 특히 미 육군과 해군을 끌어들이는 상황을 보고자 하지는 않습니다. 그래서 중국은 상황을 안정시키려는 의도가 있었던 거지요.

청중 2 북한 비핵화에 대해 많이 언급하셨습니다. 미국은 클린턴 행정부, 부시 행정부, 트럼프 행정부 등 모든 행정부에서 비핵화를 목표로 삼았습니다. 그럼 다른 정책들은 어떻습니까? 예를 들어 군축과 군비통제 같은 것들 말입니다. 감사합니다.

로버트 갈루치 군비통제는 중요한 이슈입니다. 제가 처음 정부에 들어갔을 때 국무부가 아니라 군비통제처에서 먼저 근무했습니다. 처음 3, 4년은 군비통제, 그중에서도 확산문제를 중점적으로 다루었지요. 이와 관련, 군비통제와 군축을 구분해야 한다고 생각합니다. 군축은 무기를 줄이는 것을 의미합니다. 군비통제는 무기를 줄이는 것뿐만 아니라 안정성을 증대시키는 시스템을 구축하는 것을 포함할 수 있습니다. 한 저명한 정치학자는 군비통제에는 세 가지 목표가 있다고 했습니다. 첫째, 전쟁의 확률을 줄이고, 둘째, 전쟁 준비 비용을 줄이고, 마지막으로 공식적 협약 또는 협약 없이 전쟁의 비극적 결과를 최소화하는 것입니다.

제 경험으로는 군비통제가 꼭 군축을 의미하는 것은 아닙니다. 그러나 쌍방이 안정적이라 생각하는 시스템을 채택하고, 불안정을 고조하는 무기 체계를 배제하는 군비통제협약을 체결, 운용하게 되면 자연히 군비 축소도 이루어질 수 있겠지요. 저는 2026년 이후로 미국과 러시아 간의 모든 군비통제협약이 종료될 것을 매우 우려하고 있습니다. 이는 양국 관계를 관리하는 중요한 방법이었습니다. 우리가 이 문제를 적극적으로 관리하지 않으면 더 위험한 상황에 놓이게 될 것입니다. 양국은 수십 년 동안 아주 복잡한 군비통제협약을 맺었어요. 검증이 주는 함의가 컸습니다. 이제 러시아는 마지막 남아 있던 미국과 러시아 간 군비통제협약에서 탈퇴했습니다. 배치 가능한 핵탄두 수를 제한하는 전략핵무기감축조약(START)에서요. 러시아는 불안정을 초래하는 무기 체계를 구축하고 있습니다. 미국과 러시아 관계는 계속 위험해질 것입니다. 군비통제를 통해 핵무기를 관리하는 시스템이 사라져서 더욱 그러합니다.

결론적으로 저는 군축이 나쁘다고 생각하지 않습니다. 그러나 세 가지 목표를 지향하는 군비통제가 더 현실적이라 봅니다. 우리가 일방적으로 군축을 하게 되면 적의 공격에 취약해질 수밖에 없습니다. 군축이 바람직하지요. 그러나 군축은 군비통제를 통해 이루어질 수 있다고 봅니다.

이만석 안녕하세요. 저는 육군사관학교에서 정치학을 가르치는 이만석입니다. 최근 한국 내에서도 한국의 핵무장에 대한 논의가 활발히 이루어지고 있습니다. 일부 사람들은 북한이 러시아와 중국과 핵문제에서 연합하고 중국의 위협이 더욱 심각해질 경우, 미국이 중국의 확장을 저지하기 위한 경쟁력이 떨어질 수 있다고 주장합니다. 이런 상황에서 미군 지상군의 한국 주둔을 줄이는 대신 한국의 핵무장을 허용하는 방안을 추구할 수 있을까요? 이러한 전망에 대해 어떻게 생각하시는지, 그리고 미국이 한국의 핵무장을 허용할 조건이 있을까요?

로버트 갈루치 제가 이 질문을 제대로 이해했다면 한국이 핵무기를 획득할 경우 어떤 이점이 있으며 주한 미군에 미칠 영향은 어떻게 되는가에 대한 질문인 것 같습니다. 제 생각에는 한국이 자체 핵무기를 보유하는 것이 안보를 강화시키지 않을 것입니다. 게다가 미군의 주둔은 중요한 역할을 합니다. 영국의 한 분석가이자 국방부 장관이 했던 이야기가 떠오릅니다. 결혼반지를 낀 사람과 안 낀 사람 중 누구를 더 신뢰할 수 있을까요? 그러나 결혼반지를 빼고 술집에 들어가는 사람은 더 신뢰할 수 없겠지요.

미국이 한국에서 당장 군대를 철수한다면 큰 영향을 미칠 것입니다. 현재 NATO의 다섯 개국에 미국의 핵무기가 배치되어 있는데, 미군 전투기뿐만 아니라 주둔국 국가의 전투기에도 배치되어 있습니다. 여러 가지 이유로 이런 조치가 취해졌지요. 제가 지적하고 싶은 것은 이것도 결혼반지와 같다는 것입니다. 얼마 전 튀르키예에서 군사 쿠데타 시도가 있었습니다. 에르도안 대통령에 대한 호불호를 떠나 미국의 관심은 튀르키예 공군 F-16에 장착되어 있던 미국의 핵무기였습니다. 만약 쿠데타가 성공했다면 이 핵무기의 행방이 어떻게 될지 알 수 없는 일이었으니까요. 현재 미국 전술 핵무기가 배치된 NATO 국가는 네델란드, 벨기에, 독일, 이탈리아, 튀르키예 다섯 국가입니다. 이런 이유로 우리는 핵무기를 유럽에서 철수시키고 싶지만, 유럽 국가들은 이에 반대하고 있습니다.

같은 이유로 저는 미국의 한국 주둔이 매우 중요하다고 생각합니다. 주한 미군은 미국의 안전보장에 대한 신호를 보내는 것입니다. 저는 주한 미군과 한국의 핵무장을 연계하고 싶지 않습니다. 분리하는 것이 좋습니다. 한국의 안보는 미국의 수천 개 핵무기로 더 잘 보장될 수 있습니다. 그 이상의 무기 재고가 어디 있겠습니까?

금정윤 저는 금정윤입니다. 오늘 훌륭한 강연 감사드립니다. 최근 우크라이나 전쟁 이후, 북한과 러시아의 관계가 강화되었습니다. 이전에 논의되었듯이 미국과 북한의 관계에서 중요한 요소는 베이징의 역할입니다. 러시아도 중요한 역할을 할 수 있을까요? 이에 대한 교수님의 의견을 듣고 싶습니다.

로버트 갈루치 미국 내에서 NPR의 가정이 옳은지에 대한 흥미로운 논쟁이 있습니다. 이 가정은 북한이 중국과 러시아보다 덜 중요한 사례라는 것입니다. 이에 따라 우리는 러시아를 억제할 수 있다면 중국이나 북한을 걱정할 필요가 없다고 생각합니다. 연구기금이 많고 우수한 연구자들이 참여하는 미국의 한 보수그룹은 중국, 북한의 핵능력을 러시아의 핵능력과 분리시켜 계산하는 것에 반대합니다. 이들은 러시아, 중국, 북한의 핵능력을 누적적으로 다루어야 한다고 주장합니다. 이 3개국 핵무기와 운반수단을 합산하고 그것을 억제의 대상으로 설정합니다. 만일 러시아, 중국, 북한이 동시에 미국을 공격해온다는 것을 가정하여 억제력을 구축한다면 미국은 핵무기를 훨씬 더 증강해야 합니다. 이들 세 국가도 마찬가지로 생각하겠지요. 이것은 바로 군비경쟁으로 이어집니다.

저는 이런 식의 누적적 계산방식의 분석에 반대합니다. 러시아, 중국, 북한의 핵 능력을 개별적으로 분석하고 그들이 서로 협력하는지를 살펴봐야 합니다. 북중러 3각 관계를 살펴보면 북한과 러시아의 협력은 가시화되고 있습니다. 그러나 중국이 여기에 얼마나 참여하고 있는가에 대해서는 확실하지 않습니다. 지켜봐야 할 것입니다.

저는 아시아 전문가가 아니라는 것을 인정합니다. 그러나 중국이 북러 관계 개선에 대해 달갑지 않게 생각한다는 것은 쉽게 상상할 수 있습니다. 우리 시각에서 볼 때 이는 그리 나쁜 현상이 아니라고 봅니다. 솔직히 러시아가 정치, 경제적으로 중국을 대체할 만한 북한의 후원국이 되기는 어려울 것입니다. 물론 무기체계로 들어가면 사정은 달라질 수 있습니다. 그러나 한 가지 분명한 것은 우리가 북중러를 하나로 묶어 그들의 핵전력을 평가한다면 핵 군비경쟁에 봉착하게 될 것입니다.

손재민 안녕하세요. 저는 손재민 기자입니다. 오늘 강연에서 억제보다는 외교에 대해 더 많이 말씀하셨습니다. 여전히 외교를 통해 북한문제를 해결할 수 있다고 믿으십니까? 지난 30년간의 역사 속에서 북한의 핵무기 개발을 막지 못한 가장 큰 이유는 무엇이라고 생각하십니까? 외교적 노력에 희망이 있다고 보십니까?

로버트 갈루치 억제와 외교에 대한 질문인데요, 저는 때때로 외교가 실패한다고 생각합니다. 저는 대학원에서 케네스 월츠 교수 밑에서 강의 조교를 지냈고 그분 밑에서 박사논문을 썼습니다. 그분은 현실주의의 전형이셨죠. 그분과 연구하면서 현실주의의 중요성을 배웠습니다. 월츠 교수는 힘의 관계를 이해한 후에 억제와 외교정책을 추구해야 한다고 주장했습니다. 저는 미국이 힘의 관계를 이해하고 이를 바탕으로 외교를 시도해야 한다고 믿습니다. 억제와 외교는 상호 배타적이지 않으며, 때로는 외교가 작동하지 않을 때도 있습니다. 중요한 것은 힘의 관계를 이해하고 이를 바탕으로 외교를 시도하는 것입니다. 특히 힘이 유리하게 작용할 때 억제와 외교가 동시에 효과적으로 작동한다는 것을 명심해야 할 것입니다.

임석한 저는 연세대학교에서 경제학과 국제학을 전공하는 임석한입니다. 현재 우크라이나, 러시아, 이스라엘-팔레스타인 상황에서 한국이 배울 수 있는 교훈은 무엇이라고 생각하십니까? 저는 미국이 지지하는 국가들이 공격받을 때, 그것이 핵문제가 아니라도 어떻게 대응하는지에 대한 교훈이 있다고 생각합니다. 한국이 미국의 확장억제와 핵지원을 받고 있지만, 현재의 상황을 고려할 때 단순히 미국의 지원에만 의존하는 것이 현명하지 않을 수 있다고 생각합니다. 이에 대해 어떻게 생각하시는지요?

로버트 갈루치 여러분에게 권장하는 NPR을 보면 미국의 핵심이익에 대한 위협과 핵무기 위협을 연결하지 않고 있습니다. 레드라인이 설정되어 있지 않다는 이야기지요. 핵무기 사용이 레드라인을 위반하는 것이 될 수 있습니다. 그리고 미국의 핵심 이익에 대한 재래식 위협이 방어만으로 다룰 수 없게 되면 억제를 고려하게 됩니다. 여기에는 핵무기 사용도 포함됩니다. 바이든 대통령은 이 점을 잘 이해하고 있습니다.

바이든 대통령은 이 레드라인을 적시해놓고 타국이 핵무기를 사용하지 않더라도 미국이 어떤 조건 아래서 핵무기 사용을 정당화할 수 있는가를 설명하는 NPR을 그의 책상 가까이 두고 있습니다. 바로 그런 이유에서 미국은 '단일 목적 명제'라든가 '핵 선제 사용 불가' 교리를 채택하지 않고 있는 것입니다. 한국과는 공식적 협약이 있습니다. 한국은 미국의 조약동맹입니다. 이스라엘과 우크라이나는 미국의 파트너지요. 한국은 아시아, 중동, 남미, 아프리카 등지에 있는 수많은 나라들과 다릅니다. 미국의 안보공약과 확장억제에 대해 의구심을 가질 필요가 있을까요?

문정인 갈루치 교수님께 큰 박수 부탁드립니다. 오늘 긴 시간 동안 질문에 열심히 응해주셨습니다. 감사합니다.

현재 상황에서, 두 나라(미국과 북한) 및 그들의 독재적 지도자들이 핵무기를 보유하고 서로에게 위협을 가할 의지를 보이는 가운데 다시 세계 무대에서 맞서게 될 때, 특히 이들 국가 중 하나에 살고 있거나 인접한 국가(가령, 한국)에 살고 있다면, 향후 전개될 상황에 대해 우려하는 것은 당연합니다. 그렇다면 2025년이 다가오면서 우리의 공동 미래는 어떻게 될까요?

현명한 한 동료가 과거 동북아로부터 멀리 떨어진 한 지역의 두 국가 관계를 예측하며 이렇게 말했던 적이 있습니다. "최근 과거를 살펴보고 더 비슷한 상황이 지속될 것으로 예상하라. 언제나 극적인 변화는 가능하지만, 대개는 과거의 반복일 것이다." 이러한 국제관계 법칙을 따른다면 미래에도 계속해서 위험한 핵대치 상황이 유지될 가능성이 큽니다. 하지만 어쩌면 김정은과 트럼프 간의 '브로맨스'가 이어질 수도 있습니다. 이는 두 명의 강압적 지도자가 국제무대에서 만들어온 개인적 관계를 의미합니다. 이런 관점에서 보면 과거와 유사한 미래, 즉 긴장이 간헐적으로 고조되고, 외교적 및 정치적 화해를 시도하지만 결국 신뢰 형성에 실패하는 상황이 반복될 것으로 예상할 수 있습니다.

그러나 우리의 관계가 과거와 유사할 것이라는 결론을 내리기 전에, 과거와 달라진 점을 더 신중히 검토해야 합니다. 특히 눈에 띄는 점은 북한 지도부가 미래는 과거와 다를 것이라는 자신감을 느끼고 있다는 점입니다. 북한은 영구적으로 핵무기 국가임을 주장하고 있으며, 이는 헌법에 명시되어 있습니다. 북한은 더는 핵무기를 협상 대상으로 삼지 않을 것이라고 단언합니다. 남북 관계 역시 더 이상은 회복해야 할 분단의 문제로 간주하지 않으며, 통일의 신화도 부정합니다. 북한은 생존 가능한 반격능력, 즉 핵공격에 대한 신뢰할 수 있는 억제력을 확보하기 위해 계속 노력하고 있습니다. 이는 북한의 관점에서 특히 체제전복 시도에 대응하기 위한 방어수단으로 간주합니다.

북한은 미국의 확장억제 공약—즉, 한국, 일본, 호주와의 동맹에서의 억제 공약—을 시험할 가능성이 있습니다. 미국이 우크라이나 전쟁 중 러시아의 핵위협에 대응했던 방식, 대만문제에서 중국의 강압적 행동에 미국이 군사적 대응을 꺼리는 태도…. 앞서와 같은 상황을 참고해 북한이 서해의 한 섬을 점령하는 등 한국과 관련된 도발적인 행동을 감행할 가능성이 있습니다. 북한은 이제 미국 본토를 타격할 수 있는 대륙간탄도미사일을 보유하고 있습니다. 미국이 북한의 핵위협을 군사적 수단으로 제거하려 해도, 그때 파괴되지 않은 북한의 ICBM이 미국에 감당할 수 없는 손해를 입힐 수 있습니다. 이로 인해 미국은 더 '선제타격 능력'을 확신할 수 없는 상황에 부닥칠 수 있고요. 억제 이론의 관점에서 보면, 북한과 미국 모두 상호보복타격 능력을 보유하게 되어 안정적인 관계가 유지될 수 있지만, 각국의 위험 감수 성향과 '용납할 수 없는 피해'의 정의가 다를 경우 상황이 불안정해질 수 있습니다.

이 모든 것을 종합하면, 우리는 김정은과 트럼프 간의 새로운 협력 관계가 등장하고 화해와 노벨평화상을 목표로 하는 과정에 진입한다고 확신하기 어렵습니다. 오히려 우리는 양국에 치명적인 결과를 가져올 핵전쟁의 벼랑에 서 있을 가능성이 있습니다. 우리는 모두 이러한 상황이 현실이 되지 않기를 희망하며 기도해야 합니다. 또한 이러한 위기를 막고 긴 협상과 화해의 길로 나아가게 할 능력을 갖춘 사람들은 도덕적 책임을 다해야 합니다.

로버트 갈루치

2장

신대륙으로 향하는 북한과
한반도 핵재앙을 막는 길

한반도에서 평화는 가능한가

로버트 칼린, 시그프리드 헤커

위의 QR 코드를 통해
해당 글의 강연 동영상을 보실 수 있습니다.

오늘 제임스 레이니 강좌에서는 한국의 핵재앙을 피할 수 있는 방안에 대해 이야기해보려고 합니다. 한반도에서 군사적 분쟁이 발생한다면 재래식, 우발적 충돌로 시작하겠지만 결국에는 핵대결로 확대될 것이고 그 결과는 재앙일 것입니다. 그래서 이 주제의 저명한 전문가 두 분을 모시기로 했습니다.

먼저 소개할 로버트 칼린 연구원은 한국의 어떤 북한 전문가보다도 뛰어난, 전세계를 통틀어 북한을 가장 잘 아는 사람입니다. 칼린 연구원은 돈 오버도퍼와 함께 한반도에 대한 유명한 저서인 《두 개의 한국(The Two Koreas: A Contemporary History)》(2013)을 집필하셨습니다. '새로운 한국'에 관해 다양한 주제로 책을 쓴 학자들이 있지만 《두 개의 한국》에 필적할 책은 없다고 생각합니다. 현재와 같은 상황에서 북한의 의도를 이해하는 데 있어서 중요한 정보를 많이 제공해주실 것이라 생각합니다.

시그프리드 헤커 교수님은 스탠포드대학교의 명예교수입니다. 그 이전에는 로스앨러모스 연구소장으로 12년간 재직했습니다. 헤커 교수님은 그곳에서 핵폭탄 설계를 담당했습니다. 하지만 지금은 어떻게 핵확산 방지를 이루어낼 수 있는가, 어떻게 핵무기의 군비 축소와 같은 큰 변화를 이끌어낼 수 있는가에 대해 깊은 관심을 가지고 계십니다. 최근에 《핵의 변곡점(Hinge Points: An Inside Look at North Korea's Nuclear Program)》이라는 책을 출간했습니다. 1990년대 초부터 북한 핵문제에 관한 모든 기억과 사실이 담긴 중요한 책입니다. 꼭 읽어보시기를 강력히 추천합니다.

이제 오늘의 강연자들을 모시겠습니다. 먼저 로버트 칼린이 '신대륙으로 향하는 북한'이라는 주제로 이야기하고, 이어서 시그프리드 헤커 교수가 '한반도 핵재앙을 막는 길'에 대해 이야기해주실 겁니다.

신대륙으로 향하는 북한

안녕하세요. 문정인 교수님, 초대해주셔서 감사합니다. 문 교수님은 저에게 아주 소중한 친구입니다. 그에게서 많은 것을 배웠지요. 그리고 여전히 저에게 소중한 사람입니다. 힘든 시기도 있었지요. 북한문제를 다루는 일은 쉽지 않습니다. 문정인 교수님이 말씀하셨듯이 상황은 계속 나빠지고 있습니다. 안타깝게도 상황이 더 악화될 거라고 말씀을 드려야 할 것 같습니다. 헤커 교수님과 제가 '새로운 대륙'을 발견했거든요. 영화로 치면 이 장면에서 케틀드럼 소리와 끼익거리는 바이올린 소리로 아주 음산한 분위기를 자아내야 할 겁니다. 이 대륙이 무엇이든 간에 얼마나 중요한지 여러분이 아시면 좋겠습니다.

이 새로운 대륙은 윤곽을 잡기가 힘듭니다. 지형도 알 수가 없습니다. 원주민들이 순한지도 모르고요. 안전한 항구가 있는지도 모릅니다. 영양가 있는 작물을 키울 수 있는 땅이 있는지도 알 수 없어요. 이 사람이 도대체 무슨 말을 하는 건가 싶으실 겁니다. 저는 오랜 연구 끝에 도달한 결론을 말씀드리려고 합니다. 북한은 새로운 전략적 정책을 채택했습니다. 1990년부터 2019년까지와는 상당히 다른 정책이지요. 이 정책은 국내, 대외, 군사, 안보정책을 추진하는 새로운 동력이 될 것입니다. 우리는 이 정책을 잘 이해해야만 합니다.

지금은 극초기 단계에 있습니다. 초기 징후만으로는 짐작조차 하기 어려울 겁니다. 하지만 우리가 직면한 현실을 인지하고 있어야 합니다. 이것이 정말 중요한가, 북한은 항상 비슷하지 않는가, 그런 말을 많이 듣습니다. 무슨 소용이 있겠습니까. 어찌되었든 북한은 믿을 수가 없습니다. 북한이 서명하는 것도 믿을 수 없다고 하죠. 사실상 이건 완전히 잘못된 생각입니다. 1990년에 김일성이 새로운 정책을 따르기로 한 이후, 북한은 30년 동안 그 정책을 따랐습니다. 미국이나 한국보다 일관성이 있다고 볼 수 있는 셈입니다.

김일성이 선언했던 정책의 핵심 요소는 무엇인가요? 사실 선언이 아니라 1990년부터 시행하기 시작한 겁니다. 그는 적대적인 러시아와 신뢰할 수 없는 중국 사이의 완충 장치로 북한이 미국과의 관계를 정상화해야 한다고 판단했습니다. 소련 붕괴 후의 세계에서 북한이 살아남을 수 있는 방법이라고 생각했습니다. 그것이 첫 번째 측면이었어요.

똑같이 중요하지만 잘 알려지지 않았던 두 번째 측면은 이 새로운 정책의 목적이 북한 지도부가 경제에 집중할 수 있게 하는 전략적인 외부 환경을 제공하는 데 있었다는 점입니다. 경제를 발전시키고, 소련 붕괴 이후 침체된 경제 상태에서 벗어나려는 것이었습니다. 이것은 단순한 추측일까요? 아니면 단지 국제관계 이론을 말하는 걸까요? 아닙니다. 저는 북한과 수백 시간의 협상을 진행했습니다. 북한에 30번 이상 방문했어요. 그 과정에서 북한의 정책에 중요하고 일관된 점이 있다는 것을 점차 깨닫게 되었습니다. 1990년대에 북한과의 관계가 진전된 데에는 이유가 있습니다. 우리의 뛰어난 외교 때문이 아니었습니다. 이미 열려 있는 문을 밀었기 때문입니다. 북한은 이 방향으로 나아가기를 원했습니다. 그러나 이런 방향 전환이 쉬운 것은 아니었습니다.

북한은 절대 호락호락한 상황을 만들지 않습니다. 하지만 우리를 밀고 당겨서 더 나은 관계로 나아가게 만들었습니다. 가장 중요한 점은 이 전략적 정책에 제동장치가 내장되어 있었다는 겁니다. 즉, 북한은 미국과의 정상화를 성공적으로 이루고 싶어했고, 벼랑으로 내몰리는 걸 원치 않았습니다. 지금은 기술적 요인과 북한의 감정적인 행동으로 극단적 상황 가까이 갔습니다. 하지만 북한은 항상 제동을 걸죠.

두 가지 예를 들 수 있습니다. 1994년 봄, 큰 일이 터질 것 같았지만 결국 그렇지 않았습니다. 모두가 그 공을 지미 카터에게 돌립니다. 지미 카터의 방북은 정말이지 하나님께 감사할 만한 일입니다. 정말 중요한 일이었어요. 그러나 그가 도착하기 전에 북한은 이미 이 상황에서 뒤로 물러날 준비가 되어 있었습니다. 미국과의 관계 진전을 위해서 장기적으로 노력해왔기 때문입니다. 북한은 일을 그르치고 싶지 않았습니다. 2017년에도 마찬가지였어요. 일반적으로 이러한 상황은 심각한 갈등의 신호입니다. 김정은이 3월에 이미 결정을 내렸다는 점을 제외하면, 어느 정도는 그해에 김정은이 외교적으로 전환을 준비하려 했다고 볼 수 있는 충분한 근거가 있습니다. 그는 할아버지와 아버지의 정책을 여전히 고수하고 있었기 때문에 그 상황에 제동을 걸고 있었던 것입니다.

총체적 재앙

하노이 북미정상회담은 총체적 재앙이었습니다. 그 이후 상황은 매우 악화되었습니다. 김정은의 귀국 후 정책 검토가 이루어졌다고 볼 만한 증거들이 있습니다. 사람들은 토론이라는 단어를 사용하고 싶어하지 않겠지만, 저는 평양에서 토론이 이루어졌다고 생각합니다. 이제 무엇을 해야 하는지, 어느 방향으로 가야 하는지에 대한 토론 말입니다. 우리는 실제로 문제가 생겼다는 징후를 발견했었습니다. 정책이 퇴보하는 방향으로 수정될 가능성을 2019년 12월 조선노동당 중앙위원회 전원회의에서 본 것입니다. 김정은이 이 말을 할 때는 자국민을 대상으로 연설을 하는 것임을 잊지 말아야 합니다. 전원회의에서 연설의 주 대상은 엘리트층과 대중을 모두 포함한 자국의 청중들입니다.

김정은은 "사실입니다. 경제 건설에 유리한 외적 환경이 절실히 필요합니다"라고 말했습니다. "필요하지만 변화를 기대하며 지금까지 목숨처럼 지켜온 존엄성을 팔아 넘길 수 없습니다. 외적 환경이 전혀 변하지 않은 현실에서 가시적인 경제적 성과와 행복, 안락함을 위해 미래의 안전을 포기할 수는 없습니다"라고 덧붙였습니다. 이것은 매우 심각한 발언입니다. 핵심정책의 근간이 되는 생각이 흔들리는 것이기 때문입니다. 경제를 발전시키기 위해서는 대외관계가 필요하다는 바로 그 생각 말입니다.

북한 주민들이 "우리가 경제 발전을 원하는 것이니 그것을 위해 양보를 해야 한다"고 해석할 수도 있습니다. 하지만 김정은은 "아니오. 우리는 경제를 위해 양보하지 않을 것입니다"라고 말한 겁니다. 이는 북한 내부적으로 사람들에게 경각심을 불러일으키는 일이죠. 실제로 그랬습니다. 또한 그것은 우리에게도 경각심을 불러일으키는 일이었습니다.

조 바이든이 2021년 1월에 취임했을 때, 북한은 어느 정도 여지를 남겨두었습니다. 북한은 미국이 과거와 달리 새로운 방안을 내놓을 수 있는지, 그래서 정상화를 시도하는 정책을 고수할 가치가 있는지 확인하고자 했던 것 같습니다. 그러나 바이든 정부는 그렇게 하지 못했습니다. 북한 입장에서는 미국 정부가 말만 앞세우는 것으로 여겨졌을 것입니다. 2021년 8월, 미국이 아프가니스탄에서 철수할 당시, 아마도 텔레비전 보도로 보셨을 텐데 말 그대로 아수라장이었습니다. 마치 비틀즈의 노래 'Helter Skelter'에 나오는 혼란과 공포와 같았어요.

사실상 아프간 철수는 전세계에 미국이 강하지 않다는 것을 보여준 것과 다름이 없었습니다. 평양은 가만히 앉아서 미국이 후퇴하는 모습을 보고 있었습니다. 그 이후 8월에 우리는 무엇을 목격했을까요? 북한이 새로운 정책에 나선 첫 징후를 보았습니다. 사람들이 전혀 중요하지 않다고 생각할 만한 곳에서 징후가 나타났어요. 사실 중요하지 않은 것이 아니었습니다. 여러분들도 매일 보시는 북한 외무성 웹사이트에 러시아와 중국에 대한 지지 성명이 갑자기 올라왔습니다. 이전에는 본 적이 없는 종류의 새로운 성명이었습니다. 바로 케틀드럼 소리와 바이올린 소리가 어울릴 법한 지점이었지요.

징후들

매우 중요한 변화의 첫 징후들이 이제 보이기 시작했습니다. 2022년 1월, 북한에서 매우 권위 있는 회의인 정치국 회의가 열렸습니다. 그 회의에서 "우리 스스로 취한 신뢰 구축 조치들을 전반적으로 재검토하고, 일시적으로 중단했던 모든 활동을 재개하는 문제를 신속히 검토할 것"이라는 결정이 내려졌고, 이에 따른 후

속조치가 취해졌습니다. 이것은 무엇을 의미할까요? 장거리 미사일 실험과 핵실험 유예 조치가 끝났다는 것을 의미합니다. 관련 부서들은 이러한 사항들에 대해 준비하라는 지시를 받았습니다. 이는 미국과의 관계 정상화를 추구하던 정책의 종료를 의미합니다.

　그들은 알고 있었습니다. 그것이 1월이었지요. 3월에는 2017년 이후 처음으로 대륙간탄도미사일을 시험 발사했습니다. 중대한 신호였습니다. 의도된 신호였어요. 북한은 트럭과 장비를 비롯한 모든 것들이 재작동되고 있다는 걸 우리가 안다는 것도 알고 있습니다. 우리를 염두에 둔 눈속임이 아니었습니다. 실제였어요. 정말 일련의 행동을 취할 작정이었습니다. 2022년 1월부터 오늘까지, 이 새로운 전략 기조가 실시된 지 거의 2년이 되었습니다. 우리는 그것에 어떻게 대응했습니까? 우선 일반적으로 사람들은 그것이 일어나고 있는지조차 모릅니다. 반복적으로 들으시겠지만 우리의 주요 초점은 '억제력'입니다.

　정부 공식성명에서 '억제'라는 단어가 사용될 때마다 5센트 동전을 받는 내기를 했다면 저는 엄청난 부자가 되었을 것입니다. 우리는 왜 그 단어를 계속 사용하는 것일까요? 효과가 있을까요? 어쩌면요. 어쩌면 어느 정도 효과가 있을 수 있습니다. 하지만 북한의 핵무기 개량 프로그램을 막는 데는 분명 효과적이지 않았습니다. 우리는 억제력을 이야기하지만 핵무기의 수는 계속 증가하고 있습니다. 우리는 무엇을 해야 할까요? 무슨 일이 벌어지고 있는 것일까요? 우리는 북한이 다시 문을 열 때를 대비해야 합니다. 그들은 문을 열 거예요. 북한은 우리가 문을 두드리고, 밀고, 문에 부딪히게 만드는 데 전술적으로 매우 능숙합니다. 그들은 문을 계속 닫고 있습니다.

　그러나 어느 날 그들은 갑자기 문을 엽니다. 우리는 균형을 잃고 비틀거리며 들어섭니다. 그러나 그곳은 우리가 이전에 알았던 것과 다른 공간일 것입니다. 이전과 같은 사람들과 같은 목표를 염두에 두고 테이블에 앉지 않을 겁니다. 만약 우리가 준비되어 있지 않다면, 그 상황을 이해하지 못한다면, 그들이 우리가 필요로 하는 것에 대한 대가로 새로운 것들을 기대하고 필요로 한다는 것을 이해하지 못한다면, 협상은 순식간에 실패할 것입니다. 협상이 실패하면, 서울과 워싱턴에 있는 사람들은 "봤죠? 말했잖아요. 북한과는 거래할 수 없어요. 불가능해요"라고 말할 겁니다.

핵문제는 최우선 의제입니다. 일단 문제가 발생하면 매우 위험하기 때문입니다. 우리는 핵문제에 대해 걱정하지요. 미국과 한국은 항상 걱정하고 있습니다. 오판의 가능성이 점점 커지고 있고, 심각한 문제이긴 합니다. 하지만 우리는 북핵문제에 최면을 당할 여유가 없습니다. 1990년대 초에 우리가 그랬던 것처럼 말입니다. 우리는 핵문제에 너무 집착한 나머지 북한과 함께 다루어야 할 다른 많은 문제가 있다는 사실을 잊어버렸습니다. 핵문제와 동시에 혹은 핵문제에서 진전을 이루기 직전에 다른 문제에서도 진전을 이룰 수도 있다는 사실을 말이지요.

새롭게 등장한 대륙에 대해 더 설명하는 것보다는 초기 단계에 우리가 해야 할 일이 많다고 말하고 싶습니다. 북한의 말과 행동을 주의 깊게 관찰하고, 이 새로운 전략적 정책의 영향으로 북한 주민들이 현재 무슨 생각을 하는지 알려고 노력해야 합니다. 헤커 교수님의 책은 그 첫 번째 단계를 이해하는 데 큰 도움이 될 것입니다. 북한의 현재와 미래를 이해하려면 그들의 과거를 이해해야 합니다. 이제 헤커 교수님에게 발언을 넘기겠습니다. 감사합니다.

과거로부터 배우는 법

문 교수님, 감사합니다. 여러분, 안녕하세요. 만나 뵙게 되어 반갑습니다. 이 자리에 함께하게 되어 영광입니다. 특히 학생들이 많이 참석했다는 사실이 기쁩니다. 왜냐하면 결국 이게 제가 아직도 이일을 하는 이유거든요. 제 발표의 일부분은 앞에서 이미 다루어졌습니다. 저는 여러분에게 핵폭발이 한반도에 얼마나 큰 재앙이 될수 있는지를 강조해서 알려드리려 합니다. 사실 저는 오랫동안 핵분야에서 일해왔습니다. 믿기 어려우실 수도 있지만 저는 1965년에 학생으로 로스앨러모스에 갔습니다. 아주아주 오래전의 일이지요. 그때부터 지금까지 핵산업에 종사해왔습니다.

특히 지난 30여 년 동안 저는 전세계에서 핵무기가 사용되지 않도록 하는 데 주력했습니다. 되돌아보면 1945년 8월 히로시마와 나가사키의 참상은 정말 엄청났습니다. 그 이후로 핵무기가 사용되지 않았을 정도로 결과가 너무나 끔찍했지요. 핵무기가 사용되지 않았다는 것은 상당히 놀라운 일입니다. 제2차 세계대전 동안 큰 피해가 발생했습니다. 독일의 드레스덴이 미군에 의해 폭격을 당했고, 일본의 도쿄도 마찬가지였습니다. 많은 사람들이 죽었습니다. 그런데 히로시마와 나가사키는 달랐습니다. 어떤 점에서 달랐을까요? 도쿄 공격 당시에 미군은 B-29 폭격기 300대와 폭탄 수천 개를 동원했습니다.

하지만 히로시마와 나가사키에서는 각각 비행기 한 대, 폭탄 한 개로 도시 하나가 파괴되었습니다. 이게 서울이라고 생각해보세요. 우리는 핵무기가 다시는 사용되지 않도록 노력해야 합니다. 이것이 제 일입니다. 인생의 많은 부분을 바로 이 일에 헌신해왔습니다. 특히 젊은이들에게 핵무기는 절대 사용하면 안 된다는 것을 확실히 이해시키기를 좋아합니다. 오늘 강연에서 어떤 무슨 말을 해야 할지 생각해보았습니다. 문 교수님이 우리에게 던진 도전에 대해서는 뭐라고 말해야 할까요? 제가 어떤 조언을 할 수 있을까요? 우리는 무엇을 해야 할까요? 제 생각은 이렇습니다.

제가 가장 중요하게 생각하는 세 가지가 있습니다. 첫 번째는 과거를 이해하고 과거로부터 배워야 한다는 것입니다. 두 번째는 특히 핵산업에서 우리가 무엇을 하든지 간에 상황을 악화시키면 안 된다는 것입니다. 세 번째는 언제나 좋은 일이든 나쁜 일이든 준비되어 있어야 한다는 것입니다. 우리는 준비되어 있어야 합니다. 우리 정부가 해야 할 일이지요. 과거를 이해하고 과거로부터 배우는 것, 이것이 제가 《핵의 변곡점: 북한의 핵 프로그램에 대한 내부적인 시각》을 쓴 주된 이유입니다.

돈을 벌려고 그 책을 쓴 게 아닙니다. 그런 책으로 돈을 벌 수는 없어요. 사람들의 이해를 돕기 위해서 그 책을 썼습니다. 저는 운이 좋게도 북한을 일곱 번 방문했습니다. 북한의 핵시설에도 가보았습니다. 독자들을 핵시설 내부로 데려가고 싶어요. 여러분들이 제가 본 것들을 보고, 들었던 것을 들으면 좋겠어요. 이를 통해 상대를 이해할 수 있는 통찰을 얻으면 좋겠습니다. 결국 필요한 것은 그들이 말하는 전략적 공감입니다. 상대를 이해해야 합니다. 그래서 제가 북한 방문을 통해서 알게 된 것들을 알려드리고자 합니다. 놀라웠어요. 단순히 시설이 놀라웠던 것이 아닙니다. 그런 시설들은 이전에도 본 적이 있거든요.

저는 핵무기 보유를 공식적으로 선언한 모든 나라의 핵시설에 가봤습니다. 러시아에 여러 번 가봤고, 그 시설 안에 무엇이 있는지 알려드리고 싶습니다. 이 책에는 핵무기에 대한 짧은 강의가 실려 있습니다. 비전문가도 읽을 수 있도록 강의하듯 썼습니다. 저는 여러분들이 북한 사람들을 책을 통해 만나보시면 좋겠습니다. 그들은 뿔 달린 사람들이 아닙니다. 전문가들이죠. 자국을 지키기 위해 이 일을 하고 있는 겁니다.

저는 운이 좋게도 칼린 선생과 스탠포드대학교의 존 루이스 교수 같은 사람들을 만났습니다. 이분들이 처음에 북한의 외교관들을 만나게 해주었어요. 외교관들을 만났는데 토론이 정말 흥미로웠습니다. 책 전반에 걸쳐 그 내용을 소개했으니 책을 읽어보시면 좋겠어요. 서문만 읽지 마세요. 그것으로는 진짜 맛을 알 수가 없습니다. 깊게 파고 들어가셔야 합니다. 우리는 과거로부터 배워야 합니다. 저도 과거로부터 배운 게 있습니다. 칼린 선생이 조금 전에 말씀하신 부분인데요. 북한이 어떻게 핵개발을 발전시켰는지를 보면 1990년 김일성에 의해 근본적인 변화가 있었다고 볼 수 있습니다.

북한의 이중경로 전략

미국과의 관계 정상화를 위한 정책에는 외교가 필요했습니다. 특히 1990년대를 거치면서 북한은 "만약의 경우를 대비한 선택지도 반드시 필요합니다. 우리는 핵개발 프로그램을 진행할 겁니다"라는 생각을 가지게 되었습니다. 이 책에서 제가 주장하는 것은 그들이 이중경로 전략을 갖고 있다는 겁니다. 사실 북한은 오랜 세월 동안 이중경로 전략을 갖고 있었습니다. 이중경로 전략은 관계 정상화를 위해서 외교를 하면서 동시에 핵무기도 계속 유지하겠다는 입장을 말합니다. 이것이 북한과 미국 간에 핵무기 개발 중단에 관한 특별합의였던 제네바합의를 이행하는 동안 일어났던 일입니다.

북한은 플루토늄 개발을 중단하기로 합의한 상태에서 우라늄 농축을 시작했을 뿐만 아니라 핵무기 설계 측면에서 플루토늄을 계속 유지했습니다. 제가 2004년에 북한에 갔을 때, 핵개발이 중단되지 않았다는 것을 분명히 알 수 있었습니다. 북한이 속임수를 쓴 것일까요? 아니요, 북한은 속임수를 쓰지 않았습니다. 이중경로 전략을 가지고 있었던 것입니다. 이 이중경로 전략 때문에 북한이 로켓 또는 미사일 발사 혹은 핵실험을 할 때 변곡점, 즉 결정적인 선택의 순간이 발생했지요.

미국 정부와 한국 정부는 결정을 내려야 했습니다. 이제 우리는 무엇을 해야 할까요? 북한이 방금 미사일을 발사했습니다. 방금 핵실험을 했습니다. 우리는 어떻게 해야 할까요? 안타깝게도 지난 몇 년 동안 잘못된 결정을 내렸다는 것을 발견했습니다. 어떤 사람들은 "우리가 북한이 핵무기를 개발하게 만들었다"고 말합니다. 그렇지 않아요. 우리의 잘못이 아니었습니다. 하지만 우리에게는 그것을 막을 기회가 있었습니다. 어쩌면 그것을 되돌릴 기회가 있었습니다. 이러한 변곡점에서 잘못된 결정을 내리는 바람에 기회를 놓쳤습니다. 정치계가 좌파와 우파, 파란색과 빨간색으로 나뉘어 있기는 하지만, 미국 행정부가 어느 쪽이었는지는 중요하지 않습니다.

마찬가지로 한국에서도 어느 정부였는지는 중요하지 않습니다.

우리는 실수를 저질렀습니다. 북한이 실제로 무엇을 하고 있는지에 대해 근본적으로 이해하지 못했습니다. 되돌릴 수 있는 기회가 있었지만 위험을 감수하려고 하지 않았습니다. 제가 기술자이기도 하고 그렇게 교육을 받아서인지 어떤 위험 요인들이 관련되어 있는지 살펴봤습니다. 예를 들어 첫 번째 큰 변곡점은 부시 행정부가 들어서고 존 볼턴이 부시 행정부에 참여할 때였습니다. 그들은 제네바합의를 파기했는데, 그 이유가 북한이 우라늄 농축 개발을 하며 미국을 속이고 있기 때문이라고 말했습니다.

저 같은 기술자는 이렇게 말하겠죠. "도대체 왜 제네바합의를 파기해서 핵개발 프로그램을 재가동하게 만드는 겁니까? 6개월이면 폭탄을 만들 수 있는 플루토늄이 있는데 말입니다. 북한이 우라늄 농축 방식을 선택한다면 10년은 걸릴 거라고요." 왜 그런 결정을 한 걸까요? 정말 잘못된 결정입니다. 그 결정을 내린 사람들은 엄청난 실수였다는 사실을 결코 인정하지 않았습니다. 이것이 변곡점 중 하나였습니다. 오바마 대통령도 완전히 다른 정치적 배경을 가지고 있지만 실수를 했습니다. 북한은 오바마 대통령이 노벨 평화상을 받고 연설을 하던 날, 로켓을 발사했습니다. 그는 이 일로부터 영원히 벗어나지 못했지요.

비슷한 실수는 또 발생했습니다. 트럼프 대통령은 취임 첫해의 재앙과 같았던 상황에서 벗어나 싱가포르에서 화해 국면을 맞았지만, 이어 하노이 북미정상회담은 결렬되고 말았습니다. 이것이 또 다른 변곡점입니다. 어쨌든 인간은 실수로부터 배웁니다. 역사를 이해해야만 같은 실수를 다시 반복하지 않을 수 있습니다.

두 번째로 중요한 사항은 상황을 악화시켜서는 안 된다는 겁니다. 책에서도 설명했듯이 변곡점마다 실제로 상황은 악화되었습니다. 예를 들어 제네바합의를 맺었던 부시 대통령 시기에는 북한이 원자로를 폐쇄하고 플루토늄 생산을 중단했었습니다. 사실 더 큰 원자로 두 기는 플루토늄을 훨씬 더 많이 생산할 수도 있었습니다. 첫 번째 원자로는 기본적으로 일 년에 플루토늄을 약 6kg 생산할 수 있는데, 이는 대략 폭탄 하나를 만들 수 있는 양입니다. 다른 두 개의 원자로는 일 년에 약 300kg을 생산할 수 있는데, 제네바합의로 이 두 원자로를 멈춘 것입니다. 그러나 제네바합의는 이 두 원자로를 멈춘 공로를 인정받지 못했습니다. 오늘날 북한은 약 50kg의 플루토늄을 가지고 있습니다. 그 원자로가 가동되기 시작한 지 37년이나 되었지만 가끔씩만 가동되었기 때문입니다. 북한은 (플루토늄을) 훨씬 더 많이 만들 수도 있었습니다.

　제네바합의를 파기하겠다는 결정은 상황을 더 악화시켰습니다. 마찬가지로 오바마 대통령 시대의 변곡점인 '윤달합의(Leap Day deal)'를 포기했을 때, 그 시설을 다시 시찰할 기회, 영변 핵시설을 중단시킬 기회, 그리고 북한이 실제로 가지고 있는 것들을 살펴볼 기회를 잃어버렸습니다. 저는 많은 것을 보았지만, 특히 2012년까지는 다 본 것이 아니었습니다. 우리는 상황을 더 악화시켰습니다. 트럼프가 협상을 포기했을 때 상황은 정말 악화되었습니다. 저는 좌절감에 빠져 워싱턴으로 돌아왔습니다. 책에도 이 부분이 나옵니다. 워싱턴으로 돌아와 사람들에게 보고를 하기 시작했습니다. 부시 행정부에 있던 콘돌리자 라이스 전 국무부 장관에게 보고했지요. 힐러리 클린턴 국무부 장관에게도 보고했습니다.

나쁜 상황에 대비하기

2010년에 칼린 선생과 제가 북한에 방문했을 때, 그들은 우라늄 원심분리기 시설을 우리에게 보여주었습니다. 저는 돌아와 힐러리 클린턴 국무부 장관에게 보고했었어요. 참고로 저는 이 모든 일을 정부 소속으로 한 것이 아니었습니다. 저는 당시 캘리포니아대학교에서 운영하는 로스앨러모스 실험실과 스탠포드대학교에서 일하고 있었습니다. 저는 비공식적이자 비정부적인 인사였죠. 그래도 저는 우리 정부를 사랑합니다. 저는 돌아가 보고를 했습니다. "그들이 보여준 것이 이것입니다"라고 하면서요.

그때 클린턴 국무부 장관에게 보고할 때였는데, 제가 "결론적으로 우리는 북한과 세 가지 사항에 대해 합의해야 한다고 생각합니다. 더 이상의 핵폭탄은 안 되고, 핵폭탄을 개량하는 것도 안 되며, 핵폭탄을 수출하는 것도 안 된다는 사항 말입니다. 약칭으로 CVID라 불리는 '완전하고 검증 가능하며 불가역적인 핵폐기' 같은 것은 하지 마세요. 우선 '완전하다'는 말은 불가능하며 절대 알 수 없습니다. '검증 가능하다'는 것은 결코 검증 불가능합니다. '불가역적'이라는 말은 완전히 불가능합니다. 일단 북한이 핵실험을 하면, 그것을 되돌릴 수 있는 방법은 없습니다. 하지 마세요. 상황을 더 악화시키지 마세요"라고 말했습니다. 그런데 그들은 상황을 악화시켰습니다.

제가 세 번째로 중요하게 여기는 사항은 '대비해야 한다'는 겁니다. 나쁜 상황에 대비하세요. 칼린 선생이 방금 지적한 것처럼 현재는 나쁜 시기입니다. 이런 상황에서 무엇을 해야 할까요? 전 나쁜 상황에 대비하라고 말할 것입니다. 저라면 이렇게 할 겁니다. 특히 오늘날 일어나는 일들을 제대로 인식해야 하겠죠. 세계 곳곳에서 무슨 일이 일어나고 있는지 알 수 있으니까요.

다행히도 핵무기를 탑재한 로켓은 아니지만 우크라이나와 중동에서는 로켓이 날아다니고 있습니다. 방어체계가 필요합니다. 방어가 중요합니다. 무엇이든지 날아오면 어느 정도 방어할 수 있어야 합니다. 단순히 재래식 로켓이 날아오는 것 이상을 가정해야 합니다. 누군가가 화학무기를 사용한다고 가정해보세요. 화학무기에 대해서는 잘 듣지 못했지만, 어쨌든 북한은 화학무기를 가지고 있습니다. 저는 화학무기에 대비해야 한다고 생각합니다. 핵폭탄 대신에 방사능 물질을 퍼트리는 '더티 밤'도 있습니다. 이런 것들에 대비할 수 있어야 합니다.

저는 우리가 대비해야 한다고 생각합니다. 또한 우리는 미국인들과 한국인들에게 동맹이 정말 중요하다는 것을 설득해야 합니다. 분명히 동맹을 강화해야 합니다. 이를 위해서는 연합훈련이 필요합니다. 대비하려면 준비된 상태가 중요하기 때문입니다. 한국 정부가 연합훈련을 광고하는 것을 보면서 북한 사람들이 이것에 대해서 뭐라고 할지 생각하는 사람이 없는 건가 의문을 품게 됩니다. 그들은 이것을 보고 자신들에게 도발한다고 생각하지 않을까요? 특히 '참수작전'에 대해 들었을 때 말입니다.

한미연합훈련은 필요합니다. 하지만 우리는 명확하게 생각해야 합니다. 보여주기 위해서가 아니라 방어 중심으로 실시되어야 합니다. 당신들이 핵무기를 만들고 있으니까 우리는 그것에 대비한다는 식으로요.

좋은 일이 생긴다고 가정해봅시다. 다시 말씀드리지만 지금 현재 좋은 일이 생길 거라고 낙관할 수는 없습니다. 칼린 선생이 언급한 것처럼 결국 북한은 실용적입니다. 이념적이거나 종교적이지 않습니다. 중동이나 우크라이나의 이념과는 다릅니다. 실용적이에요. 그들은 이전에 방향을 전환했고 다시 방향을 전환할 수도 있습니다. 잘 생각해야 합니다. 사람들은 제게 희망이 있냐고 묻습니다. 저는 "당연히 희망은 있습니다. 안타깝게도 단기적인 관점에서는 큰 희망이 없지만, 장기적인 관점에서는 절대 희망이 없다고는 말할 수 없습니다"라고 답합니다.

다시 말씀드리지만 저는 칼린 선생이나 문 교수님처럼 한반도 전문가는 아닙니다. 그래도 말하고 싶은 것은 우리가 대비해야 한다는 사실입니다. 이를 위해서는 과거를 이해하고 과거로부터 배워야 합니다. 김일성이 중국과 거리를 둔 이유도 이것 때문이었습니다. 그들은 중국과 독립적인 관계를 유지하고 싶어합니다. 북한 지도부가 계속해서 권력을 유지하고 싶다면 결국 자국민들의 삶을 개선해야 합니다.

그러려면 경제를 발전시켜야 합니다. 저는 핵 분야의 문제를 걱정하는 핵 전문가이지만, 경제를 포함한 나머지 부분들은 여러분이 염려해주셔야 합니다. 이것에 집중해야 합니다. 이것이 우리가 지금 해야 하는 일입니다. 제게 주어진 시간이 거의 다 되었을 것 같네요. 여러분, 감사합니다.

예정된 북한의 핵실험

문정인 칼린 선생과 헤커 교수께 다시 한번 큰 박수 부탁드립니다. 매우 흥미로운 발표였습니다. 매우 실용적이고 계몽적인 강의였습니다. 우선 핵재앙에 관한 이야기부터 시작해보겠습니다. 핵재앙에는 어떤 시나리오가 가능할까요? 예를 들어, 북한이 7차 핵실험을 감행할 것이라고 생각하십니까?

시그프리드 헤커 감사합니다. 7차 핵실험에 대해 어떻게 생각하느냐고 물으셨지요? 기술적 관점에서 볼 때 북한은 7차 핵실험을 필요로 한다는 것이 제 생각입니다. 그들은 이미 6번의 핵실험을 했고, 8차 핵실험도 필요할 겁니다. 핵무기에 대한 북한의 이해도는 높아졌지만 아직 부족합니다. 그들은 다양한 종류의 미사일들을 보여주었는데, 하나의 핵탄두가 다양한 종류의 미사일들에 적합하지 않습니다. 각각의 요구사항이 다릅니다. 그리고 그들은 아직 정상궤도에서 태평양 너머와 같이 장거리로 미사일을 발사한 적이 없습니다. 그들은 미사일이 근거리를 벗어나지 않도록 고각(로프트) 방식으로 발사했습니다. 측정해야 하는 것들을 모두 측정할 수 없기 때문에 말이지요.

그들에게는 여전히 측정해야 하는 것들이 있고, 이 측정값들이 미사일 안의 핵탄두에 어떤 영향을 미치는지를 분석해야 합니다. 이를 위해서는 실험이 필요합니다. 특히 그들은 다양한 종류의 미사일을 가지고 있습니다. 기술적인 측면에서 그들은 실험을 해야 합니다. 제 생각에 북한은 기술적으로 상당한 시간 동안 준비해왔을 것입니다. 마지막 실험이 2017년 9월 3일이었으니 꽤 오랜 시간이 지났습니다. 그들은 준비되어 있습니다. 터널 작업은 물론 항공사진 촬영까지 모든 면에서 말이지요.

다시 강조하지만 기술적인 측면에서 그들은 실험을 할 필요가 있습니다. 기술적으로 그들은 준비가 된 상태이지만 핵실험을 하지 않았습니다. 그 이유는 모르겠습니다. 제가 의혹을 좀 덧붙여보겠습니다. 수년간 중국을 방문하여 중국인들과 대화를 했을 때, 저는 중국인들이 북한의 핵실험에 대해 화를 내는 모습을 실제로 보았습니다. 저는 중국인들이 북한 주민들에게 "무엇을 하든지 간에, 더 이상 핵실험은 하지 마라. 지난 번의 큰 핵실험으로 국경 바로 건너편의 주민들이 실제로 부엌에서 그릇이 깨지는 등 그 실험의 여파로 일어난 일 때문에 정말 무서워했다"고 말한 적이 있을지 궁금합니다. 하지만 그럼에도 불구하고 핵실험은 지하에서 이루어지죠. 그게 제 의견입니다.

문정인 칼린 선생, 북한이 중국의 말을 들을까요? 북한이 7차 핵실험을 강행한다면 우리는 어떻게 대응해야 할까요? 우리 정부는 북한이 7차 핵실험을 강행하면 북한이 레드라인을 넘는 것이라고 주장합니다. 우리는 어떤 조치를 취할 수 있을까요?

로버트 칼린 레드라인을 지우세요. 말도 안 됩니다. 왜 레드라인이라고 하는지 모르겠습니다. 이미 여섯 번이나 실험을 했잖아요. 그들이 7차 핵실험을 하면 우리는 좋아하지 않겠지요. 상황을 더 악화시키는 것처럼 보일 겁니다. 하지만 그것이 세상의 종말은 아닙니다. 태평양으로의 장거리 미사일 실험이야말로 더 우려할 만한 일일 것이라고 생각합니다. 분명 미국에 큰 파장을 일으킬 것입니다. 하지만 다른 실험이 그러지는 않을 것이라고 생각합니다.

문정인 어쨌든 북한이 7차 핵실험을 강행할 경우 미국 정부가 대북 제재 조치를 가할까요? 또 어떤 종류의 대응을 기대합니까?

로버트 칼린 모르겠습니다. 우리가 무엇을 할 수 있을지 모르겠어요. 우리 스스로를 가둔 상자에서 벗어날 방법이 보이지 않습니다. 북한이 중국의 말을 들을까요? 청소년들이 부모의 말을 듣는 것처럼요. 그들은 스스로 생각하겠지요. '아빠, 나는 몇 년 안에 여기에서 나갈 거야. 그러니까 내가 평생 아빠 말대로 할 거라고는 생각하지 마'라고요. 저는 김정은이 시진핑에게 중국의 압력 행사가 마음에 들지 않는다는 것을 내비쳤고, 조만간 중국을 우회하거나 중국에 반격할 것이라고 생각합니다.

문정인 중국을 포함해 전세계가 싫어하는 7차 핵실험을 통해 북한이 얻을 수 있는 것은 무엇일까요?

시그프리드 헤커 많은 것들이 있습니다. 만약 저라면 많은 실험을 계획해놓을 것입니다. 현재 북한의 전략은 아닌 것 같지만, 제가볼 때 가장 중요한 부분은 '스커드'와 '노동' 미사일에 사용할 소형 핵무기를 확보하는 것입니다. 제가 분석한 바에 따르면, 북한의 핵실험 중 고농축 우라늄을 사용한 것은 단 두 번뿐으로 단거리 미사일이었을 가능성이 높습니다. 두 번의 핵실험으로 안심할 수 없겠지요. 몇 번 더 실험하고 싶은 미사일들이 있을 것입니다. 분명히 일곱 번째 실험은 단거리 미사일에 더 초점을 맞출 것입니다. 저라면 그럴 거예요. 하지만 여러 가지 정치 전략상의 이유로, 북한은 ICBM 능력을 보유하고 있는 것이 중요하다고 판단했습니다. 저는 그것이 주로 미국에게 '우리가 너희를 위협할 수 있다'는 것을 보여주기 위한 것이라고 생각합니다.

만약 이것이 북한의 지배적인 생각이라면, 그들은 아직 ICBM에 장착할 수 있을 만큼 작은 핵탄두를 가지고 있지 않을 거라고 생각합니다. 아마도 그다음 실험의 대상이 되겠지요. 또한 저라면 탄두가 재진입할 때 온도 상승, 응력 증가와 같은 측면에서 어떤 일이 발생하는지를 최대한 많이 알아내기 위해 노력할 것입니다. 그 후 핵실험 전에 탄두를 그러한 조건들에 노출시켜 실제 발사, 비행 및 탄착에 대해 어느 정도 확신을 가지려고 할 것입니다.

작은 것들이 제대로 작동하는지 확인하는 것을 통해 ICBM 완성에 한 걸음 더 근접해갑니다. 많은 사람들이 잘 모를 테지만, 미국은 여러 해에 걸쳐 1054번의 핵실험을 했습니다. 러시아는 715번의 핵실험을 했어요. 프랑스는 210번의 핵실험을 진행했고, 중국은 그에 한참 못 미치는 45번의 핵실험을 했습니다. 좀 걱정이 되는 것이 있어요. 어떤 나라가 핵실험을 다시 시작하게 되면 중국 과학자들이 '우리도 핵실험을 더 해야 한다'고 주장할 수 있습니다. 이때 중국 정부가 '다른 누군가가 금기를 어기지 않는 한 우리는 그러지 말자'고 할 만큼 현명할지 걱정됩니다. 그다음 영국이 45번의 핵실험을 진행했는데, 그중 24회는 미국과 함께 진행했습니다. 그리고 인도와 파키스탄이 6번, 북한이 6번 핵실험을 했습니다.

북한은 핵무기를 사용할 수 있을까

문정인 그런 상황이고 보면 북한을 비난할 수도 없겠네요. 그런데 헤커 교수님께서 앞서 분명히 말씀하셨듯이 북한은 핵정책을 변경했습니다. 핵의 선제사용 금지정책을 포기하고 핵무기의 두 번째 사명을 강조하며 최전방에 핵무기를 배치하는 방향으로 말입니다. 그렇다면 북한은 핵무기를 사용할 의사가 있을까요? 지난 1월의 미국 국가정보국의 국가정보 예측보고서(NIE, National Intelligence Estimate)는 3가지 시나리오를 제시했습니다. 하나는 강압외교적 목적의 핵무기 사용 위협, 두 번째는 공세적 억제전략, 세 번째는 방어적 억제전략입니다. 미국 국가정보국은 북한이 2030년까지 강압외교적 목적의 핵무기 사용 위협이라는 노선을 채택할 것이라고 결론짓습니다. 이 주장에 동의하십니까?

로버트 칼린 그 보고서를 최근에 다시 읽어보았어요. 저는 북한이 정말로 궁지에 몰려서 미국과 남한, 어쩌면 중국까지 북한 정권을 무너뜨리는 것 뿐 아니라 북한이라는 나라 자체를 지도상에서 지우려는 상황이 아니라면 핵무기를 사용할 가능성이 낮다는 데에 동의합니다. 극단주의자들이 운명론에 휩쓸려 '진정한 북한 사람이라면 죽을 때까지 싸울 것이다… 그런데 전쟁 전에 일본부터 멸망시킬 것'이라고 말을 할지도 모릅니다. 그러나 저는 우리가 북한을 이런 상황까지 내모는 것을 절대 원하지 않을 것이라고 생각합니다. 보고서의 나머지 예측 내용들에 대해서는 저라면 그렇게 쓰지 않았을 것입니다.

문정인 쉬운 말로 풀어 생각해봅시다. 서해에서 해상 충돌이 발생했는데 우리 정부의 입장은 100배, 1,000배로 응징하고 보복하겠다는 것입니다. 한국군의 재래식 전력은 매우 막강합니다. 북한은 생존의 위협을 느낄 것입니다. 양측 간에 교전이 발생할 수 있습니다. 우리 국군의 전력은 북한 전력보다 훨씬 강력합니다. 이러한 상황에서 북한에게 운용 가능한 전술 핵무기가 있다면, 전술 핵무기 사용에 대한 유혹을 느낄 수 있습니다.

로버트 칼린 그래서 우리는 북한의 새로운 전략적 결정에 제동장치 역할을 하는 것이 있는지를 알아내야 합니다. 이전과 달리 벼랑 끝에서 뛰어내리지 않고 지켜내고 싶은 긍정적인 목표가 그들에게 없다면, 만약 현재 그들이 이전과는 완전히 다른 부정적인 목표를 가지고 있다면, 우리는 정말 심각하게 걱정해야 합니다. 그들은 평양을 건설하는 데 많은 돈을 썼습니다. 이것은 그들에게 일종의 전시입니다. 그들은 1950년에 평양이 파괴되었던 것을 잘 알고 있습니다. 그들은 그 일을 매년 주민들에게 보여줍니다. 평양 파괴에 대한 영상을 보여줍니다. 저는 그들이 그런 일을 다시 겪고 싶어하지 않는다고 생각합니다.

문정인 과거 역사에 대한 또 다른 해석이 있을 수 있다고 봅니다. 평양에서 북한 고위 인사들을 만났을 때 그들은 항상 저에게 미국의 평양 공습과 평양이 어떻게 파괴되었는지를 상기시켰습니다. 그들은 평양의 공습 피해가 드레스덴보다 훨씬 더 심각했지만, 서구인들은 드레스덴에 대해서만 이야기한다고 말한 바 있습니다. 이것이 무엇을 의미할까요? 미국이 핵무기를 사용할 수 있기 때문에 그것에 대비해야 한다는 것입니다. 이것이 그들이 제게 말한 내용입니다. 그들의 주장에 대해 어떻게 생각하십니까?

로버트 칼린 우리가 먼저 핵무기를 사용하면 북한도 당연히 핵무기로 대응할 것입니다.

문정인 우리가 전략적 재래식 전력을 사용해도 그렇게 나올까요?

로버트 칼린 북한에 허먼 칸이나 스트레인지 러브 박사 같은 인물이 있어서 이 모든 계산을 하는지는 모르겠습니다. 그 정도 수준의 게임을 하고 있는 것인지는 알 수 없습니다.

시그프리드 헤커 원래 질문인 NIE 등에 대한 제 생각을 솔직하게 말씀드리겠습니다. 그들은 공격, 방어, 강압에 대해 이야기합니다. 칼린 선생이 말했듯이 저는 북한이 실제로 공격을 목적으로 핵무기를 사용하려는 것은 아닐 거라고 생각합니다. 당연히 방어를 목적으로 사용할 거라고 생각해요. 이것이 북한의 전략입니다. 당연히 핵무기를 가진 모든 국가는 어느 정도의 압박을 가하려고 합니다. 무언가를 얻어내기 위해서 말입니다. 실제로 사용할 수 없고 사용하고 싶지도 않기 때문에, 그걸 사용하지 않는다면 최소한 그것을 이용해서 무엇이라도 하고 싶어지니 그 결과 압박을 가하게 되는 것입니다. 공개되어 있는 미국의 북한 핵무기 관련 국가정보예측보고서 상의 정보로는 알 수 있는 것이 없습니다.

정말 흥미로운 내용은 기밀로 분류된 부분에 있을 것입니다. 당연히 공개하지 않겠지요. 질문 내용으로 돌아가서 북한의 전략에 대해 어떻게 생각하는지에 대해서 언급하고 싶습니다. 단거리 전술 핵무기를 배치하고 준비시키는 것에 대해서요. 저는 북한이 발표한 내용의 대부분이 과장되었다고 생각합니다. 자신들이 그런 일을 할 수 있다는 것을 우리에게 상기시키기 위한 것일 수 있습니다. 저는 그들이 핵무기를 실전 배치하는 연습을 하고 있다고는 생각하지 않습니다. 핵무기는 위험합니다. 사고가 발생할 수 있어요. 미국도 핵무기와 관련해 매우 심각한 사고를 겪었습니다.

그중 어떤 것도 버섯구름을 만들어낸 적은 없습니다. 공중에서 손상을 입거나 떨어져도 버섯구름을 형성하지 않도록 설계하는 방법을 알아냈기 때문입니다. 미국은 스페인의 팔로마레스 해변에서 플루토늄을 유실한 적이 있습니다. 그린란드의 툴레에서는 착륙하던 폭격기에 화재가 발생하기도 했습니다. 이런 것들은 위험합니다. 북한이 이런 핵물질들을 이동시키는 것은 미친 짓이죠. 지금은 그렇게 하고 있다고 생각하지 않습니다. 저는 이 모든 게 대부분 전략이라고 봅니다. 북한은 확실히 모든 방향에서 준비 태세를 갖추는 작업을 하고 있습니다.

북한도 핵무기가 위험하다는 것을 알고 있습니다. 사실 그게 제가 걱정하는 부분입니다. 그들이 공터에서 핵무기를 이동시키지 않는다고 하더라도, 핵무기를 다시 가져와 해체해 공터나 저장고 등에 보관할 때가 핵무기에 있어 가장 위험한 순간입니다. 핵무기를 다시 가져와 해체하면, 처음 조립할 때와는 다를 수밖에 없습니다. 노후화됩니다. 부품이 노후화돼요. 놀라웠던 것은 거대한 소련이 한때 41,000개 정도의 핵무기를 보유하고 있었다는 사실입니다. 미국은 한때 31,000개의 핵무기를 보유하고 있었고요. 냉전이 끝난 후 많은 핵무기를 해체했습니다. 매우 위험한 작업이었는데 아무런 사고도 일어나지 않아서 다행이라고 생각합니다. 북한 도 이 모든 것을 알고 있으며 핵무기에 대해서 무책임하지 않다고 생각합니다. 핵무기를 가지고 미친 짓을 하지는 않을 거라고 생각 해요.

억제라는 말이 억제하지 못하는 것

문정인 미국의 경우 미국 의회는 연방정부에 핵무기 절차에 대한 안전조치를 의무화했습니다. 그러나 북한에는 이러한 안전 조치 를 하라고 요구할 수 있는 방법이 없습니다.

시그프리드 헤커 이 모든 것들을 고려해야 합니다. 북한은 분명 미 국에서 일어나는 일들에 주목하고 있을 것입니다. 물론 그들이 정 확히 어떤 조치를 취하는지는 우리가 알 수 없습니다.

문정인 어쨌든 헤커 교수님이 한반도 핵재앙에 대해 매우 잘 설명 해주셨습니다. 어떻게 피할 수 있을까요? 억제? 칼린 선생께서는 억제력이 잘 작동하고 있지 않다고 말씀하셨습니다. 그런데 저는 억제력이 매우 잘 작동하고 있다고 생각합니다만.

로버트 칼린 이스라엘이 알아낸 것처럼 억제력은 그것이 작동하 는 동안만 효과가 있습니다. 우리에게는 억제력 이상의 무언가가 필요합니다. 그 경계는 매우 얇습니다. 북한이 공격하지 않기로 결정했기 때문에 억제력이 효과를 발휘했다고 가정하는 것은 우 리 스스로를 속이는 것입니다. 그들이 억제력을 피할 방법을 찾아냈다고 판단하는 순간 우리는 곤경에 처하게 됩니다. 우리의 다음 대응 방식은 무엇이어야 할까요? 어떻게 대응해야 할까요? 이것이 문제입니다. 우리가 사용하는 어휘가 우리의 사고방식을 보여줍니다.

우리는 억제하고 그들은 도발합니다. 그들이 위협하면 우리는 다양한 군사적 선택지를 보여주지요. 우리는 그들을 겁주려 하고, 그들은 우리가 그들을 겁주지 못하게 하려고 우리를 위협합니다. 일이 너무 복잡해지고 있습니다. 우리가 밀어붙이면 그들도 반격합니다. 이것이 지금 우리가 처해 있는 역학 관계입니다. 안정적이지 않은데다 장기적으로 좋은 전략이 아니에요. 다음 단계는 무엇일까요? 저는 우리가 과연 다음 단계로 나아갈 수 있을지 지켜보고 있습니다.

문정인 최근 강화된 한미 간 확장억제의 효용성에 대해 긍정적으로 보지 않으십니까?

시그프리드 헤커 제게 확장억제에 대해 긍정적으로 생각하느냐고 물으시는 건가요?

문정인 네. 그것의 실효성에 대해서요. 칼린 선생은 억제에는 매우 불안정한 요소가 있다고 언급하고 계십니다. 따라서 우리는 억제를 넘어 외교나 기타 수단을 사용해야 한다고 말씀하고 계시지요. 우리 정부는 미국과의 확장억제를 보검처럼 여기면서 전적으로 의존하고 있습니다. 그런데 칼린 선생의 논리에 따르면 이 확장억제가 꽤 믿을 만하지 못할 뿐더러 상황을 더 악화시킨다고 볼 수 있겠는데요.

시그프리드 헤커 저는 이에 대해 매우 다르게 생각합니다. 저는 확장억제나 핵우산이라는 용어를 별로 좋아하지 않습니다. 문제는 북한이 핵을 사용하거나 다른 행동을 할 경우, 미국이 정말 핵우산을 가지고 와서 북한을 핵으로 공격할 것이냐는 것입니다. 저는 이 문제를 다룰 때 우리가 동맹을 맺고 있다는 점에 더 주목해야 한다고 생각합니다. 그 동맹이 한국을 안전하게 지킬 것입니다. 그리고 이것은 미국이 전세계의 안전이라는 측면에서 하고자 하는 바를 이루도록 해줄 것입니다.

한국은 매우 중요합니다. 한국은 미국의 세계전략에 있어 매우 중요한 부분입니다. 한국은 민주주의의 등대입니다. 한국은 수년에 걸친 성공의 상징입니다. 제가 하고 싶은 말은 트럼프 대통령이 말한 것과 같이 보호료를, 다시 말해 여러분을 핵으로 보호해주기 위해 우리에게 더 많은 돈을 지불해야 한다는 것이 아닙니다. 그건 완전히 잘못되었어요. 다시 말씀드리지만 저는 한국이 미국을 필요로 하는 만큼 미국도 한국을 필요로 하고 있다고 생각합니다.

네, 미국 군대가 더 크죠. 하지만 한국도 꽤 좋은 군대를 가지고 있습니다. 상당히 오랜 기간 동안 구축해온 것이지요. 아직 미국 군대가 더 크기는 하지만요. 미국 군대는 핵무기가 뒷받침하고 있습니다. 사실 북한에 대응하는 데 핵무기가 필요하지는 않습니다. 우리는 북한을 전멸시킬 수 있습니다. 핵무기 없이도 북한 정권을 전멸시킬 수 있습니다. 저라면 핵무기를 사용하지 않을 것입니다. 동맹의 힘이 그것을 가능하게 합니다. 그런데 미국이나 한국에서는 그런 논리가 주목을 받지 않고 있습니다.

최악의 옵션: 한국의 자체 핵무기 개발 시나리오

문정인 올해 4월에 윤석열 대통령과 조 바이든 대통령이 워싱턴선언을 채택했습니다. 미국은 NATO의 핵계획그룹과 매우 유사한 핵협의그룹을 확약했지요. 그래서 한국 국민들은 이러한 핵확장억제의 효용성에 대해 강한 믿음을 가지고 있습니다. 그러나 일부 한국 국민들은 북한의 핵위협이 지속되고 있다고 주장합니다. 이러한 상황에서 핵확장억제가 가지는 의미는 무엇일지 의문을 제기합니다. 그것은 미국의 핵무기이지 한국의 핵무기가 아니라고 말이지요.

따라서 북한이 핵무기를 사용할 경우에 한국은 북한에 대응하기에 안심할 만한 억제력을 가졌다고 할 수 없다는 것입니다. 그들은 한국에 두 가지 선택지가 있다고 주장합니다. 하나는 한국 스스로 핵무기를 개발하거나 핵 잠재력을 확보하는 것입니다. 다른 하나는 최근 발표된 아산-랜드 공동연구 보고서가 주장하듯이 한국이 미국으로부터 더 확실한 보장을 받아야 한다고 주장합니다. 폐기할 예정인 최소 100기의 미국 전술 핵무기를 현대화시키는 데 한국이 자금을 지원하고, 미국이 한반도를 위해서 그 100여 기의 전술 핵무기를 사용하도록 하자는 제안입니다. 한국에서 이러한 논쟁이 진행 중입니다. 이에 대해 어떻게 생각하십니까?

시그프리드 헤커 그건 끔찍한 생각인 것 같아요. 제 주장은 그게 아닙니다. 제가 말한 세 가지 요점 중 하나는 상황을 악화시키지 말자는 것이었어요. 상황을 악화시키는 방법 중 하나가 바로 한국이 자체 핵무기를 개발하는 것입니다. 이것이야말로 한반도에 일어날 수 있는 최악의 상황 중 하나입니다. 미국은 이를 절대 묵과하지 않을 것입니다. 왜냐하면 한국 정부가 핵무기를 가지게 되면 한반도 내 쌍방 핵공격의 가능성이 천문학적으로 증가할 것이라는 점을 미국이 알고 있기 때문입니다. 핵방아쇠를 당길 존재가 추가됨으로써 한반도는 더 큰 위험에 처하게 됩니다.

다시 말씀드리지만 저는 핵 전문가입니다. 핵폭탄 하나만 만들거나 핵 잠재력을 확보하는 것으로 끝나지 않을 겁니다. 앞서 말씀드렸듯이 북한은 정말 위협적인 무기를 가지고 있습니다. 이곳(한국)에서 하나를 만들려면 북한과 군비 경쟁을 벌여야 합니다. 이를 위해 복합단지를 건설해야 할 것이고요. 단순히 돈의 문제나 장비 문제가 아니에요. 인력의 문제입니다. 여러분은 삼성, LG, 현대와 같은 것들을 일궈낸 사람들을 데려다 폭탄을 개발하게 만들 겁니다. 그걸 원하지는 않으시잖아요.

뭐하러 그러겠어요. 한국에 와보니 그런 주장이 더욱 안타깝게 느껴집니다. 여러분들이 이루어낸 것을 보고 정말 감탄했거든요. 삼성, 현대뿐만 아니라 원자력산업에서의 성취를 보고 감탄했어요. 저는 대전에 있는 여러분의 핵 연구시설을 방문한 적이 있습니다. 두산중공업에도 방문한 적이 있고요. 한국인들은 정말 멋집니다. 그들은 현재 세계에서 가장 좋은 원자로를 건설합니다. 미국은 사실 원자로를 못 만듭니다. 미국은 지금 대형 원자로 2기를 짓고 있는데 비용이 너무 많이 들어요. 핵심부품인 압력용기는 한국에서 수입합니다.

미국은 압력용기를 만들 수 없어요. 하지만 여러분은 할 수 있지요. 여러분은 전세계에 원자로를 팔 수 있습니다. 여러분은 세계가 지구 기후변화에 대처할 수 있도록 도울 수 있어요. 대체 왜 이런 것들은 하지 않고 핵폭탄을 만들고 싶어 하는 건가요? 제 생각에는 '기술적으로 능력이 되니까'와 같은 다른 이유 때문인 것 같아요. 당연히 한국은 만들 능력이 되겠지요. 하지만 대체 그걸 왜 원하느냐는 말입니다.

문정인 "북한은 핵무기로 우리를 파괴하려고 합니다. 이에 대응할 수 있는 유일한 방법은 우리도 핵무기를 보유하는 것입니다." 한국의 보수 인사들은 이렇게 주장합니다. 헤커 교수님이 지적하신 이유 때문에 한국이 핵무기를 보유할 수 없다면, 아산-랜드 연구소 보고서 주장처럼 미국이 한국을 보호하는 용도로만 사용할 수 있는 전술 핵무기를 별도로 할당할 수 있지 않을까요?

로버트 칼린 그 생각을 조금 더 발전시켜보지요. 핵무기 대여소를 연다거나 핵무기를 빌릴 수 있는 핵무기 도서관 같은 것을 만드는 겁니다. 30일 후에 반납해야 하고, 반납하지 못하면 연체료를 내야 하는 식이지요. 갈수록 황당해지고 있네요.

문정인 그 보고서는 아산-랜드 공동연구 결과물이라니까요. 비중이 큰 것 아닌가요?

시그프리드 헤커 랜드연구소에서 나온 몇몇 자료를 봤는데 솔직히 매우 실망했습니다. 랜드연구소는 미국에서 인정받는 연구기관 중 하나입니다. 1950년대에 핵 관련 전략가들을 배출했습니다. 그런데 확실하지는 않습니다만 6개월 혹은 1년 전에 이 연구기관이 북한이 멀지 않은 미래에 수백 개의 핵무기를 보유할 것이라는 내용을 담은 보고서를 내놓았지요. 그런데 그런 일은 일어나지 않을 겁니다.
　핵무기를 빌리든 뭐든 해야 하지 않느냐는 의견에 대해서도 할 말이 있어요. 제 생각에 한국과 미국은 북한에 대응할 핵무기가 필요하지 않습니다. 북한이 아무리 큰 위협이라고 해도 핵무기는 필요하지 않습니다. 단연코 핵무기 100개는 필요하지 않습니다. 북한에 대응할 핵무기는 필요하지 않아요.

언젠가 중국에 대응하기 위해 핵무기가 필요한 날이 올 수도 있습니다. NATO와 같은 협정도 현재 북한과의 관계에는 필요하지 않습니다. 우리에게는 이미 동맹이 있습니다. 중국과 관계가 나빠지게 되면, 저는 정말 그런 상황이 일어나지 않기를 바랍니다만, 저는 중국과 핵협력을 원활히 하기 위해 노력하여 해결방안을 찾으려고 노력할 것입니다. 지금 중국은 큰 국가이기 때문에 중국과의 관계가 나빠지게 된다면 그런 대응책을 생각해야 할 수도 있습니다. 하지만 북한에 대응하기 위해서는 정말로 필요하지 않습니다.

핵의 외교술

문정인 그래요. 그 점은 매우 분명하군요. 독자적으로 핵무장을 하는 것은 선택지가 될 수 없습니다. 최소한 미국의 전술 핵무기를 한국에 재배치하는 것도 고려할 수 없고요. 현대화된 전술 핵무기를 독점적으로 한반도에 할당하는 것도 선택사항이 될 수 없습니다. 그렇지요? 그렇다면 당분간은 핵확장억제만이 유일한 선택지겠네요. 그러나 그것만으로는 위기에 대한 안정성을 확보할 수 없습니다. 긴장 완화를 이루어낼 수 없어요. 그래서 외교가 필요합니다. 칼린 선생께서 염두에 두고 계신 외교적 옵션은 무엇입니까?

로버트 칼린 저기 신대륙이 있습니다. 저는 과거 북한의 전략 개념에서 외교가 어떻게 작동하는지 알고 있었습니다. 그런데 그것이 여전히 유효한지는 모르겠어요. 그들은 우리와의 관계를 정상화하길 원했습니다. 그들은 그 목표를 달성하기 위해 어떤 외교적 수단도 사용할 준비가 되어 있었지요. 그 외교적 수단이 핵무기 카드의 사용이라면, 그들은 목표를 달성하는데 그 카드가 얼마만큼의 가치를 가지는지를 계산할 겁니다. 그들의 목표가 달라졌다면 그들이 어떤 대가를 원할지 모르겠습니다. 그것부터 알아내야 하겠지요. 그러기 위해서는 그들과 마주 앉아 대화를 나누어야 합니다.

문정인 북한은 대화에 응하지 않고 있습니다. 그들은 모스크바와 베이징과만 대화하고 있습니다. 심지어 우리 정부도 그들을 밀쳐내고 있습니다. 우리는 어떻게 해야 할까요?

로버트 칼린 믿거나 말거나 때로는 기다려야 할 때도 있습니다.

문정인 기다리라고요?

로버트 칼린 때로는 기다려야 한다니까요.

문정인 기다리는 동안 위기가 닥칠 수도 있습니다.

로버트 칼린 그들이 문을 걸어 잠그고 전화를 받지 않는다면 상황이 더 나빠지지 않도록 하는 것 외에 할 수 있는 것이 없습니다. 신중하게 말하고 행동하여 그들이 우리가 준비되었다는 것을 알게 해야 합니다. 그들이 부적절한 행동을 한다면 그들은 결국 그 행동 때문에 피해를 입을 겁니다. 어떤 기회가 열릴 거예요. 조만간 그들이 우리와 대화하고 싶어할 것입니다.

문정인 미국의 선례에서 무엇을 배울 수 있을까요? 어떤 외교적 선택지가 있을까요?

시그프리드 헤커 칼린 선생이 지적했듯이, 우리는 새로운 상황에 처해 있고 그들은 실용적입니다. 상황을 악화시키지 마세요. 말씀 드렸다시피 한국의 핵무기에 대한 생각은 지워버리세요. 핵무기 100개를 빌린다거나 핵무기 100개에 대한 금액을 지불한다는 생 각도 지워버리세요. 그건 잘못된 길로 가는 것입니다. 준비되어 있 어야 합니다. 국방은 정말 중요합니다. 그리고 일이 잘못되었을 때 어떤 피해가 발생할 수 있는지 충분히 고려해야 합니다. 이는 아주 중요한 측면이라고 말하고 싶습니다.

안타깝게도 상황이 더 나아지지 않는다면 이 새로운 상황에서 제가 걱정하는 것은 두 요소가 합쳐지는 것입니다. 하나는 칼린 선 생이 언급한 것처럼 북한이 미국과 거리를 두고 러시아와 중국과 가까운 관계를 유지하는 쪽으로 전략적 결정을 내리는 것입니다. 이 상황이 러시아가 핵과 관련해 불량한 태도를 보이는 것, 다시 말해 러시아가 무책임한 핵보유국이 되는 상황과 합쳐지는 것에 대해 걱정하고 있습니다.

이 문제에 저는 많은 시간을 할애해 연구하고 있습니다. 저는 러 시아인들과 많이 일했습니다. 구 소련에서도 일했습니다. 미국이 구 소련과 치열한 경쟁관계에 있었지만 상호 간에 합의한 사항이 몇 가지 있었습니다. 다른 국가로의 핵확산은 좋지 않다는 것이었 지요. 구 소련은 실제로 매우 책임감 있게 행동했습니다. 동유럽 위성 국가들 중 어느 곳에도 핵무기 보유를 허락하지 않았습니다.

원자로는 지원해주었으나 핵무기는 제공하지 않았습니다. 그들은 책임감 있게 행동했어요. 그들은 국제기구와 협력했고 핵확산방지조약(NPT)의 일원이었습니다. 그들은 우리와 함께 핵실험에 제한을 두었습니다. 그들은 정말 책임감 있는 국가였습니다.

저는 구 소련에서 핵 물질이 안전하게 관리되도록 하기 위해 개인적으로 그들과 많이 일했습니다. 핵테러가 발생할 경우 대응할 수 있도록 함께 일했습니다. 우리와 사이가 좋은 것은 아니었으나 그들은 책임감 있게 행동했습니다. 그러나 지금은 이 모든 것들이 의문스럽습니다. 러시아가 우크라이나에 한 일과 하고 있는 일을 보면 말이지요. 제가 동맹에 대해 언급했습니다만, 동맹의 핵심적인 측면 중 하나, 비확산체제의 핵심적인 측면 중 하나는 당연히 안전보장입니다.

1994년, 러시아는 우크라이나에 안전보장을 약속했습니다. 미국, 러시아, 영국, 우크라이나가 서명한 부다페스트 양해각서를 통해 이 국가들은 우크라이나의 주권을 위협하지 않겠다고 약속했습니다. 핵무기로 위협하지 않겠다고 약속했어요. 그런데 러시아는 우크라이나를 침공했습니다. 그들은 약속을 파기했습니다. 이를 보며 저는 그들이 그다음에 무엇을 할 것인가 염려하게 되었습니다. 우리는 핵테러와 관련하여 테러리스트들이 나쁜 짓을 하지 못하도록 함께 일했습니다. 러시아 정부와 함께 일했다고요. 그런데 그들은 자신들이 점령한 지역의 우크라이나 원자력발전소 운영자들에게 총을 겨누고 있습니다. 이런 일이 일어나면 책임감 있는 핵보유국이라고 믿기 어려워집니다.

얼마 전에 글을 쓰기도 했습니다만, 지금 제가 걱정하는 것은 러시아가 결국 북한이 지금도 가지고 싶어하는 것을 가질 수 있도록 돕는 일이 일어날까 하는 것입니다. 예를 들어 일곱 번째 핵실험

같은 것 말입니다. 구 소련은 715번의 핵실험을 했습니다. 그들은 많은 정보를 가지고 있어요. 만약 그러한 정보를 북한과 공유한다면 7차 핵실험 자체가 필요하지 않을 수도 있습니다. 상황이 악화될 수 있는 경우의 수가 너무 많으므로 낙관적인 답변을 드릴 수가 없습니다.

북한의 입장에서 바라보기

로버트 칼린 제 생각에 북한 주민들은 자존심이 강하고 여전히 국제사회로부터 무시당하고 있다고 느끼는 것 같습니다. 그런 만큼 그들은 세계 무대에서 진정한 주권국가이자 합법적인 행위자로 대우받고 싶어 합니다. 이것이야말로 그들이 진정으로 원하는 것입니다. 우리가 해야 하는 일 중 하나는, 특히 워싱턴에 있는 사람들은 이것을 마땅치 않아 하겠습니다만, 궁극적으로 '조선민주주의인민공화국'을 인정해야 한다는 것입니다. 마음에 들지 않더라도 그들을 국제질서 안에서 책임을 지고 혜택을 누리는 주권국가로 인정해야 할 것입니다. 북한을 주권국가로 인정하는 단계에 도달하면 국제무대에서 보여주어야 하는 특정 행동양식이 있다고 말할 수 있게 됩니다.

문정인 북한의 핵무기 보유를 인정하자고 말씀하시는 건가요? 근본적인 질문이 하나 있습니다. 우리의 목표는 무엇이 되어야 할까요? 북한의 비핵화를 완전히 이루어낼 수 있을까요? 아니면 북한이 핵무기를 보유하고 있다는 현실을 인정하고 핵무기 군비통제와 감축에 나서야 할까요? 그렇다면 한국의 역할은 무엇이어야 할까요? 한국은 핵무기가 없습니다. 그래서 이 문제를 어떻게 다룰 것인지에 대한 입장 정리 없이 북한과 어떠한 종류의 협상도 할 수가 없습니다.

로버트 칼린 바로 그런 문제에 대해 창의적인 해결책을 찾으라고 우리가 외교관들에게 연봉을 많이 주고 있지요. 비핵국가인 한국을 핵보유국 간의 논의에 참여시키도록 하는 방법을 찾아내는 것이 불가능하지 않다고 생각합니다.

문정인 한국의 일부 외교관들은 독자적으로 핵무기를 갖는 것이 더 좋다고 생각합니다.

로버트 칼린 누가요?

문정인 다수의 한국 외교관들은 동맹, 억제, 미국 전술 핵무기의 한국 이전을 지지합니다. 이 방법들이 효과가 없다면 핵을 공유하거나 독자적으로 핵무장을 해야 한다는 겁니다. 그것이 한국 외교관들의 전형적 입장입니다.

시그프리드 헤커 이야기할 기회를 주셔서 감사합니다. 저는 핵무기 없는 한반도가 최종 목표가 되어야 한다고 생각합니다. 북한을 핵무기 보유국으로 영구히 포함시키는 어떤 합의도 이루어져서는 안 된다고 봅니다. "인도나 파키스탄처럼 그냥 놔두면 되는 것 아닙니까? 그들도 사실상 핵보유국인데"라고 말하는 사람들도 있다고 들었습니다. 하지만 인도와 파키스탄의 상황은 매우 다릅니다. 그들은 서로에 맞서기 위해 핵무기를 보유하고 있습니다. 한국의 상황은 완전히 다릅니다. 한국, 북한, 일본, 중국, 미국이 모두 관련되어 있습니다. 게다가 러시아도 관련되어 있지요.

북한이 핵무기를 보유한 상태에서는 최종적으로 분쟁이 일어나는 것을 막기 어렵습니다. 2018년, 싱가포르 북미정상회담 직전에 저는 칼린 선생과 책 작업을 도와 준 엘리엇 서먼 조교와 함께 '2018년 현재 우리는 무엇을 해야 하는가?'에 대한 개념을 정립했습니다. 정상회담을 앞두고 있었기 때문에 상당히 희망적인 시기였어요. 우리는 최종 목표가 한반도에 핵무기가 없는 상태여야 한다는 데에 의견을 모았고, 그 목표에 도달하기 위해 필요한 세 가지 단계를 제안했습니다.

우선 북한이 '중단'을 해야 합니다. 실제로 대화를 하려면 폭탄 만드는 것을 그만두어야 합니다. 중단 다음은 '단계적 감축'입니다. 1년 안에 핵무기 사업 중단을 무사히 해내면, 단계적 감축을 시작합니다. 몇 가지 단계를 거쳐 감축해나가는 데에 대략 5년 정도가 걸릴 것입니다. 그 후에 '폐기' 단계로 진행합니다. 10년 정도면 기회가 있을 것이라고 생각했습니다. 15년이 걸릴 수도 있겠지만 그 안에 관련된 다른 모든 문제들을 해결할 수도 있을 것입니다. 목표를 이루기 위해 경제적 문제를 비롯한 모든 문제들을 실제로 해결해나가야 합니다. 여러분도 이것을 원하시겠지요. 이렇게 진전을 이루어가는 겁니다.

그러면 사람들은 저에게 이렇게 질문합니다. "어떻게 알 수 있나요? 단계적 감축과 폐기를 했다고 치더라도 정말 핵이 제거되었다는 것을 어떻게 확인할 수 있지요?" 정말 어려운 문제입니다. 우선 서로 적대적인 상황에서 핵무기와 관련하여 생각해보면, 폭탄 하나를 만드는 데 필요한 플루토늄은 고작 6킬로그램입니다. 플루토늄 6킬로그램을 숨기는 것은 일도 아닙니다. 폭탄 한두 개에 해당하는 수준까지 치밀하게 검증하는 것은 거의 불가능합니다.

　사실 북한에 제안한 것은 상호협력 하에 핵무기 부문을 민간 원자력 사업과 민간 공간으로 전환하는 것이었습니다. 북한이 동의한다면 "우리는 당신들과 함께 일하기 위해 이러한 추가조치를 취할 것입니다"라고 말할 수 있겠지요. 협력한다는 것은 우리가 그들과 함께라는 것을 의미합니다. 한국도 그들과 함께할 것입니다. 우리는 경제적으로 도움을 줄 것입니다. 우리가 협력하는 관계에서 일을 진행하면 검증의 기회도 분명히 갖게 될 것입니다. 그들이 미국과 공조하지 않아서 저는 무척 좌절했습니다. 북한에서의 민간 원자력 프로그램은 현재 우리가 살고 있는 세계가 처한 위험에 비하면 훨씬 덜 위험합니다. 저는 이런 것들에 무척 관심이 많습니다.

문정인 한국 내 강경파들은 북한의 비핵화가 핵무기뿐만 아니라 민간의 원자력 사용도 포함해야 한다고 주장합니다. 매우 어려운 일일 겁니다.

시그프리드 헤커 왜 그들이 민간 원자력 사업도 포함되어야 한다는 그런 주장에 동의하겠습니까? 올해 12월 8일은 아이젠하워 대통령이 '평화를 위한 원자력' 연설을 한 지 70주년이 되는 날입니다. 당시 그의 생각은 핵의학, 원자력, 우주용 원자력 전지와 같은 평화적인 목적을 위해 핵기술을 개발하는 국가들과 기술을 공유한다는 것이었습니다. 핵무기를 만들지 않는다는 전제조건 하에서 말이지요. 북한 주민들은 원자로를 가질 수 없다고 어떻게 말할 수 있을까요? 말도 안 되는 소리입니다.

* * *

문정인 이제 청중들에게 질문 기회를 드리겠습니다.

박상길 헤커 교수님을 만나 뵙게 되어 큰 영광입니다. 저는 법무법인 광장에서 전문위원으로 일하고 있는 박상길이라고 합니다. 스위스에서 핵 공학 박사학위를 받았습니다. 제 첫 번째 질문은 한국의 자체 핵무장에 관한 것입니다. 현재 이 논쟁이 매우 치열하게 진행되고 있는데요, 핵 전문가로서 저도 자체 핵무장에 찬성하는 입장이었습니다. 그러나 더 깊이 연구하면서 교수님께서 말씀하신 대로 이것이 끔찍한 생각이라는 것을 깨닫게 되었습니다. 이러한 논쟁을 진정시킬 수 있는 효과적인 방법은 교육과 이해도를 향상시키는 것이라고 생각합니다. 핵으로부터의 안전에 대한 우리의 이해도를 어떻게 높일 수 있을까요?

다음 질문은 교수님께서 북한 내 핵무기 개발 프로그램을 민간 원자력 사용으로 전환하는 것에 관해 언급하셨는데요, 구 소련과 미국 간에 진행되었던 '메가톤을 메가와트로' 프로젝트 같은 것 말입니다. 비슷하게 한반도에서도 '메가톤을 메가와트로' 프로젝트와 유사한 프로젝트를 설계해볼 수 있다고 생각합니다. 오늘날에는 새로운 기술인 소형 모듈 원전이 등장하고 있으니까요. 이 소형 원자로는 20% 고순도 저농축 우라늄, 소위 HALEU(High-assay low-enriched uranium)와 같이 상대적으로 높은 농축도를 보입니다. 러시아의 최근 행동으로 핵연료 시장은 HALEU를 공급하기에 다소 제한이 있습니다. 저는 북한이 새로운 기술인 소형 모듈 원전에 사용되는 핵연료와 같이 평화적 용도를 위해 사용하는 핵연료를 공급할 수 있다고 생각합니다. 어떻게 하면 한반도에서 새로운 형태의 '메가톤을 메가와트로' 프로젝트를 설계할 수 있을지에 대한 교수님의 의견을 듣고 싶습니다.

시그프리드 헤커 좋은 아이디어네요. 저는 HALEU, 즉 고순도 저농축 우라늄을 좋아합니다. 핵문제에 대해 잘 모르는 청중들도 계실 수 있기 때문에 설명하자면, 일반적인 상업용 경수로는 우라늄을 3%~5%까지 농축합니다. 소형 모듈 원전의 안전성 때문에 대부분의 나라들이 소형 모듈 원전에 관심을 가지고 있습니다. 원전을 작동하는 사람들은 대피해야 하지만 원전은 안전하게 종료되도록 만들 수 있습니다.

미국에서 소형 모듈 원전 건설이 힘을 받는 이유는 비용 문제 때문입니다. 미국의 전반적인 규제 시스템 때문에 비용이 너무 많이 들어 대형 원자로를 더 이상 건설하기 어렵게 되었습니다. 소형 모듈 원전이 유일한 해결책입니다. 소형 모듈 원전의 경우 3~5% 대신 19.5% 농축 우라늄을 사용하는 것이 더 효율적일 것입니다. 개인적으로 이것이 좋은 아이디어라고 생각합니다. 많은 핵 비확산 전문가들은 이를 전적으로 반대하고 있습니다. 애석한 일이지요. 우리는 이 문제를 해결하고 실현해낼 수 있도록 노력해야 합니다. 한국은 그 과정에서 중요한 역할을 하게 될 것입니다.

실제로 러시아는 전체 시스템에 큰 충격을 주었습니다. 그 이유는 러시아가 고농축 우라늄 공급자였고 현재도 그러하기 때문입니다. '메가톤을 메가와트로' 같은 프로젝트는 실현되어야 하며, 이 과정에서 한국이 중요한 역할을 할 수 있다고 생각합니다. 저는 (프로젝트가 실행되던) 당시에 현장에 있었기 때문에 잘 알고 있습니다. 추천할 만한 책이 한 권 있어요. 저는 그 책으로 어떠한 수익도 얻지 않습니다. 모든 수익을 로스앨러모스 역사 협회에 기부했습니다. 저는 러시아인들과 미국인들이 함께한 이야기를 담은 1000페이지 분량의 책을 썼습니다. 혹시 아시나요? 《협력할 운명 (Doomed to Cooperate)》(2016)이라는 책입니다. 이 책은 미국인들과 러시아인들이 함께 '메가톤을 메가와트로'와 같은 프로젝트를 수행한 이야기를 담고 있습니다. 그 프로젝트는 고농축 우라늄을 다운블렌딩하여 원자로 연료로 만들겠다는 매우 구체적인 계획이었는데, 이 연료를 사용하여 지난 20년간 미국 전력의 10%를 공급했습니다. 저는 실제로 이 일을 북한과 함께 진행하려고 미국 정부와 논의한 적도 있습니다.

제가 말씀드린 협력적 전환은 바로 그런 것입니다. 그것이 우리가 나아가야 할 방향입니다. 북한에 민간 원자력 프로그램을 허용해야 합니다. 이를 통해 민간 공간을 독려할 수 있습니다. 이 모든 것이 핵에 대한 이해도와 관련되어 있습니다. 제가 귀하의 말씀을 충분히 이해한 것이라면 이것을 어떻게 대중에게 전달할 수 있을까요? 어려운 문제입니다. 몇 달 전까지만 해도 미국인들은 핵문제의 많은 부분에 관해 의식하지 못하고 있었습니다.

최근에 〈오펜하이머〉라는 영화가 나왔습니다. 저는 귀하가 언급하신 핵 이해도를 높이기 위해 노력해왔습니다. 지금까지 스탠포드대학교에서 3,000여 명의 학생들을 가르쳐왔는데 이게 제가 하려는 일입니다. 저는 그들에게 핵의 좋은 점과 위험성에 대해 이야기합니다. 그들에게 직접 "미래에는 여러분이 필요합니다"라고 말했지요. 또 수백 번의 대중 강연을 했습니다. 아마 다 합하면 20,000명 정도의 사람들에게 핵에 대해 이야기한 것 같습니다. 많지는 않네요.

크리스토퍼 놀란 감독의 영화 〈오펜하이머〉는 거의 10억 달러의 수익을 올렸습니다. 이를 티켓 한 장 가격인 20달러로 나누면

5천만 명이 핵에 대한 이야기를 듣게 된 셈입니다. 감독이 이 영화를 통해 전하고자 한 메시지는 결국 종말에 관한 것입니다만, 그는 사람들이 핵에 대해 진지하게 생각하게 만들었습니다. 이게 중요합니다. 이러한 일에 연세대학교와 같은 대학들이 중요한 역할을 해주기 바랍니다. 답변이 길어 죄송합니다.

김재학 저는 연세대학교에서 박사과정을 밟고 있고 통일연구원에서 일하고 있는 김재학이라고 합니다. 흥미로운 강연 감사합니다. 제 질문은 매우 간단합니다. 북한의 운반 체계의 수준, 특히 ICBM을 포함한 미사일의 (대기권) 재진입 기술의 수준에 대한 두 강연자 분들의 의견을 듣고 싶습니다. 북한이 재진입 기술을 이미 완성했거나 거의 완성했다고 생각하십니까? 만약 북한이 아직 이 기술을 완성하지 못했다면 이를 완성하는 데까지 어느 정도의 시간이 걸릴 것으로 보십니까?

시그프리드 헤커 좋은 질문입니다. 제가 김정은이라면 아직 눈으로 확인하지 못했다고 말할 것입니다. 짐작하시겠다시피 완성에 가까워졌을 수도 있습니다. 그들(핵 과학자 및 기술자들)은 김정은이 현장 방문을 했을 때 탄두의 재진입을 시연하고 실험을 진행했습니다. 이는 그들이 방법을 찾았다는 것을 우리로 하여금 믿게 하려는 것이었습니다. 그러나 저는 그러한 실험 하나로 확신할 수 없다고 봅니다. 더 많은 실험이 필요하지요. 물론 고도를 높인 로켓도 재진입을 하지만 궤적이 완전히 다릅니다. 응력도 다르고 온도도 다릅니다. 제 생각에 그들은 ICBM의 재진입 기술에 대해 자신하지 못할 겁니다. 그에 비해 (저에게 직접적인 지식은 없지만) 단거리 미사일의 경우 한국과 일본에 재진입 할 수 있을 것으로 예상합니다.

김동엽 저는 북한대학원대학교에서 교수로 근무하는 김동엽입니다. 저는 헤커 박사님의 의견에 특히 동의합니다. 제 질문은 간단합니다. 북한은 왜 2008년 6자 회담을 탈퇴했을까요?

시그프리드 헤커 저도 의견이 있지만, 진짜 전문가가 바로 저기 있으니 칼린 선생에게 물어보도록 합시다.

로버트 칼린 북한은 6자 회담이 아무런 가치가 없다고 생각했습니다. 제 생각에는 그들이 무기를 개발할 시간을 벌기 위해 회담을 이용했을 뿐입니다. 그들이 2002년에 합의된 틀이 깨지는 것을 목격했다는 사실을 잊지 마세요.

시그프리드 헤커 2002년과 2003년이요.

로버트 칼린 2002년과 2003년에요. 그러니 그 이후 미국이 제안한 것들을 그들이 어떻게 믿을 수 있겠습니까? 저는 그들이 믿지 않았을 거라고 생각합니다. 저는 6자 회담에 참여한 모든 사람에게 항상 큰 존경심을 가지고 있습니다. 그들은 정말 열심히 노력했습니다. 저는 그들이 얼마나 노력했는지 알고 있어요. 그들은 매우 중요한 일을 이루려고 노력했습니다. 하지만 북한이 진지하게 받아들이지 않았다고 생각합니다.

시그프리드 헤커 한 가지 덧붙이고 싶은 것이 있습니다. 부시 대통령의 퇴임 전, 부시 행정부 시절에 크리스토퍼 힐 주한 미국대사는 거래를 성사시키기 위해 갖은 노력을 다 했습니다. 6자 회담을 비롯하여 다른 일들에 대해서도요. 그는 마치 물고기가 물살을 거

로버트 칼린, 시그프리드 헤커

슬러 올라가듯 여전히 백악관 내 다른 사람들에 맞서 싸우고 있었습니다. 무척 힘든 시기를 보냈지요. 제 생각에 2008년을 거치면서 일종의 정세가 형성된 것 같습니다. 먼저 8월 경에 김정일이 뇌졸중으로 쓰러졌습니다. 그래서 그들은 후계 문제를 걱정해야 했습니다.

기술자인 제 관점에서는, 만약 제가 북한 기술단지에 있었다면 말이지요, 2006년에 그들은 핵실험을 했는데 거의 작동하지 못했습니다. 작동하지 않았어요. 1킬로톤 미만이었어요. 무언가 잘못되었지만 그들은 많은 것을 배웠습니다. 기술자들은 "다시 실험해야 합니다. 무엇이 잘못되었는지 알 것 같습니다. 실험해야 합니다"라고 말했습니다. 그래서 그들은 6자 회담에 참여하고 서로 대화도 하며 어울렸지만 실험할 수 있는 지점까지 가야 했습니다. 그리고 제 생각에는 오바마 대통령이 취임했던 2009년에 북한은 일부러 로켓 실험을 하여 미국이 자신들에게 제재를 가하게 만들었습니다. 제재를 받으면 "이제 그만두겠다"고 말하고 실험을 할 수 있으니까요.

북한은 2009년, 로켓 실험 직후에 핵실험을 했습니다. 그들은 두 번째 실험을 해야만 했습니다. 제가 김정은이라면 "너희들이 폭탄이 있다고 했고 그것이 작동한다고 했지만, 실제로는 작동하지 않았지?"라고 말할 것입니다. 그들 기술자들은 스스로를 설득해내야 했고, 군부를 설득해내야 했으며, 김정은을 설득해내야 했습니다. 그러한 요인들도 영향을 미쳤다고 생각합니다.

문정인 누군가는 헤커 교수님의 책에 근본적인 의문을 제기할 수도 있습니다. 북한의 행동을 미화하고 미국을 비판하는 경향이 있다고요. 그렇지 않나요? 모든 변곡점이 미국의 실수로 인한 것이라는 말씀이지요. 맞나요? 저는 상당히 대안적인 관점을 제시하고 있기 때문에 이해합니다. 그러나 어제 어니스트 모니즈 전 미 에너지부 장관 등과 함께한 웨비나 후반부에 북한에 대한 큰 논쟁이 있었습니다. 북한은 항상 속임수를 써왔다는 것입니다. 북한은 핵실험과 미사일 실험 등에 대한 유예를 선언했지만 실제로는 핵무기 능력을 강화해왔다는 거예요. 북한이 계속해서 속였다는 겁니다.

그러자 다른 참가자는 '북한이 미국을 믿을 수 없어서 스스로를 보호하려 하고 있는 것 같다. 보험 드는 것(hedging)이지 속이는 것(cheating)이 아니다'고 말했습니다. 속임수와 보험 사이의 큰 차이를 어떻게 해석하시겠습니까? 북한의 입장에서는 방어적인 행동이지만 미국의 입장에서는 속이는 행동입니다. 이에 대해 헤커 교수님은 북한의 행동을 방어적인 행동이라고 말씀하셨지요. 어쩌면 칼린 선생도 그쪽 의견을 지지하실 수도 있을 것 같아요. 북한이 항상 속임수를 써왔으며 상습적인 거짓말쟁이라는 주장에는 어떻게 답하시겠습니까?

로버트 칼린 맙소사. 북한은 1994년 10월에 합의된 틀에 편입되었습니다. 그리고 1994년부터 2000년, 2001년까지 합의된 틀의 조건들을 준수했습니다. KEDO(한반도에너지개발기구)와의 협상에서 대여섯 개의 매우 복잡한 법률 문서에 대해 협상해야 했습니다. 북한이 그 조건들을 계속 준수했음에도 불구하고 우리는 원자로를 더 이상 짓지 않고 중단해버렸습니다. 북한이 서명하는 모든 합의에 속임수를 쓴다는 생각은 타당하지 않다고 생각합니다. 만일 여러분이 지금 평양에 있다면, 보험 드는(hedging) 행동이 좋은 생각이었다고 말해야 할 것입니다. 왜냐하면 실제로 미국이 합의를 지키지 않았기 때문입니다. 만약 그들이 합의에 서명했을 때 모든 카

드를 내놓았다면 그들은 아무것도 얻지 못했을 것입니다. 불행히
도 그들이 그러한 생각을 굳히는 데 도움을 준 것은 우리입니다.
우리를 상대하는 것에 대한 잘못된 교훈을 우리가 그들에게 알려
준 셈입니다. 그 잘못은 누구에게 있을까요? 제 생각에는… 누구
의 책임인지 다들 아실 거라고 생각합니다.

이만석 저는 한국 육군사관학교 정치학 조교수로 재직 중인 이만
석이라고 합니다. 문교수님이 앞서 언급하신 아산-랜드 공동연구
보고서는 북한이 2030년까지 최대 300개의 핵탄두를 생산할 가능
성이 있다고 추정합니다. 헤커 교수님, 귀하의 전문지식과 경험에
비추어, 북한의 취약한 재료 생산 능력을 고려할 때 이 추정이 타
당하고 실행 가능하다고 생각하십니까? 만약 이것이 사실이고 북
한이 최대 300개의 핵탄두를 생산하게 된다면 이것이 한반도에 전
략적으로 어떤 의미를 가진다고 생각하십니까?

시그프리드 헤커 저는 그 보고서와 이전 랜드 보고서에서 수백 개
의 핵무기에 관해 언급한 것이 비현실적이라고 생각합니다. 중요
한 것은 숫자만이 아닙니다. 그들이 실제로 어떤 종류의 무기를
만들었느냐가 중요합니다. 무기의 숫자에 관해서는 한 해에 6개
~8개의 핵무기를 추가 생산할 것으로 추정합니다. 문제는 핵분열
성 물질을 만드는 것입니다. 플루토늄의 경우 1년에 5~6kg 이상
생산할 수 없습니다. 이는 대략 폭탄 한 개에 해당하는 양입니다.
무기의 종류를 따져보면, 수소폭탄을 만드는 데에는 삼중수소가
필요한데, 삼중수소를 만들려면 원자로가 필요합니다. 플루토늄
이나 삼중수소를 만들 때, 삼중수소를 만들게 되면 플루토늄을 적
게 생산하게 됩니다. 플루토늄을 더 많이 생산하게 되면 삼중수소

는 덜 생산할 수밖에 없지요.

　따라서 플루토늄과 삼중수소의 생산 능력에 획기적인 발전이 없는 한 그들의 능력은 제한적입니다. 이전에 지적했듯이, 그들은 실험을 시도했습니다. 저는 이 실험을 '경수로'라고 불렀습니다. 2010년에 저와 칼린 선생은 경수로가 건설되는 것을 직접 시찰했습니다. 그들은 2012년에 완공될 것이라고 했어요. 저도 웃었고, 수석 엔지니어도 웃었습니다. 그는 "김일성 탄생 100주년이 되는 2012년까지 모든 것이 완성될 겁니다"라고 했어요. 결국 그런 일은 없었습니다. 그리고 아직도 가동되지 않고 있지요. 그것은 전력 생산을 위해 설계되었지만 용도를 변경할 수 있습니다. 따라서 그들은 원자로를 어떻게든 가동시키려고 하거나, 이것은 제가 우려하는 바입니다만, 러시아에 도움을 요청할 수도 있습니다. 그렇게 되지 않기를 바라지만 그렇게 될 수도 있습니다.

　고농축 우라늄의 경우, 매년 10개까지 (생산량을) 늘릴 수 있습니다. (2030년까지) 6년이 남았습니다. 그렇게 되면 총 60개인데, 그걸 가지고는 수백 개의 핵무기를 만들 수 없습니다. 우라늄은 옥탄가가 낮은 연료입니다. 그런 일이 일어나지 않기를 바라며 고농축 우라늄을 계속 사용할 수 있기를 바랍니다. 아마도 그들은 그것을 연간 10개까지 늘릴 수 있을 겁니다. 6년이 더 남았어요. 60개를 가지고 수백 개의 핵무기를 만들 수 없습니다. 우라늄은 폭탄에 사용하기에 옥탄가가 낮은 연료입니다. 플루토늄이 정말 좋은 연료지요. 저는 (그 보고서의 내용을) 믿지 않습니다. 현재의 상태에서 어떻게 그 상태까지 도달할 수 있을지가 보이지 않아요.

로버트 칼린 그들이 가진 핵무기가 많아질수록 핵무기를 포기하도록 만들기가 더 어려워질 것입니다. 마법의 숫자가 정확히 얼마인지는 모르겠습니다만 어떤 임계치가 있었습니다. 네다섯 개밖에 없었을 때는 아마도 협상의 기회가 있었을 것입니다. 이제 그들은 50개를 가지고 있지요. 큰 자본이 들어가고 어려움을 극복하며 만든 50개의 핵무기를 포기하는 것은 북한 내에서 거센 저항을 받을 것입니다. 100개 이상의 핵무기를 갖게 된다면 그 상황은 우리에게 불리하게 작용할 것입니다. 제 생각에는 그다지 희망적이지 않습니다.

문정인 여러분의 참여와 관심, 질문과 의견에 감사드립니다. 분명 핵재앙은 다가오고 있으며 어떤 수단을 동원해서라도 그 재앙을 피해야 한다고 생각합니다. 현재 한편으로는 미국과의 확장억제를 강화하고 있지만 다른 한편으로는 외교적 노력이 부족합니다. 핵재앙을 피하기 위해 다양한 수단을 동원하여 우리가 할 수 있는 모든 것을 해야 합니다. 이를 위해 워싱턴과 서울, 도쿄 간 협의를 재개해야 한다고 생각합니다. 동시에 저는 개인적으로 서울과 워싱턴이 평양과 소통 채널을 열기를 바랍니다. 또한 북한을 대화로 이끌기 위한 노력에 중국도 도움을 보태주기를 바랍니다. 이상으로 오늘 강의를 마치겠습니다. 다시 한번 여러분께 진심으로 감사드립니다. 감사합니다.

트럼프 행정부가 북한과 어떻게 대처할지에 대한 유일한 확실성은 '불확실성'이라는 점입니다. 제 조언은 제 글의 앞부분에 잘 요약되어 있습니다:

과거로부터 배우고, 상황이 악화되지 않게 하며, 준비하라.

— 시그프리드 헤커

헤커의 처음 답변은 그가 저와 이야기하고 나서, 선거 직후에 추측하는 것이 "희망이 없는 일"이라고 결론 내렸다는 점에서 제 견해를 대변합니다. 저는 지난 몇 주 동안 로마에 있었으며, 12월 초까지 그곳에 머물 예정입니다. 이곳은 매우 바쁘고 북한과는 거리가 먼 곳입니다.

출판사가 최신 정보를 원하는 것은 이해하지만 저는 과거에도 이런 문제에 여러 번 직면했습니다. 후기는 대개 작성 직후부터 효력을 잃습니다. 새로운 일이 항상 생기고, 또 다른 새로운 일이 생기며, 또 다른 새로운 일이 이어집니다. 1년 전, 평양의 새로운 위험한 정책 변화와 관련하여 희미하게 보았던 것들이 시간이 지나면서 사실로 입증되었습니다.

상황은 우리가 상상했던 것보다 더 악화되었습니다. 트럼프가 미칠 영향을 추측하는 것은 아무런 의미가 없다고 봅니다. 2025년 1월 20일 이후에 이 후속 글을 읽는 사람은 오늘날 우리가 아는 것보다 더 많은 것을 알게 될 것입니다. 저는 새로운 행정부에 조언을 제공할 위치에 있지 않으며, 그러고 싶지도 않습니다. 아래는 제가 요청에 대해 답할 방식입니다:

이 장에서 제시된 잠정 결론과 부수적인 분석은 불행히도 정확한 것으로 드러났습니다. 2023년 11월에 희미하게 보였던 것들이 시간이 지나면서 점점 더 명확해졌습니다. 평양은 지난 30년 동안 미국에 대해 취해왔던 정책을 단순히 포기한 것만이 아니라, 미국과의 근본적인 대립 관계를 명확히 하는 새로운 세계관을 채택했습니다. 앞으로 북한과 대화를 시도하려는 모든 노력은, 현재와 앞으로 몇 년 동안 얼마나 많은 것이 변했는지를 반드시 고려해야 할 것입니다. 김정은이 대화의 문을 연다고 해도, 이는 과거 수십 년 동안 우리가 경험했던 협상 테이블과는 전혀 다른 환경으로 이어질 것입니다.

— 로버트 칼린

2부

미국 외교는 실패하고 있는가

미국의 외교정책은 실패하고 있는가

역사적 이해와 현실

찰스 쿱찬

위의 QR 코드를 통해
해당 글의 강연 동영상을 보실 수 있습니다.

우리는 흔히 미국 정부가 취하는 정책이 훌륭하며 잘 준비된 것이라고 생각합니다. 오늘 강연을 해주실 찰스 쿱찬 교수님은 그에 대해 다르게 생각하고 있습니다.

찰스 쿱찬 교수는 미국 조지타운대학교의 국제관계학 교수이면서, 또한 미국외교협회의 선임 연구원이기도 합니다. 다양한 곳에서 그의 기고문과 저서를 읽어보셨을 텐데요, 특히 미국외교협회의 저널 〈포린 어페어〉에 정기적으로 기고하는 저명한 외교 전문가입니다. 그는 또한 오바마 행정부에서 백악관 국가안전보장회의의 유럽 담당 선임국장과 유럽문제 관련 대통령 특별보좌관을 역임하는 등 미국의 외교정책을 직접 경험한 사람이기도 합니다.

쿱찬 교수는 매우 영향력 있는 책을 여러 권 출간했습니다. 그 중에서도 특별히 언급할 두 권의 책은 《패권 없는 세상(No One's World)》과 《미국 외교정책의 고립주의(Isolationism)》입니다. 첫 번째 책은 글로벌 권력 구도 변화와 그에 따른 미국의 외교정책 변경의 필요성을 강조하는 책입니다. 그리고 두 번째 책은 미국 외교정책에 있어 고립주의의 역사가 어떠했는지, 트럼프 행정부 등장 이후 미국이 왜 고립주의로 회귀하고 있는지를 다루고 있습니다.

오늘 쿱찬 교수는 미국의 외교정책 실패에 대해 이야기를 해주실 겁니다. 이제 찰스 쿱찬 교수를 초대하겠습니다.

3장   미국의 외교정책은 실패하고 있는가

미국 외교의 그랜드 전략: 역사적 변천

제임스 레이니 대사를 기리기 위해 만든 강좌에서 강연을 하게 되어 영광입니다. 또한 여러분을 만나 뵙게 되어 반갑습니다. 문 교수와 저는 수십 년 동안 친구로 지내왔는데 여러분과 함께하게 되어 기쁩니다. 문 교수와의 대담, 또 참가자들과의 질의응답에 최대한 많은 시간을 할애하고 싶기 때문에 제 강연은 간략하게 진행하려고 합니다.

강의의 도입부에서 우리가 먼저 살필 것은 초기 미국 역사로 거슬러 올라가는 것입니다. 미국은 여러 단계에 걸쳐 매우 일관되고 효과적인 외교정책을 실행했지만, 또 다른 단계에서는 분명하고 효과적인 그랜드 전략에 도달하기까지 어려운 시간이 있었습니다.

미국 외교의 첫 번째 시기는 1789년 건국부터 1898년까지입니다. 이 기간 동안 미국은 주변 강대국을 밀어내고 대서양에서 태평양에 이르는 강력하고 안정적인 연합을 구축한다는 그랜드 전략을 세웠습니다. 미국은 서쪽으로 이동하면서 본래 그 대륙의 선주민인 미국 원주민에게 매우 잔인하고 확장주의적인 태도를 보였고, 멕시코로부터 영토를 빼앗는 전쟁도 벌였습니다. 하지만 그런

찰스 쿱찬

와중에 더 이상은 안 된다는 공감대가 형성되었습니다. 또한 여러 건국의 아버지들이 주장했던, 미국은 유럽 문제에 얽히거나 멀리 떨어진 곳에 얽매이지 말고 제자리에 머물러야 한다는 고립주의 는 이 시기에 성공적인 전략이었습니다. 그 덕분에 미국은 거의 방해받지 않은 채 부상할 수 있었습니다.

두 번째 단계는 1898년부터 1941년까지 지속되었습니다. 이 시기는 일관되지 않은 정책들이 충돌하는 시기였습니다. 먼저 미국은 스페인-미국 전쟁에서 제국주의라는 매우 현실적인 팽창주의를 통해 카리브해와 태평양의 스페인 영토를 점령했습니다. 공화국으로서 미국은 '우리도 이것(제국주의적 팽창주의)이 좋아서 하는 것은 아니다'라고 말합니다. 그리고 더욱 고립주의적인 자세로 돌아서기 시작합니다. 우드로 윌슨 대통령은 우리가 현실주의 강국이 될 수 없다면 이상주의 강국이 되자고 말했습니다. 그는 민주주의를 위한 안전한 세상을 만들기 위해 미국을 제1차 세계대전에 참전시킵니다. 그러나 그의 이상주의적 국제주의는 미국 상원이 국제연맹에 대한 미국의 참여를 거부하면서 실패했고, 1920년대와 1930년대는 유럽과 아시아에서 전쟁이 벌어지는 것을 사실상 방관함으로써 미국 역사상 가장 내부지향적인 20년이 되었습니다. 미국은 1941년 진주만 기습을 당할 때까지 제국주의 일본이나 나치 독일에 대한 견제에 참여를 거부하였습니다. 하지만 결국 이러한 일관성 없는 정책의 시대는 종식되었습니다.

세 번째 단계는 1941년 12월 7일 진주만에서 시작해 냉전이 끝날 때까지 지속된, 미국 국제주의의 가장 성공적인 시대입니다. 이 시기 미국의 외교정책은 안정적이었고 목적지향적이었습니다. 새로운 미국의 외교정책은 두 가지 핵심 요소에 기반을 두고 있었습니다. 첫 번째 핵심 요소는 프랭클린 루스벨트가 구축한 현실주의와 이상주의 사이의 균형, 또한 소련이라는 새로운 도전에 대한 균형자 역할입니다. 이 시기 미국은 자신의 이상을 전파하고자 했습니다. 미국 예외주의는 민주주의와 자유의 복음을 전파했지만 해외의 세력권이라는 지정학적 공간을 인정하고 매우 인내심 있는 방식으로 소련에 대처해 나갔습니다. 핵무장한 소련과의 전쟁으로 인한 비용을 피해야 했기 때문입니다.

또 다른 핵심 요소는 제2차 세계대전 이후 경제 호황에 힘입어 등장한 중도 민주당과 중도 공화당을 포괄하는 강력한 이념적 중심, 즉 국내적 합의였습니다. 당시 미국은 산업 강국이었습니다. 중산층은 번성하고 있었습니다. 미국의 국제주의는 해외 무역과 투자를 통해 큰 성과를 거두었습니다. 프랭클린 루스벨트에 의해 형성된 현실주의와 이상주의의 균형 뒤에는 초당적인 합의가 있었습니다. 도널드 트럼프가 당선될 때까지 루스벨트의 뒤를 이은 모든 대통령이 이를 더욱 발전시켰습니다.

이상의 종식

그러나 저는 자유국제주의와 국내적 합의의 시대가 1990년대에 이미 종식되었다고 봅니다. 이는 트럼프보다 훨씬 이전 일입니다. 이렇게 주장하는 이유는 1990년대에 두 가지 사건이 발생하여 성공적인 그랜드 전략의 시대가 막을 내렸다고 생각하기 때문입니다.

하나는 미국이 더는 견제받지 않게 되었다는 점입니다. (사회주의 붕괴로) 균형추가 사라지고 단극 시대가 된 것입니다. 그 결과 이상주의적 열망은 더 이상 '현실주의적 현실'에 의해 견제되지 않았습니다. 저는 1990년대에 미국이 이념적, 전략적으로 과잉개입을 했다고 생각합니다. 시장을 자유로이 내버려두고 세계화와 자동화에 적극 참여함으로써 이미 약화돼온 미국 중산층은 더욱 무너져 갔습니다.

미국은 NATO, EU, 러시아, G7, 중국, WTO로의 확장을 통해 세계를 실제로 바라보기 시작했습니다. (9·11 테러 이후 시작된) 중동에서 끝나지 않는 전쟁을 통해 알 수 있듯, 미국은 필요하면 무력을 사용하여 미국의 복음을 전파하고 미국 예외주의의 꿈을 실현할 수 있다고 생각했습니다. 저는 미국이 소화시킬 수 있는 것 그 이상을 집어삼키려 했다고 생각합니다. 트럼프 시대로 이어진 것도 어찌 보면 안과 밖에서 자유주의를 지나치게 확장한 결과가 아닌가 생각합니다.

1994년 민주당의 의회 선거 패배를 시작으로 클린턴 행정부 시기인 1990년대에 일어난 또 다른 사건은 정치 중심의 공동화 현상입니다. 1994년 이후로 공화당은 오른쪽으로, 민주당은 왼쪽으로 이동하면서 중도 세력이 사라지게 된 것입니다. 이 때문에 미국은 일관된 그랜드 전략을 수행하기가 매우 어려워졌습니다. 동시에 이는 워싱턴에서 정권이 바뀌면 미국의 외교정책이 매우 급격하게 변한다는 것을 의미하기도 합니다. 조지 W. 부시에서 오바마로, 오바마에서 트럼프로, 트럼프에서 조 바이든으로 이어지면서 각 정부마다 국가 운영에 대한 접근 방식이 매우 달랐습니다. 그 결과 아주 불규칙하고 끊임없이 1990년대로 거슬러 올라가는 불안정한 그랜드 전략이 나타났습니다. 이런 과정을 거쳐 트럼프 시대의 외교정책이 바이든 행정부에 들어와 진로 수정을 하게 된 것입니다.

도널드 트럼프는 여러 측면에서 거대한 반작용이라고 할 수 있습니다. 탈냉전 시대의 자유주의적 과잉개입에 따른 미국 중산층의 공동화와 막대한 비용이 들었지만 별로 좋은 결과를 가져오지 못한 중동에서의 계속된 전쟁에 대한 반작용이요. 미국 국민은 이제 아프가니스탄, 이라크, 시리아, 리비아 등에서의 전쟁에 충분히 지쳤다고 생각합니다. 도널드 트럼프는 여러 측면에서 미국 유권자들의 원초적인 외침, 즉 '바깥 일에 너무 신경 쓰느라고 국내 문제에는 충분히 신경 쓰지 않는다(too much world, not enough America)'라는 성난 외침에 대한 반응이었습니다. 우리에게 해준 게 무엇인가? 캔자스에 학교를 지어야 하는데 왜 칸다하르에 학교를 짓고 있는가? 그런 불만들이 계속 쌓인 거지요.

어떤 면에서 트럼프는 매우 유능한 정치인일 수도 있습니다. 그는 불만의 정치를 활용하며 신고립주의 성향의 '미국 우선' 외교정책을 추구하였습니다. 이 노선은 1940년 미국의 제2차 세계대전 참전을 막기 위해 출현한 '미국우선위원회'의 강성 고립주의에 다시 귀를 기울이게 만듭니다.

트럼프와의 대선에서 승리한 바이든은 여러 측면에서 트럼프정책의 수정을 시도합니다. 트럼프 이전의 미국으로 완전히 돌아가는 것은 불가능하지만, 동맹국과의 관계를 회복하고 미국 중산층에 대한 투자를 계속하려고 노력했습니다. 중산층을 위한 바이든의 외교정책은 여러 측면에서 미국 우선주의에 상응하는 정책이었습니다. 세계화에 뒤처지고 미국이라는 나라의 시스템이 효과가 없다고 느끼는 광범위한 미국 유권자를 설득할 수 있는 외교정책을 추구하겠다는 것이었습니다.

바이든이 국내 문제에 집중한 것은 좋은 출발이었다고 생각합니다. 제 생각에 실행이 매끄럽지는 못했지만 아프가니스탄에서 철수한 것은 잘한 일입니다. 그러나 2022년 2월부터 러시아의 우크라이나 침공에 역점을 두면서 그의 외교정책 의제가 다소 궤도에서 벗어났습니다. 그리고 그것은 동서 진영 사이의 새로운 지정학적 분열에 기반을 둔 외교정책으로 미국을 되돌려 놓았습니다. 이 경우 동부는 러시아, 소련뿐만 아니라 중국도 포함됩니다. 냉전 기간 중국과 러시아는 서로 불편한 관계였지만 이제 두 나라는 전략적 파트너십을 맺고 있습니다.

미국 외교정책의 새로운 방향

크게 보면 바이든의 외교정책은 효과적이었다고 생각합니다. 우크라이나에 대한 지원은 러시아의 침략을 어느 정도 막아내는 데 성공했습니다. 그러나 저는 여기서 우리가 어디로 가야 하는지에 대해 다음과 같은 우려를 제시합니다.

첫째, 우크라이나의 공세가 예상보다 성공적이지 않았습니다. 우크라이나가 승리하고 러시아 군대가 우크라이나에서 추방될 가능성은 희박해 보입니다. 특히 공화당원들은 우크라이나에 대한 이전 수준의 지속적인 지원에 대해 심각한 우려를 제기하고 있습니다. 이런 상황에서 전쟁은 어디로 향할까요?

둘째, 저는 러시아와 중국, 특히 러시아에 대한 강력한 대결정책의 이유를 이해합니다. 그러나 저는 또한 우리가 기후변화, 핵확산, 전염병, 사이버 안보 등에 대처하기 위해서는 민주적 파트너와 전통적 동맹국과의 파트너십에만 초점을 맞춘 미국의 전략만으로는 충분하지 않다고 봅니다. 세계는 다극화로 치닫고 있으며 이념적 분열을 넘어서 중국, 러시아와의 협력이 필요합니다. 협력해야 할 목록은 깁니다. 네, 우리는 중국에 맞서야 합니다. 그렇습니다, 중국의 국내정책과 해외 팽창정책에 맞서 싸워야 합니다. 그러나 이념적 분열을 넘어 협력할 방법을 찾지 못한다면 그 이후 무너질 세계를 관리할 방법도 찾아야 합니다.

셋째, 글로벌 사우스에 대한 관심입니다. 동남아시아에서 남아시아, 중동, 아프리카, 라틴아메리카에 이르기까지 정치적 각성이 일어나고 있습니다. 우크라이나에서 전쟁이 벌어지고 있는 가운데 전세계 대부분이 어느 한 편을 선택하지 않고 있다는 사실이 저에게 큰 충격으로 다가옵니다. 인도, 튀르키예, 브라질, 인도네시아 등 많은 주요 신흥 국가들이 동서 경쟁 구도를 헤쳐나가면서 어느 한 진영에 화끈하게 자리 잡지 않으려는 역사상 초유의 시기를 맞이하고 있습니다. 즉, 서방이 더 많은 이익을 얻고자 한다면 글로벌 사우스와의 관계에 관심을 기울일 필요가 있습니다.

마지막으로 우려되는 것은 미국과 미국의 국내 정치입니다. 트럼프 시대가 끝났다고 자신 있게 말할 수 없습니다. 여전히 트럼프가 공화당의 유력한 후보로 보입니다. 바이든이 트럼프를 이길 가능성은 거의 없을 것 같습니다. 지금 우리는 정치적 중도가 과거에 비해 크게 약화된 극심한 양극화 사회에 살고 있습니다.

대서양 건너편에 있는 민주주의 국가들에 대해서도 같은 주장을 하고 싶습니다. 영국은 브렉시트 이후 정치적인 족쇄에 묶여 있습니다. 현재 프랑스 여론조사에서 가장 인기 있는 후보는 극우파 마린 르펜입니다. 독일에서도 극우 정당인 독일대안당이 선거 여론조사에서 상승세를 타고 있습니다. 저는 독일의 중도 정치세력이 다른 자유민주주의 국가들과 같은 길을 갈 것이라고는 생각하지 않습니다. 하지만 인플레이션과 에너지 가격이 높으며 극우 세력이 힘을 얻고 있는 상황에서 독일 정치권의 상황은 좋지 않습니다.

제 생각에 미국의 첫 번째, 두 번째, 세 번째 우선순위는 우리 자신의 집을 정리하는 것이어야 합니다. 미국과 유럽과 아시아의 핵

찰스 쿱찬

151

심 동맹국들이 경제를 활성화하고 민주적 제도의 정당성을 되살릴 수 있다면 러시아, 중국 또는 그 밖의 어떤 국가든 함께 맞서 싸울 수 있을 것이라고 확신하기 때문입니다.

그러나 이러한 활성화가 이루어질 것이라고 자신 있게 예측할 수는 없습니다. 그렇기 때문에 저는 '힘은 국내에서 시작된다'는 말로 이 강연을 마무리하고자 합니다. 미국은 대전략을 추진하는 데 있어서 경제를 바로 세우고, 정치를 바로 세우고, 안정적이고 목적의식적이며 중도적인 리더십을 확보하는 동시에 전세계 많은 사람이 본받고 싶어 하는 그런 국가로 다시 돌아가야 합니다.

저의 강의를 여기서 마치겠습니다.

그랜드 전략의 필요성

문정인 감사합니다, 교수님. 훌륭한 강의였습니다. 첫 번째 질문부터 시작하겠습니다. 그랜드 전략이란 무엇인가요? 정말 미국은 그랜드 전략을 매우 의미 있고 체계적으로 수립하고 있을까요? 아니면 변화하는 세계질서 또는 외부로부터의 새로운 도전에 대한 단순한 대응은 아닐까요?

찰스 쿱찬 저는 어느 국가든 그랜드 전략을 가져야 한다고 생각합니다. 저는 그랜드 전략을 복잡한 세상에서 국가를 안내하는 지적 틀, 청사진, 아키텍처라고 생각합니다. 우리는 일반적으로 강대국만이 그랜드 전략을 가진다고 생각하지만, 작은 국가들도 그랜드 전략을 갖고 있습니다. 강소국 스위스 역시 그랜드 전략을 갖고 있습니다. 한국도 그랜드 전략을 갖고 있습니다. 적어도 그랜드 전략이 있으면 좋겠어요. 저는 외부 세계에 접근하는 데 있어 여러 측면에서 일련의 지침과 가정을 가져야 한다고 봅니다. 국제사회의 단층선은 어디에 있으며 맞서 싸워야 할 핵심 세력은 누구인가? 국가 간 힘의 배분은 변화하고 있는가? 그 변화의 본질은 무엇인가? 이런 것들을 다루는 게 그랜드 전략입니다.

예를 들어 저는 지금 우리가 수백 년 동안 보지 못했던 종류의 심오한 변화의 정점에 있다고 생각합니다. 그 이유는 1700년대 이후 산업혁명과 자본주의 혁명을 거치면서 권력이 동쪽에서 서쪽으로 이동했기 때문입니다. 실제로 나폴레옹 전쟁이 끝난 이후 최근까지 세계화와 상호의존은 북서유럽과 북미 두 지역이 함께 주도했습니다. 이는 부분적으로는 산업혁명을 통해 등장한 민주주의 세계가 전세계 GDP의 75%~80%를 차지했기 때문입니다. 전성기의 소련은 미국 GDP의 55%를 넘지 않았습니다.

앞으로는 그렇지 않을 것입니다. 2020년대의 후반기 즈음 세계 경제가 어디로 갈지에 대한 예측을 살펴보면, 1위는 중국이 될 것입니다. 2위는 인도가 될 것입니다. 3위는 미국이 될 것입니다. 4위는 인도네시아가 될 것으로 예상합니다. 예상 밖의 신세계입니다. 우리는 그 변화를 직시해야 합니다. 우리는 세계가 변화하고 있다는 것을 이해해야 합니다. 그러한 변화의 방향과 내용은 우리가 그랜드 전략을 세우는 데 사용하는 세계 지도에 반영되어야 합니다.

문정인 그러나 냉전 종식 이후 미국의 외교정책 행태를 보면 클린턴 시대를 제외하고는 능동적이라기보다는 사후 대응적이었다고 할 수 있습니다. 클린턴 시대는 단극의 세계였습니다. 클린턴 행정부는 이에 대한 명확한 비전을 갖고 있었고 소위 '관여와 확대'라는 대전략을 전개했지요. 하지만 9·11 테러 이후 미국의 외교정책은 9·11 테러에 반사적으로 대응했습니다. 그리고 갑자기 중국이 부상했습니다. 미국의 정책은 중국의 부상에 대응하는 것으로 일관했습니다. 최근에는 러시아가 우크라이나를 침공했습니다. 미국의 정책은 유럽에서 일어난 이 비극적인 사건에 어떻게 대처할 것인가에 맞춰져 있습니다. 미국이 내부적으로 일관되고 지속가능한 그랜드 전략을 세우기보다는 외부에서 일어나는 일에 휘둘려왔다고 생각하지 않습니까?

찰스 쿱찬 두 가지 모두에 해당한다고 생각합니다. 그랜드 전략은 역동적인 청사진이기 때문에 어느 정도는 반응성이 있어야 합니다. 새로이 들어오는 정보와 기술의 변화에 적응해야 합니다. 힘의 재분배라는 변화에도 적응해야 합니다. 하지만 제 비판은 반응이 느리다는 것보다는 여러 면에서 과도했다는 것입니다. 1990년대에는 더 잘 할 수 있는 기회가 있었다고 생각합니다. 러시아를 이해당사자로 만드는 탈냉전 질서를 만들 기회가 있었습니다.

저는 NATO의 확대가 실수였다고 봅니다. 우리는 세계에서 가장 강력한 동맹을 러시아 국경에 더 가까이 끌어들임으로써 문제를 자초했습니다. 그렇다고 러시아의 우크라이나 침공이 정당했다고 생각하는 것은 아닙니다. 그렇지 않았습니다. 그것은 잔인한 침략의 불법 행위였습니다. 그러나 그 시기에 우리는 각각의 국민경제에 개방과 시장 자유화를 강하게 요구하면서, 이후 우리에게 해가 되는 결과를 가져오는 몇 가지 전략적 실수를 저질렀습니다.

9·11 테러 공격은 새로운 대전략으로 이어졌습니다. 신보수주의자들이 주도권을 잡았습니다. 그들은 중동을 변화시키려고 했습니다. 아프가니스탄과 이라크를 미국 중서부의 한 주쯤으로, 가령 오하이오로 만들겠다는 거였죠. 그들은 정말 그렇게 할 수 있다고 믿었습니다. 그들은 우리가 아프가니스탄과 이라크에 미군을 보내면 그곳이 안정된 자유민주주의 국가로 변할 것이라고 믿었습니다. 이는 이데올로기적 오만이었으며, 여러 측면에서 이 지역에

수십 년 동안의 불안정을 초래했고, 미국과 세계의 다른 많은 지역이 여전히 그 대가를 치르고 있습니다.

저는 우크라이나에 대해서도 같은 주장을 이야기하고 싶습니다. 바이든 대통령이 취한 대응은 대단한 것이었다고 생각합니다. 그 결정은 존중받을 만합니다. 하지만 동시에 우크라이나에 대한 미국의 안보 공약이 미국의 국익과 부합하는지 확인해야 합니다. 이 전쟁은 NATO와 러시아 간의 직접 전쟁으로 확대될 수 있는 전쟁입니다. 핵전쟁으로 번질 수 있는 전쟁입니다. 저는 우리가 최종적으로 어떻게 처리할지 매우 신중해야 한다고 생각합니다.

문정인 찰스, 미국외교협회에서 꽤 오랫동안 일해오셨죠? 리처드 하스 전 미국외교협회 회장의 지난 7월 1일자 〈뉴욕타임스〉 인터뷰를 인상적으로 읽었습니다. 그는 외교협회장을 20년 동안 역임했습니다. 그 인터뷰에서 하스 회장은 "세계 안보의 가장 큰 위험은 바로 미국, 우리"라고 발언했습니다. 그의 발언을 어떻게 받아들였나요? 미국 외교협회 회장이 미국이 세계 평화와 안보에서 진정한 위험이라고 말한 것은 한국 국민을 매우 놀라게 했습니다. 먼저 그의 주장에 동의하십니까?

찰스 쿱찬 글쎄요, 그 발언을 문맥에서 벗어나 해석해서는 안 될 것 같습니다. 제 생각에 그의 발언은 미국 국내 정치에 대한 언급 같습니다. 리처드 하스는 최근에 《의무 장전(The Bill of Obligations)》이라는 책을 썼습니다. 미국의 외교정책과 관련하여 시민들이 기여해야 할 시민의식과 책임에 관한 내용을 담고 있는 책이지요. "미국이 불안정과 침략의 근원인가?" 제 견해는 절대 그렇지 않습니다. 균형적으로 볼 때 미국이 등장한 이후 세계는 훨씬 더 나은 곳이 되었다고 생각합니다. 미국이 자유민주주의 국가가 되었을 때 전세계에서 자유민주주의 국가는 극소수에 불과했습니다. 그리고 조금씩 모방을 통해, 어떤 경우에는 제2차 세계대전과 같이 무력을 사용함으로써 미국은 세계를 더 자유롭고, 더 민주적이고, 더 번영토록 만드는 데 성공했습니다. 그렇다고 해서 우리가 실수를 하지 않는다는 뜻은 아닙니다. 우리는 실수를 합니다. 많이 합니다.

그러나 균형적으로 볼 때 미국은 세계에 선한 영향력을 행사해 왔습니다. 리처드와 제가 동의하는 부분은 현재 미국에 가장 큰 위험은 블라디미르 푸틴이 아니라는 점입니다. 시진핑도 아닙니다. 알카에다나 이슬람 국가도 아닙니다. 그것은 미국 정치의 역기능입니다. 양극화입니다. 우리는 자유민주주의 실험의 수위가 매우 높을 수도 있다는 것을 목격했습니다. 그러나 그게 항상 그런 것은 아니라는 것을 믿습니다. 미국은 특별하고 회복력이 뛰어난 나라라고 생각합니다. 민주주의는 자정 능력과 회복 능력을 보여줬다고 생각합니다.

하지만 문 교수님, 솔직히 말씀드리자면 워싱턴 D.C.에 25년 동안 살아온 사람으로서 트럼프 대통령 임기 동안은 정말 무서운 경험이었다고 할 수 있습니다. 자유민주주의가 연약하다는 것, 자유민주주의는 조심스럽고 감성적으로 다뤄야 한다는 것, 자유민주주의가 잘못된 손에 넘어가면 암흑으로 변할 수 있다는 것을 보았기 때문입니다. 리처드 하스의 입을 빌리고 싶지 않습니다. 저는 저 자신을 위해서만 말할 것입니다. 하지만 그것이 저를 밤잠 못 이루게 하는 이유입니다.

찰스 쿱찬

세계에 대한 잘못된 확신

문정인 트럼프 행정부에 대해서는 별도의 기회에 이야기할 수 있습니다. 다음에 우리는 월터 미드를 초청하여 미국 외교정책에 대한 보수적인 견해에 대해 들을 것입니다. 여기서는 바이든 행정부에 집중하도록 하겠습니다. 그의 외교정책이 잘 수행되고 있다고 생각하시나요?

찰스 쿱찬 네. 저는 바이든이 여러 측면에서 트럼프의 좋은 정책을 이어받았다고 생각합니다. 바이든을 트럼프의 반대축으로만 보는 사람들도 있지만, 트럼프가 시행한 정책 중 일부를 바이든이 계속 이어받았다는 점을 기억하는 것이 중요합니다. 그도 미국 유권자들로부터 동일한 요구와 신호를 받고 있기 때문입니다. 첫째, 중동에서 철수하고 전략적 거점을 확보하는 것입니다. 둘째, 보호주의적인 무역정책으로 반도체와 제조업의 미국 복귀, 중국에 대한 관세 등 제가 산업정책이라고 부르는 것을 복원하는 것입니다.

바이든 정부에 있어 가장 중요한 긍정적 변화와 트럼프에게서 벗어나는 전환점은 미국과 동맹국과의 관계를 회복하고 다자주의로 돌아가는 것입니다. 또한 자유민주주의와 법치주의, 미국의 중요성을 이해하고 미국적 가치를 지지하는 국가 지도자들을 백악관 대통령 집무실로 초대해 환대하는 것이고요. 저는 이것이 매우 중요하다고 생각합니다. 하지만 앞서 말했듯이 저는 바이든의 일부 외교정책에 대해서는 전적으로 동의하지 않습니다. 21세기를 민주주의와 독재 사이의 투쟁이라고 부르는 것은 실수라고 생각합니다. 저는 그것이 상황을 분류하는 유용한 방법이라고 보지 않습니다.

중국과의 경쟁 강도도 지나쳤다고 평가합니다. 지금은 바이든 행정부가 책임감 있는 방식으로 이를 완화하려고 노력하고 있다고 생각합니다. 핵심 기술이 중국으로 넘어가는 것을 방지하여 위험을 줄이되, 탈동조화는 안 됩니다. 저는 지금 우리가 너무 세계화되고 상호의존적인 세상에 살고 있기 때문에 미국과 중국 간의 지정학적 균열이 돌이킬 수 없는 피해를 초래할 수 있다고 우려합니다. 이제는 미국과 중국 모두 그 현실을 깨달아야 할 것 같습니다.

문정인 하지만 현실을 보면 주요 국제 문제들이 아직도 해결되지 않았습니다. 북한 핵문제는 여전히 남아 있고, 중국과의 갈등과 대립은 깊어지고 있습니다. 러시아의 우크라이나 침공, 대만해협 위기 등 아시아 지역의 여러 문제도 해결되지 않았습니다. 가자는 물론이고 시리아를 비롯해 중동 여러 곳의 불안정성도 여전히 계속되고 있습니다. 즉, 트럼프에서 바이든으로 미국의 정권이 바뀌었음에도 세계는 변한 게 없습니다. 이러한 현상은 정말 우려스럽습니다. 그래서 강연 제목도 '미국의 외교정책이 실패하고 있는가'라고 잡았던 것입니다. 이 점에 대해 어떻게 생각하는지요?

찰스 쿱찬 세상은 점점 더 어려워지고 있습니다. 세상의 문제들을 해결하기가 매우 어렵습니다. 바이든이 상당한 성공을 거둔 분야를 인식하는 것이 중요하다고 생각합니다. 그것은 동맹을 회복하고, 한국과 일본이 더욱 긴밀히 협력하도록 하고, 쿼드(Qaud)를 결성하고, 인도와의 새로운 관계를 정립하는 것 등입니다. 이에는 시간이 필요할 것이라 생각합니다.

또한 우크라이나 전략과 관련하여 우크라이나 주권의 완전한 회복을 수반하지 않을 수도 있는 외교적 최종 게임을 검토하기 시작할 필요가 있다고 봅니다만, 우크라이나에 대한 바이든의 정책은 지금까지는 성공적이라고 평가합니다. 러시아는 이미 결정적으로 전략적 패배를 했습니다. 푸틴은 우크라이나를 삼키려 했지만 실패하지 않았습니까. 러시아는 앞으로 수십 년 동안 이 침략에 대한 대가를 치르게 될 것입니다. 바이든은 NATO 군대를 투입하지 않고, 러시아군과 직접적인 군사 충돌 없이 이 모든 일을 해냈습니다. 그래서 저는 긍정적으로 보는 것입니다. 이러한 결과의 중요성을 간과해서는 안 될 것입니다.

문정인 과거에 읽은 흥미로웠던 책이 레슬리 겔브의 《힘이 지배한다(Power Rules)》였습니다. 리처드 하스의 〈뉴욕타임스〉 인터뷰를 보면서 레슬리 겔브의 책이 떠올랐습니다. 이 책에서 그는 세 가지 이유 때문에 미국의 외교정책이 실패하고 있다고 주장합니다. 그는 '세 개의 악마'라고 표현했지요. 첫째, 국내의 이념적 경직성, 둘째, 정치적 양극화와 워싱턴 D.C.의 지저분한 정치, 셋째, 말씀하신 오만함입니다. 그는 미국의 문제는 외부의 위협과 도전이 아니라고 주장했습니다. 내부 모순과 실패가 문제라는 거지요. 미국 외교정책이 그런 변수에 의해 좌우된다는 겁니다. 그의 주장에 동의하십니까?

찰스 쿱찬 네, 맞아요. 제가 외교협회에서 일하기 시작했을 때 레슬리 겔브는 그곳의 회장이었고, 훌륭한 친구였고, 우리 모두 그를 몹시 그리워하고 있다는 점을 말씀드리고 싶습니다. 레슬리가 언급한 내용 중 많은 부분이 제가 강연에서 언급한 이념적 경직성과 오만이라는 주제와 겹치는 부분이 있다고 생각합니다.

저는 미국의 이상을 지지하지만, 결국 인간은 존엄성을 원한다고 믿습니다. 인간은 자유를 원합니다. 민주 사회는 비민주 사회에 비해 본질적으로 피할 수 없는 이점이 있습니다. 사람들은 자유롭지 못한 삶보다는 자유롭게 살고 싶어 한다는 점입니다. 그것은 보편적인 진리입니다.

하지만 때때로 그 이념적 확신이 우리를 잘못된 길로 이끌었습니다. 저는 레슬리와 리처드 하스도 그렇고 저도 그렇고 우리의 이념적 야망이 현실주의에 의해 조정될 필요가 있다고 생각합니다. 무엇보다 현실주의자인 저는 냉전 종식 이후 미국의 외교정책에 대해 현실주의가 충분하지 않았다고 한탄합니다.

분명히 1990년대에는 현실주의가 충분하지 않았습니다. 9·11 테러와 '아랍의 봄'의 기운을 지나면서 우리는 중동에서 프랑스 혁명을 일으킬 수 있다고 생각했습니다. 그런데 지금은 바이든이 21세기를 민주주의와 독재 사이의 거대한 투쟁으로 묘사하면서 트럼프를 지나치게 비하하는 것 같아요. 그건 도움이 되지 않습니다. 사실 미국이 민주주의가 아닌 국가와 협력해야 하는 상황에서 그런 이념적 경직성은 국내에서는 잘 팔릴지 몰라도 이념적으로 다른 세계, 그러니까 피할 수 없는 이념적 다양성과 다원주의로 향하고 있는 세계를 탐색하는 데는 도움이 되지 않습니다.

1991년에 우리는 자유민주주의가 보편화되면서 찾아온 역사의 종말이 우리를 지루한 삶으로 인도할 것이라고 생각했을지도 모릅니다. 글쎄요, 그런 결론에 도달한 것은 조금 성급했던 것 같습니다.

문정인 앞에서 지적하신 대로 프랜시스 후쿠야마가 《역사의 종말》에서 말했던 '자유민주주의의 승리'는 완전히 잘못된 명제로 판명이 났지요. 하지만 지금은 이념적 대결을 되살려서 세계를 다시 신냉전으로 되돌리려는 조직적인 노력이 있다고 여겨집니다. 그러한 주장을 믿으시나요? 지금 점점 더 많은 사람이 중국과 미국의 대결이 이데올로기 대결로 변모하고 있다고 주장하고 있지 않습니까. 한편으로는 독재, 즉 공산주의 독재, 다른 한편으로는 자유민주주의. 이러한 이분법이 실제로 올바른 방법이 아니라고 지적하셨습니다. 그러나 워싱턴을 보면 실제로 많은 전문가가 베이징과 모스크바와의 이념적 분열을 강조하고 있습니다. 진짜 위험이 다가오고 있다고 보십니까? 이데올로기적으로 신냉전으로 치닫게 될 것이라고 보십니까?

찰스 쿱찬 이데올로기와 지정학적 요소가 함께 작용하고 있다는 점에서 그 둘을 분리하기는 어렵다고 생각합니다. 어떤 점에서 현재 우리는 동심원을 그리며 치열한 경쟁을 벌이고 있는 새로운 지정학적 경쟁의 시대에 살고 있다고 생각합니다. 우리는 역사를 통해 새로운 강대국이 부상할 때 그들의 첫 번째 중요한 지정학적 야망은 바로 자신들의 인근 지역에서 영향력을 행사하는 것임을 잘 알고 있습니다. 1823년 미국이 먼로 독트린을 선언하며 아메리카 대륙에서 유럽 열강을 견제했던 것이 바로 그 예입니다. 지금은 중국이 여러 측면에서 다른 나라들을 밀어내고, 더 공격적으로 변하고, 팔꿈치를 내밀며 주변 지역에서 더 큰 영향력을 행사하려고 노력하고 있습니다.

그런 상황에서 미국은 아무 데도 가지 않겠다고 말하고 있습니다. 우리는 태평양의 강대국입니다. 우리에겐 동맹이 있습니다. 우리는 대만과 한국, 일본, 호주 등을 보호할 것입니다. 이것은 지정학적 경쟁입니다. 그리고 이 지정학적 경쟁은 이제 미국과 유럽이 중국의 일대일로에 대항하기 위해 일종의 대항마를 만들려고 시도하면서 외부로 확장되고 있습니다. 동시에 이데올로기적인 측면도 있습니다. 중국은 독재 국가입니다. 중국은 일당 국가입니다. 중국은 인권에 관해서는 매우 다른 가치를 가지고 있습니다.

하지만 이데올로기와 지정학적 경쟁의 혼합이 상당히 유독성이 강한 결과를 낳고 있는 것은 아닌지 걱정됩니다. 워싱턴에서 초당적 협력을 이끌어낼 수 있는 방법은 단 한 가지뿐입니다. 그것은 바로 일어서서 중국의 위협에 대해 이야기하는 것입니다.

그리고 중국에서도 같은 일이 벌어지고 있습니다. 그래서 우리는 미국이 중국에게 이것저것을 해야 한다고 말하고, 시진핑은 반대로 당신은 우리를 봉쇄하고 억압하고 있다고 주장하는 것이 서로 반사되어 돌아오는 메아리 방에 있는 것과 같습니다. 이것이 바로 안보 딜레마가 작동하는 방식입니다. 1898년에서 1914년 사이에 영국과 독일이 겪었던 일과 정확히 일치합니다. 그래서 저는 이것이 위험한 수준으로 확대되지 않도록 매우 조심해야 한다고 생각합니다.

극단의 시대와 시민의 참여

문정인 지적하신 것처럼 정치적 중도가 없을 때 극단주의가 발생할 수 있습니다. 과거에는 이상주의와 현실주의를 겸비한 소위 중도적인 인물들이 많았죠. 샘 넌 상원의원이나 리처드 루가 상원의원, 브렌트 스코크로프트 장군 같은 이들이 있었잖아요. 그러나 요즘 워싱턴에서는 지적하신 것처럼 중국과 러시아에 대한 비판에만 초당적 합의가 있습니다. 하지만 그 외에는 극심한 양극화가 존재합니다. 이는 미국의 외교정책을 마비시킬 수 있습니다. 특히 트럼프가 당선된다면 극단주의와 양극화 양상은 더 심화할 것입니다. 미국의 국내 정치 현상에 대해 어떻게 생각하시나요?

찰스 쿱찬 그런 갈등이 항상 존재하죠. 그리고 갈등은 더 치열해질 겁니다. 이제 대선 캠페인의 주요 구간으로 향하고 있기 때문입니다. 공화당 대통령 예비후보 간 대선 토론이 이미 시작되었습니다. 한 번 있었고 곧 2차 토론도 있을 겁니다. 그런데 트럼프는 토론을 건너뛰고 있습니다.

공화당은 매파 세력과 미국 우선주의 세력으로 크게 나뉘어 있는 것이 분명합니다. 그중 미국 우선주의가 분명히 우위를 점하고 있다는 것이 흥미롭습니다. 저는 트럼프에 뒤처지고 있지만 얼마 전까지 트럼프의 주요 경쟁자였던 론 디샌티스가 우크라이나에 대한 더 많은 지원에 회의적인 미국 우선주의자들과 함께 자신을 배치한 것이 매우 흥미롭다고 보았습니다. 디샌티스가 그렇게 한 이유는 공화당 지지층에게서 그렇게 듣고 있기 때문입니다. 빨간색 주(내륙에 있는 공화당 우세주)에 가면 해안 지역이나 더 국제주의적인 지역과는 매우 다른 메시지를 받게 됩니다.

저는 지금 이 순간에도 벌어지고 있는 논쟁, 가령 의회가 우크라이나에 대한 240억 달러의 추가 지원을 승인할지 여부에 대해 예의 주시하며 주목하고 있습니다. 이것은 큰 싸움으로 바뀌고 있으며 공화당 내에서 균열이 드러나고 있습니다.

지금은 민주당의 진보파가 조용하지만 민주당 극좌와 공화당 극우가 이상한 동맹을 맺는 미국을 보게 될지도 모릅니다. 민주당의 진보파 또는 극좌는 일반적으로 우크라이나에 대한 지속적인 지원에 대해 불편해합니다. 그들은 중도파 민주당원에 비해 비용이 많이 들고 더 야심에 찬 외교정책을 반대하는 경향이 있습니다.

3장 미국의 외교정책은 실패하고 있는가

어쩌면 많은 측면에서 그들은 다른 의제를 가진 극우 공화당원들과 연대할 수 있습니다. 그들은 훨씬 더 자유지상주의적이지요.

미국 역사에서 이런 이상한 동맹이 여러 번 등장했는데, 사실 1890년대에 스페인-미국 전쟁과 그 후의 제국주의에 대항하여 좌파와 우파가 동맹을 맺었던 때로 거슬러 올라갑니다. 따라서 결론부터 말씀드리자면 지금은 양극화가 극심한 시기라고 할 수 있습니다. 이런 상황을 전세계가 주의 깊게 지켜보고 있습니다. 트럼프가 당선되면 판도가 바뀔 것이라고 생각합니다. 장기적으로 미국의 신뢰성에 대해 깊이 생각해봐야 합니다.

문정인 미국 외교정책 결정 시스템에 대한 일반적인 평가는 어떻습니까? 한편으로는 매우 민주적이라고 말할 수 있습니다. 하지만 다른 한편으로는 극도로 역기능적일 수 있습니다. 어떤 의미에서는 끔찍하고요. 미국의 외교정책 결정 시스템에 대해 어떻게 생각하시는지요?

찰스 쿱찬 행정부의 성격에 달려 있다고 생각합니다. 저는 바이든 행정부가 좋은 기능과 프로세스를 가지고 있다고 봅니다. 밑으로부터의 부처 간 논의가 원만하게 진행된 후 결국 바이든 대통령의 책상에 도착합니다. 그리고 그가 최종 판단을 내립니다. 트럼프 대통령 재임 기간에는 이러한 프로세스가 없었습니다. 프로세스가 깨졌습니다. 정책은 트럼프의 트위터에서 만들어졌고, 행정부의 고위층은 스마트폰으로 정책을 읽기 전까지는 어떤 정책인지 알지 못했습니다. 관료 조직은 뒤늦게 따라잡기 위해 노력했습니다. 하지만 이는 규칙이라기보다는 예외에 가깝습니다. 오바마 대통령과 클린턴 대통령 시절에 백악관에서 일했던 저는 이러한 경험

찰스 쿱찬

을 통해 정책 결정 과정에 대해 대체로 긍정적인 시각을 갖게 되었다고 말할 수 있습니다.

문정인 더 나은 미국 외교정책을 위한 제언은 무엇인가요? 리처드 하스가 미국의 민주주의 회복, 즉 집안 정리를 촉구해온 것을 기억하실 겁니다. 반면에 레슬리 겔브는 미국의 외교정책이 상식, 신중함, 겸손을 회복해야 한다고 주장해왔습니다. 두 가지 권고안에 대해 어떻게 보시나요? 리처드 하스의 《의무 장전》을 보면 시민들이 더 많이 알고, 정보를 얻고, 참여하는 등 모두 10가지 제안을 하고 있습니다. 미국의 외교정책 결정을 개선하는 방법에 대한 아이디어를 말씀해주시겠습니까?

찰스 쿱찬 네. 저는 중학교와 고등학교에서 더 많은 정보를 제공하고 책임감 있게 시민을 가르치는 것에 대한 리처드의 우려에 많이 공감합니다. 저는 미국 유권자 중 극히 일부만이 군 복무를 하고 징병제가 없기 때문에 국가 봉사 프로그램이 매우 유용할 것이라고 믿는 사람입니다. 미국에는 다양한 계층의 미국인을 하나로 수렴하는 진정한 제도가 없습니다. 공립학교 시스템이 어느 정도는 그런 역할을 하고 있지만 많은 가정에서 공립학교를 선택하지 않습니다. 우리는 지금 각자의 작은 소집단, 사회적 소집단 속에서 사는 경향이 있습니다. 미국의 현실이지요.
저는 제도주의자라기보다는 경제결정론자에 가깝습니다. 저는 미국 국내 문제의 주요 원인이 소득과 관련이 있다고 봅니다. 불평등도 문제지만 더 큰 문제는 생계를 유지하는 것이 얼마나 어려운가 하는 것입니다. 몇 가지 수치만 말씀드리겠습니다. 미국이 제조업에서 전성기를 구가하던 시절에 미국에서 가장 큰 고용주는 제너럴 모터스였습니다. 제너럴 모터스 근로자의 평균 임금은 시간당 30달러, 31달러였습니다. 오늘날 미국에서 가장 큰 고용주는 월마트입니다. 월마트의 평균 임금은 10달러를 약간 상회하는 수준입니다. 예전에는 10달러 미만이었습니다. 한동안 확인하지 않았습니다. 아마 12달러나 13달러에 가까울 겁니다. 미국 근로자의 평균 임금이 믿을 수 없을 정도로 감소하고 있습니다.

이로 인해 미국 중산층의 꿈이 더는 실현될 수 없다는 불안감, 낙오자 의식, 계층 사다리가 더 이상 작동하지 않는다는 생각이 이어졌습니다. 그래서 미국 중산층을 재건하는 데 초점을 맞추어야 합니다. 교육과 노동자 재교육, 미국 심장부에 광대역 인터넷 보급, 육아 지원, 커뮤니티칼리지 및 대학교육 지원 등이 필요합니다. 저는 미국 중산층을 재건할 수 있다고 생각합니다. 저에게는 그것이 정치 중심을 재건하는 첫 번째 단계입니다.

저는 거기서부터 시작하겠습니다. 외교정책 의제에 관한 한 가장 큰 수준에서는 이상주의보다는 현실주의를 추구하겠습니다. 우리가 돌이킬 수 없을 정도로 세계화된 세계에 살고 있다는 사실을 더 많이 인식하고, 우리의 가치를 공유하지 않을 수도 있는 국가들과 협력 또는 최소한 협력 관계를 구축하기 위해 더 열심히 노력해야 합니다. 그렇게 하지 않으면 우리 모두 함께 가라앉을 것이기 때문입니다.

* * *

문정인 훌륭합니다. 이제 청중들과 함께 토론을 시작하겠습니다. 손을 들어주세요.

찰스 쿱찬

도미니크 필립스 네, 안녕하세요. 제 이름은 도미니크 필립스입니다. 저는 현재 연세대학교 언더우드 국제대학에 재학 중입니다. 국제학을 전공하고 있습니다. 쿱찬 교수님께 질문을 드리고 싶습니다. 외교정책과 관련하여 바이든 행정부는 주요 우선순위 중 하나로 동맹을 회복하려고 노력하고 있는데, 이전 트럼프 행정부 하에서는 동맹관계가 매우 긴장되었다고 생각합니다. 2024년 트럼프의 재선 가능성에 대한 우려 때문에 미국이 이러한 동맹과 관련하여 세계 무대에서 신뢰감을 주기 어렵다고 생각하시나요? 아니면 바이든이 재선되면 외교정책에서 장기적인 약속을 할 수 있는 능력이 더 커질 것이라고 생각하시나요?

찰스 쿱찬 저는 바이든이 동맹 피해를 복구한 것에 대해 분명히 A 학점을 줄 수 있다고 생각합니다. 그는 전통적인 동맹국들을 동등하고 존중하는 자세로 대했으니까요. 네, 아프가니스탄은 그렇게 잘 진행되지 않았습니다. 또 호주와의 잠수함 거래 때문에 프랑스와 문제가 생기기도 했었지요. 하지만 전반적으로, 특히 우크라이나를 비롯해 놀라울 정도로 동맹 및 우방국들과 협의를 잘해왔다고 말하고 싶습니다. 곳곳에서 안도의 목소리가 들렸지 않았나요? 독일인, 프랑스인, 한국인, 아마도 문정인 교수도 여기에 무게를 두었을 거라 생각합니다. 물론 앞으로의 일은 걱정될 수 있습니다. 지난 몇 달 동안 유럽에 여러 번 다녀왔는데 모두 같은 질문을 하더군요. 트럼프가 재선될 가능성이 있나요? 트럼프가 재선되면 어떻게 될까요? 누구도 장담할 수 없는 일이지만, 우리가 충분히 안심할 수 있을 만큼 가능성이 없는 것은 아닙니다. 트럼프가 당선되면 어떻게 되나요? 그 얘기는 하고 싶지 않습니다.

엘리자베스 저는 엘리자베스입니다. 연세대학교 국제대학원에서 석사과정에 재학 중이며 국제협력을 전공하고 있습니다. 강의 마지막 부분에서 미국에 복지와 사회정책이 필요하다고 하셨는데 저도 동의합니다. 그런데 그것이 미국의 중산층을 만들고 미국 경제를 고양하는 데 역행할 수도 있다고 주장하셨습니다. 저는 독일 출신입니다. 독일이나 프랑스 같은 나라들도 지금 사람들이 혼자 남겨진 느낌, 뒤처진 느낌을 가지고 있기 때문에 지금 말씀하신 독일대안당이나 프랑스의 마린 르펜과 같은 정당이 이를 크게 정치적으로 도구화하고 국가와 사회를 분열시키는 데 사용하고 있습니다. 독일과 프랑스와 같은 나라에서도 사회복지 시스템이 분명히 필요한데 아직은 충분하지 않다고 봅니다. 미국을 보면서 유럽의 이러한 현상에 대해 어떻게 평가하실지 궁금합니다.

찰스 쿱찬 엘리자베스, 좋은 질문입니다. 우선 자유주의 포퓰리즘에 가장 큰 타격을 입은 국가가 앵글로색슨 국가라는 것은 놀라운 일이 아니라고 생각합니다. 그 이유는 부분적으로는 앵글로색슨 국가의 복지제도가 유럽 대륙의 주요 나라들보다 덜 관대하기 때문입니다.

영국은 형식적으로는 두 개 이상의 정당이 있지만, 미국과 영국 모두 사실상 일종의 양당제입니다. 그래서 미국에서는 오른쪽에 열 받은 유권자가 많으면 공화당을 오른쪽으로, 왼쪽에 불만이 있는 유권자가 많으면 민주당을 왼쪽으로 끌어당기지만, 독일이나 이탈리아에서는 일반적으로 기득권에 반대하는 표를 끌어들이는 정당이 좌우에 많기 때문에 사회민주당과 기독교민주당이 정치 스펙트럼의 중심에 서게 되었고, 이는 비록 그들이 예전만큼의 득표율을 얻지 못하더라도 제 생각에는 좋은 일입니다.

하지만 복지국가가 더 자리 잡은 유럽 대륙에서도 자유주의 포퓰리즘과 같은 현상이 나타나고 있다는 것은 맞습니다. 그 결과 다른 문제들이 발생하고 있다는 점도 말해야 할 것 같습니다. 그중 하나가 이민입니다. 저는 미국과 EU가 제대로 작동하는 이민정책을 마련해야 한다고 생각합니다. 바이든은 다양한 이민정책을 시도했지만, 미국의 남부 국경에 대한 통제에 효과를 거두지 못하면서 이 문제에 대해 취약해졌습니다. 이는 국경 통제 문제를 명시적 또는 암묵적으로 인종차별 문제로 연계하는 자유주의 포퓰리스트의 정치적 훼방 때문입니다. 물론 소셜 미디어도 단단히 한몫하고 있다고 생각합니다. 소셜 미디어는 우리 사회에서 정치적 중도주의를 유지하는 데 도움이 되는 공통된 담론의 장 형성을 어렵게 하고 있습니다.

마지막으로 저는 특히 독일의 경제 모델이 다른 곳에서 보았던 것과 같은 약화 조짐을 보이기 시작했다고 생각합니다. 그 이유는 중국으로의 수출이 둔화하고 있기 때문입니다. 독일은 디지털화에 있어서도 뒤처져 있습니다. 에너지 가격은 천정부지로 치솟았습니다. 독일이 겪고 있는 이러한 경제적 혼란이 전세계적으로 비슷한 모습으로 나타나고 있습니다. 무서운 변화입니다. 미국 노동계급의 몰락을 비롯해 도대체 무슨 일이 일어나고 있는 걸까요?

이만석 안녕하세요, 이만석입니다. 저는 한국 육군사관학교 정치학 조교수로 재직 중입니다. 제가 이해한 바로 미국이 국내 재건에 초점을 맞추려 할 때는 비록 글로벌 차원의 적대 국가는 아니지만, 지역 수준의 적대 국가와의 협력이 강화되는 경향이 있었습니다. 지금 미국의 거시경제 상황은 연준의 금리 인상과 미국 국채금리 인상으로 인해 스태그플레이션의 위험에 직면해 있습니다. 이렇게 미 국내 상황이 어려운 바, 교수님의 식견에 비춰볼 때 누가 당선되든 차기 미국 정부가 북한의 핵능력을 인정하면서 북한과의 관계를 개선하려고 노력할 가능성이 있다고 보십니까?

찰스 쿱찬 단도직입적으로 대답합니다. 모르겠습니다. 아직 그걸 말할 준비가 안 된 것 같습니다. 제 수정구슬에 따르면 바이든이든 다른 사람이든 미국은 지금 공중에 떠 있는 주요 공(현안)이 너무 많다는 겁니다. 그중 더 어려운 문제는 해결하지 않고 관리하려 할 것입니다. 예를 들어 지금 바이든은 정신 차리지 못할 정도입니다. 우크라이나에서 거의 제3차 세계대전이 일어날 뻔했습니다. 중국이 그의 목을 조르고 있습니다. 핵무기 개발에 근접한 이란과의 새로운 전쟁을 피하려고 애쓰고 있습니다. 북한은 이미 핵무기를 보유하고 있습니다. 그래서 이란, 북한, 팔레스타인, 이스라엘에 관해서는 관리 모드에 있을 것으로 생각합니다. 일이 터지지 않게 비는 방법밖에 없습니다. 당장은 이 문제를 해결할 수 없을 테니까요.

마리아 벤코바 안녕하세요, 먼저 쿱찬 교수님께 감사의 말씀을 전하고 싶습니다. 이번 강연을 통해 미국 정치와 외교정책에 대해 배울 수 있어서 매우 즐거웠습니다. 저는 연세대학교 교환학생인 마리아 벤코바입니다. 제 질문은 대만에 미군 기지를 구축하는 것이 중국을 자극할지, 그리고 이후 대만에 대해 중국이 더 잔인하고 급진적인 행동을 초래할 것인지입니다. 어떻게 생각하십니까?

찰스 쿱찬 저는 대만에 대한 미국의 정책이 옳다고 생각합니다. 즉, 중국이 대만을 공격할 경우 대만을 방어할 것임을 분명히 하는 것입니다. 하지만 어떤 면에서는 이만석 교수님에게 했던 답과 마찬가지로 문제를 해결하지 못하더라도 배를 흔들지 말라는 것이 제 대답입니다. 지금 대만과 관련하여 중국과 미국 모두에게 가장 좋은 것은 골치 아픈 문제를 결정하지 않고 뒤로 미루는 것이라고 생각합니다. 어떤 면에서는 상황을 더 불확실하게 만들 수 있는 독립적인 역학관계가 존재할 수도 있습니다. 다가오는 대만 총통 선거를 앞두고 있는 대만 내부의 정치 상황이 그것입니다. 그리고 대만 정부의 변화 가능성은 중국과의 전쟁 개연성을 낮출 수도 있습니다.

또한 미국이 중국에 특별히 도발적인 행동을 피하는 것이 바람직하다고 생각합니다. 하원의원과 상원의원 대표단이 연이어 대만을 방문하는 것은 도움이 되지 않습니다. 물론 국내 정치가 중국과의 관계에 영향을 미치는 이유도 이해합니다. 하지만 지금 대만 문제는 냉철한 판단이 필요한 문제입니다. 이 문제는 매우 위험한 상황이기 때문에 관리가 필요합니다.

문정인 더 이상 질문이 없으면 오늘 강연을 마치도록 하겠습니다. 쿱찬 교수님, 정말 멋진 강연과 청중들의 질문에 대한 친절한 답변에 감사드립니다. 기꺼이 자리를 함께 해주셔서 다시 한번 감사드리며, 우리 모두에게 매우 유익한 강의였습니다. 쿱찬 교수님께 큰 박수를 보냅니다.

찰스 쿱찬 감사합니다. 문 교수님. 함께하게 되어 영광이었습니다. 다시 뵙게 되어 정말 반갑습니다.

도널드 트럼프는 카멜라 해리스를 상대로 예상외로 결정적인 승리를 거두었습니다. 트럼프는 주요 경합주에서 압승을 거두며 선거인단과 일반 투표 모두를 손쉽게 확보했습니다. 공화당은 상하원 모두에서 다수를 차지하며 트럼프 2기 권력을 강화해주었습니다. 그렇지만 이번 선거는 공화당에 유리한 장기적인 정치구조적 재편을 의미하지 않습니다. 여러 민주주의 국가에서 나타나고 있듯이 현직 바이든 정부에 대한 거부의 또 다른 사례라 하겠습니다. 자동화와 세계화로 인한 사회경제적 격변과 인플레이션은 많은 노동자 가정의 생계를 어렵게 만들고 있습니다. 이러한 경제적 현실과 더불어 망가진 이민 제도가 유권자들의 불만을 부채질했던 것입니다. 이러한 불만이 트럼프를 승리로 이끌었습니다.

트럼프 2기 행정부는 매우 강경 기조를 띨 것입니다. 그는 더 이상 "방 안의 어른들"에 의해 제어되지 않을 것입니다. 이제 그들은 트럼프 주변에 없을 것이기 때문입니다. 트럼프는 정치 기득권층을 와해하고 미국 우선주의 접근법을 추구해야 한다는 신념을 공유하는 충성스러운 지지자들로 팀을 꾸리고 있습니다. 트럼프는 충성을 최우선으로 여긴다는 점을 명확히 밝혀왔습니다. 그의 명령에 반대하거나 이행하지 못하는 팀원들은 빠르게 직위를 잃을 것입니다.

새 트럼프 행정부의 외교정책은 철저히 거래지향적일 것입니다. 트럼프는 정치인이 아닌 부동산 거물이자 거래의 대가를 자처합니다. 그는 대통령직과 관련된 전략적 비전이나 이념적 지향성에 신경을 쓰지 않습니다. 글로벌 정치의 변화하는 특성을 감안할 때, 거래지향적 외교정책은 장점이 있습니다. 트럼프는 그의 전임

자들보다 더 실용적일 수 있으며, 이념적 차이를 넘어 필요한 전략적 대화와 광범위한 국제협력을 이끌어낼 가능성이 있습니다.

트럼프는 우크라이나 전쟁이 전장이 아니라 협상 테이블에서 끝날 것이라고 이야기했는데, 그건 옳습니다. 따라서 외교에 기회를 주려는 그의 접근법에 동의합니다. 만약 트럼프가 중국과 새로운 무역협정을 체결할 수 있다면, 이는 미중 관계의 내리막 추세를 막아 세계가 환영할 것입니다. 미국의 약간의 실용적 현실주의는 큰 변화를 가져올 수 있습니다.

그렇지만 트럼프의 두 번째 임기는 많은 위험을 동반합니다. 기득권층을 공격하고 '딥 스테이트'를 해체하려는 그의 노력은 정책의 일관성 결여와 정부 시스템의 붕괴로 이어질 수 있습니다. 정치적 예의범절과 법치주의를 무시하는 트럼프의 태도는 미국 민주주의에 돌이킬 수 없는 손상을 초래할 수도 있습니다. 그의 고집스러운 일방주의는 동맹국들을 멀어지게 하고, 기후변화와 같이 공동의 노력 없이는 해결할 수 없는 글로벌 문제들을 다룰 기회를 놓칠 수 있습니다. 트럼프의 관세는 새로운 무역협정을 끌어내기보다는 세계 경제를 편가르게 하고, 노동계층 미국인들의 고통을 더욱 악화시켜 유권자들의 분노를 심화시키고, 미국 사회를 더욱 분열시킬 위험이 있습니다.

트럼프는 미국 정치와 외교정책에 급진적인 변화를 가져올 것입니다. 현재 미국과 세계가 처한 어려운 상황을 고려할 때, 급진적인 변화가 필요할지도 모릅니다. 이전의 방식은 국내외에서 더 이상 효과를 발휘하지 못하고 있습니다. 트럼프가 미국과 세계를 더 안정적이고 번영하는 방향으로 이끌 것인지, 아니면 상황을 더욱 악화시킬 것인지는 오직 시간이 지나야 알 수 있을 것입니다.

미국의 보수주의 외교정책

정통 보수, 네오콘, MAGA

월터 미드

위의 QR 코드를 통해
해당 글의 강연 동영상을 보실 수 있습니다.

제임스 레이니 강좌에 오신 것을 환영합니다. 이 자리에 월터 미드 교수님을 모시게 되어 매우 영광스럽고 기쁘게 생각합니다. 미드 교수는 미국에서 매우 유명한 학자이자 칼럼니스트이며 영향력 있는 인사입니다. 미드는 조지 소로스의 지원을 받는 바드칼리지의 특임 교수이며 조지 소로스의 개인적 친구이기도 합니다. 또 허드슨연구소의 저명한 선임 연구원이기도 하고요.

그의 글은 여러 매체에 실렸는데, 특히 〈월스트리트 저널〉의 글로벌 문제 칼럼니스트로서 잘 알려져 있습니다. 여러분들도 기억하실 것입니다. 최근 소개됐던 '중국, 아시아의 병자'라는 그의 논쟁적 칼럼은 전세계적으로 크게 주목을 끌었습니다. 또한 그는 외교 분야에서 영향력 있는 책과 글을 많이 썼습니다. 가장 최근의 책은 이스라엘과 미국의 관계에 관해 쓴《언약의 호(the Arc of Covenant)》(2022)입니다. 팍스 브리태니카와 팍스 아메리카나에 관한 책《신과 금(God and Gold)》(2007)도 있죠. 또《특별 섭리: 미국의 외교정책은 어떻게 세계를 변화시켰는가(Special Providence: How the American Foreign Policy Changed the World)》(2001)라는 책도 썼습니다. 제 생각에 미드의 책 전반에 걸친 공통 주제는 섭리, 언약, 신성입니다. 저는 항상 그의 글과 연설에서 깊은 인상을 받았습니다. 그의 글은 매우 명확하고 간결하며 솔직합니다.

오늘 미드는 미국의 외교정책과 관련하여 해밀턴주의(Hamiltonian)와 윌슨주의(Wilsonian), 제퍼슨주의(Jeffersonian) 입장과 잭슨주의(Jacksonian) 경향에 대해 이야기할 것입니다. 저도 오늘 강의에거는 기대가 큽니다. 이제 월터 미드 교수님을 모시겠습니다. 그에게 큰 박수를 보내주세요.

자유주의의 시조 에드먼드 버크

감사합니다. 미국 국제정치학계에서 가장 유명한 석학들을 모시는 강연 시리즈에 참여하게 되어 정말 영광입니다. 저는 이 그룹에 속할 자격이 없는 것 같아요. 바로 인정하겠습니다. 저는 돌팔이이자 무면허입니다. 저는 대학원 학위도 없고 영문학 학사가 전부입니다. 그러니 여러분은 제가 하는 모든 말을 무시할 권리가 있습니다. 더 솔직하게 저는 전문가가 아니라 제너럴리스트입니다. 전문가는 몇 가지 주제에 대해 깊이 잘못 알고 있는 사람이고, 제너럴리스트는 많은 주제에 대해 피상적으로 잘못 알고 있는 사람이라고 합니다. 미국 대외관계 분야의 제너럴리스트인 저는 동북아시아, 동남아시아, 유럽, 아프리카, 라틴아메리카 중 어느 한 분야도 전문으로 하지 않습니다.

저는 전략이라고 할 수는 없지만 다양한 부분들을 엮어서 거기서 나타나는 하나의 (정책) 추세를 보려고 노력합니다. 미국 독립 후 200년을 살펴보면 어떤 패턴이 있을까요? 미국 대외관계의 역사에서 어떤 패턴을 볼 수 있을까요? 그리고 이러한 패턴이 현재 일어나고 있는 일을 이해하는 데 어떻게 도움이 될 수 있으며, 세계에서 일어나고 있는 사건들을 고려할 때 미국의 외교정책이 어떻게 발전할 수 있는지에 대한 통찰력을 제공할 수 있을까요?

저에게 미국의 보수주의에 대해 이야기해달라고 요청하셨습니다. 다시 말하지만 제가 이 일을 할 수 있는 가장 적합한 사람인지 잘 모르겠습니다. 저는 제 자신을 특별히 규정하지 않습니다. 오히려 다른 사람들이 (저를) 이런저런 호칭으로 많이 부르죠.

먼저 제 개인적인 정치 노선에 대해 이야기하자면, 여러 면에서 영미 역사상 가장 심오한 자유주의 사상가 중 한 명이자 보수주의 전통의 창시자로 여겨지는 영국의 에드먼드 버크가 떠오릅니다. 버크는 한 국가가 전진하고 발전하려면 그 국가가 어디에서 왔는지에 대한 깊은 이해가 있어야 한다고 믿었습니다. 그러나 그는 과거를 끝없이 반복하거나 과거에 갇히기 위해 역사를 공부해서는 안 된다고 믿었습니다. 버크는 역사를 공부하고, 자신이 속한 문화의 역사와 전통을 이해하고 소중히 여겨야 하는 것은 우리가 더 풍부한 잠재력과 풍요로운 삶에 도달하는 데 도움을 주기 위한 것이라 생각했습니다. 장기적으로는 이것이 급진적인 접근 방식보다 더 좋고 강력한 변화의 토대라고 생각했던 것입니다.

제가 버크를 좋아하는 또 다른 이유는 그가 뻔하게 예측 가능한 사상가가 아니라는 점 때문입니다. 예를 들어 그는 미국 독립혁명을 매우 지지했고 혁명을 진압하려는 영국의 노력을 비판했습니다. 그는 또한 인도에서 영국의 식민주의와 제국주의에 대해 가장 신랄하게 비판한 사람 중 한 명이었습니다. 또한 18세기 영국령 인도에서 동인도회사의 총독으로 매우 탐욕스러웠던 워렌 헤이스팅스를 기소하는 데 앞장섰으며, 정의와 같은 가치가 단순히 영국에서만 중요한 것이 아니라 인도와 세계 다른 지역의 사람들도 보편적인 정의 원칙에 따라 동등한 주장을 할 수 있다는 생각을 분명히 했습니다. 또한 프랑스혁명이 프랑스에 해방을 가져오는 대신 오히려 독재로 이어질 것이라고 예측하며 프랑스혁명에 반대하여 많은 사람들을 놀라게 했습니다. 그는 공포의 통치가 다가올 것을 보았고, 나폴레옹과 같은 인물이 등장하여 프랑스와 유럽을 전쟁의 소용돌이에 빠뜨릴 것이라고 예측했습니다.

그렇다면 이 사람을 진보주의자라고 불러야 할까요, 아니면 보수주의자라고 불러야 할까요? 그의 성향을 판단하는 것은 잘 모르겠지만, 저는 그가 연구할 가치가 있는 사람이며, 우리 모두가 인생의 어느 시기에 특정 정치적 스펙트럼에 속해 있더라도 배울 수 있는 그런 본보기가 되는 사람이라고 생각합니다. 저는 그렇게 이해하는 것으로 충분하다고 생각해요.

미국 보수주의 정치의 여러 흐름

오늘은 미국의 보수주의와 미국 현실에 대해 이야기해보는 시간이지요. 일반적으로 에드먼드 버크의 보수주의는 오늘날 미국에서 주도적인 정치 세력이 아닙니다. 거의 그런 적이 없습니다. 오늘날 미국의 보수주의는 대략 세 그룹이 있다고 생각합니다.

하나는 MAGA 월드로 '미국을 다시 위대하게 만들자'는 주장을 하는 사람들이 있습니다. 바로 도널드 트럼프 운동이 그렇지요. 그 영역에 속하는 모든 사람들이 반드시 트럼프 전 대통령을 지지하는 것은 아니지만 분명한 운동입니다.

그 다음 부시 행정부, 특히 조지 W. 부시 행정부에서 미국의 외교정책을 주도했던 사조로서, 필요한 경우 무력을 사용해서라도 민주주의 증진을 통해 세계를 변화시키려 했던 신보수주의자들을 들 수 있습니다. 그들은 매우 복잡한 사상적 흐름을 가진 그룹인데 MAGA 세계와는 아무런 관련이 없습니다. 이 두 가지 사조 사이의 격차는 엄청나며 대부분의 신보수주의자들은 이제 "트럼프는 절대 안돼" 진영에 속할 것입니다. 빌 크리스털과 맥스 부트 같은 많은 사람들은 트럼프 전 대통령에 대한 반감 때문에 아예 공화당을 떠나 민주당원이 되고 말았어요.

그리고 자유지상주의자(libertarians), 즉, 마거릿 대처 전 영국 총리처럼 규제가 적은 작은 정부를 믿는 사람들도 있습니다. 다른 세력으로는 사회적 보수주의자, 복음주의 기독교인 등도 있는데, 이들 중 상당수는 트럼프 전 대통령에 대해 그다지 열광하지 않습니다. 따라서 이 운동을 여러 그룹으로 나눌 수 있으며, 그 안에는 잘 알려지지 않았지만 매우 중요한 미국 흑인 보수 작가 및 사상가 그룹도 있습니다. 대법원의 클래런스 토마스 대법관도 있지만 토머스 소웰, 존 맥워터 등 미국 정치와 미국인의 삶에 대해 다소 독특한 접근 방식을 가진 사람들이 이 그룹에 속합니다.

따라서 자유주의와 마찬가지로 미국의 보수주의는 하나의 운동이라기보다는 여러 운동의 집합체라고 할 수 있습니다. 특별히 잘 조직되어 있지는 않습니다. 미국의 정당은 상당히 약한 경향이 있습니다. 이것은 부분적으로는 구조적인 이유 때문이라고 생각합니다. 사실 한국의 구체적인 상황은 잘 모르지만 일반적으로 많은 나라에서는 정당 지도자들이 국회의원 후보들을 공천합니다. 당의 지도자들은 당에서 막강한 권한을 행사합니다. 그래서 당의 지도자들이 인정하지 않으면 국회의원이 될 수 없거나, 비례대표제에서는 가장 후순위의 번호를 배정해서 선거에서 자기 당이 모든 표를 가져가야만 의석을 얻게 됩니다. 이런 이유에서 정당 지도자와 정당 조직이 매우 중요합니다.

미국 시스템에서는 기본적으로 모든 하원의원과 상원의원이 하나의 개인 사업가와 같습니다. 즉, 제가 하원의원이라면 하원의장이 저를 좋아하든 싫어하든 크게 신경 쓰지 않습니다. 내가 신경쓰는 것은 다음 선거에서 지역구 주민들이 나를 뽑아줄 것인가, 특히 내가 속한 당의 예비선거를 피하거나 예비선거에서 승리할 수 있는가 하는 것입니다. 예비선거는 보통 투표율이 20% 이하로 매우 낮습니다. 뉴욕 민주당 예비선거에서 알렉산드리아 오카시오-코르테즈가 조지프 크롤리라는 중진 하원의원을 꺾고 승리했습니다. 그런데 이 선거에는 자격이 있는 민주당 유권자 중 20% 미만이 투표한 것으로 알고 있습니다. 그래서 10%만 확보할 수 있다면 이런 선거에서 이길 수 있습니다. 이러한 정치 제도 아래서 미 의회 의원들은 자신에게 매우 충성스럽고 매우 활동적인 추종자들의 소그룹에만 집중하게 됩니다.

이것이 바로 미국 정치가 최근 들어 더 극단적으로 양극화되는 경향을 보이는 이유 중 하나라고 생각합니다. 민주, 공화 양당 정치인들은 종종 중도보다는 양극단에 호소하는 것처럼 비쳐집니다. 최근 미국 정당이 약화하는 이유입니다. 여기에 진보진영이나 보수진영에 다양한 사고의 흐름이 있다는 점을 더하면 미국 의회가 잘 조직된 곳이라기보다는 무질서하다는 것을 알 수 있습니다. 지금 미 하원에서 공화당이 하는 정치 양태를 보십시오. 그들은 하원의장 한 사람도 제대로 선출하지 못하고 있습니다. 일부 공화당 의원들이 특정 후보에 대해 반란표를 던지면서 당 지도부가 전체 시스템은 고사하고 자기편으로 과반수도 만들어내지 못하고 있는 실정입니다. 이는 공화당 내 다양한 계파가 더 보수적인 성향을 보여야만 잘 나갈 수 있다는 것을 뜻하기도 합니다.

MAGA 공화주의가 매우 강한 지역구에서는 보수적 유권자층에 전적으로 편승하는 후보가 당선됩니다. 당 지도부는 그런 인사에 대해 아무런 권한이 없습니다. 마찬가지로 MAGA 공화주의에 그다지 호의적이지 않는 유타주를 보세요. 현재 미트 롬니 상원의원이 유타주를 대표하고 있는데 그는 MAGA 공화주의와 아주 다른 공화당 노선을 표방하고 있지요. 이는 당 지도부와 관계없이 매우 다른 종류의 공화당원이 선거에서 승리할 수 있다는 것을 의미합니다. 우리는 당분간 이러한 다양성을 인정해야만 할 것입니다.

정치자금 모금에 대해서도 한말씀 드려야 할 것 같습니다. 미국 정치에는 이상한 선거 캠페인 정치자금법이 많이 있습니다. 정치에서 성공하려면 돈이 있어야 하지만, 정치에 돈이 어떻게 들어오는지 또는 누구의 돈이 정치에 들어오는지에 대해 생각하는 것은 아무도 좋아하지 않기 때문에 사실 거의 모든 나라가 매우 이상한 선거자금법을 가지고 있다고 생각합니다. 그래서 법적 상황도 종종 매우 이상하고 변칙적이지요. 미국의 경우는 사람들이 정당에 기부할 수 있는 금액에는 다소 엄격한 제한이 있지만 개별 정치인을 후원하는 것은 훨씬 쉽습니다.

다시 50년 또는 100년 전의 미국 정치로 거슬러 올라가보지요. 코네티컷에 살면서 정치 지도부에 영향을 미치고 싶으면 코네티컷 민주당 위원회와 지도부에 많은 돈을 기부하면 됐습니다. 왜냐하면 이들이 '은밀한 회의실'에 앉아 후보 지명을 좌지우지했기 때문입니다. 이들 전문 정치꾼들은 이념보다는 당선될 수 있는 후보를 찾는 데 더 관심이 많았습니다. 이념보다 권력에 더 관심이 많았던 거지요. 그래서 상대적으로 정당(지도부)이 강력했습니다.

그러나 오늘날에는 억만장자들이 정당에는 아주 적은 돈을 기부하고, 반대로 개별 후보자에게 더 많이 기부하고 있지요. 이와 별도로 기부자들은 실제로 무제한으로 기부할 수 있는 '독립 지출'

4장   미국의 보수주의 외교정책

항목에 의거, 한 후보를 위해 또는 다른 후보에 반대하는 광고를 구매하는 방식으로 정치자금을 기부하고 있습니다. 따라서 우리 정치 시스템은 누구도 의도하지 않았지만 결국 개인 기부자를 매우 강력하게 만드는 한편, 정치 구조와 정치 조직을 매우 취약하게 했습니다. 여기에 예비선거 제도까지 더하면 미국 정치에서 진정한 조직화의 흔적이 거의 보이지 않는 이유를 알 수 있습니다.

당연히 모든 시스템에는 장단점이 있습니다. 질문이 있으신 분들도 계실 것이라 생각되지만 지금 저는 이에 대해 언급하지 않겠습니다. 이것이 의미하는 바는 현재 공화당에는 다양한 사고 성향의 파벌들이 존재하지만 이 모든 것을 합의로 이끌어낼 (통합의) 메커니즘이 없다는 것입니다. 그래서 공화당에는 단일 노선이 없습니다. 어떤 사안에 대해서도 정통 보수적인 노선이 없습니다. 이러한 현상은 민주당도 마찬가지입니다.

미국 보수주의 외교정책의 기원: 해밀턴과 윌슨

이제 외교정책에 대한 이야기로 넘어갑시다. 여기 계신 분들 대부분은 미국인이 아니기 때문에 미국 국내 정치 자체보다는 국내 정치가 외교정책에 미치는 영향이 더 흥미로울 것입니다. 이제 미국 외교정책에 대한 여러 진영의 생각을 들어보도록 하겠습니다. 여기서 저는 거의 사반세기 전에 제가 쓴 《특별 섭리》를 바탕으로 미국 외교정책과 그것이 세상을 어떻게 변화시켰는지에 대해 이야기하고자 합니다. 이 책은 미국의 외교정책에 대해 모두가 믿고 있는 두 가지 사실에 대한 인식에서 출발했습니다.

하나는 미국인들의 외교정책이 정말 끔찍하다는 것입니다. 우리는 혼란스러운 정치 시스템을 가지고 있습니다. 때때로 우리는 터무니없이 이상주의적인 발언을 합니다. 어떤 때는 전세계를 정복하려는 것 같고 어떤 때는 전세계에서 멀어지려는 것 같습니다. 과테말라에 진출한 미국 다국적 기업 유나이티드 프룻사를 구하기 위해 CIA를 파견하는가 하면, 인권 문제 등 명확치 않은 이유로 버마(미얀마) 같은 나라와의 관계가 크게 악화된 적도 있지요. 한마디로 엉망진창입니다. 이런저런 일이 연달아 일어났습니다. 그래서 사람들은 미국 역사가 시작될 때부터 미 합중국의 외교정책에 대해 비판적 태도를 취했습니다.

반면에 지난 200년의 역사를 되돌아보면, 국제정치에서 분명한 추세 중 하나는 미국이 국제 시스템에서 권력과 영향력을 점진적으로 증가시켜왔다는 것입니다. 1790년에 미국은 매우 약하고 주변부적인 국가였죠. 그러나 1945년 이후에는 세계에서 가장 지배적인 강대국이 되었습니다. 여기서 한 가지 의문이 생깁니다. 외교정책이 이렇게 형편없고 정치인들은 절망적인 엉망진창처럼 보이는 나라, 어리석음과 무능이 뒤섞인 국가가 어떻게 지금처럼 강대국이 될 수 있었을까요.

19세기 독일 수상 오토 폰 비스마르크는 미국의 이런 위상에 대해 생각하다가 좌절한 나머지 주정뱅이이자 바보인 미국을 위해 신의 '특별한 섭리'가 있는 게 틀림없다고 말한 바 있습니다. 제 책 《특별 섭리》는 비스마르크가 말한 바로 그 '특별한 섭리'가 무엇인지 이해하려고 노력한 결과물입니다. 시간이 없으니 자세히 설명하지는 않겠습니다만 이 책을 쓰면서 발견한 것 중 하나는 미국과 미국의 이익에 대한 네 가지 각기 다른 사고방식이 있다는 것입니다. 그리고 역대 미국 대통령들이 취했던 다양한 접근 방식이 외교정책을 둘러싼 논쟁으로 이어지는 과정을 살폈습니다. 이를 통해 다양한 아이디어가 미국 외교정책의 추동력으로 작동하는 것을 파악할 수 있었습니다. 이 네 가지 사조는 부침과 강약을 겪었지만 한가지 분명한 것은 이들이 항상 존재해왔다는 사실입니다. 저는 그것이 오늘날 우리 정치, 심지어 오늘날의 보수 정치와 MAGA 정치와도 밀접한 관련이 있다고 생각합니다.

먼저 네 가지 사고방식 중 가장 잘 알려진 것을 살펴보지요. '건국의 아버지' 중 한 사람으로 조지 워싱턴 행정부의 재무부 장관이자 미국 헌법과 정부 발전에 큰 공헌을 했던 알렉산더 해밀턴의 이름을 딴 해밀턴주의 외교정책입니다.

알렉산더 해밀턴은 '우리(미국)는 새로운 공화국'이라고 말했습니다. 새로운 공화국으로서 "미국의 외교정책은 어떠해야 할까요?"라는 질문에 대해 해밀턴은 "세계에서 가장 성공한 나라가 어디냐?"고 반문했습니다. 1790년 해밀턴의 대답은 분명했습니다. 영국이었습니다. 따라서 미국이 강해지고 자유로워지기 위해서는 영국을 본받고 따라 배워야 했습니다.

그렇다면 영국의 정책적 핵심은 무엇이었을까요? 바로 영국정부가 영란은행을 통해 국가 경제와 기술 개발을 적극적으로 장려했다는 점입니다. 영국은 무역을 지원하기 위해 해군을 건설했고, 영란은행과 상업 시스템이 창출한 부와 국제무역으로 영국은 세계에서 가장 강력한 국가로 등극했습니다. 따라서 해밀턴주의는 친기업적인 노선 위에서 강력한 연방정부와 함께 위대한 기업들이 건강하고 강력한 미국 경제와 정치체제를 위한 국제무역의 토대를 형성해야 한다고 주장합니다.

그런 다음 전세계적인 무역을 촉진하며 공해상에서 미국 무역을 보호하기 위해 해군을 증강해야 한다고 주장했습니다. 18세기 후반 영국과 싸웠던 알렉산더 해밀턴과 조지 워싱턴은 미국이 이

월터 미드

렇게 하면 궁극적으로 영국을 대체하여 세계 최고의 강대국이 될 것이라고 믿었던 것입니다. 그들 생각 때문이었든 아니든 실제로 미국은 영국을 대체해 세계 패권국이 되었습니다.

미국 외교정책의 또 다른 흐름은 제1차 세계대전을 통해 국제연맹을 창설했던 우드로 윌슨 대통령의 노선을 추종하는 윌슨 학파입니다. 윌슨 대통령은 매우 현실적인 단면도 있었지만 솔직히 인종에 관해서는 옳지 못한 태도를 가지고 있었습니다. 윌슨은 국제분쟁의 원인이 각국의 잘못된 통치 때문이라고 깊이 믿었습니다. 그가 보기에 독재 정권이 있거나 절대 군주나 신정주의 전제 군주가 통치하는 국가들은 경제 성적이 좋지 않았습니다. 국민들은 불행하고 불안했으며, 이들 국가의 지도자들은 정치 권력을 강화하기 위해 제국주의와 정복 전쟁 등 해외에서 영광과 모험을 찾아다녔던 것입니다.

이 때문에 윌슨주의자들은 미국과 세계의 안전을 위해서는 민주주의를 증진해야 한다는 입장이었습니다. 민주주의 국가들은 서로 전쟁을 일으키지 않을 것이며, 미국은 높은 이상을 추구함으로써 스스로를 더 안전하게 만들 수 있다고 믿었습니다. 이것이 바로 그들이 제시하는 미국의 외교정책에 대한 비전이었으며, 오늘날에도 분명히 이러한 전통을 목격할 수 있습니다.

이 두 가지 형태의 외교 노선은 무역과 상업에 기반한 해밀턴주의적 세계질서와 인권에 기반한 윌슨주의적 세계질서의 창출을 지향했습니다. 냉전이 끝난 이후 최근까지 미국의 외교정책은 기본적으로 해밀턴주의와 윌슨주의가 지배했다고 해도 과언이 아닙니다. 내부적으로는 때로 서로 동의하고 때로 서로 동의하지 않았지만, 외부적으로는 세계질서를 상업적 자유무역 또는 인권, 민주주의 증진 측면에서 바라보았고, 이 두 가지는 종종 융합된 형태로 나타났습니다. 중국과의 자유무역이 중국을 민주적으로 만들고 그렇게 되면 모두가 안전해질 것이라는 생각이 대표적입니다. 이러한 생각은 미국에서 매우 강력했고 여전히 이를 따르는 지지자들이 있습니다.

제퍼슨주의와 잭슨주의

미국의 외교정책에는 이외에도 다른 두 가지 사고방식이 있습니다. 하나는 미국의 3대 대통령이었던 토머스 제퍼슨의 이름을 딴 것입니다. 토머스 제퍼슨은 재임 기간 동안 다양한 정책 노선을 전개했습니다. 따라서 어느 한 사고방식을 제퍼슨적이라고 규정하기는 어렵습니다. 그러나 그에게는 하나의 커다란 사상적 흐름이 있었습니다. 제퍼슨은 알렉산더 해밀턴의 주장('영국을 학습해야 한다')에 대해 '미친 생각'이라고 말했습니다. "영국정부는 독재정권이라고요. 너무 끔찍해서 우리는 그 밑에서 벗어나기 위해 길고 피비린내 나는 혁명 전쟁을 치러야 했어요. 지금 당신의 목표는 미국에서 영국을 재현하여 영국 메커니즘을 수입하자는 것입니다"라고 비꼬기까지 했습니다. 전세계와 무역을 하기 위해 강력한 정부가 있어야 한다는 주장은 사실 부자들을 위한 주장입니다. 정부 주도 아래 무역이 확장되면 주로 부자들이 이익을 보게 됩니다. 왜냐하면 기업을 소유하는 것은 부자들이지 가난한 사람들이 아니기 때문입니다. 그래서 친기업적인 주장이나 강력한 국가를 내세운 목소리들은 부유한 미국인들이 더 부유해지도록 돕는다는 게 제퍼슨의 주장이지요. 부유한 미국인들이 돈을 버는데 가난한 미국인들을 징집하여 전쟁에 나가게 만드는 꼴이 되는 거고요.

월터 미드

그게 어떻게 자유인가요? 미국의 독립혁명이 영국에서처럼 미국에 계급 제도를 만드는 것이었다고 어떻게 말할 수 있을까요? 미국의 자유를 수호하는 방법에서 정말 중요한 것은 외교정책을 가능한 한 적게 하는 것입니다. 우리가 공격을 당하거나 또는 꼭 필요한 경우가 아니라면 전쟁을 해서는 안 됩니다. 전쟁은 비용이 너무 많이 들고 끔찍하기 때문에 싸우기 전에 협상을 시도해야 합니다. 아니, 민주주의 증진을 위해 십자군처럼 하자고요? 천만에. 안됩니다. 미국에서의 민주주의를 지키기 위해 노력해야죠. 다른 나라 아이들이 민주주의 국가에서 살 수 있도록 미국의 젊은이들을 해외로 보내 전쟁을 치르는 것은 우리가 할 일이 아니에요. 말도 안 되는 소리입니다.

국내에서 민주주의를 완성하고 우리의 모범을 통해 다른 나라 사람들에게 더 나은 민주주의를 구축하도록 영감을 주는 것, 이것이 바로 제퍼슨의 비전입니다. 오늘날에도 여러분은 그것을 볼 수 있습니다. 버니 샌더스 상원의원도 어느 정도는 이러한 견해를 가지고 있다고 생각하지만, 미주리주 상원의원 조쉬 홀리나 켄터키주 상원의원 랜드 폴 같은 사람들도 마찬가지입니다. 제퍼슨주의는 아마도 고립주의 범주에 가장 가까운 학파일 것입니다.

대망의 마지막은 사람들이 도널드 트럼프와 연관 짓는 학파입니다. 트럼프의 책사 역할을 했던 스티브 배넌이 앤드류 잭슨에 대한 저의 글을 읽고 트럼프를 잭슨주의자로 규정한 바 있습니다. 실제로 도널드 트럼프는 우리와 같이 앤드류 잭슨의 묘지를 방문했고, 그의 집무실에 앤드류 잭슨의 초상화를 걸어놓기도 했습니다. 트럼프와 그 지지자들은 잭슨주의의 깃발을 드높게 내세웠지요. 스티브 배넌은 제가 잭슨주의자가 아니라는 사실을 알고 놀랐던 것 같아요. 학자가 특정 사상가를 연구한다고 해서 반드시 그 사상을 공유할 필요는 없지요.

어쨌든 잭슨주의자들은 포퓰리스트 집단입니다. 그들은 대기업을 신뢰하지 않아요. 그들은 큰 정부를 신뢰하지 않습니다. 심지어 군 장교들도 신뢰하지 않습니다. 그들은 사병(징집병)과 자원봉사자들을 이상적으로 생각하는 경향이 있습니다. 그들은 금색 띠를 두른 모자를 쓴 펜타곤의 멋진 장교들에 대해 의구심을 갖습니다. 최근 사람들이 '깨어 있는 장군'에 대해 이야기하는 것을 들어본 적이 있을 겁니다. 이것은 민병대에 대한 깊은 지지와 기득권 장교 계급에 대한 포퓰리스트들의 의심을 반영합니다. 잭슨주의자들은 정부를 매우 의심합니다. 그들은 모든 정치인이 부패했다고 생각합니다. 그래서 그들이 지지하는 정치인이 부패했다고 말하면 그들은 그렇다고 말합니다. 그들은 도널드 트럼프가 기소된 이유는 그가 미국에서 유일한 부패 정치인이기 때문이 아니라 기득권 엘리트들이 그를 좋아하지 않기 때문이라고 답변합니다. 그래서 그들이 트럼프를 표적 기소했다고요. 이것은 정부와 정규직 공무원에 대한 포퓰리즘적인 불신을 단적으로 보여주는 것이지요. 여러분도 들어보신 적 있을 겁니다만, 그들은 이를 (정부와 정규직 공무원들의) '딥 스테이트'라고 부릅니다.

제퍼슨주의자들과 마찬가지로 잭슨주의자들도 인권이나 민주주의 등 특정 가치를 내걸고 해외에서 십자군 전쟁을 전개하는 데 반대합니다. 그들은 자유무역에 기반한 세계질서 구축에도 관심이 없습니다. 그들의 생각은 다른 나라가 미국을 공격하지 않는 한 더불어 공존하면 된다는 것입니다. 하지만 다른 나라가 미국을 공격하면 그때는 단호하게 그들에 맞서야 합니다. 9·11 테러 이후 잭슨주의 미국은 아프가니스탄을 침공했고, 조지 부시를 따라 이라크에 참전했습니다. 일본의 진주만 공격이 있은 후 잭슨주의 미국

월터 미드

은 수천 마일 떨어진 일본과 기꺼이 싸웠습니다. 전쟁 중 미군은 도쿄의 민간인 거주 지역에 소이탄을 투하, 8만 명 이상의 일본인이 사망했습니다. 하룻밤 사이에 한 지역의 거의 모든 민간인이 폭격으로 희생된 거죠. 나가사키나 히로시마도 그렇지는 않았습니다. 하지만 잭슨주의자들은 조국이 공격을 받으면 벌집에서 벌이 나오듯 공격자를 쏘아 죽이고 싶어 합니다.

도널드 트럼프는 바로 이런 종류의 민족주의(nationalism)에 호소하고 있는 것이지요. 사실 그의 정책은 때로는 제퍼슨주의적이고, 때로는 잭슨주의적인 경향을 보입니다. 제 강의는 이 정도에서 끝내고 여러분과의 대화에서 이 사안들을 더 심도 있게 이야기할 수 있기를 바랍니다.

키신저와 외교 현실주의

문정인 정말 감사합니다. 큰 박수를 보내주세요. 미국의 주요 정치인과 사상가들을 떠올리며 미국의 외교정책을 네 가지로 분류하는 방식이 정말 흥미롭습니다. 리처드 닉슨과 헨리 키신저는 해밀턴 학파, 윌슨 학파, 제퍼슨 학파, 잭슨 학파 네 개의 학파 중 어느 학파로 분류할 수 있을까요? 주류 보수주의자라고 불리는 이들은 현실주의적 세계관이 미국 외교정책에 있어 진정한 보수주의라고 말하고 있습니다.

월터 미드 좋은 질문이라고 생각합니다. 저는 실제로 키신저 박사와 이에 관해 이야기를 나눈 적도 있습니다. 그가 말한 것 중 하나는 그가 정부에 있을 때 실제로 미국 정치를 잘 이해하지 못했다는 것입니다. 다시 말하지만 키신저 박사는 매우 이례적입니다. 그는 100세가 넘었지만 지금도 인공지능에 대해 연구하고 있습니다. 그는 여전히 새로운 책을 쓰고 새 주제를 연구하고 있습니다. 과거사가 어찌 되었던, 키신저 박사가 노년기까지 건강하고 행복하게 지내고 있는 것은 아마도 그분의 끊임없는 호기심과 참여, 관심 때문일 것입니다. 여러분도 (그분처럼) 항상 깨어 있는 마음 자세를 가지십시오.

어쨌든 키신저와 닉슨은 제가 그들을 대륙 현실주의라고 부르는 것을 지적으로 수용할 것입니다. 해밀턴주의는 일종의 미국 현실주의입니다. 즉, 해밀턴주의자들은 힘의 균형을 믿으며, 세계질서가 가능하지만 그것이 확실하거나 필수적인 것은 아니기 때문에 항상 주시해야 한다고 생각합니다. 그래서 국가의 힘에 주시하고 국가의 지위를 향상시켜야 한다고 봅니다. 그들은 글로벌 상업 시스템을 통해 실제로 증오를 극복하고 이론적으로는 평화로운 세계질서를 가질 수 있다고 생각합니다. 어두운 현실주의자 또는 구조적 현실주의자라 할 수 있는 대륙 현실주의자들은 그렇게 보지 않는 경향이 있습니다. 국가 간의 갈등은 영원하며 이는 국가의 본질 등에 의해 결정된다는 것이죠. 키신저와 닉슨은 이러한 시각과 맥을 같이 합니다.

스탠포드대학교의 역사학자 닐 퍼거슨은 키신저 전기에서 키신저의 구상에는 이상주의적 요소도 포함되어 있다고 주장했습니다. 저는 키신저가 롤 모델로 생각해온 오스트리아 재상 메데르니히와 같이 세력 균형을 통해 어둡고 불안한 세계에 평화를 가져오려고 했다는 점에서 닐의 주장이 옳다고 생각합니다. 어둡고 비관적인 생각을 가졌지만 거기에서 밝고 나은 미래를 모색할 수 있는 거 아닌가요?

만약 닉슨과 키신저가 제퍼슨주의 전통에 따라 행정부를 운영했다면 미국 정치에서 더 나은 성과를 거둘 수 있었을 것이라고 생각합니다. 가령 "우리는 남베트남에 대한 안보 공약을 청산하겠습니다", "우리는 월남전이 미국 사회에 끼치는 해악 때문에 전쟁에서 벗어나려고 노력하고 있습니다", "우리는 소련과의 대결에서 교훈을 얻은 바, 중국과 협력하여 소련과의 균형을 다시 이루어 외세개입적 외교정책을 회피하며, 예산을 절약하는 동시에 대외 안보 공약을 줄이려고 노력하고 있습니다" 이런 식으로 닉슨과 키신저가 더 많이 이야기했다면 그들의 주장이 더 나아 보였을 것이라고 생각합니다.

문정인 하지만 국제관계 이론의 관점에서 미국의 보수진영을 이야기할 때 보통 헨리 키신저나 리처드 닉슨 또는 소위 주류 현실주의자들을 미국의 정통 보수주의 외교정책 학파로 먼저 떠올리게 됩니다. 국력과 가치를 결합하는 네오콘이 두번째, 고립주의적 MAGA 학파와 같은 철회주의자(retractionist)들을 세번째로 들 수 있겠네요. 따라서 미드 교수가 이야기하는 네 가지 학파로 분류하는 방식에서 키신저나 닉슨 같은 정통 보수주의들이 누락된 것 아닌가 하는 느낌이 듭니다. 브렌트 스코크로프트 전 국가안보보좌관도 그렇구요.

월터 미드 저는 스코크로프트와 키신저를 다르게 봅니다. 스코크로프트는 해밀턴주의자입니다. 왜냐하면 스코크로프트와 조지 H.W. 부시는 전형적인 해밀턴주의자였고, 자유무역, 대기업과의 긴밀하고 협력적인 관계에 기반을 둔 강력한 미국 국가와 그에 따른 세계질서를 믿었기 때문입니다. 저는 이것이 부시와 스코크로프트에 대한 훨씬 더 나은 설명이라고 생각합니다.
　닉슨과 키신저 두 사람 모두 경제에 특별히 관심이 없었습니다. 닉슨이 키신저에게 "헨리, 당신은 경제에 대해 아무것도 모른다. 그러니 존 코널리 재무부 장관에게 가서 석유 시장에 대해 배우라"고 말한 적이 있습니다. 미국적 현실주의나 대륙 현실주의, 유럽 주류 현실주의, 혹은 고전적 보수주의는 모두 상업에 초점을 두지 않았습니다. 메테르니히나 비스마르크 모두 국력을 무역 및 상업과 연계시키지 않았습니다.

가자 사태와 팔레스타인-이스라엘 전쟁

문정인 좋아요, 《언약의 호》에 관한 이야기로 넘어가봅시다. 미드 교수님은 이 책에서 미국과 이스라엘 사이의 성서적 연대를 강조합니다. 미국이 이스라엘을 방어하기 위해 모든 노력을 기울여야 하는 이유가 여기에 있다고 지적하셨지요. 지금 가자지구와 이스라엘에서 비극적인 사건이 벌어지고 있습니다. 이 문제를 어떻게 해결해야 할까요? 조 바이든 대통령이 곧 이스라엘을 방문한다고 들었습니다. 미국에 있어 이스라엘 사태는 하나의 심각한 딜레마인데 이 문제에서 벗어나는 방법은 무엇입니까?

월터 미드 저는 《언약의 호》가 친이스라엘 사람이나 반이스라엘 사람이나 모두 읽을 수 있는 책이 되기를 바랐기 때문에 특정한 정책 제안을 하지 않도록 매우 조심했습니다. 팔레스타인은 물론 여러 명의 중동 이슬람 학자 및 작가들인 제 친구들이 원고를 검토하고 추천의 글까지 써주기도 했고, 심지어는 매우 보수적이고 잘 알려진 이스라엘 시오니스트와 미국의 보수적인 유대 시오니스트도 원고를 수정하는 데 큰 도움을 주었습니다. 그래서 저는 다른 종류의 책을 쓰려고 노력했던 것입니다.

이스라엘이 미국에 왜 이렇게 중요한가라는 질문을 받았을 때 저는 이렇게 생각했습니다. 그건 이스라엘을 찬성하든 반대하든,

사람들이 이스라엘에 대해 많은 관심을 갖고 있기 때문일 것입니다. 일본과 중국에서는 조금 덜하지만, 미국뿐만 아니라 전세계적으로 일반적으로 그렇습니다. 인도에서도 이스라엘이 큰 이슈인데, 인도국민당은 매우 친이스라엘 성향입니다. 그러나 야당인 국민의회는 이스라엘에 대해 훨씬 더 비판적입니다. 북아일랜드에 가보세요. 아일랜드 공화국계의 가톨릭 지역에 가면 팔레스타인 국기가 펄럭이는 것을 자주 볼 수 있습니다. 하지만 개신교 연합주의 지역에 가면 다윗의 별이 그려진 이스라엘 국기를 볼 수 있습니다.

문정인 요즘 서울 시내에서는 미국 성조기, 이스라엘 국기, 대한민국 국기를 들고 시위에 나선 태극기 부대를 목격할 수 있습니다. 하지만 그들은 자신들이 왜 이스라엘 국기를 들고 있는지 모릅니다. 이제 교수님의 책을 읽고 나서야 그 보수주의적인 시위대에게 설명할 수 있을 것 같습니다.

월터 미드 거기엔 이런 경향이 있지요. 이 문제에 대해 길게 논의할 수 있겠지만 핵심은 여기에 있다고 생각합니다. 1944년부터 1948년 사이에 제2차 세계대전이 종식되고 냉전이 시작되었습니다. 오늘날 우리가 생각하는 국제질서가 확립된 것도 이 시기였지요. 1944년은 소련군이 유대인 학살, 즉 홀로코스트로 악명이 높았던 폴란드의 강제수용소를 처음으로 해방했던 해이기도 합니다.

그러나 우리는 이 공포의 실체를 목격했습니다. 물론 비슷한 시기에 일본이 중국과 한반도에서 저지른 만행에 대한 증거도 드러나기 시작했습니다. 계몽주의 이후 한 세기 반 동안 많은 낙관주의가 있었지요. 그러나 인류의 역사는 어두웠습니다. 끔찍한 일들이 벌어졌죠. 문제는 인간이 무지하고 보잘것 없었다는 것입니다. 이제 현대 과학기술 덕분에 우리는 경제적으로 발전하고 있습니다. 우리는 젊은이들을 교육할 수 있는 돈이 있습니다. 우리는 나아지고 있습니다. 우리는 인간의 마음속에 있던 어둠을 극복하고 있습니다.

제2차 세계대전 중 과학기술을 가진 독일과 일본이 저지른 만행을 상기해보세요. 이렇게 고도로 발달한 사회가 칭기즈칸과 몽골족도 할 수 없었던 가장 악랄한 잔학 행위를 저지른 것을 보고 나면 갑자기 계몽주의가 사실이 아니며, 인간 마음의 어둠은 현대가 치료할 수 있는 어떤 것보다 더 깊고, 우리는 여전히 똑같은 위험한 존재처럼 보이기 시작합니다.

문정인 그래서 가자 위기를 어떻게 해결해야 할까요?

월터 미드 글쎄요, 여기에 문제가 있습니다. 1945년 원자폭탄이 터졌죠. 이 어둡고 사악한 물건은 이제 지구상의 모든 생명체를 파괴할 수 있는 힘을 갖게 되었습니다. 이 방에 있는 우리 모두, 지구상의 모든 사람들이 히로시마와 나가사키의 그림자 속에서 살고 있다고 생각합니다. 오늘날까지도 우리는 그 그늘에서 벗어나지 못하고 있습니다. 유대인들의 성지(예루살렘과 팔레스타인 땅) 귀환을 예언한 성서의 전통을 믿는 이들은 유대인들이 성지로 돌아와 유대국가를 건설한 것을 하나의 기적으로 간주합니다. 미국인뿐만 아니라 세계 도처에 있는 기독교 신자들은 이것을 성서의 신은 진실된 것이고 역사적 실체로 존재하는 것이어서 이 어둡고 어려운 시대에 희망을 주는 징표라고 인식하는 것입니다.

이스라엘은 내부적으로 큰 공포와 공황에 빠져 있던 수백만 명의 사람들에게 희망의 상징이 되었습니다. 그래서 오늘날까지 미국 정치와 일부 다른 국가의 정치에서 이스라엘에 대한 공격은 우리의 희망에 대한 공격이라는 인식이 있습니다. 바이든 대통령은 정치적으로 이스라엘 사태에 개입하는 것이 중요하다는 것을 잘 알고 있습니다.

하마스 공격 이전에 바이든 행정부가 하고 있던 일은 중동에서 지역 블록을 조율하는 것이었습니다. 사우디아라비아와 이스라엘을 비롯해 대부분의 걸프 국가들을 일종의 동맹체제로 끌어들이는 것이지요. 이런 지역 블록이 만들어지면 미국은 본질적으로 북대서양조약 5조에 따라 NATO 국가들에게 제공하는 것과 같은 종류의 안보 보장을 제공할 수 있었을 것입니다. 이는 이스라엘과 이들 걸프 국가들이 핵을 가진 이란과 더불어 살 수 있다는 것을 의미합니다. 미국은 핵폭탄을 막기 위해 이란과 전쟁을 벌일 필요도 없고, 아마도 미국을 끌어들일 게 확실할 이스라엘의 개전을 지켜볼 필요도 없을 겁니다.

따라서 이 계획은 지역을 안정시키되 이란을 주변부화시키고 이란이 지역을 지배할 수 있는 능력을 차단하는 평화구상처럼 보였습니다. 이란은 이런 일이 일어나기를 원하지 않았고 하마스도 이런 일이 일어나기를 원하지 않았다고 생각합니다. 따라서 이번 하마스의 이스라엘 공격은 이란과 '저항의 축'을 소외시키고, 미국을 하나의 제국으로 만들려는 미국, 사우디아라비아, 이집트, 이스라엘 간의 새로운 관계를 깨기 위한 것이었지요. 만일 이스라엘의 공격이 지나치면 아랍국가들은 미국과 이스라엘을 비난하게 될 것이고, 반면 바이든이 너무 소극적으로 대응하면 국내 정치적 대가를 치르게 될 것입니다. 이런 상황에서 그들은 미국이 새로운 지역 질서를 만들려는 노력을 깨뜨리려 하는 것이지요.

제 생각에 미 행정부가 해야 할 일은 우리는 이란과 전쟁을 하고 있지 않지만, 이란은 우리와 전쟁을 하고 있다는 사실을 인식하는 것입니다. 이란은 말 그대로 이스라엘의 파괴를, 그리고 미국의 힘의 파괴를 추구하고 있습니다. 그들은 타협을 원하지 않습니다. 그들은 당신이 우리의 이익을 존중한다면 우리도 당신의 이익을 존중하겠다고 말하는 것이 아닙니다. 그들은 실제로 대결에서 이기려고 합니다. 그렇다고 해서 우리가 그들을 침공해야 한다는 뜻은 아닙니다. 반드시 폭격을 해야 한다는 의미는 아니지만 중동에서 우리가 작동하고 있고, 우리에게 대항하는 적이 있으며, 이란이 러시아와 점점 더 가까워지고 있다는 것을 이해해야 한다는 뜻입니다. 알다시피 중국은 이 위기에서 하마스 쪽으로 기울고 있습니다. 이 위기에서 북한이 어디에 있는지 묻지 않아도 됩니다. 그래서 우리가 보는 것은 그 자체로도 충분히 심각한 지역 위기가 일종의 글로벌 대치 또는 글로벌 경쟁의 일부가 되고 있다는 사실입니다.

중국, 가장 어려운 이웃

문정인 다음 주제로 넘어가죠. 교수님은 2021년 월스트리트 저널에 '중국은 아시아의 병자'라는 매우 논쟁적인 칼럼을 기고했습니다. 물론 그때는 코로나19 사태 중이었고, 중국도 코로나19 대응에 어려움을 겪고 있었죠. 지금은 코로나19 문제가 사라졌지만, 현재 중국의 여러 지표를 보면 쇠퇴의 조짐이 보이기도 합니다. 중국의 부상이 미국에 실질적 위험을 가져오지 않을 수 있다고 보는데, 그렇다면 미국은 쇠퇴하는 중국과 함께 행복하게 살 수 있을까요?

월터 미드 제목은 '중국은 아시아의 병자'였습니다만, 그 헤드라인은 제가 쓰지 않았습니다. 저는 그것과 아무 관련이 없습니다. 적어도 미국 신문에서는 필자가 직접 헤드라인을 쓰지 않습니다. 헤드라인은 편집자가 씁니다. 그리고 실제로 기사를 보면 중국에서 발생한 코로나 전염병이 다가오는 유일한 위험이 아니라는 내용입니다. 저는 중국 금융시장에도 잠재적 위험이 있다고 말했고 그외 다른 몇 가지 문제를 지적했습니다. 최근 사태를 통해 제 주장이 충분히 확인된 바 있지만, 저는 결코 중국의 부상이나 중국을 싫어하는 사람이 아니라는 것을 말하고 싶습니다.

저는 중국에 여러 번 가봤습니다. 중국에 친구도 많고요. 제 책이 중국어로 번역되기도 했습니다. 대학에서 강의한 적도 있습니다. 무엇보다 저는 인류가 나아갈 길은 중국과의 전쟁이 아니라 부상하는 중국이 이웃과 평화롭게 살 수 있는 방법을 찾는 것이라고 믿습니다. 쉽지 않은 일입니다.

다시 말하지만 그것은 미국보다는 중국에 달려 있다고 생각합니다. 이라크 전쟁과 아프가니스탄 전쟁을 겪은 미국인들은 집에 머물면서 편하게 TV를 보는 것 외에는 아무것도 하고 싶지 않다는 것을 분명히 합니다. '오늘 어디를 침공할 수 있을까?' '어디 가서 문제를 일으킬 수 있을까?'라는 말을 하는 미국인들은 거의 없습니다. 대신 그들은 '국내에 돈이 쓰이기를 바란다', '다른 나라와의 자유무역이 너무 많은 문제를 일으키니 더 이상 하고 싶지 않아'라고 말할 뿐입니다. 그런 점에서 지금 미국 사회의 분위기가 팽창주의적이라고 생각하지 않습니다. 하지만 중국, 러시아, 이란, 북한이 국제 시스템을 교란하고 궁극적으로 미국을 위험에 빠뜨리기 위해 더 긴밀하게 행동할 수 있다는 두려움이 있다고 봅니다.

문정인 정말 그런가요? 중국 위협론은 만들어낸 건가요, 아니면

월터 미드

실제 존재하는 건가요? 실재한다면 그것은 워싱턴 엘리트의 시각입니까? 일반적인 미국인들의 생각입니까?

월터 미드 중국의 위협은 실제로 존재합니다. 간단한 예를 들어보지요. 만약 중국이 대만을 침공하는 것이 아니라 해양 봉쇄를 통해 대만과의 강제 통일을 시도한다면 한국은 어떻게 될까요? 분쟁 지역을 통과할 수 없기 때문에 한국으로 들어오고 나가는 선박은 없게 될 것입니다. 따라서 한국은 원유도, 식량도, 원자재도 수입할 수 없을 것입니다. 기업들이 제품을 수출할 수도 없을 것입니다. 따라서 한반도에서 전쟁이 일어나지 않더라도 한국전쟁 이후 가장 큰 위기를 맞게 될 것입니다. 과연 그런 일이 일어날까요? 우리는 말할 수 없지만 솔직히 중국과 미국 양쪽의 사람들은 향후 5~8년 동안 이런 일이 실제로 일어날 위험이 크다고 생각합니다.

그래서 제가 일본 사람들과 이 주제에 대해 이야기해보면 그들은 실제로 이 위기에 상당히 민감한 반응을 보입니다. 일본 사람들은 중국이 대만을 강제로 통일하면 중동과 일본 해협을 연결하는 석유 수송로를 중국이 통제할 것이기 때문에 일본은 기본적으로 중국과 화해할 수밖에 없다는 이야기를 합니다. 한국은 더욱 그렇겠지요. 그래서 대만이 대만 독립이 아니라 현상 유지를 평화적으로 지속할 수 있다면 일본과 한국은 각자의 방식으로 자신의 경제 발전을 지속할 수 있겠지요.

그러나 만약 어떤 일이 일어나서 현상이 변경되어 일본과 한국이 중국의 영향권으로 들어가게 된다면 미국에게는 상당히 위험한 변화가 일어날 것입니다. 그런 점에서 대만문제가 미국 사람들의 관심을 끄는 것입니다. 재미있는 것은 대만해협 분쟁이 인도에 미치는 경제적 결과에 대해 수천 마일 떨어진 인도 사람들과 이야기했을 때의 반응입니다. 인도 사람들은 진지하게 '어떤 식으로든 우리의 이익을 보호해야 한다'고 생각하고 있습니다. 그만큼 중국 위협론은 실재하는 것입니다.

저는 중국이 계속 부상하고 있기 때문에 우리 모두가 영원히 함께 유대감을 유지해야 한다고 믿지 않습니다. 아시아의 역사를 보면 지난 150년, 심지어 제국주의를 포함한 200년 동안의 끔찍한 위기와 전쟁은 영국이 유럽과 아시아의 수장으로서 산업화를 이루고, 인도에 제국을 건설하고, 극동으로 들어와 여기서도 똑같은 일을 시도한 불균등 발전의 산물이라는 것을 알 수 있습니다. 이를 본 일본은 메이지유신을 통해 매우 빠르게 발전하고 앞서 나가며, 끔찍한 지배의 환상 속에서 아시아를 정복하고 통치하려는 꿈의 유혹을 뿌리치지 못했지요.

오늘날 중국은 엄청난 규모의 현대화를 달성하면서 전부는 아니지만 중국의 일부 사람들이 대국 굴기의 환상을 갖도록 부추기고 있다고 믿습니다.

기회의 상실, 한반도 데탕트

문정인 그렇군요. 바이든 행정부가 취임했을 때 교수님께서는 한국의 진보적 인사들로부터 관심을 끌 만한 매우 흥미로운 제안을 하셨습니다. 북한과의 데탕트를 제안하셨죠. 저는 그것이 매우 매력적인 접근 방식이었다고 생각합니다. 물론 워싱턴에서는 환영받지 못했지만요. 북한과의 데탕트에 대해 자세히 설명해주시겠습니까?

월터 미드

월터 미드 안타깝게도 때를 놓쳤다고 생각합니다. 당시 북한은 상당히 고립되어 있었고 중국에 주로 의존하고 있었지만, 북한은 사실 누구에게도 의존하고 싶지 않았습니다. 북한은 주체, 즉 독립을 원하고 김씨 왕조는 통제를 원하며 그 통제에 대해 누구에게도 책임을 지고 싶어하지 않습니다. 따라서 북한이 중국에 전적으로 의존하고 있는 상태에서 북한 사람들이 변화를 원할 경우 미국이 손을 뻗을 수 있으며, 적어도 이러한 가능성을 모색하는 데 트럼프 행정부에서와 마찬가지로 바이든 행정부도 관심이 있었다고 생각합니다.

불행하게도 그 기회는 사라졌습니다. 기본적으로 북한이 더 이상 중국에만 의존하지 않을 수 있도록 빈 자리를 러시아가 차지했다고 생각합니다. 북한에 러시아라는 다른 파트너가 생겼다는 것이지요. 러시아는 더 이상 (북한이) UN 제재 대상이 되고 있는 사실에 신경을 쓰지 않을 것입니다. 푸틴과 동맹을 맺은 북한이 이제 다른 길을 걷게 될까 두렵습니다.

문정인 중요한 지적이라고 생각합니다. 북한은 지난 30년 동안 미국과의 관계를 정상화하기 위해 노력해왔지요. 북한은 미국을 짝사랑하고 있었지만 미국은 북한을 걷어차버렸어요. 왜 그런 겁니까? 무엇이 문제였을까요?

월터 미드 다시 말씀드리지만 제가 받은 인상은 다릅니다. 저는 북한에 가본 적이 있고, 남한에 가기 전에 이미 북한에 가본 사람 중 한 명이고, 그것은 인상적인 경험이었어요. 한 가지 느낀 점은 남북한 사람들은 비슷한 점이 많았고, 제가 김치를 좋아한다는 사실을 알게 된 북한 사람들은 저에게 따뜻하게 대해주었습니다. 그래서 개인적으로 흥미로운 순간들을 보냈죠.

　그러나 저는 북한문제의 일부는 핵문제라고 생각합니다. 한국 정부와 일본 정부의 많은 이들은 미국이 북한의 비핵화를 막아야 한다는 강한 의식을 가지고 있었습니다. 이것은 북한이 결코 기꺼이 지불하지 않을 대가이겠지요. 그러나 미국 역시 한국과 일본과의 동맹을 깨고 북한을 핵무기 보유국으로 인정할 수는 없는 일입니다. 게다가 북한은 매우 나쁜 핵확산 전과가 있어서 더욱 그렇지요. 윌슨주의자들은 인권 때문에라도 북한과의 관계정상화를 반대했을 거예요.

　북한을 어떻게 다루고 있는지에 대한 미국 측의 진정성에는 약간의 의문이 있습니다. 그러나 지금은 아예 전망이 보이지 않는 것 같습니다. 저는 오바마, 트럼프, 바이든 행정부에서 일했던 사람들과 이야기를 나눴는데, 이들은 실제로 북한에 관심을 가졌던 사람들이었습니다. 그들 모두는 진전이 없는 이유가 그들이 하려는 일에 대한 워싱턴에서의 반대 때문이 아니라 북한과 협상을 통해 성취할 수 있는 것에 대한 한계 때문이라고 답변했습니다. 이것은 매우 어려운 문제입니다.

문정인 핵을 가진 북한과 더불어 살 수밖에 없다는 이야기인가요? 다른 대안은 없나요?

월터 미드 북한은 핵보유국입니다. 개인적으로 저는 지금 어느 누구도 비핵화 논의가 끝났다고 말할 수 없다는 의미에서 대북정책을 가지고 있다고 생각하지 않습니다. 한국과 일본을 포함한 역내 다른 국가들도 그렇게 말하고 싶어하지 않지요. 중국도 북한이 영구적으로 핵무기를 보유하는 것을 달가워하지 않습니다.

따라서 북한문제는 계속 악화되고 있으며, 누구도 좋은 해답을 가지고 있지 않은 문제 중 하나로 남아 있습니다. 누군가 답을 가지고 있다면 기꺼이 제 이메일을 공개해서 받아볼 의향이 있습니다.

우크라이나는 어떻게 될까

문정인 저의 마지막 질문입니다. 우크라이나는 어떻습니까? 한편으로는 존 미어샤이머와 스티븐 월트 간의 논쟁을 보는 것은 매우 흥미롭습니다. 미어샤이머는 NATO의 동진이 러시아 침공의 진짜 원인이자 문제였다고 주장하는 반면, 월트는 미국의 민주주의 확대정책이 이번 사태를 가져왔다고 봅니다. 이 점에 대해 어떻게 보시나요?

월터 미드 동의하면서 동시에 동의하지 않습니다. 1990년대에 저는 사실 NATO의 확장에 대해 상당히 조심스러웠습니다. 제가 실제로 보고 싶었던 것은 핀란드, 스웨덴, 오스트리아를 포함하여 최근에 독립한 국가들과 함께 러시아와 NATO가 모두 보장하는 일종의 '중간 동맹'을 구축하는 것이었습니다. 그래서 이들 국가는 실제로 러시아와 관련하여 NATO의 보장을 받지만, NATO에 가입하지 않으므로 러시아의 우려를 불식시킬 수 있었을 것입니다. 그것은 아마도 비현실적일 수 있지만 적어도 NATO와 러시아 간의 대립을 비껴나가는 데 합리적 대안이었다고 생각합니다. 저는 우리가 NATO를 확장하려 했다면 이미 1990년대에 NATO를 러시아 국경까지 확장했어야 했다고 봅니다. 그 당시 러시아는 아무것도 할 수 없었기 때문입니다. 반창고를 떼어낼 때 한꺼번에 떼어내야지 조금씩 떼어내서는 안 됩니다. 사실 최악의 상황은 러시아와 NATO 사이에 일부 국가를 남겨두는 것입니다. 호수 한쪽에는 낚시 금지 표지판을 세우고 다른 쪽에는 표지판을 세우지 않으면 호수 반대편에서도 낚시를 할 수 있다고 말하는 것과 마찬가지이기 때문입니다. 결국 우리의 정책이 불안정한 구역을 만들었다고 생각합니다. 하지만 저는 그런 정책을 만든 사람들을 비난하지는 않습니다. 정책이란 항상 불완전하기 때문입니다.

문정인 트럼프는 자신이 당선되면 우크라이나 문제를 일주일 안에 해결할 수 있다고 말한 적이 있습니다. 첫째, 트럼프가 재선에 성공할 것이라고 생각하십니까? 둘째, 그가 정말 일주일 안에 우크라이나 문제를 해결할 수 있을까요? 셋째, 공화당 내 MAGA 그룹은 우크라이나에 대한 추가 원조를 강력히 반대하고 있는데 그런 입장에 대해 어떤 의견을 가지고 있나요?

월터 미드 좋아요, 첫 번째 질문부터 답변하자면, (저는) 트럼프가 재선될지 모르겠습니다. 지금 단언하기에는 너무 이른 것 같습니다. 지금 10월이 절반 정도 지났으니 대선까지 12개월 반 정도 남았습니다. 하지만 이벤트가 너무 많아요. 지난 1년 반 동안 우크라이나에서 전쟁이 시작되었습니다. 가자지구에서도 전쟁이 일어났고요. 앞으로 무슨 일이 일어날까요? 금리 상승으로 인한 금융 위기 가능성도 배제할 수 없습니다. 여론조사에 따르면 트럼프와 바이든 두 후보가 박빙의 승부를 벌이고 있어 어느 쪽으로도 갈 수 있습니다. 하지만 13개월 후면 두 후보 모두 특별히 젊지 않습니다. 그러니 어떤 일이든 일어날 수 있습니다. 뇌졸중이 발생할 수도 있는 일이지요.

월터 미드

그건 그렇고, 노령의 정치인에 관해서는 여기 계신 분들도 전 이탈리아 총리 실비오 베를루스코니를 기억하실 겁니다. 그는 요트에서 젊은 모델들과 끔찍한 스캔들에 휘말리곤 했습니다. 그가 80세였다는 걸 기억하세요. 이탈리아 정치인에게는 총리가 되기엔 너무 늙었다는 말을 듣는 것보다 요트에서 10대 모델을 쫓아다니는 것에 대해 듣는 것이 훨씬 나을 것입니다. 사람들은 베를루스코니의 나이를 거론하지 않습니다. 이처럼 정치인마다 나이를 대하는 태도가 다르죠.

그렇다면 트럼프가 이길 수 있을까요? 모르겠어요. 트럼프가 당선되면 일주일 안에 우크라이나 문제를 해결할 수 있을까요? 글쎄요. 제 기억에 트럼프는 멕시코 국경에 장벽을 세우고 멕시코 정부가 비용을 지불하도록 하겠다고 공언했었지요. 그러나 멕시코는 장벽 세우는 비용을 지불하지 않았습니다. 선거에 출마하는 모든 정치인이 그렇듯이 그는 공약을 남발하고 극적인 약속을 하죠. 두고봐야죠.

우크라이나에 대한 지원 문제에 대해 지금 제가 걱정하는 것은 미국이 우크라이나에 대한 명확한 정책을 가지고 있지 않다는 점입니다. 바이든 행정부로부터 들은 바에 따르면 '우크라이나가 전쟁에서 이길 수 없다는 것을 깨닫고 협상에 동의할 때까지 우크라이나에 계속 원조를 제공하자'는 생각으로 보입니다. 어떻게 이런 게 좋은 정책이 될 수 있겠습니까! 이건 마치 거울을 보면서 "나는 자유를 수호한다. 나는 우크라이나에 아무것도 강요하지 않는다. 그리고 푸틴을 달래는 것도 아니다"라고 독백하는 것과 같습니다.

실제로 미국 국민에게 '우크라이나가 전쟁에서 지고 있지만 우리가 1천억 달러를 지원해야 한다'고 말해보세요. 많은 사람들은 왜 1천억 달러를 그냥 삭감하지 않느냐고 말할 것입니다. '왜 우크라이나 사태에 끌려 들어가느냐?' 그래서 제가 이렇게 설명하는 것이 바이든 행정부가 설명하는 방식이 될 수는 없지만 저는 그렇게 봅니다. 그런 정책은 대중의 지지를 영원히 유지할 수 없습니다. 따라서 장기적으로 지지를 구축하려면 우크라이나 분쟁에 대한 더 나은 접근 방식을 찾아야 할 것입니다. 그렇지 않으면 정책이 쇠퇴하는 것을 보게 될 것입니다. 우리의 정책이 우크라이나의 국가건설이라는 추가 주문을 수반하는 끝없는 전쟁이라면 이런 정책을 미국 국민에게 오랫동안 팔 수는 없을 것입니다.

하지만 저는 우크라이나가 승리하는 것을 보고 싶습니다. 저는 그 경계가 어디까지인지 말할 수는 없지만 우크라이나 국민이 자신의 미래를 결정할 권리가 있는 방식으로 전쟁이 끝났으면 좋겠어요. 전세계 사람들이 푸틴이 먼저 아무것도 도발하지 않았던 평화로운 이웃 국가를 공격했고, 그 결과 뼈아픈 좌절을 겪게 될 것이라고 말하길 바랍니다. 푸틴이 그 교훈을 배우지 못한다면 시진핑도 그 교훈을 배우지 못할 것이기 때문입니다. 김정은도 그 교훈을 배우지 못한다면 우리 모두는 더 위험한 세상에서 살게 될 것입니다.

* * *

문정인 이제 청중 질문을 열겠습니다. 전 UN 대사였던 조현 대사님이 먼저 손을 드셨네요.

조현 문 교수님, 오늘 강연에 초대해주셔서 감사합니다. 미드 교수님도 오늘 강의에 감사합니다. 먼저 미국의 국내 정치에 대해 묻고 싶습니다. 미국이 중국과 달리 더 효율적이고 공정하면서도 자유

로운 거버넌스 시스템을 위해서는 무엇이 필요할까요? 두 번째 질
문은 바이든 행정부의 산업정책입니다. 미국 정부는 지난 수십 년
동안 한국이나 중국 등의 산업정책에 대해 매우 비판적이었습니
다. 그런 미국이 산업정책을 펴는 것은 이중 잣대, 아니 위선처럼
들리기도 합니다. 마지막으로 인간 본성의 계몽성과 어둠을 잘 비
교해주셨습니다. 저는 인간 본성이 계몽적이라 규정하는 것은 너
무 과한 것이 아닌가 하는 생각을 합니다. 이와 관련하여 라인홀
트 니버를 어떻게 평가하시는지요? 저는 미국의 외교정책을 이해
하는 데 있어 니버의 《도덕적 인간과 비도적적 사회》로부터 많은
영향을 받은 바 있습니다. 이 책의 주제는 미국 외교정책에 있어서
현실주의 접근의 핵심을 잘 반영하고 있다고 보는데요.

월터 미드 모두 큰 질문이군요. 제가 좋은 답을 드릴 수 있을지 모
르겠습니다. 미국의 시스템 개선과 관련해 저는 우리가 엄청난 변
화가 시작되는 지점에 서 있다고 생각합니다. 제2차 세계대전 이
후 등장한 사회적 시장자본주의, 서유럽-미국 모델, 대규모 블루
칼라에 의해 유지되어온 중산층, 공장노동, 규제 경제 등이 하나의
사회적 모델로 자리 잡았습니다. 그러나 이 모델은 수년 전부터 무
너지고 있습니다. 저는 정보혁명으로 경제가 작동하는 방식이 바
뀌면서 그 틀이 무너지고 있다고 생각합니다. 제2차 세계대전 이
후 인류 사회는 지난 300년 동안 해결하지 못했던 산업혁명의 여
러 문제점들을 어느 정도 극복했습니다. 결국 우리는 경기 순환을
없애는 것이 아니라 경기 순환을 길들이고 기업을 위축시키지 않
으면서 근로자에게 좋은 생활수준을 제공하는 방법을 알아냈습니
다. 우리는 이러한 시스템을 구축했고 이 시스템이 변하지 않을 것
이라고 믿었습니다. 우리는 소련이 무너졌을 때 우리 시스템이 공

산주의 시스템보다 우월하다는 것을 입증했다고 생각했습니다. 그러면서 이 시스템이 영원히 지속될 것이라고 믿었지요.

하지만 지금은 정보혁명으로 인해 내부에서부터 파괴되고 있습니다. 실패로 죽는 것이 아니라 성공으로 죽어가고 있습니다. 미국에서는 제조업과 사무직 일자리 사라지는 속도가 산업혁명 당시 농부들이 땅을 떠나 도시로 이주하는 속도만큼이나 빠릅니다. 이런 경제적 변화는 사회적 격변을 수반하기 마련입니다.

1865년 링컨 대통령 암살부터 1901년 맥킨리 대통령 암살까지 미국 역사를 보면 그 기간 중 의회에서 통과된 좋은 법이나 좋은 정책은 별로 떠오르는 것이 없습니다. 그 기간 동안 사회 불안, 포퓰리즘, 재건의 실패, 정부의 엄청난 부패, 빈부 격차, 역사상 그 어느 때보다 더 많은 사회적 갈등이 발생했습니다. 미국은 산업경제를 발전시켰고 거기에서 부를 창출했지만, 한편 산업경제가 야기한 문제를 해결하기 위해 여러 세대에 걸쳐 노력한 바 있습니다. 우리는 현재 그러한 과정을 다시 거치고 있는 중입니다.

1870년에 아무도 1950년에 우리의 정책이 어떻게 될지 말할 수 없었던 것처럼 지금 미래의 정책을 예측하는 것은 매우 어렵습니다. 또한 문제를 치료하기는 커녕 진단하는 것조차 매우 어렵다고 생각합니다. 그래서 우리는 불안과 실험의 시간을 보내게 될 운명이라고 생각합니다. 하지만 미국은 시스템이 열려 있고 사람들이 다양한 시도를 할 수 있는 능력이 있기 때문에 이 어려운 시기를 더 빨리 극복할 수 있을 것이라고 생각합니다. 물론 아닐 수도 있죠. 그것은 미래의 일입니다. 제가 답변하기 어렵네요.

산업정책에 대해 간단히 말씀드리겠습니다. 조 대사님 지적이 맞습니다. 저는 〈포린 폴리시〉 잡지에 중산층 외교정책에 대한 기사를 쓴 제이크 설리번 국가안보보좌관이 위선자라고 생각하지 않습니다. 그가 과거 한국의 산업정책을 비판한 사람도 아니라고 생각합니다. 오히려 우리가 한국의 산업정책으로부터 배워야 한다고 말하는 것 같아요. 그는 위선자가 아닙니다. 한 국가는 누가 정권을 잡느냐에 따라 각기 다른 정책을 펼칠 수 있습니다. 그걸 위선이나 이중잣대로 볼 수는 없습니다. 단지 정치적 경쟁을 통해 서로 다른 생각을 가진 사람들이 권력을 잡을 뿐입니다. 그것이 미국의 현실입니다. 하지만 미국의 산업정책은 잘 작동하지 않을 것이라 생각합니다.

또 다른 질문에 대한 답변입니다. 저는 (라인홀트 니버의) 기독교적 현실주의가 미국의 대내외 정책과 미국 사회를 이해하도록 중요한 단서를 제공한다는 데 전적으로 동의합니다. 라인홀트 니버의 가장 큰 업적은 원죄라는 종교적 교리를 지적 가공물로 만들어 종교적 신념을 공유하지 않는 사람들까지도 이를 따르게 하는 하나의 도구로 만들었다는 데 있습니다. 그래서 원죄라는 개념은 인류가 발견한 가장 심오한 철학적 진술 중 하나라고 생각합니다. 다종교 사회, 심지어 비종교 사회에서 원죄라는 개념을 정치 분석에 풀어 사용할 수 있도록 한 것은 참으로 대단한 일이었습니다.

청중 먼저 큰 영감을 주는 강연을 해주셔서 감사합니다. 한국에 대해 궁금한 점이 있어서 질문을 드리려고 합니다. 한미 연합군사훈련을 포함해서 한미 양국 간 협력 강화라는 주제가 계속 반복되고 있습니다. 지난 2년 동안 전세계를 돌아보면서 지역 분쟁이 발생한 이후 미국의 대응을 어떻게 보십니까? 이러한 협력은 무엇을 의미했나요? 교수님 생각에는 미국이 한국에 얼마나 많은 이해관계를 가지고 있다고 생각하십니까? 1953년 한국전쟁이 끝난 이후 달라진 게 있다고 생각하십니까? 만약 한국에 분쟁이 발생한다면 미국은 어떻게 반응할 것으로 예상하십니까?

월터 미드 좋은 질문입니다. 우선 한반도의 상황이 극적으로 변했다고 생각합니다. 그리고 한국에 대한 미국의 이해관계 역시 1953년 이후 극적으로 변했습니다. 1953년 당시 한국은 지구상에서 가장 가난한 나라 중 하나였습니다. 그러나 오늘날 한국은 세계 역사상 가장 성공한 국가 중 하나가 되었습니다. 경제 발전, 교육을 통한 국민 역량 강화, 민주주의 건설, 가치 문화 수출, 사회 발전의 리더가 되는 것, 세계 10대 경제 강국이자 소프트파워의 리더가 되는 것, 이 모든 것이 한국의 성공을 대변해줍니다. 1953년에는 누구도 꿈꿀 수 없었던 오늘날의 대한민국이 되었습니다.

따라서 오늘날 미국이 지극히 이기적인 이유로 한국을 우방이자 동맹국으로서 소중히 여기지 않는 것은 어리석은 일입니다. 다시 한번 말씀드리지만 우리 모두가 생각하듯이 저는 중국과 죽을 정도로 치열한 경쟁을 할 수 있다고 봅니다. 중국이 한국과 다른 이웃 국가들에게 가하는 일부 압박에 대한 한국의 우려도 잘 알고 있습니다. 그래서 중국이 이웃 국가들에 대해 도에 넘치는 행동을 하지 못하도록 하는 데 한국의 역할은 필수적입니다. 그런 점에서 한국이 이 지역의 다른 이웃 국가들과의 관계를 심화시킬 수 있는 방법을 찾는 것이 중요하다고 생각합니다. 꼭 성공하시길 바랍니다. 한국은 중요합니다. 적어도 제 신념은 그렇습니다. 저는 그 어느 때보다 더 확신을 가지고 미국으로 돌아가서 제가 만나는 다른 사람들과도 이 점을 공유하려고 노력할 것입니다.

최보현 언더우드 학부 3학년 최보현입니다. 말씀하신 것처럼 미국 정부는 우크라이나 전쟁에 대해 정확한 접근 방식을 가지고 있지 않은 것 같습니다. 미국 정부에 제안할 정책 대안이 있으신가요?

월터 미드 저는 군사적 지원을 늘려야 한다고 생각합니다. 이번 전쟁의 경과를 살펴보면 여러 그룹이 우크라이나에 다양한 무기를 제공하겠다고 제안했습니다. 한편에서는 러시아가 핵무장이나 다른 어떤 것으로 대응할 것이라는 우려가 항상 있었습니다. 새로운 무기들이 우크라이나에 도착하긴 했습니다. 몇 달 간의 논의와 토론 끝에 아주 서서히 진행되었죠. 이는 최악입니다.

왜냐하면 확전할 우려가 있다고 주저했던 무기들을 우크라이나에 제공하긴 했지만 군사적으로 긍정적인 결과를 가져오지 못했기 때문입니다. 저는 우리가 목표가 어디에 있는지 명확해야 한다고 생각합니다. 푸틴이 이 전쟁에 대한 문제가 자신에게 있고 전쟁을 끝내야 한다고 느낀다면 우리는 훨씬 더 나은 위치에 있게 될 것입니다. 실제로 우크라이나에서 그런 일은 일어나지 않을 것이라고 생각합니다. 예를 들어 정규 러시아군과 함께 우크라이나 전선에 투입되었던 러시아의 바그너 용병 그룹은 아프리카 일부 지역을 침탈, 점령하고는 새로운 러시아 제국을 건설하겠다고 나섰습니다. 이들의 행동은 문명이나 안보, 무역 등과는 아무 관련이 없었으며, 약탈이나 광물 해적질 같은 일을 아무렇지 않게 벌였습니다.

블라디미르 푸틴이 오른손으로 우크라이나에서 전쟁을 치르면서 왼손으로 아프리카에 제국을 건설할 수 있다고 생각하지 않습니다. 따라서 러시아의 활동을 추격하는 방법은 반드시 우크라이나 전선에 있는 것이 아니라 국가의 미래와 자신의 통치를 위해 무엇이 가장 현명한 길인지에 대한 푸틴의 생각을 바꾸는 데 있습니다. 여기서 우리는 더 창의적이어야 합니다. 다시 말하지만 우크라이나에 어떤 무기를 얼마나 기꺼이 줄 것인지, 얼마나 많은 돈을 얼마나 오랫동안 줄 것인지에 대한 경쟁은 푸틴이 만들어놓은 규칙에 동의하는 것과 다를 바 없습니다. 경쟁에서 상대방의 강점을 대상으로 대응할 필요는 없다고 봅니다. 우회하고 깜짝 놀랄 방법을 찾아야 합니다. 푸틴은 경제나 다른 면에서 유럽의 주요 국가들보다 훨씬 약한 나라지만, 지난 15년 동안 위험을 감수하고 예상치 못한 일을 기꺼이 해왔기 때문입니다. 그는 실제로 자신보다 훨씬 더 강한 국가들을 모욕하고 밀어낼 수 있었습니다.

우리는 정신 차리고 관성의 틀에서 벗어나 관료적이고 기계적으로 생각하는 것을 멈춰야 합니다. 다시 말하지만, 이것은 최전선에서 어떤 종류의 대규모 확전을 의미하는 것이 아닙니다. 그것은 아마도 시리아에서 러시아의 힘의 원천이 무엇인지 생각하는 것을 의미하기도 합니다. 경제적으로는 푸틴 정권의 권력을 유지하거나 경제를 지탱하는 다양한 고리를 끊을 수 있는 방법이 무엇일까요? 우리는 이 일을 잘하고 있지 못합니다. 저는 우리가 더 잘할 수 있어야 한다고 생각합니다.

타일러 그윈 안녕하세요, 저는 타일러 그윈입니다. 미국 출신으로 현재 연세대학교 국제대학원 재학생입니다. 국제 안보정책을 집중적으로 연구하고 있습니다. 제가 질문하고자 하는 것은 제2차 세계대전 이후 외교정책을 살펴보는 것인데, 미국은 고립주의에서 벗어나 훨씬 더 광범위하게 관여해왔죠. 첫째, 고립이 어떤 결과를 가져오는지 보았기 때문에 미국은 전세계적으로 더 많이 관여하는 방향으로 나아갔습니다. 그 결과 미국이 여러 세계적 분쟁에 개입하게 되었다고 말씀하실 수 있습니까? 둘째, 만일 이러한 명제에 동의한다면 트럼프와 바이든 중 누가 다음 대선에서 승리할지 확신할 수 없다고 말씀하셨지만, 트럼프가 승리한다고 가정해보겠습니다. 트럼프의 잭슨식 고립주의보다 우호적이고 매력적이 되기 위해서는 어떤 정책 조정을 권고하고 싶습니까?

월터 미드 1940년대와 50년대 초에 현재 세계체제의 기초를 닦은 지도자들은 특정한 문제를 해결하려고 노력했다는 사실을 기억해야 한다고 생각합니다. 유럽의 팽창주의, 유럽의 재건, 이데올로기 경쟁의 시기에서의 탈식민지화, 그런 종류의 것들. 그들이 만든 정책은 이러한 매우 시급한 문제를 해결하기 위해 계산되었습니다. 그들은 완벽하게까지는 아니지만 꽤 잘해냈습니다.

물론 오늘이 (세계질서의) 원년이고 처음부터 세계 시스템을 설계해야 한다면 하지 않아야 했을 것들이 있습니다. 예를 들어 미국 외에 영국, 프랑스, 러시아 유럽 3개국과 아시아 국가(중국) 1개국으로 구성된 UN 안전보장이사회는 존재하지 않았다면 좋았을 것입니다. 만약 그랬다면 상황이 달라졌을 겁니다. 우리가 그 당시에 만든 제도 중 일부는 개혁하기가 상당히 어렵습니다. 그 당시에는 인터넷도 없었고 기후변화와 같은 지구촌 문제도 없었습니다. 따라서 기존의 제도와 관행, 해결해야 할 실제 문제 사이에 심각한 불일치가 종종 있습니다.

그래서 저는 신선한 사고가 필요하다고 생각합니다. 우리가 조상들의 위대한 업적을 계승하고 전통을 영속하려는 충성스러운 후손이라고 생각해서는 안 됩니다. 우리는 이러한 전통에서 살아 있는 활력의 원천을 찾아 혁신해야 합니다. 그 다음 질문인 MAGA의 경우, 고립주의에서 벗어나는 것이 무기력할 수 있습니다. 문제는 (고립주의를 추종하는) 사람들이 세계질서가 잘 작동하고 있거나 그다지 훌륭하다고 생각하지 않는다는 것입니다.

문정인 월터, 멋진 강연을 해주셔서 정말 감사합니다. 다시 한번 미드 교수님께 큰 박수를 보내주시고 오늘 강연에 참석해주셔서 대단히 감사합니다.

트럼프의 두 번째 임기는 첫 번째 임기보다 훨씬 더 '트럼프다울' 가능성이 높습니다. 첫 임기 동안 트럼프는 존 볼턴, 니키 헤일리와 같은 잘 알려진 보수 외교정책 인사들이나 제임스 매티스, 허버트 맥마스터, 존 켈리와 같은 고위 군사 지도자들로 자신을 둘러싸며 종종 그들의 조언에 의존했습니다.

그러나 결정적인 선거 승리를 거둔 지금, 트럼프는 더 많은 경험을 쌓았고 자신의 판단에 더 자신감을 가지며 타인의 전문성에 덜 의존하게 될 것입니다. 우리가 이미 보아왔듯이, 그는 자신의 직감과 우선순위를 반영하는 인사들로부터 주로 조언을 받을 가능성이 높습니다.

파괴적일 정도로 급격한 변화를 이끌어내는 트럼프의 재능은 두 번째 임기 동안 더 크고 지속적인 결과를 초래할 가능성이 있습니다. 그는 이른바 '규칙에 기반한 국제질서'를 지지한 적이 없으며, UN이나 NATO와 같은 기구들에 큰 중요성을 부여하지 않습니다. 그는 강력한 세계 지도자들과 거래 중심의 합의를 선호하며, 국제 외교에서 내보이는 예측할 수 없는 행보를 자신의 가장 큰 자산 중 하나로 간주합니다.

트럼프의 주변 인사들 다수는 서반구(남북미)가 그의 두 번째 임기 동안 주요 초점이 되어야 한다고 제안했습니다. 트럼프는 라틴 아메리카에서 발생하는 이민 물결을 차단하기 위해 큰 노력을 기울일 것이며, 국경을 강화하는 것이 시리아의 운명이나 크림반도의 미래보다 트럼프 지지자들에게 훨씬 중요한 문제라고 생각할 것입니다.

중동에서는 아브라함협정을 기반으로 한 성과를 더욱 발전시킬 것으로 예상됩니다. 모하메드 빈 살만 사우디아라비아 왕세자와 같은 지도자들과의 실용적인 협상이 양자 관계를 형성하는 데 중요한 역할을 할 것입니다. 중국과 동아시아와 관련해서는 무역이 여전히 이 지역에 대한 외교정책의 주요 관점이 될 것으로 예상됩니다.

5장

자유국제주의의 미국 외교정책을 위한 변론

자유주의적 관점에서

존 아이켄베리

위의 QR 코드를 통해
해당 글의 강연 동영상을 보실 수 있습니다.

제임스 레이니 강좌에 오신 것을 환영합니다. 오늘은 존 아이켄베리 교수님을 모시고 자유국제주의(liberal internationalism)에 대해 이야기를 들으려고 합니다. 여러분 모두 교수님을 잘 알고 계실 겁니다. 전세계적으로 매우 유명한, 진정 국제적인 인물이십니다.

아이켄베리 교수님은 프린스턴대학교 정치학과에서 앨버트 밀뱅크 석좌교수로 계시고, 또 옥스퍼드대학교 코퍼스크리스티칼리지의 이스트만 초빙교수이기도 합니다. 국제정치와 미국 외교정책을 공부하는 학생들의 필독서가 된《승리 이후(After Victory)》(2000)의 저자로 많이 알려져 계시지요. 이후로는《리버럴 리바이어던(Liberal Leviathan)》(2012)이 있고, 최근에는《민주주의가 안전한 세상(A World Safe for Democracy)》(2020)이라는 책을 집필하셨습니다.

무엇보다 아이켄베리 교수님은 자유국제주의의 옹호자로서 유명합니다. 교수님이 자유국제주의를 창시한 것은 아니지만, 미국에서 자유국제주의 패러다임을 성숙시킨 것은 사실입니다.

아이켄베리 교수님은 항상 존 미어샤이머와, 때로는 스티븐 월트 교수와 대비되어 언급되는데요. 미국 국제정치에서 자유주의 계보의 아이콘이라고 할 수 있습니다. 또한 자유민주주의와 자유주의적 국제질서를 수호하는 데 기여한 공로로 세계적인 명성을 얻고 있습니다.

요즘 아이켄베리 교수께서는 무척 바쁘셨어요. 시칠리아를 여행 중이셨거든요. 어제 워싱턴 D.C.에서 옥스퍼드로 막 돌아오셨습니다. 시간이 없으신데도 연세대학교 제임스 레이니 강좌의 강연 요청을 흔쾌히 받아주셨습니다. 감사드립니다.

강연

자유국제주의의 사상적 연원

문 교수님, 감사합니다. 오랜 친구와 함께하니 좋습니다. 오랜 시
간에 걸쳐 문 교수님과 저는 이 세계를 관찰하면서 동아시아 및 세
계정치의 복합성에 대해 토론해왔습니다. 문 교수님은 정치학 및
국제관계 분야에서 한국 최고의 사상가 중 한 분이지요. 함께 하게
되어 정말 영광입니다.

우리는 매우 놀라운 순간을 함께하고 있습니다. '위기와 격변'
은 어떤 의미에서 우리 시대를 정의하는 특징이라고 할 수 있습니
다. 현재 중동과 유럽에서 벌어지고 있는 전쟁, 그리고 아시아에서
전쟁이 벌어질 것인가에 대한 우려가 있지요. 더 깊게는 '실존적인
위협'이라 부를 수 있는 지구 온난화, 전염병, 어떻게 대처해야 하
는지 모르는 기술혁명의 문제도 있습니다. 우리는 전세계적으로
불확실성, 유동성, 불안감이 매우 큰 시기에 살고 있습니다.

이 시기에 자유국제주의와 관련하여 몇 가지 아이디어를 제안
하려고 합니다. 국제질서에 대해 가장 근본적인 질문들이 다시 논
의될 시기니까요. 안정적인 국제질서를 위한 조건은 무엇일까요?
민주주의의 미래는 어떨까요? 다시 회복될 수 있을까요? 자본주

존 아이켄베리

의와 민주주의는 다시 균형을 이룰 수 있을까요? 무엇보다 궁금한 것은 자유국제주의의 미래는 무엇일까요? 오늘 제가 이야기할 자유국제주의는 자유민주주의 국가들이 주도하는 '국제질서의 협력적 조직'으로 정의할 수 있습니다. 이제 가장 근본적인 질문을 논의해야 하는 시기가 왔습니다.

긴 안목으로 바라보는 것이 저만의 방법입니다. 전 학자니까요. 수 세기에 걸친 세계정치의 변화에 대해 생각해보는 겁니다. 자유국제주의에 대해서도 긴 안목을 취해보겠습니다. 자유국제주의는 1989년 냉전 종식 시기나 1945년 제2차 세계대전 종전 무렵에 시작된 것이 아닙니다. 자유국제주의는 전통적으로 훨씬 더 오래된 사고 및 행동입니다. 이는 '승리'에 대한 것뿐만 아니라 '투쟁과 위험'에 대한 것이기도 합니다. 자유국제주의와 자유주의적 프로젝트는 현재 진행형일 뿐만 아니라, 세계정치 속 다른 세력이 지속적으로 위협을 가할 수 있는 것이기 때문입니다. '승리'로 향하고 있지는 않습니다. 물론 역사의 종말도 아니지만요. 실제로 지난 250년은 자유국제주의의 시대였고 성공만큼이나 격변도 많았습니다. 황금기도 있었고 위기도 있었습니다. 세계질서를 어떻게 조직할 것인가에 관해서 국제체제 전반에 걸친 경쟁이 있습니다. 1930년대와 1940년대에 자유민주주의가 멸종할 수 있는 위기의 순간도 있었지요. 자유민주주의 국가가 7~8개국으로 줄었거든요. 자유민주주의의 시대가 끝났다는 느낌이 들었습니다. 물론 이 시기 이후에 부흥기가 있었습니다. 이러한 성공과 실패가 자유국제주의가 나타난 배경이 되었습니다.

실제로 자유국제주의를 이해하는 데 큰 영향을 준 책 중의 하나는 아이라 카츠넬슨이 쓴 《폐허와 계몽(Desolation and Enlightenment)》(2003)입니다. 1940년대 자유주의와 자유국제주의에 대해 연구한

책이지요. 세계가 진정 무너져 내렸던 시기였습니다. 생각해보면 여러분이나 지금 대학에 다니는 젊은이들이 1933년에 대학을 다녔다면, 여러분의 성인 생활의 첫 부분은 큰 위기의 시기였을 것입니다. 1929년에는 주식시장 위기와 그에 이은 대공황, 1933년에는 히틀러와 루즈벨트 대통령의 집권이 각각 시작되었습니다. 이 시기에는 전체주의, 파시즘이 부상했습니다. 세계적 차원에서 '전면전'이라는 용어가 제2차 세계대전, 홀로코스트, 일본에 대한 원폭 투하 등을 설명하기 위해 만들어졌습니다. 이 모든 일이 15년 안에 일어났습니다. 그럼에도 불구하고 자유민주주의 국가들은 1945년 이후 실패를 추스르고 재건해 자유민주주의 사회를 다시 구축했습니다. 전후 미국과 영국, 그리고 다른 국가들의 후원 하에 새로운 유형의 국제질서를 만들어냈습니다. 오늘 이야기할 내용이지요. 제가 여기서 강조하고 싶은 것은 자유주의 국제 사상과 프로젝트의 흥망성쇠, 재창조, 위기가 끊임없이 있었다는 것입니다.

오늘 제가 옹호하려는 것은 세 가지 명제입니다. 첫째, 자유국제주의는 세계정치에 대해 사고하고 수행하는 방식으로, 뿌리 깊은 일관성을 가지고 있다는 것입니다. 일종의 진지함에 기초해 있습니다. 또한 일련의 아이디어의 집합이자 프로젝트의 집합입니다. 제 주장에서 '프로젝트'라는 용어는 매우 중요한데, 이는 국제질서와 자유주의적 국제 프로젝트를 구축하기 위해 여러 세대에 걸쳐 노력이 계속되고 있다는 것을 나타내기 때문입니다. 그래서 이는 현실주의와 탈식민주의, 마르크스주의와 같은 다른 위대한 사상과 어깨를 나란히 하는 하나의 사상입니다. 자유국제주의는 하나의 사상적 학파이자 일련의 프로젝트입니다.

둘째, 자유국제주의는 위대한 업적과 성공을 가져왔습니다. 강대국 특히 미국과 연계된 자유국제주의의 후원 아래 이룬 성공이었지요. 물론 실패도 있었습니다. 장단점이 있는 상황이지요. 자유국제주의자라면 자랑스러워해야 할 것들이 있고, 부끄러워하거나 걱정해야 할 것들, 더 논의가 필요한 실패의 경험들도 있습니다.

셋째, 자유국제주의는 더 나은 세상을 만들기 위한 이상주의적 프로젝트가 아닙니다. 실용적이고 개혁지향적인 국제정치의 접근 방식으로 보는 것이 타당합니다. 생존하기 위해 노력하는 겁니다. 우리가 살아남을 수 있는 조건을 만들려고 노력하는 것이지요. 이상주의가 아닙니다. 오히려 정반대입니다. 저는 자유국제주의자들이 현실을 회피하는 것이 아니라 현실에 맞서는 현실주의자들이라고 주장하고 싶습니다. 자유국제주의자들은 우리를 위험에 빠뜨리는 국제정치의 특징에 대해 우려하는 동시에 상황을 개선할 수 있는 기회에 대해서도 고려합니다. 이는 이상주의가 아닙니다. 자유국제주의는 다른 많은 세력과 함께 작동하는, 실용적이고 실제적이며 개혁지향적이고 심지어 기회주의적인 전통입니다. 이것이 제가 오늘 말씀드리고자 하는 세 가지 명제입니다.

자유국제주의란 무엇인가

먼저 '자유국제주의란 무엇인가'라는 간단한 질문으로 시작하겠습니다. 로마제국에 대해 타키투스가 말한 것처럼 자유국제주의는 로마제국과 같은 우여곡절을 보이고 있습니다. 여기엔 다양한 특징이 있습니다. 한 가지가 아닙니다. 내부에서 논쟁을 벌일 만큼 자유주의에 대한 여러 견해가 있습니다. 스스로를 진보적인 국제주의자라고 생각하는 사람들조차도 일률적으로 동의하는 바가 없습니다. 물론 외부에서 볼 때 자유국제주의는 아이디어, 이론, 담론(내러티브), 프로젝트의 집합체입니다.

자유국제주의를 만든 사상가들이 있습니다. 여러분은 대부분 임마뉴엘 칸트, 애덤 스미스, 존 로크 등을 떠올릴 것입니다. 자유국제주의에는 정치학자들이 추구하는 가설과 검증이 있고, 근대 세계가 어떻게 출현했는지에 대한 장대한 내러티브가 있습니다. 이처럼 자유국제주의는 다양한 특징과 논쟁의 여지가 있습니다. 일부 자유국제주의자들은 자유방임주의, 고전적 자유주의를 지향합니다. 또한 일부 자유국제주의자들은 자유주의 사회를 구축하기 위해 사회민주주의와 보다 강력한 국가 개입이 필요하다고 주장합니다. 자유국제주의자 일부는 제국주의와 연관이 있지만 다수는 제국주의에 대해 반대하는 입장을 보이고 있습니다. 자유국제주의는 서구적 사고와 동일시되었지만, 그러면서도 보편적 사상으로 간주되었습니다. 따라서 자유국제주의는 다양한 스펙트럼에 걸쳐 다양한 접근 방식을 취하고 있는 것입니다.

자유국제주의의 가장 유명한 정의는 아마도 제1차 세계대전 당시 우드로 윌슨의 의회 연설에서 찾아볼 수 있습니다. 그는 "전쟁을 치르되, 그것은 민주주의와 안전한 세상을 만들기 위한 것이어야 한다"고 말했습니다. 이것이 자유국제주의의 핵심적 목표로 묘사되기도 하지요. 각국이 원하지 않더라도 전세계에 민주주의를 확산시키고자 하는 일종의 팽창주의적, 심지어는 수정주의적 캠페인으로 정의되었습니다.

이 강연에서는 제가 출간한 책《민주주의가 안전한 세상》에서 주장하고 있는 내용을 다루려고 합니다. 저는 자유국제주의를 근본적으로 재정의하고, 자유국제주의를 옹호하는 다른 근거를 제시하려고 합니다. 이는 말 그대로 민주주의를 안전하게 만들기 위함입니다. 민주주의를 안전하게 만드는 국제질서를 만들고 멀리 확산시키는 것이 아니라, 지금과 같은 자유민주주의가 살아남을 수 있는 조건들을 만드는 것입니다. 결국 민주주의의 안전에 대한 호소인 셈입니다. 어떤 의미에서 이는 우드로 윌슨 이전의 100년과 이후의 100년을 관통하는 핵심 과제라 할 수 있습니다. 이 과제는 자유민주주의가 어떤 문제에 부딪쳐도 대처할 수 있는 일종의 생태계나 환경, 또는 제도적 틀을 만드는 것입니다.

자유민주주의에 대해 생각해보면 이는 현재진행형일뿐만 아니라 현대에 들어와 서로 긴장 관계에 있는 원칙들을 두고 경합하는 논란의 여지가 있는 프로젝트입니다. 생각해보세요. 자유민주주의 세계에서는 자유와 평등, 개인주의와 공동체, 주권과 상호의존성, 이렇게 상충하는 원칙들 사이에서 어떻게 균형을 맞출 것인지에 대한 논쟁이 끊임없이 이어지고 있습니다. 자유국제주의의 궁극적인 목표는 자유주의 국가들이 그 복잡성과 차이점을 조화롭게 다룰 수 있도록 환경을 조성하는 것입니다.

자유국제주의의 핵심에는 크게 네 가지 확신이 있습니다. 첫째, 무역과 사회 전반에 걸친 교류는 적절히 관리되기만 한다면 좋다는 확신입니다. 둘째, 규칙과 제도가 협력을 촉진할 수 있다는 확신입니다. 이는 제도가 중요하지 않다고 생각하는 현실주의자들과는 확연히 다른 부분입니다. 자유국제주의자들은 제도가 중요하다고 생각합니다. 셋째, 자유국제주의가 협력이라는 이점을 가지고 있다는 확신입니다. 자유민주주의 국가들은 비민주주의 국가들이 하지 못하는 다양한 방식으로 서로 협력할 수 있는 능력이 있습니다. 민주주의 국가들끼리 또는 민주주의와 비민주주의의 구분을 넘어서요. 자유국제주의의 네 번째 확신은 경제 안보와 환경적 상호의존이 증가하는 상황에서는, 구속력 있는 약속을 이행하는 데 드는 비용이 동일하게 상호의존 상태에 있는 다른 국가와의 정책 조율을 통해 얻는 이익보다 훨씬 적다는 확신입니다. 따라서 이는 상호의존 조건 하에서 협력을 통해 얻을 수 있는 기능적 이득이 크다는 것입니다. 이것이 네 가지 기본적 확신입니다.

자유국제주의가 가져온 네 가지 변화

자유국제주의는 역사적으로 지난 250년 동안 전세계에 퍼져나갔습니다. 저는 세계적으로 네 가지의 변화가 있다고 생각합니다. 이러한 변화들이 일련의 사상과 프로젝트 집합체로서의 자유국제주의의 부상과 발전의 배경이 되었습니다.

가장 분명한 변화로는 자유민주주의 자체가 부상한 것입니다. 저는 이를 민주주의 혁명, 즉 프랑스혁명과 미국 독립혁명 시대로부터 시작된 '자유주의의 상승'이라고 부릅니다. 그 당시엔 민주주의 자체가 새로운 것이었습니다. 공화정의 자유주의체제는 왜소해 주변부에 머물러 있었지만, 19세기를 거치면서 자유민주주의는 더 강력해졌고 중심부를 차지했습니다. 하지만 항상 취약성을 내포하고 있었지요. 다양한 지정학적 세력에 의해 추월당하거나 약화될 위험에 노출되어 있었습니다. 따라서 '자유주의의 상승'은 자유민주주의 국가들의 부와 권력의 부상에 대한 이야기인 동시에 내재된 취약성에 대한 이야기이기도 합니다. 따라서 자유국제주의는 우리가 자유민주주의라고 부르는 '달걀'이 깨지지 않고 안전하게 보관될 수 있도록 '달걀 꾸러미'를 만드는 것과 비슷합니다. 따라서 자유주의적 국제질서는 커다란 달걀 꾸러미와 같은 것이지요. 달걀이 깨지거나 깨질 위험이 없는 방식으로 안착할 수 있는 꾸러미 말입니다.

존 아이켄베리

두 번째 큰 변화는 국민국가의 부상이었습니다. 수천 년 동안 세계사를 지배해온 '제국의 세계'에서 20세기 '국민국가의 세계'로 이동한 것입니다. 이것이 바로 진정한 혁명입니다. 제국의 세계에서 국민국가의 세계로 전환, 베스트팔렌체제의 확산이 이루어진 것입니다. 이는 자유국제주의가 제국주의 이후의 세계를 어떻게 조직할 수 있는가에 대해 생각하게 만들었습니다. 자유국제주의는 제국주의 이후의 세계질서에 대한 비전을 새롭게 제시하려 했다는 점에서 큰 명성을 얻었지요.

세 번째 변화는 앞서 언급한 바와 같이 경제 및 안보 상호의존성이 연속적으로 증가한 것입니다. 이는 자유국제주의의 원동력이 되었습니다. 현실주의가 집중하는 문제는 무정부 상태의 문제입니다. 자유국제주의가 주목하는 문제는 근대성의 문제입니다. 근대성의 문제, 즉 근대화, 발전, 전세계 사회의 상호의존성이 자유주의와 자유국제주의가 주목하는 문제들입니다.

네 번째로 중요한 세계적 변화는 영미 패권주의의 영속성입니다. 19세기의 영국과 20세기의 미국이 없었다면 자유국제주의는 없었을 것입니다. 그래서 저는 이 네 가지 변화가 자유국제주의의 부상에 배경으로 작용했다고 생각합니다.

이를 명확히 하기 위해 관찰한 것 중 몇 가지를 더 말씀드리겠습니다. 첫째, 자유국제주의가 그 자체로는 세상을 바꿀 만한 역사적인 힘이 없다는 것입니다. 자유국제주의는 항상 다른 커다란 세력과 함께 공존해왔습니다. 그 세력들을 언급하자면 제국주의, 민족주의, 자본주의, 강대국 정치, 앞서 언급한 영미 패권주의, 또한 여기에는 현재 중국의 세력도 포함됩니다. 이러한 다른 세력과 의제들은 세상을 다른 방향으로 이끌어가려고 합니다. 따라서 자유국제주의는 세상을 변화시키는 종합적이고 완전한 프로그램일 수가 없습니다. 세상은 매우 복잡하고 이념적이며 지정학적이기 때문이지요.

자유국제주의는 여러모로 군대가 없는 깃발과 같습니다. 항상 동맹이 필요하지요. 강대국들과 함께하는 게 도움이 됩니다. 적어도 부분적으로나마 자유국제주의 방향으로 세계를 움직이고자 하는 강대국들과 함께요. 하지만 솔직히 말하자면 강대국들은 자유국제주의에 대해 다소 상충적인 태도를 보입니다. 따라서 항상 논쟁의 여지가 있습니다. 항상 편파적이고, 위선적이며, 비일관적일 테니까요.

다음으로 자유국제주의의 실패와 성과에 대해 조금 말씀드리고 싶습니다. 중요한 부분인데, 현재의 자유국제주의의 약점 그리고 트럼프에 대한 이야기입니다. 하지만 저는 트럼프 이전에 이미 세 번의 실패가 있었다고 봅니다. 첫 번째는 이라크 전쟁으로 미국의 신뢰도가 크게 떨어졌다는 점입니다. 자유주의 국제 국가로서 말이지요. 제 생각엔 이라크 전쟁은 자유주의적 전쟁이 아니었습니다. 오히려 패권주의적 현실주의 전쟁에 가깝다고 생각합니다. 이는 제 이론보다는 미어샤이머의 이론으로 더 잘 설명할 수 있지요. 두 번째 위기이자 실패는 2008년 금융위기가 자유주의를 신자유주의적 방향으로 밀어붙인 것입니다. 세 번째는 자유국제주의나 이와 관련된 인물들이 했던, 중국이 자유주의 사회로 나아갈 거라는 예측이 실패했다는 것입니다. 저를 포함한 많은 자유주의자들이 실패라고 생각하는 것은, 중국이 WTO에 가입하고 자유주의 국제질서에 편입되면 서서히 개방될 거라고 예상한 것이었습니다. 중국이 민주주의체제가 될 거라고 예상한 것은 아니지만 더 다원적인 사회가 될 거라는 기대는 있었습니다. 시민사회는 자유주의적 세계질서의 운영에 있어 매우 중요한데, 저희는 중국 내부

존 아이켄베리

에 자유국제주의자들이 희망하는 바에 따라 중국이 협력할 수 있도록 시민들이 더 큰 목소리를 낼 수 있을 거라는 기대가 있었습니다.

슈퍼 식스, 자유국제주의의 성과

물론 이러한 실패를 훨씬 능가하는 위대한 성과도 있긴 했습니다. 제가 '슈퍼 식스(Super 6)'라고 부르는, 제2차 세계대전 이후 자유국제주의의 6가지 중요한 성과가 있었습니다. 이 성과들은 자유국제주의에 세계사적 중요성을 부여했지요. 이 성과들을 나열하고 이들이 어떻게 전체적인 영향을 미쳤는지 설명해보겠습니다.

우선 제2차 세계대전 이후 자유주의 국가들은 세계 경제를 재개방하고, 경제 자유화를 위한 틀을 마련했으며, 관세를 인하해 경제성장과 무역의 황금시대를 열었습니다. 세계는 이전에도 그 이후에도 본 적이 없는 황금기를 누렸습니다. 전세계 곳곳에서 부와 번영을 창출할 수 있는 여건이 조성되었던 것입니다.

둘째, 독일과 일본의 재통합을 위한 틀을 마련했습니다. 독일과 일본은 1930년대와 40년대에 비자유주의적이고 반민주적이었지만, 거의 하룻밤 사이에 미국의 파트너가 되어 자유민주주의 국가로 그리고 자유국제주의 구상의 파트너로 거듭났습니다. 이들은 오늘날에도 여전히 강대국으로 남아 있습니다. 어느 쪽도 핵무기를 보유하고 있지 않습니다. 보다 더 큰 자유주의 질서의 파트너가 된 것입니다.

셋째, 독일과 프랑스는 자유주의 질서의 지원 아래 수세기에 걸친 불화를 묻고 유럽연합(EU), 즉 유럽 프로젝트를 출범시켰습니다. 이는 오늘날에도 여전히 세계 평화와 안정의 주요 원천이 되고 있습니다.

넷째, 미국은 제2차 세계대전 이후 수십 년에 걸쳐 서유럽 국가들과 카나다, 호주, 뉴질랜드, 또 일본과 한국을 비롯한 아시아의 몇몇 나라들과 함께 국제적으로 협력하고 상호의존성을 관리하기 위한 기구로 IMF와 세계은행을 만들었습니다. UN까지 포함해 모두 자유주의적 상상력에서 나온 프로젝트라고 할 수 있습니다. 상호의존성을 온전히 유지하기 위한 메커니즘으로 '다자간 협력' 체제를 만들어낸 것이지요.

다섯째, 내재된 자유주의의 구축을 통해 유럽, 북미, 동아시아 국가들이 18~19세기의 고전적인 자유방임적 자유주의 사회가 아니라 새로운 유형의 자유주의 사회로 나가는 여건들을 조성해냈습니다. 여기서 새로운 유형의 자유주의 사회는 사회안전망과 사회 보장이 마련되어 있는 보다 사회민주주의적인 비전을 말합니다. 불안정한 세계에서 그들의 삶을 스스로 관리하는 능력을 부여하는 그런 사회지요. 이러한 사회민주적 이상이 자유주의 제도 안에 내재되어 있던 것입니다.

여섯째, 자유주의적 국제질서의 지원 아래 많은 국가들이 여러 세대에 걸쳐 자본주의와 민주주의로 전환하고 그들의 잠재력을 높일 수 있었습니다. 저는 그중에서 한국을 가장 높게 평가합니다. 한국은 자유주의 국제질서의 훌륭한 사례입니다. 한국은 군사독재에서 벗어나 민주주의로 번성하며 나아갔고, 국가의 전망은 놀랍도록 밝아졌습니다. 제2차 세계대전 이후 초기 수십 년 동안은 북한이 남한보다 경제적으로 더 발전했었습니다. 북한은 경제와 산업 자원이 풍부한 곳이었습니다. 물론 현재는 상황이 어떻게 변했는지 우리 모두 잘 알고 있지요. 한국의 성공이 다른 국가에서도 재현되기는 하지만 아직 기대에 미치지는 못하고 있습니다. 물론 한국만큼 성공적이지는 않지만 성공 사례들은 분명 존재합니다.

마지막으로 하나 더 성공 사례를 추가하자면, 바로 중국입니다. 중국 역사 2천 년 동안 지난 수십 년은 최고였습니다. 팍스 아메리카나 덕분으로요. 중국은 자유주의 국제질서의 큰 수혜자입니다. 사실 중국이 자유주의 질서에 기여한 것보다 자유주의 질서로부터 얻은 것이 더 많다고 주장할 수 있지요. 이에 대해서는 잠시 후에 더 자세히 설명하겠습니만 저는 여기서 자유주의 국제질서의 성공 사례가 있었다는 점을 최대한 강조하고 싶습니다. 단순히 새로운 제국이 아닌 새로운 질서가 창조된 것이기 때문입니다. 자유주의 '제국'이 아닌 거죠. 오히려 일종의 글로벌 시스템입니다. 이 시스템은 세계, 지역 수준의 제도와 경제, 정치, 안보, 환경 등의 쟁점 영역들을 포함하는 것입니다. 다층 케이크 같이 다양한 협력 관계를 배열해놓은 이 질서는 이전 세기에는 볼 수 없었던 혁명적 현상입니다.

이러한 변화는 국제정치의 본질을 더 나은 방향으로 바꾸어놓았습니다. 역사에서 시대별로 국제질서를 비교하는 기준은 무엇일까요? 저는 세 가지 지표가 있다고 말씀드리고 싶습니다. 하나는 물리적 안전입니다. 그 질서가 사람들에게 안전을 제공하느냐는 것입니다. 둘째는 부의 창출입니다. 셋째, 사회 정의의 실현 여부입니다. 이 세 가지 지표 모두 국제정치의 그 모든 광기와 변덕에도 불구하고, 지난 80년 동안 자유국제주의가 만들어낸 조건 하에서 다른 어떤 역사적 시대보다 상대적으로 더 발전했습니다.

자유국제주의에 대한 도전

이제 이 강연의 마지막 부분으로, '어디서부터 잘못되었는가'라는 주제로 넘어가고자 합니다. 자유국제주의가 다소 안타까운 상태에 있다는 것에 모두 동의하실 겁니다. 얼마나 안전한지 분명하지 않습니다. 미국 자체도 자유주의 국제질서의 후원자나 지지자로서 예전처럼 강력하지 않습니다. 자유주의 국제질서를 무너뜨리려는 대통령이 한 번이라도 선출된다면 말 그대로 이 국제질서에 위기가 오는 겁니다. 어떤 면에서 우리는 정말 칼날 위에, 아니 벼랑 끝에 서 있습니다. 왜 이런 상황이 온 걸까요? 상황도 좋았고 성공 사례가 그렇게 매력적이었는데 왜 일이 예상대로 흘러가지 않을까요?

지금까지 이라크 전쟁, 2008년 금융 위기, 중국의 변화 예측 실패 등 자유국제주의가 훼손된 세 가지 사례를 설명드렸습니다. 어떤 면에서는 자유주의 국제질서의 성공이 더 큰 문제였습니다. 자유주의 국제질서는 그 성공의 희생양이지요. 황금기 동안 자유주의 국제질서는 엄격한 의미에서 전세계를 아우르는 그런 글로벌 질서가 아니었습니다. 부분적이고 하위체제적인 질서였습니다. 냉전체제의 내부, 세계 양극체제 내부에 있었거든요. 전체 글로벌 질서의 절반 정도였습니다. 이를 지금의 우리는 '자유 세계'라고 부르죠.

결국 일종의 클럽 형태의 질서였습니다. 모두가 그 안에 속해 있었던 것이 아니었지요. 모두가 초대받은 것은 아니었습니다. 또한 그 안에 속해 있으면 자신에게 유리한 것을 얻을 수 있다는 생각에 기반한 질서였습니다. 무역, 안보, 국내 문제 해결에 도움을 줄 수 있는 다자기구에 대한 접근성 등이 그것입니다. 내재된 자유주의인 것이지요. 하지만 그것 또한 일련의 공동 책임에 대한 서명이 요구되었고, 조약에 대한 책임이 있었습니다. 안보협정의 책임도 있었지요. 한마디로 조건부 논리라고 할 수 있습니다. 그렇죠. 자유주의 질서에 합류할 수는 있지만, 그 반대급부로 규칙을 준수하고 파트너십 시스템의 일부가 되어야 하는 것이었지요.

그러나 냉전 종식 후 그 체제는 더 열리게 되었습니다. 자유주의 질서에 대한 대안들이 사라진 것이지요. 소련은 붕괴되어 사라졌고, 중국은 경제 성장기가 오기 몇 해 전이었습니다. 소련 이후 등장한 러시아는 약해졌습니다. 자유국제주의만이 유일하게 남은 승부처였습니다. 전세계 모든 국가가 여기에 참여하기를 원했습니다. 따라서 조건부 논리가 무너지고 클럽이 아닌 누구나 참여할 수 있는 개방적인 모임이 되었습니다. 자유주의 국제질서가 클럽에서 쇼핑몰로 바뀐 격이었지요. 쇼핑몰이 무엇인지 아시죠? 많은 가게가 있는 크고 넓은 쇼핑몰을 생각해보세요. 쇼핑몰에 들어가면 원하는 가게 어디든 갈 수 있습니다. 애플 스토어에 갈 수도 있고 다른 의류 매장에 갈 수도 있지만 클럽에 가입할 필요는 없습니다. 그냥 가서 원하는 것을 사면 됩니다. 그런 일이 실제로 일어난 겁니다.

중국이 바로 그 덕을 본 셈이죠. 중국은 자유무역 시스템에 접근했습니다. 냉전 이후 10억 명의 사람이 세계 노동시장에 유입된 거지요. 물론 그중 많은 사람들이 중국인과 인도인이었습니다. 이것이 자유주의 시스템의 폭발과 훼손으로 이어졌다는 게 제 주장입니다. 이에 따라 정치적 연대와 자유주의 질서의 근본적인 시스템이 약화되었습니다. 이것은 칼 폴라니가 주장했던 일종의 사회의 총체적 위기였습니다. 에드워드 카가 말하는 무정부 상태의 위기와는 대조적이었습니다. 결국 이것은 근대성의 문제입니다. 근대성의 문제에서 시작된 자유국제주의가 근대성의 희생자가 되었던 겁니다.

마지막으로 바이든 행정부는 제가 제시하는 분석을 받아들이고 있다고 생각합니다. 트럼프 집권을 겪은 이후에 바이든과 그의 팀, 토니 블링컨 국무부 장관과 제이크 설리번 국가안보보좌관도 저의 의견에 많은 부분 동의할 것이라고 생각합니다. 자유주의 질서를 재건하려면 기본으로 돌아가야 합니다. 클럽을 재구축해야 한다는 것입니다. 이는 우리가 중국과 글로벌 사우스를 외면해야 한다는 뜻은 아닙니다. 오히려 그 반대입니다.

실제로 제가 강조하고 싶은 중요한 주장 중 하나는 자유주의 질서가 글로벌 사우스에게 설교하기보다는 그들의 언어를 사용해 그들과 공동의 대의를 찾아야 한다는 것입니다. 이는 민주주의 국가들의 클럽을 재건하고, 내재된 자유주의를 창출하고 재구축하기 위해 노력한다는 의미입니다. 또한 신자유주의 시대를 넘어서 안정적이고 협력적인 질서로 복귀하기 위한 여건을 만드는 것입니다. 이것이 글로벌 질서나 UN을 대체할 수는 없겠지만 21세기 국제 협력에 필요한 조직을 만들고 개혁 의제를 추진할 수 있는 국가들의 핵심 또는 중심이 될 것입니다. 또한 중국을 포함하여 참여하고자 하는 다른 국가들과도 기꺼이 협력할 것입니다. 이런 의미에서 그 핵심 국가들이 다시 활성화되어 안정적으로 외부로 확장할 수 있어야 합니다. 이것이 현재의 과제라고 생각합니다.

지난 250년은 커다란 성공과 격변, 위험이 교차하는 시기였습니다. 지금이 바로 그런 시기입니다. 젊은 세대, 즉 여러분 세대에게는 매우 중요한 문제입니다. 자유, 민주주의, 법의 지배, 부패에 맞서는 사회, 독재와 권위주의에 대한 대항력 등은 여러분에게 중요하니까요. 약탈적 국가로부터 벗어난 문명사회에서 살고 싶다

면 저는 이러한 가치들을 제 아이들과 아이들의 미래 자녀들에게
도 전달하고 싶습니다. 국제사회는 현재 위험에 처해 있습니다. 이
들 국가들이 이러한 가치를 지킬 수 있도록 일종의 재균형 또는 새
로운 균형을 찾아야 합니다. 그렇게 되면 다른 문제들은 저절로 풀
리게 됩니다. 만약 이조차 제대로 해결하지 못한다면, 지구 온난화
같은 문제에 대한 해결책을 찾는 것은 포기해야 합니다. 제 이야기
는 여기에서 마치고 여러분의 질문을 기대하겠습니다.

대화

자유주의적 국제연합이라는 전통

문정인 훌륭한 강연을 해주셔서 정말 감사합니다. 저의 첫 번째 질문인데요, 흔히 우리가 자유주의라고 하면 고전적 자유주의, 신자유주의, 세계시민주의 등을 언급합니다. 이러한 자유주의 입장들 사이에서 교수님의 자유국제주의를 어떻게 분류할 수 있을까요? 교수님은 자유국제주의가 그 자체로 하나의 분석적 틀로 자리를 잡고 있다고 생각하십니까, 아니면 신자유주의적 이론의 일부라고 생각하십니까?

존 아이켄베리 제가 자유국제주의에 관한 책을 쓰기 시작했을 즈음 버지니아대학교에서 이에 대한 강연을 한 적이 있어요. 도널드 트럼프가 당선된 직후니까 2016년 11월이었습니다. 저는 역사를 거슬러 올라가 과연 자유국제주의가 어떤 전통이었는지 알아보고 싶었습니다. 어떤 의미에서는 그 시대가 지나간 것일지도 모른다는 생각으로 이 책을 썼습니다. 호박이라는 보석에 무언가를 담아 잘 보존하는 것처럼, 저도 이 책을 통해 미래 세대가 이 위대한 현재 질서를 구축하게 한 사상이 무엇인지 알 수 있도록 보전하려 한 것이었습니다. 이 책을 집필하며 발견한 것은 자유국제주의가 다양한 아이디어들의 집합체라는 겁니다.

자유주의 이론가인 마이클 도일은 진정한 의미의 자유주의를 서로 잘 맞으면서도 서로 대립하기도 하는 여러 부분으로 구성된 사상의 계통으로 규정한 바 있습니다. 저도 자유국제주의에 대해 이렇게 말하고 싶습니다. 자유국제주의의 지성적 및 정치적인 원천은 자유민주주의입니다. 18세기에 '자유주의 사회', '공화정 자유주의 정부'라는 것이 출현하지 않았다면 자유국제주의는 존재하지 않았을 것입니다. 물론 이것들은 이익과 가치를 공유합니다.

제가 제안한 바와 같이 자유민주주의 국가들이 국제적으로 추구하는 것은 일종의 틀이나 생태계를 찾는 것입니다. 국내 제도와 원칙을 보존할 수 있도록 말입니다. 이들은 공통적으로 근대성의 문제에 대해서는 취약합니다. 하지만 지난 250년 동안 자유주의와 자유민주주의의 개념은 변화해왔습니다. 제1차 세계대전과 더불어 실질적으로 붕괴된 19세기의 고전적 자유주의 시대, 제1차 세계대전 전후의 진보주의 시대, 30년대의 사회민주주의 뉴딜 시대, 제2차 세계대전 이후의 냉전 자유주의와 1990년대 신자유주의 시대 등 여러 시대에 걸쳐 분명하게 변화했습니다. 각 시대마다 결합된 사상이 달랐습니다. 각 시기마다 어떤 사상은 추가되고 어떤 것은 제외되었습니다.

클린턴 대통령을 생각해보세요. 그는 시장 개방, 자본의 자유화, 규제 완화라는 상당히 신자유주의적인 의제를 지지했습니다. 이것은 궁극적으로 마거릿 대처와 도널드 트럼프가 진전시킨 공화당의 비전이었습니다. 이를 전세계적으로 확대시키려는 시도였지요. 하지만 결국 실패했습니다. 더 협력적이며 사회민주주의적인 요소가 있는, 자유주의적 국제연합의 오래된 전통이 사라져 버렸습니다. 저는 이런 전통이 다시 회복되어야 한다고 생각합니다.

이상주의의 모험

문정인 처음에 저는 교수님의 자유국제주의가 윌슨의 이상주의의 반영이거나 개선된 형태라고 생각했습니다. 하지만 교수님이 다니엘 듀드니와 〈포린 어페어〉에 기고한 글을 보면 바이든 행정부의 외교정책을 루즈벨트식 자유주의로 규정하셨습니다. 그렇다면 윌슨적 자유주의와 루즈벨트적 자유주의는 어떻게 구분하십니까?

존 아이켄베리 네, 아주 좋은 질문입니다. 우선 윌슨과 루즈벨트는 자유국제주의라는 측면에서 차이가 있다고 생각합니다. 이에 대해서는 잠시 후에 언급하겠습니다. 하지만 저는 지난 250년 동안의 자유국제주의가 이상주의적 프로젝트로만 볼 수 없다는 주장을 하고 싶습니다. 사실 다양한 종류의 이상주의자들이 있습니다. 많은 국제관계 교과서에서 1장에서는 현실주의, 2장에서는 이상주의를 다룹니다. 저는 이상주의라는 이름 아래 자유주의와 우드로 윌슨을 넣는 건 문제라고 봅니다. 제가 보는 이념적 지도와 다른 것 같습니다.

자유주의는 근본적으로 국제관계의 상호의존에서 비롯되는 문제점들을 다루고 제도와 협력을 가능케 하는 핵심 가치들을 보존하기 위한 틀을 만들고자 합니다. 자유주의자들, 심지어 우드로 윌슨조차도 인간이 더 바르게 행동하는 유토피아 같은 세상을 만들 수 있다고 믿지 않았다고 생각합니다. 이 부분에 대해 조금 더 말씀드리고 싶습니다. 왜냐하면 자유주의가 무엇인지, 또 자유국제주의가 무엇인지에 대해 이해하는 데 아주 중요하기 때문입니다. 자유국제주의는 심지어 물질주의적인 역사이론으로 이해해야 할 만큼 실용적입니다. 그런 점에서 이상주의 이론이나 구성주의적 역사관과는 크게 대비된다고 할 수 있습니다.

미국의 건국에 대해 생각해봅시다. 미국 정치를 공부하는 이들이라면 《연방주의자 논집(Federalist Papers)》(1788)을 읽고 미국이라는 자유주의 국가가 어떻게 만들어졌는지 아실 겁니다. 제임스 매디슨이 그 책에 쓴 유명한 구절이 있습니다. 그는 "당신은 사람들의 행동을 변화시킬 수 없습니다. 사람들은 이기적입니다. 사람들은 권력에 굶주려 있습니다. 사람들은 파벌을 만들어 행동합니다. 민중 선동가가 됩니다. 종종 부패를 일으키는 행동을 합니다. 당신은 사람들을 더 나은 사람으로 만들 수 없습니다. 인간의 근본적인 본성을 바꿀 수는 없습니다. 하지만 보편적이고 인간 본성과 연관된 행동을 억제시키고, 균형을 잡는 제도를 만들 수는 있습니다"라고 말했습니다. 자유주의는 바로 이런 제도적인 복합체를 만들어내는 것입니다. 이를 통해 보고 싶지 않은 부적절한 행동의 발생을 줄이고 제한하는 헌법 구조를 만드는 것이지요.

미국 건국의 기틀을 마련한 것이 바로 연방제입니다. 이는 매디슨이 '복합 공화국(compound republic)'이라고 불렀던 여러 정부 기관, 여러 수준의 정부를 의미합니다. 일반적으로 자유주의와 자유국제주의는 사람들을 평화주의자로 만들거나, 모두를 간디나 만델라로 만들려는 것이 아닙니다. 오히려 제도를 만들려는 것입니다. 우리가 생존하고 더 안전하게 살 수 있는 제도 말입니다. 또한 근대성의 위험만을 감당하는 게 아니라, 근대성으로부터도 약간의 이익을 얻을 수 있는 제도를 만들려는 겁니다. 그래서 저는 자유주의와 자유국제주의가 이상주의에 치우쳤다고 생각하지 않습니다.

월슨은 국제법에 더 많은 주의를 기울였습니다. 문정인 교수님의 질문에 더 직접적으로 답을 하자면 윌슨은 자유무역과 집단안보가 통할 수 있다고 생각했습니다. 물론 이론이었습니다. 사실 훌륭한 이론이지요. 비록 성공하지는 못했지만 일종의 자유국제주의의 1세대에 해당한다고 하겠습니다. 반면 루즈벨트는 자유국제주의에 대해 훨씬 더 복잡한 접근법을 가지고 있었습니다. 좀더 현실주의적인 요소를 포함하고 있었어요. 그에게는 국력이 매우 중요했습니다. 윌슨보다 루즈벨트에게 있어 패권적 리더십이 더 중요했지요.

여러 면에서 윌슨의 자유국제주의는 자유민주주의가 전세계적으로 확산되고 있다는 낙관론을 전제로 하고 있었습니다. 1920년대에는 러시아 서쪽에서 북미에 이르는 모든 국가가 일종의 의회 민주주의 국가였습니다. 1920년대는 대의제 정부의 황금기였습니다. 루즈벨트가 대통령이 되었을 때 앞서 언급했듯이 민주주의는 위기에 처해 있었습니다. 소멸의 순간이었지요. 루즈벨트에게 '국제질서 구축'은 말 그대로 자유민주주의가 살아남을 수 있도록 국제적인 용기를 조성하는 것이었습니다. 따라서 윌슨이 민주주의의 확산을 활용하여 보다 자유로운 국제질서를 구축하려 했던 것과는 달랐습니다.

두 이론은 어떤 의미에서 반대되는 이론이었습니다. 하나는 국내 자유주의에서 시작하여 국제적으로 나아가고, 다른 하나는 국제적인 것에서 시작하여 국내로 확장되었습니다. 그리고 하나 더 이야기하자면 루즈벨트에게는 사회민주주의적인 비전이 있었습니다. 이러한 비전은 '내재적 자유주의'로 이어졌습니다. 훨씬 더 포괄적인 질서가 필요하다는 인식 말입니다. 이는 근대 세계에서 비롯되는 이례적이고 다양한 위험 및 불안정성에 대처하기 위함이었습니다.

개입하는 국제주의

문정인 스테판 월트는 교수님의 자유국제주의 이론에 대해 '자유주의적 개입주의'라고 비판했습니다. 이에 대해 어떻게 생각하십니까?

존 아이켄베리 맞습니다. 현실주의자들과 이른바 포스트자유주의 좌파 또는 제국주의 및 반제국주의 좌파로부터 비판이 있습니다. 그들은 미국이 자유주의 국가로서 자유주의를 일종의 공격적인 개입주의의 수단으로 사용하고 있다고 주장합니다. 하지만 그건 잘못된 생각입니다. 그 이유를 설명해보겠습니다. 우선 제국주의와 인종주의는 종종 비판적으로 연결되지요. 하지만 적어도 제국과 제국주의적 개입, 인종주의는 민주주의의 등장 이전부터 존재했다는 점을 인정해야 합니다. 고대 세계의 로마와 그리스, 고대 중국을 연구해보면 그 시대에도 인종주의와 제국주의가 팽배했습니다. 토마스 페인이 자유의 개념에 대해 제시하기도 전인데 말입니다. 이게 첫 번째 포인트입니다.

둘째, 앞서 언급했듯이 자유국제주의는 매우 제한적입니다. 존재론적 기반이 없기 때문입니다. 결국 자유국제주의는 기존의 국가들과 국제정치의 기존 의제들에 기초하여 구축되어야 합니다. 마치 곤충이 활동할 수 있는 능력을 갖추기 위해서 숙주가 필요한 것과 같지요. 자유국제주의는 이러한 방식으로 제국, 제국주의, 강대국의 정치 세계에서 살아남았습니다. 결국은 그 어떤 국가도 단순히 자유주의 국가로만 활동한 적이 없습니다. 또한 이 국가들은 강대국, 패권국, 자본주의 국가로서의 역할뿐만 아니라 19세기에는 제국주의 국가로서의 역할도 수행했습니다. 영국은 1950년대까지 자신의 제국을 적극적으로 방어하고 지켰습니다. 자유국제주의는 언제나 다른 많은 의제가 난무하는 복잡한 세상 속에서 작동했던 하나의 프로젝트였죠. 이렇게 부분적으로는 다른 세력과 파트너십을 형성하면서도 동시에 해당 파트너들로부터 거리를 두려 했습니다. 이러한 관계 때문에 종종 파트너의 목적을 위해 이용되는 경우도 있었지요.

이라크 전쟁 개입은 궁극적으로 사담 후세인 정권을 전복시키기 위한 패권주의적 프로젝트였습니다. 자유주의보다는 로버트 길핀의 패권적 현실주의 이론과 존 미어샤이머의 공격적 현실주의 이론이 이라크 전쟁의 개입을 더 잘 설명해줍니다. NATO의 확장도 마찬가지입니다. 개입주의는 세계 곳곳에 있습니다. 베트남 전쟁은 소련에 대항하여 국제적인 균형을 잡으려던 시도였습니다. 이는 국제세력의 양극화 균형에 대한 것이기도 하지만, 동남아시아에 자유주의를 도입하고 자유와 민주주의를 이룩하려는 시도이기도 했습니다. 따라서 개입주의의 원인과 결과를 파악할 때는 매우 신중해야 합니다.

마지막으로 자유주의의 핵심에는 '해방(emancipatory)' 사상이 있습니다. 앞서 토마스 페인을 언급했었는데요, 그는 18세기 자유주의 사상의 궁극적인 원천이었습니다. 18세기 후반에는 독재와 군주제에 반대하는 운동이 일어났습니다. 미국은 최초의 '탈제국주의 국가'였습니다. 미국이 독립한 이유는 대영제국으로부터 벗어나고 해방되기를 원했기 때문이었습니다. 이후 공화주의 혁명이었던 라틴아메리카와 아이티의 혁명도 강력한 국가, 제국에 대항한 것이었습니다. 따라서 자유주의의 DNA에는 해방적인 특징이 있습니다.

잭슨주의적 포퓰리즘

문정인 네, 자유국제주의가 과거에 기여한 바가 크다는 분석에 대해서는 저도 동의합니다. 그런데 현재와 미래는 어떻습니까? 요즘 미국 정치를 보세요. 지금 잭슨주의 포퓰리즘이 부상하고 있고, 트럼프는 이 잭슨주의 포퓰리즘의 부상을 이용하고 있습니다. 하지만 교수님과 듀드니가 〈포린 어페어〉에 기고한 글에서 자유민주주의와 자유국제주의가 생존하기 위해서는 국내외적으로 대대적인 제도 개혁과 정책 변화가 있어야 한다고 강력하게 주장하셨습니다. 하지만 미국에서는 그런 움직임이 보이지 않습니다. 그런 가능성이 없다면 자유국제주의의 미래, 나아가 미국 자유민주주의의 미래는 어떻게 될까요?

존 아이켄베리 맞습니다. 오늘 제가 이 강연에서 주장한 것 중 하나는 일국 내 자유주의의 역사가 자유국제주의의 성공과 실패에 깊이 연관되어 있다는 겁니다. 특히 미국의 경우에요. 저는 지금이 매우 위험한 시기라고 생각합니다. 앞서 언급했듯이 트럼프는 자유주의적 국제 프로젝트에 있어 매우 위험한 인물입니다. 트럼프가 포퓰리즘을 내세워 정치적으로 성공한 것은 자유주의 자체가, 어떤 면에서는 기회가 보장된 사회와 경제적 안전을 유지하는 데 실패했기 때문입니다. 앞서 말씀드린 바처럼 내재적 자유주의, 사회 안전망, 공유 경제에 대한 인식이 침식되고 있습니다. 부의 창출을 특권으로 여기는 것이 아니라 기회의 평등을 특권으로 여기고 근대성의 혜택을 서로 공유하고 있다는 인상을 국민들에게 주지 못하고 있습니다. 저는 이러한 문제들이 미국 자유민주주의의 내부적인 실패라고 봅니다.

다른 나라에서도 부분적으로는 기술, 인구, 이데올로기로 인한 실패가 있다고 생각합니다. 문 교수님께서 지적한 자유국제주의에 대한 위험의 증대에 전적으로 동의합니다. 그러나 국제적으로 볼 때 자유국제주의에 대한 위험은 베이징이나 모스크바보다 미국 내부에서 더 크다고 생각합니다. 저는 중국이나 러시아가 비자유주의로서 자유국제주의에 도전하는 것에 대해서는 크게 우려하지 않습니다. 단지 도전일 뿐이니까요. 교수님께서는 이 주제에 대해 이야기하고 싶으신 것 같네요. 전 중국을 밀어내야 한다고 생각합니다. 러시아에 대한 반격도 필요하고요. 하지만 그 이야기는 여기서 다루지 않겠습니다. 자유민주주의가 시작된 미국과 유럽에 대한 논의가 중요하다고 봅니다.

일본과 한국은 제대로 기능하는 자유민주주의를 창출하고 유지할 수 있는 능력이 있습니다. 그러나 트럼프는 이에 매우 큰 위협이 되는 것이지요. 하지만 역사적으로 트럼프가 이런 상황을 처음으로 초래한 인물은 아니라는 점에 주목하고 싶습니다.

저는 문 교수님의 질문에 조금 더 철학적이고 역사적으로 접근해보려 합니다. 18세기 후반, 자유민주주의가 시작된 이래로 완전한 자유민주주의를 이루었던 국가는 없었습니다. 미국에는 노예제도가 있었고 인간을 재산으로 간주하는 헌법이 있었습니다. 우리는 이를 종식시키기 위해 남북전쟁을 치렀고, 수십 년에 걸친 수

존 아이켄베리

정헌법을 통해 '모든 사람은 평등하며, 국민의, 국민에 의한, 국민을 위한 정부'라는 미국체제의 원칙을 더욱 현실화했습니다. 바로 에이브러햄 링컨입니다. 하지만 이 원대한 원칙은 항상 현실에서는 제대로 구현되지 못했지요.

미국을 비롯해 자유주의 사회에는 자유주의 사회에서 살고 싶어 하지 않는 비자유주의적인 분자들이 항상 존재했습니다. 트럼프 지지자 중 상당수는 제가 오늘 했던 말을 전혀 믿지 않습니다. 그들은 성별과 인종에 위계와 차별이 있는 백인 민족주의 국가에서 살기를 원합니다. 사실 그들은 역사 속에 오랫동안 존재해왔지요. 미국의 두 번째 대통령인 존 애덤스는 이를 '노예제'라고 불렀습니다. 그리고 오늘날에는 대안우파라고 불리는 비자유주의자들이 있습니다. 스티브 배넌과 같은 사람들이지요. 이들의 계보는 코플린 신부나 민족주의자 휴이 롱 등으로 거슬러 올라갑니다. 19세기에 활동했던 우익 비자유주의 사상가들이요. 이들 역시 다른 종류의 세상을 원했습니다. 이는 자유주의적 근대성에 대한 반발이었습니다. 정치 이론가들은 이들을 연구해왔습니다. 특히 주디스 슈클러는 최초로 계몽주의에서 비롯된 비자유주의 운동에 대한 책을 집필했지요. 트럼프는 이러한 나쁜 예의 가장 최신 버전에 불과합니다.

좋은 소식은 우리가 전에도 이런 일을 겪었고 극복해냈다는 것입니다. 나쁜 소식은 이들이 워낙 강력해서 이번 대선에서 이길 수도 있다는 것입니다. 급진화된 소수라도 선거인단을 통해 정부를 장악할 수 있는 선거 메커니즘이 있습니다. 그래서 위험하다고 생각합니다.

중산층의 외교정책

문정인 하지만 저는 바이든 행정부에서도 그 위험성을 봅니다. 예를 들어 교수님은 동맹 정치에서의 배타적 소다자주의를 강력하게 반대하셨는데, 바이든 행정부는 동맹과 파트너를 관리하는 데 있어서 소다자주의를 선호하고 있습니다. 또 다른 문제는 바이든 행정부가 자유무역을 강조하면서도 실상은 미국 중산층을 위한 산업정책을 추진하고 있다는 점입니다. 미국이 '신보호주의'의 징후를 보이고 있는 거지요. 세 번째로 또 다른 우려도 있습니다. 교수님은 미국 주도의 자유국제주의가 자유민주주의와 시장경제 등을 위한 제도적 기반과 틀을 제공해왔다고 주장하셨습니다. 그러나 세계정치의 현실을 보면 블록 정치의 경향이 커지고 있고, 미국이 이 진영정치를 주도하며 국제질서를 분열시키는 주요 원동력이 되고 있다고 봅니다. 교수님은 미국이 공공재가 아닌 클럽재(club goods)에 관심이 있다고 지적하셨습니다. 클럽재란 바로 사유재입니다. 그렇다면 쿱찬이 주장해온 대로 다른 국가들의 상황은 어떠합니까? 세계는 크고 국가들은 많습니다. 미국의 우방, 동맹, 파트너 국가들보다 나머지 국가들이 더 커 보입니다. 그 문제를 어떻게 해결할 것인가가 중요합니다.

존 아이켄베리 경제 민족주의와 중산층을 위한 외교정책부터 이야기해보겠습니다. 그다음 세계의 분열에 대해 이야기해보지요. 저는 중국과 러시아를 주요 촉발 요인으로, 우크라이나 전쟁을 이러한 체제 균열의 원인으로 봐야 한다고 생각합니다.

먼저 중산층을 위한 외교정책과 바이든 행정부의 대외 경제정책에 대해서 이야기해보지요. 의심할 여지 없이 변화가 있었습니다. 두 가지 고려 사항에 의해 주도된 변화입니다. 하나는 중국입니다. 문 교수님과 저는 중국에 대한 생각이 조금 다를 겁니다. 아마 문 교수님이 저보다 더 많은 관심을 가지고 계실 거예요. 저는 중국이 우리가 살고 싶어 하는 세상과 점점 더 멀어지고 있다고 생각합니다. 저는 개방적이고 규칙에 기반한 책임감 있고 투명한 정부, 시민사회 단체들과 국경을 넘어 협력할 수 있는 정부가 있는 세상을 여러분도 열망하고 있다고 생각합니다.

위협 중 하나는 중국이 자유주의 국제질서에 통합되어 기술과 경제적 이득을 취하고, 이를 바탕으로 더 강력해져서 그 질서에 도전하는 것입니다. 이는 우리의 삶의 방식을 밀어내고 궁극적으로 무너뜨리려는 국가를 유리하게 만드는 격입니다. 따라서 고도의 기술 발전이 자유주의 사회에서 중국 공산당의 손으로 들어가는 것을 제한하는 방법을 찾는 것이 상당히 좋다고 생각합니다. 이는 바이든 행정부의 '작은 마당, 높은 울타리' 전략의 일부입니다. 이 전략은 세계 무역체제의 분열을 의미하지 않습니다. 10년이 지나면 지금보다 중국과 외부 세계 간의 교역이 더 많아질 것입니다. 저는 1930년대로 돌아가자는 주장을 하는 게 아니라 민수와 군수 이중용도 기술 분야에서 좀더 전략적인 제한을 할 필요가 있다는 이야기를 하는 겁니다. 이러한 전략적 제한은 중국 공산당과 중국 인민해방군에 남중국해나 아시아 태평양 또는 더 일반적으로 우리에게 불리하게 사용될 무기를 넘겨주지 않기 위함입니다.

바이든 행정부가 추구하는 목표 중 하나는 도널드 트럼프 전 대통령 재임 기간 동안 대중적인 반발을 일으킨 주요 원인 중 하나인 미국의 산업 기반을 복원하는 것입니다. 미국이 자유주의 국제 국가로 남으려면 경제가 공동화되고 국민의 절반이 자유주의 국제질서에서 이익을 얻지 못한다고 느끼는 상황을 먼저 해결해야 합니다. 따라서 이해관계자와 수혜자가 다시 체제 안으로 돌아오게 만드는 방식으로 보다 공정한 자유주의적 국제질서가 재건되어야 한다고 봅니다. 이것이 중산층을 위한 외교정책입니다. 바이든 행정부는 무엇을 하고 있을까요? 더 많은 산업정책, 더 많은 반도체법(CHIPS Act), 인플레이션감축법을 도입하고 있습니다. 그리고 미국과 그 파트너가 이 체제의 중심에 남을 수 있도록, 더 유리한 세계 경제를 만들기 위해 노력하고 있습니다. 하지만 이는 전면적인 보호무역주의와 '이웃을 해치는 정책(beggar-thy-neighbor policies)'으로 나아가는 것이 아닙니다. 저는 미국이 아시아와 유럽 국가들과는 협상을 통해 기술 이전에 대한 제한을 풀 것이라고 생각합니다. 기술 공유의 프레임워크를 만들고 그 클럽에 참여하는 국가들 모두가 기술 공유의 혜택을 누릴 수 있도록 말이지요.

* * *

문정인 감사합니다, 아이켄베리 교수님. 이제 청중에게 질문과 의견을 요청하도록 하겠습니다.

도미닉 필립스 안녕하세요, 아이켄베리 교수님. 저는 연세대학교 학생 도미닉 필립스라고 합니다. 미국 외교정책의 가장 큰 도전은 미국이 점점 더 위선자로 비춰지고 있다는 점이라고 생각합니다. 중국이 해양법을 준수하기를 원하지만 미국은 해양법협약에 가입하지 않았고, 푸틴이 정의의 심판을 받기를 원하지만 미국은 국제형사재판소에 가입하지 않는 등의 행보 때문에요. 현실주의자들은 아마도 이런 기구와 조약 등에 가입해 주권을 희생하는 것이 어리석은 일이라고 말할 겁니다. 하지만 미국이 그렇게 한다면 어떤 차이를 만들어낼 수 있을지 궁금합니다. 감사합니다.

존 아이켄베리 좋은 질문입니다. 저는 제 경력의 많은 부분을 미국이 더 자유주의적인 국제주의 국가가 되어야 한다는 주장을 펼치는 데 쓰고 있습니다. 미국은 이러한 국제기구에 더 헌신적어야 한다고 봅니다. 특히 미국은 해양법의 회원국이 되어야 합니다. 그렇게 된다면 중국과 남중국해 문제로 맞서는 데 있어 더 신뢰할 수 있는 강대국이 될 것입니다. 국제해양중재재판소는 중국이 해양법 조약을 위반하고 있다는 필리핀의 주장을 인정한다고 판결했습니다. 미국이 해양법 비준국가라면 말씀하신 것처럼 이런 일들이 훨씬 더 효과적으로 진행될 겁니다. 그리고 국제형사재판소와 관련해서도 미국의 신뢰도를 떨어뜨리는 위선과 모순이 존재합니다. 저는 이에 전적으로 동의합니다. 저는 미국이 그러한 국제조약과 기구에 더 적극적으로 참여하길 바라고 있습니다.

국제관계 학자로서 느끼는 것 중 하나는 강대국들이 국제 규칙과 제도에 대해 매우 양면적 태도를 취한다는 것입니다. UN 안전보장이사회를 생각해보세요. 강대국들은 국제법이라는 수영장에 기꺼이 발을 담그고 싶지만 탈출 방법도 없이 두 발을 모두 담그고 싶어 하지는 않습니다. 국제 규칙과 제도에 완전히 구속되지 않으면서도 혜택은 받길 원하는 것이지요. 미국도 마찬가지입니다. 미국은 다자주의 기구를 중심으로 구축된 세계에 가장 적극적으로 기여해왔습니다. 우드로 윌슨 대통령 시절부터 20세기 내내 그랬습니다. 하지만 미국은 규칙을 지키는 것에 매우 양면적인 태도를 취해왔지요. 일종의 혼재된 관계라고 볼 수 있습니다.

국제법, 국제 규칙 및 제도를 유지하기 위해서는 강대국의 참여가 필요하지만 강대국은 결코 이에 100% 순응하지 않습니다. 따라서 우리는 강대국으로부터 최대한 많은 것을 얻으면서도, 그들이 종종 그러한 규칙과 제도를 약화시키거나, 우회하거나, 면제할 수 있다는 사실을 받아들여야 하는 세상에서 살아야 합니다. 항상 뒤죽박죽이고 타협하는 관계인 것이지요.

　미국은 가자 사태에 대응하는 과정에서도 흔들리는 모습을 보였습니다. 그 이유는 우크라이나 전쟁에서 지키고자 한 원칙이 가자 사태에 대한 분명하지 않은 입장 때문에 어느 정도 흐려졌다고 보기 때문입니다. 어떻게 보면 서로 상충하는 원칙들 사이에 갇혀 있는 셈이지요. 언급하신 것처럼 원하는 만큼의 신뢰성을 얻기가 매우 어려운 겁니다.

타일러 그윈 연세대학교 국제대학원에서 석사과정에 재학 중인 타일러 그윈입니다. 저는 자유국제주의의 틀 안에서 소다자주의의 역할을 어떻게 보고 계시는지 궁금합니다. 더 구체적으로 말하자면, 추구하는 가치가 비슷한 국가들 간의 소다자동맹(minilateral alliances)이 자유주의 규범과 가치를 효과적으로 유지시키고 또 확산시킬 수 있다고 생각하시나요? 아니면 국제 시스템이 분열되거나 국제 시스템에서 배제될 위험도 있다고 보시나요?

존 아이켄베리 정말 좋은 질문입니다, 타일러. 저는 좋든 싫든, 가까운 미래에도 다자주의는 지속될 것이라고 봅니다. 제 생각은 이렇습니다. 지난 250년 동안 자유주의 국제질서에 가장 중요한 기여를 한 2가지 유형의 규칙 제정 메커니즘이 있습니다.

　하나는 '헌법적 규칙제정'이라고 부르는 것인데요, 큰 전쟁 이후에 나타납니다. 제2차 세계대전 이후 새로운 제도를 만들며 질서를 재건하는 (헌법적으로) 중요했던 시기가 있었습니다. 다시는 오지 않을 것 같지만 그런 시기가 바로 규칙 제정을 위한 위대한 동력이었습니다. 규칙 제정을 위한 두 번째 동력은 '패권'입니다. 냉전 기간과 냉전 종식 후 어느 정도의 기간 동안 발생했었지요. 미국은 당분간 세계에서 가장 강력한 국가일 겁니다. 하지만, 저와 문 교수님께서 지적했듯이, 현재의 미국은 과거처럼 세계에서 가장 강력한 규칙 제정자가 아닙니다.

한편 규칙 제정의 원동력에 관해 다른 측면으로도 생각할 수 있습니다. 하나는 '연합적 규칙 제정'이라고 부르는 것입니다. 같은 가치를 추구하는 국가들이 연합해 함께 만드는 것입니다. 또 다른 종류로는 '경쟁적 규칙 제정'이 있습니다. 미중 경쟁에 따라 베이징과 워싱턴 모두 자국의 가치를 시스템의 중심에 두고 상대 국가가 지배적인 규칙 제정자가 되지 못하게 하려 하지요. 따라서 같은 가치를 추구하는 국가와 협력해, 규칙 제정을 위한 연합체가 되기 위해서 경쟁하는 것이 바로 '다자주의'입니다. 연합적이고 경쟁적인 규칙 제정은 세상이 더 세분화되고 분열될수록 실제로 일어날 가능성이 더 높습니다.

여기서 중요한 점은 경쟁이 존재한다는 것입니다. 클럽을 확장시키기 위해 동기를 부여하는 경쟁 말입니다. 클럽의 규모를 줄이는 경쟁이 아닙니다. 클럽에 인도가 속해 있는지, 브라질이 속해 있는지 확인해야죠. 클럽 및 클럽 상품은 폐쇄형이 아니라 개방형이 될 수 있거든요. 클럽의 진화 논리는 더욱 확장된 시스템으로 이어질 수 있습니다. 이것이 바로 클럽의 논리가 향하는 방향입니다.

이우진 저는 경희대학교에 재학 중인 이우진이라고 합니다. 저는 정치학과 국제종교학을 전공하고 있습니다. 우크라이나 전쟁에 대해 질문이 있는데요, 미국은 서방 국가들을 규합해 러시아의 우크라이나 공격에 맞서고 있습니다. 무너져가는 자유주의의 이름으로 러시아의 공격을 완충시키기 위해서 말입니다. 선거 기간에도 이를 촉구했지요. 거기서 우리는 그들이 교착 상태에 있다는 걸 알 수 있습니다. 1953년 한국전쟁을 통해 이미 봤던 것처럼 어쩌면 그런 교착 상태가 정상적인 경로인 것 같기도 합니다. 그렇다면 이러한 맥락에서 볼 때, 미국과 서구 사회의 최종 목표는 무엇일까요? 이 관점에 대해 어떻게 생각하시나요? 감사합니다.

존 아이켄베리 네, 좋은 질문입니다, 우진 군. 미국의 공식적인 첫 번째 목표는 우크라이나를 지원하고, 우크라이나가 국경이 존중되는 독립 주권국가로 남도록 하는 것이라고 생각합니다. 두 번째 목표는 러시아가 승리하지 못하도록 하는 것입니다. 러시아가 무력으로 세계를 지배하는 체제를 구축하지 못하도록 하는 것 말입니다. 우리는 어느 나라든지 무력을 통해 국경을 변경하려는 시도를 막아야 합니다. 이는 제2차 세계대전 이후 UN 헌장의 발효와 수십 년에 걸친 유럽의 안보협력의 원칙 아래에서 이미 종결되었다고 생각한 일입니다.

　이 모든 게 위태로워졌습니다. 이 전쟁의 구체적인 (첫 번째) 목표는 우크라이나가 푸틴에 의해 식민지화되거나 제국주의화가 되지 않는 것입니다. 두 번째로는 더 광범위한 원칙들을 재확인하고 재확립할 수 있는 방법을 찾는 것입니다. 물론 이는 단순히 자유주의 원칙을 말하는 것은 아닙니다.

　푸틴은 현재 우크라이나와의 전쟁에서 UN 헌장의 원칙을 위반하고 있습니다. 특히 이는 단순히 자유주의 국가들의 원칙이 아닌 주권과 영토에 대한 신성 불가침이라는 '웨스트팔리아 원칙'을 침해하는 것이지요. 글로벌 사우스의 탈식민지 국가들은 자유주의 국가들보다 이러한 원칙에 더 많은 관심을 가져야 합니다. 일종의 아이러니한 현상은 많은 글로벌 사우스 국가들이 우크라이나의 경우에 대해 무엇이 옳고 그른지 알고는 있지만 이에 대해서 강력한 노력을 기울이지 않고 있다는 점입니다.

아이스 네, 안녕하세요. 제 이름이 길어서 아이스로 할게요. 교수님이 보시기에 글로벌 거버넌스 관점에서 중국의 거듭되는 현대화가 어떤 도전과 기회를 제시한다고 생각하십니까?

존 아이켄베리 저는 중국이 초강대국이자 글로벌 시스템의 일부가 될 것이라고 생각합니다. 우리는 궁극적으로 중국과 공존할 방법을 찾아야 할 것입니다. 심지어 냉전 시기에도 커다란 이념의 차이에도 불구하고 경쟁과 협력을 병행할 수 있는 기회가 있었습니다. 소련과의 냉전 기간 동안 유럽과 미국은 식량 안보, 천연두 백신 개발, 이후 핵무기 협상 등 매우 구체적인 분야에서 소련과 협력했으며, 세계보건기구를 통해서도 협력했습니다. 이 모든 협력의 공통점은 '위험 관리'에 참여하려는 노력이었습니다. 세계의 안전을 위해 궁극적으로 협력할 수 있는 방법을 찾아야 합니다. 비록 근대가 나아갈 방향성에 대해서는 매우 다른 예상을 한다고 해도 말이지요. 여러분은 다른 체제가 세계를 지배하는 것을 원치 않을 겁니다. 그러니 여러분은 책임이 있습니다. 샌프란시스코 회담에서 시진핑과 바이든은 양국이 서로의 차이를 받아들일 의지가 있음을 전세계에 분명히 보여주었다고 봅니다. 그것이 우리가 나아갈 방향이라고 생각합니다.

저는 중국과 미국이 가진 근대성의 모델이 매우 다르다고 생각합니다. 독일의 철학자 위르겐 하버마스는 이를 '상이한 근대성 프로젝트'라고 불렀죠. 여러분은 제가 어느 쪽에 서 있는지 모두 알고 계실 겁니다. 어느 쪽이 더 가능성이 높고 더 바람직하다고 생각하는지도요. 이건 전세계적인 경쟁이 될 것입니다. 이제 게임이 시작되었습니다. 그러니 두고봅시다. 정말 수많은 경쟁이 있을 겁니다. 그 경쟁의 일부가 결과를 만들어낼 것이고, 우리는 그 결과를 보고 무엇이 전세계에 가장 효과적인지 확인할 수 있을 것입니다. 이것이 바로 우리가 나아가야 할 방향이라고 생각합니다.

페드라 저는 연세대학교 학생 페드라라고 합니다. 현재 미국의 리더십이 부족하다고 말씀하셨는데, 자유민주주의에서 미국의 리더십이 부족하거나 공백이 있는 상황에서 그 공백을 메울 수 있는 국가나 국가 그룹이 존재할 수 있을까요?

존 아이켄베리 네, 아주 좋은 질문입니다, 페드라. 아까 말씀드렸지만, 전 여러 형태의 자유주의-들이 경합하는데 이중에서 연합적 규칙 제정 접근 방식이 가장 지배적일 것이라고 생각합니다. 또한 제가 제안했던 경쟁적 규칙 제정 모델 또한 지배적일 수 있다고 생각합니다.

우리는 리더십이 더욱 다양해지는 시스템으로 나아가고 있습니다. 아시아에서는 이제 더 이상 미국이 중심이 되고 다른 국가들이 주변부를 형성하는 '바퀴살 시스템(hub and spoke system)'이 유지될 것이라 보지 않습니다. 이는 워싱턴에서 결정하고 도쿄와 서울 등지에서 이를 추종하고 따르는 보조적인 역할을 하는 시스템이었습니다. 앞으로는 제가 '격자형 시스템'이라고 부르는, 다양한 중심점이 곳곳에 많이 있는 리더십 시스템이 자리를 잡을 것입니다. 인도-태평양 지역에서 이미 이러한 리더십의 특징이 점점 더 두드러지고 있습니다. 유럽도 마찬가지입니다. 우리도 다양성이 필요해질 겁니다. 그리고 만약 트럼프가 당선된다면 훨씬 더 다양성이 생길 겁니다. 한 예로 오늘날 이미 진행되고 있는 일본과 한국 간의 협력 강화가 있습니다. 이는 대외관계의 혁명이라고 할 수 있습니다. 이러한 변화는 부분적으로 여러분이 제기하고 있는 문제, 즉 미국 리더십의 불확실성의 취약성을 어떻게 보완할 것인가라는 문제에서 비롯된 것이라고 생각합니다.

문정인 시간이 얼마 남지 않았네요. 손을 든 두 분의 질문을 모아서 교수님이 답변할 수 있도록 하겠습니다.

한인석 네, 감사합니다. 안녕하세요, 교수님. 저는 연세대학교에 재학 중인 한인석이라고 합니다. 먼저 좋은 강의 감사합니다. 교수님께서 자유주의 국가들의 '클럽'이라고 정의하신 것과 현실주의의 용어로 '동맹'이라는 것과의 관계가 궁금합니다. 클럽 멤버들, 아니 클럽 회원국들 간의 협력이 국제주의적 관점에서는 왜 보이지 않는 것인지 궁금합니다. 설사 그 국가들이 동맹이라는 관점에서 경쟁한다고 하더라도 말입니다. 예를 들어 교수님의 자유국제주의적 틀이 세계정치를 이해하기 위한 현실주의적 틀을 어떻게 보완 또는 경쟁하는지도 궁금합니다.

김수현 감사합니다. 저는 연세대학교 학생 김수현이라고 합니다. 제 질문은 아주 간단합니다. 자유국제주의와 관련해서 민주주의가 생존하고 촉진될 수 있는 어떤 조건이나 생태계를 만들 수 있을까요? 아시아의 대동맹에 필수적인 중재자 또는 플레이어 역할을 하는 아시아 국가들이 등장할 수 있을 정도로 말입니다.

존 아이켄베리 우리는 지속적인 변화에 놀라고 있지요. 우리는 우리가 갖고 있던 기존 견해를 재고할 수 있어야 합니다. 지금 제가 고민하고 있는 부분은 중국과 러시아 같은 비자유주의 세력을 어떻게 다룰 것인지, 세계가 어떻게 변화하고 있는지, 그 현실 변화에 맞게 우리가 어떻게 행동해야 하는지에 대해서입니다. 요약하면 자유국제주의는 취약하고 정치적으로도 얇게 조직화되어 있기 때문에 민주주의 안팎에서 일어나는 충동적인 행위에 항상 적절히 대응해야 합니다. 그럼에도 불구하고 자유국제주의는 21세기를 탐색하기 위한 매우 포괄적이고 중요한 관점이자 일련의 프로젝트라고 말하고 싶습니다.

자유국제주의는 지도입니다. 자유국제주의는 나침반입니다. 또한 자유국제주의는 깃발입니다. 우리가 보고, 행동하고, 문제 해결을 위한 연대를 구축할 수 있게 하기 때문입니다. 역사를 살펴보면 여러 세기 동안 세계는 두 가지 유형의 국제질서에 의해 지배되어 왔음을 알 수 있습니다.

한 편에는 매우 원시적인 무정부 상태로 세력 균형과 전쟁이 지배하는 경우, 다른 한 편에는 제국과 위계질서가 지배하는 경우입니다. 서로 상충되는 것처럼 보이는 무정부 상태와 위계질서가 세계정치의 양대 지배적인 방식이었으며, 어느 쪽이든 강압과 권력, 억압, 복종, 폭력에 기반하고 있습니다. 자유주의 시대가 우리에게 준 것은 무정부주의와 위계질서 사이의 또 다른 길, 즉 제3의 방식이라고 할 수 있습니다. 이는 명확하지도 않고 일관성도 없지만 정부간주의(intergovernmentalism), 상호주의, 상호의존에 대처하기 위한 제도적 전략, 그리고 근대성과 산업적 근대성이 큰 기회와 큰 위험을 동시에 창출하고 있다는 비전에 기반하고 있습니다.

근대성이란 마치 어렸을 때 읽었던 로버트 루이스 스티븐슨의

《지킬 박사와 하이드》에 나오는, 낮에는 어린아이의 질병을 치료하고 밤에는 실험실에서 뒷골목 사람들을 독살하는 방법을 연구하는 의사의 이야기와 비슷하다고 할 수 있습니다. 지킬 박사와 하이드 자체가 바로 근대성입니다. 기술은 AI와 같은 새로운 기회를 제공하기도 하지만, 나쁜 사람들이 다수의 삶을 더욱 위험하게 만드는 도구를 제공하기도 합니다. 지금 우리는 그런 세상에 살고 있는 것이지요. 따라서 우리가 가진 유일한 희망은 위계질서와 무정부 상태 사이의 제3의 길, 곧 새로운 가능성입니다. 협력 시스템 말입니다.

마지막으로 그런 협력이 어디에서 오는지 확인해보면 다양한 방향에서 비롯된다는 걸 알 수 있습니다. 하지만 한 가지는 확실하지요. 자유민주주의 국가가 협력에 유리하다는 점입니다. 자유민주주의의 DNA에는 개방적이고, 규칙에 기반한 질서를 존중하는 약속이 있습니다. 이러한 원칙이 우리를 부끄럽게 만들기도 하지만, 더 나은 성과를 내도록 하는 데 중요하기도 합니다.

미국이 그 예가 될 수 있습니다. 미국은 자신이 세운 원칙에 항상 부응하지는 못했습니다. 하지만 새뮤얼 헌팅턴이 말했듯 미국은 '실패'가 아니라 '실망'입니다. 하지만 '실망'이기에 곧 '희망'이기도 합니다. 정확히 따지면 '실망'이라는 것은 되고 싶은 모습과 현재의 모습 사이에 괴리가 있다는 것을 의미하고, 그 괴리가 앞으로 나아갈 수 있는 동력을 만들어주기 때문입니다.

저는 자유국제주의가 여전히 미래가 있다는 데 기대를 걸고 싶습니다. 사람들은 여전히 열린 세상, 자유로운 사회를 원합니다. 그 사회의 모습은 의외로 간단합니다. 가령 국가가 우리의 메일을 읽지 않고 우리가 어떻게 생각해야 할지 지시하지 않는 그런 사회를 상상해보세요. 저는 그런 세상에서 살기를 원합니다. 그리고 저는 그 미래가 아직 우리 앞에 있다고 믿습니다.

문정인 아이켄베리 교수님, 자유주의와 자유국제주의에 대해 정말 유익한 강연을 해주셔서 감사합니다. 미국의 자유주의에 대해 배울 수 있는 좋은 기회였습니다. 안녕히 계세요, 감사합니다.

존 아이켄베리

저는 향후 4년 동안의 트럼프 행정부에 대해 깊이 우려하고 있습니다. 트럼프 대통령은 미국의 오랜 전통인 자유국제주의를 단호히 끊겠다고 약속한 바 있습니다. 대중의 인기에 영합하는 슬로건과 민족주의 정치에 뿌리를 둔 '미국 우선' 전략은 유럽과 동아시아에 대한 미국의 안보 공약을 축소하고, 다자간 경제, 환경, 공공보건, 인권 분야 등에서의 리더십 유지에서 후퇴하는 결과를 가져올 것입니다.

'미국 우선' 외교정책은 해외 민주주의 국가들과의 전략적 연대를 종식하거나 적어도 크게 약화할 것입니다. 이 전략은 전통적인 의미에서의 고립주의라고도 볼 수 없습니다. 예를 들어 트럼프와 '미국 우선' 지지자들은 외국 테러리스트나 멕시코 마약 카르텔을 상대로 군대를 투입하는 등 여러 사례에서 타국에 대한 일방적인 무력 사용을 주장해왔습니다. 또한 트럼프 주변의 많은 외교정책 인사들은 중국에 대해 강경한 입장을 취하고 있으며, 이는 아시아 태평양 지역에서 공세적인 외교정책을 수반할 가능성이 높다는 것을 시사합니다. 그러나 이러한 강경한 목소리와 달리 전반적으로 트럼프 전략은 세계에서 미국의 군사적 입지를 축소하고 주요 글로벌 제도 및 체제에서 미국을 점진적으로 분리시키는 결과를 가져올 것입니다.

트럼프 2기 동안 자유국제주의자들은 자신들의 비전을 재구성하고 방어할 필요가 있습니다. 그 비전은 미국이 글로벌 시스템에서 자유주의 리더로서의 역할을 계속 수행하는 것입니다. 이 비전 속에서 미국은 자유민주주의 국가들과 대연합을 구축하고 이에 기초하여 동맹, 다자주의 제도, 전략적 파트너십으로 구성된 전후의 체제를 수호해야 할 것입니다.

바이든 행정부는 이러한 전략적 전통을 채택하고, 오늘날 변화하는 지정학 및 지경학적 상황에 대응해왔습니다. 이 대전략은 러시아의 우크라이나 침공에 대한 미국의 대응에서 가장 명확히 드러난 바 있습니다. 앞서 언급했듯이 바이든 행정부는 푸틴의 침략에 대해 서방 국가들과 국제사회의 지지를 끌어냈습니다. 러시아-우크라이나 전쟁은 자유민주주의와 독재주의 간 글로벌 투쟁의 선두에 서 있는 것입니다. 이 전쟁에서 러시아가 승리하면 UN 헌장 원칙과 전후 규범에 기반한 국제질서의 무결성이 위협받게 될 것입니다.

오늘날 세계에서 미국의 역할은 1940년대 이후 계속되어온 것과 같습니다. 즉 자유민주주의, 경제적 개방성, 다자간 협력을 지원하는 글로벌 규칙과 제도를 수호하기 위해 동맹국 및 파트너들과 협력하는 연합체의 선도 국가로서 활동하는 것입니다.

3부

미국 외교의 주요 쟁점들

6장

미·중 전략적 라이벌 관계

출구는 있는가

수잔 손튼

위의 QR 코드를 통해
해당 글의 강연 동영상을 보실 수 있습니다.

제임스 레이니 강좌에 오신 것을 환영합니다. 오늘 강의해주실 수 잔 손튼 연구원은 미 국무부 동아태 차관보 대행으로 동아시아태평양 담당 수석 부차관보를 지냈습니다. 현재 예일대학교 폴 차이 중국센터(Paul Tsai China Center)의 선임 연구원이자, 브루킹스연구소의 비상임 연구원으로도 활동하고 있습니다. 그리고 가장 중요한 것은 현재 뉴욕에 있는 전미외교정책위원회에서 아시아태평양 안보포럼의 디렉터로 일하고 있다는 점입니다.

무엇보다 외교 전문지 〈포린 어페어〉에서 존 미어샤이머와 함께 '중국을 어떻게 다룰 것인가'라는 주제로 토론한 것을 흥미진진하게 읽었던 기억이 납니다. 저는 손튼 연구원님이 가장 설득력이 있었다고 생각합니다. 그래서 제임스 레이니 강좌에 모시게 됐습니다.

오늘 손튼 연구원님은 '미중 전략적 라이벌 관계: 출구는 있는가'라는 주제에 대해 이야기해주실 예정입니다. 쉬운 주제는 아니지만, 이 강연에서 다룰 만한 충분히 폭넓은 주제라고 생각합니다. 매우 흥미로운 시간이 될 것으로 기대합니다.

자, 손튼 연구원님, 이제 강연하실 차례입니다.

두 거인, 미국과 중국

네, 정말 감사합니다, 문정인 교수님. 교수님이 강연을 요청해주셔서 정말 영광입니다. 더욱이 위대한 리더이자 훌륭한 외교관이신 제임스 레이니 대사님의 이름으로 된 강연에 말입니다. 문정인 교수님께도 감사의 말씀을 전하고 싶습니다. 저를 여기 초대해주시고 수년 동안 저에게 보여주신 우정과 협력에 대해서요. 교수님 덕분에 많은 통찰을 얻었습니다. 지금 미국에서도 한중 관계에 대해 많은 관심을 갖고 있습니다. 그 부분에 대해 함께 이야기 나눌 수 있는 기회가 있으면 좋겠습니다.

오늘의 주제는 미국과 중국의 전략 경쟁입니다. 이 경쟁 관계에서 출구가 있을까요? 대부분의 사람들은 출구가 없다고 생각하지만 저는 있다고 생각합니다. 그리고 우리 모두가 출구가 있기를 희망해야 한다고 생각합니다. 오늘은 먼저 미중 관계의 변화 동인에 대해 조금 이야기해보려고 합니다. 오늘날의 이 상황에 우리가 어떻게 도달했는지 이해하는 게 중요하니까요. 한편으로 단순하고 거대한 이론에 저항할 필요도 분명히 있기 때문에 이론에 대해서도 조금 이야기하겠습니다. 한 이론가는 미국과 중국이 전쟁을 할

수잔 손튼

운명이라고도 했지요. 사람들이 왜 그렇게 이야기하는지, 그게 타당한지 살펴볼 가치가 있다고 생각합니다. 그런 다음 어떻게 출구를 찾을 수 있는지 이야기하고 싶습니다.

우리는 인류 역사상 가장 복잡하고 서로 연결된 시대에 살고 있습니다. 이 시대는 물론 많은 혜택과 편안함을 가져다주지만, 빠른 변화를 촉진시키고 새로운 도전과제를 안겨주기도 합니다. 감당하기 매우 어려운 도전들이지요. 생물학적으로 인간의 진화는 적응 속도가 매우 느립니다. 최선의 경우는 선견지명이 있는 리더가 이러한 변화를 차근차근 받아들이고 충격을 완화하는 데 도움을 주는 것입니다. 하지만 때로는 급격한 변화로 인한 불안감에 편승해 문제 해결을 더 어렵게 만드는 리더도 있습니다. 시진핑 주석이 말했던 것처럼, 현재 우리 모두 한 세기 동안 본 적 없던 대변화에 직면해 있습니다. 이 '변화'의 문제는 굉장히 많이 등장할 겁니다. 여기 계신 여러분 모두가 선견지명이 있는 리더가 되어 사람들이 다가오는 변화에 적응할 수 있도록 도와주길 바랍니다.

미중 관계에 대한 논의에서 이런 것들을 언급하는 이유는 무엇일까요? 우리가 현재 여기에 어떻게 이르렀는지 이해하는 것이 중요하기 때문입니다. 우리는 먼저 복잡성, 상호 연결성, 급속한 변화, 변화에 대한 적응의 어려움 등을 이해해야 합니다. 미국과 중국은 지구상에서 가장 큰 두 경제대국입니다. 또 양국은 가장 큰 규모의 군대를 보유하고 있습니다. 그리고 근본적인 면에서 매우 다른, 거대하고 복잡한 사회 및 거버넌스 시스템을 갖고 있습니다. 두 나라 모두 자랑스러운 역사를 가지고 있으며, 그들이 가진 국가적 자아 개념은 '예외주의'라고 적절히 표현할 수 있을 것 같습니다. 미국 사회는 자유롭고 혼란스럽고 다소 개인주의적인 반면, 중국 사회는 훨씬 더 규율적이고 공동체적입니다. 이러한 요인들을 바탕으로 이 거대한 두 국가의 관계는 경쟁적일 수밖에 없다고 생각합니다. 경쟁이 치열할 수밖에 없습니다. 실제로 우리는 미중 관계의 짧은 역사 동안 많은 격변을 겪어왔습니다. 하지만 경쟁이 꼭 파괴적일 필요는 없지요. 건설적일 수도 있습니다.

미국과 중국의 경쟁 구도: 역사적 궤적

미중 관계를 자세히 모르시는 분들을 위해 역사를 간략하게 살펴보겠습니다. 미중 관계가 얼마나 격변을 겪어왔는지 알 수 있을 겁니다. 과거에는 '미국과 중국이 좋은 친구였고 미국은 중국에 무슨 일이 일어나던 관심을 기울이지 않았다'는 인식이 많습니다. 중국이 스스로 모든 것을 다 알아서 해결하도록 내버려두었다고요. 하지만 이제 미국은 중국에 대해 강경해지고 있습니다. 마침내 미국이 깨닫고 있는 것이지요.

미안하지만 이는 역사를 정확하게 반영한 생각이 아닙니다. 미중 관계는 19세기에 본격적으로 시작되었습니다. 두 나라가 무역을 시작한 이후로 아편전쟁과 의화단 사건 같은 것이 있었습니다. 유럽의 식민지 강대국들이 중국을 탐욕스럽게 침략하던 때, 미국은 중국과 무역을 할 수 있도록 '문호개방정책'을 펼쳤습니다. 한편으로는 19세기부터 중국인의 미국 이민이 급증했는데, '중국인 배척법'이 통과되면서 중국인의 이민이 차단되었습니다. 60년 동안 중국인의 미국 이민을 금지하는 법이었죠. 이 법은 미국이 제2차 세계대전에서 중국의 동맹국이 된 후인 1943년이 되어서야 폐지되었습니다.

물론 제2차 세계대전에서 미국과 중국의 동맹은 불안한 동맹이었습니다. 그리고 뒤이어 일어난 중국 내전에서 국민당이 패배했습니다. 미국은 공산주의자들에 맞서 국민당을 지원하려 했습니다. 여러분도 알다시피 미국은 그 이후 한국전쟁에서 중국에 맞서 싸웠습니다. 베트남전쟁에서도 호치민과 북베트남에 대한 중국의 지원에 맞섰지요. 기본적으로 양측은 대략 20년 이상 서로의 세력을 약화시키기 위해 노력했습니다. 중국 공산당이 내전에서 승리한 1949년부터 닉슨 대통령이 중국을 방문한 1972년까지 말입니다.

1979년 미국과 중국 간의 국교 정상화는 불안하게 이루어졌습니다. 이견을 제쳐둔 채 다소 더 큰 전략적 목표를 위해 이루졌거든요. 중국은 사실상 내전을 최종적으로 해결하는 일을 제쳐두었습니다. 미국이 대만의 지위에 대해 가지고 있는 모호한 입장을 덮으면서요. 이는 당시 베이징에서 매우 위협적인 존재로 여겨졌던 소련을 견제하기 위해 미국과 협력하기 위함이었습니다. 당시 마오쩌둥이 리처드 닉슨에게 유명한 말 한 마디를 남겼습니다. "대만에 관해서는 100년 정도는 기다릴 수 있다"라고요. 이는 미국과 중국 간 국교 정상화의 기초가 되었습니다. 두 나라는 소련의 핵개발을 감시하기 위해 힘을 합쳤습니다. 그리고 미국은 중국을 통해 아프가니스탄 무자헤딘에게 총을 보냈습니다. 소련에 맞서기 위해 중국이 아프가니스탄에 무기를 보내도록 한 겁니다. 부분적으로 중국의 군사 현대화에도 협력할 정도였습니다.

하지만 소련의 붕괴 이후 미중 협력의 근거는 사라지고, 위기가 잇달아 발생했습니다. 1989년 천안문 사태가 일어났지요. 미국이 중국에 제재를 가하면서 양국 관계는 몇 년 동안 단절되었습니다. 그러다가 단절이 회복되려던 무렵, 1995~1996년 대만해협 위기가 발생했습니다. 미국은 중국의 미사일에 대항해 항공모함을 대만해협에 파견했습니다. 1999년에는 미국이 세르비아 베오그라드에 있는 중국 대사관을 우발적으로 폭격하여 미중 관계에 큰 위기를 초래한 사건이 있었습니다. 2001년에 미국 EP-3 정찰기와 중국 제트 전투기가 중국 하이난섬 앞바다에서 충돌한 사건은 또 다른 위기였습니다. 이 때문에 조지 H. W. 부시, 빌 클린턴, 조지 W. 부시 모두 중국과의 관계에서 어려움과 위기에 직면했습니다. 이들 모두 중국과의 협력을 위한 새로운 근거를 찾고자 했습니다. 양국 간의 근본적인 적대감을 상쇄할 수 있는 근거 말입니다.

1990년대와 2000년대에 걸쳐 미국 기업들은 중국과 협력할 것을 요청하는 목소리를 냈습니다. 미국 기업들은 중국과의 협력 관계를 진심으로 지지했습니다. 미국은 2001년 중국의 WTO 가입을 추진하고 환영했지요. 하지만 9·11 테러 이후 미국이 어수선해지고 '테러와의 전쟁'에 묶이면서 중국은 한동안 미국의 관심에서 멀어집니다.

2000년대에도 중국의 무역 위반과 인권 침해에 대한 불만이 계속 제기되었습니다. 그 기간 동안 미중 관계가 우호적이라고 말할 수는 없지만, 비즈니스 호황이 소련에 대한 대응을 대체한 것 같았습니다. 중국과 좋은 관계를 유지하는 주된 근거로 말입니다. 이 시기 미국이 중동에 집중하는 동안, 양국 관계는 특별히 새로운 정책이나 조정 없이 지속적으로 발전했습니다. 이와 같은 두 나라의 협조적인 관계는 약 2008년까지 유지되었습니다.

하지만 2008년과 2009년의 미국 금융위기와 그 여파로 인한 경제위기로 미국의 신뢰도가 크게 떨어지기 시작했습니다. 게다가 아프가니스탄과 이라크에서의 전쟁도 장기화되었고 그다지 성공적이지 않았습니다. 이 시기 2010년대에 들어서 중국의 위상, 경제력, 정치력이 계속해서 급격히 상승했습니다. 당시 버락 오바마 대통령은 중국이 전세계 공공재의 더 많은 부분을 제공하고, 글로벌 도전과제에 대응할 수 있도록 노력했다고 생각합니다. 중국과 협력하기 위한 더 나은 근거를 마련하기 위해서였지요. 이는 또한 당시 미국이 짊어지고 있던 부담을 일부 덜어주는 데도 도움이 되었을 겁니다.

그 전략으로 몇 가지 성공을 거두었다고 생각합니다. 하나는 2015년 파리기후협정이었습니다. 당시 중국은 마침내 협정에 참여함으로써 공동의 행동에 나선다는 약속을 보여주었습니다. 또 UN 평화유지 활동에 적극적으로 나서거나, 세계은행 등의 경제개발 노력에 동참하는 등 몇 가지 긍정적인 효과가 있었지요. 하지만 이것만으로 미국과 중국 간의 건설적인 협력 관계를 유지하기에는 충분하지 않았습니다.

중국은 자국을 글로벌 프로젝트에 참여시키려는 미국의 노력을 의심했습니다. 시진핑은 이 시기에 중국의 이익을 적극적으로 추구하고 방어하기로 결심했고요. 미국은 중국의 사이버 침입, 기술 도용 및 도난 행위를 다수 목격했습니다. 남중국해에서 섬과 전초기지를 건설하려는 움직임과 중국의 다른 군사적 발전도 발견했지요.

2017년 도널드 트럼프가 미국 대통령이 되면서 상황은 더 악화되었습니다. 당시는 시진핑이 중국 공산당 총서기로서 두 번째 임기를 시작하는 시기였습니다. 트럼프와 시진핑은 각자 국내 의제의 이익을 도모하고, 자신들의 정치적 입지를 강화하기 위해 상대방에 대해 끊임없이 과장된 이야기를 주고받았습니다. 트럼프는 중국발 무역 쇼크가 미국의 산업에 대한 대학살을 초래하고 미국 노동자들의 생계를 약화시켰다고 주장했습니다. 시진핑 주석은 미국의 위협으로 인해 국내 의제를 많이 추진하지 못했고 2017년부터 2020년까지 관계가 확실히 악화되었다고 언급했습니다. 하지만 저는 2020년 초 코로나 19의 출현으로 미중 관계의 근본적인 파열이 시작되었다고 봅니다.

국내 정치가 흔드는 미중 관계

2020년 1월, 도널드 트럼프와 미 무역대표부는 중국과의 매우 중요한 무역협정인 '1단계 무역합의'에 서명했습니다. 중국 관리들이 워싱턴에 머물고 있었습니다. 1월 20일에 큰 서명식이 있었는데, 우한이 코로나로 봉쇄되기 불과 3일 전이었죠. 2월에 트럼프는 시진핑 주석에게 전화를 걸어 코로나 19를 억제하는 데 큰 역할을 하고 있다고 말했습니다. 하지만 3월부터 미국에서 확진자가 늘어나면서 미국 경제가 악화되기 시작했고 트럼프의 선거판도 흔들리기 시작했습니다.

그 지점에서 트럼프는 처벌적 정책과 비난을 연속적으로 쏟아냈습니다. 트럼프는 미국이 어려움을 겪고 있는 여러 문제에 대해 중국을 비난하는 것이 정치적으로 이익이 된다는 것을 알았습니다. 시진핑도 처음에는 트럼프의 환심을 사려고 노력했습니다. 하지만 코로나 19 기간과 그 이후 오히려 중국에 대한 미국의 적개심을 이용해 첨단기술 개발, 토착화, 국가안보 통제라는 자신의 의제를 두 배로 강화시켰습니다.

2020년 봄에 이런 사태가 벌어지고, 이후 미국 정치인들은 공개적이고 지속적으로 중국 공산당이 역사 속으로 사라지길 바라는 듯한 발언을 하고 있습니다. 지금 미국 정치 캠페인에서 항상 듣는 말이지요. 마찬가지로 중국 관리들은 현재 미국의 쇠퇴에 대해 공개적으로 떠들고 있습니다. 두 나라의 이런 과장된 행동과 거짓 뉴스 등이 미중 대립을 더욱 부추기고 있습니다.

관계 악화의 원인으로 지목되는 것은 실질적인 내용보다는 수사입니다. 제 생각엔 '어디에서 끝이 날 것인가'가 문제입니다. 문정인 교수님께서 존 미어샤이머를 언급하셨는데요, 미국에서는 미중 대립의 동인을 힘의 역학관계에서 찾는 학자들이 많습니다. 그레이엄 앨리슨의 '투키디데스 함정' 이론은 수세기 동안 유럽에서 일어난 신흥 강대국과 현상 유지 강대국의 사례로 이루어졌습니다. 사실상 중국의 부상은 수십 년 전에 시작되었습니다. 하지만 1990년대 들어서야 사람들이 중국의 부상을 알아채기 시작했고 널리 알려졌죠. 2000년대 초 제가 베이징에 있었을 때, 중국은 '중국의 평화적 부상'이라는 문구를 만들기 위해 많은 노력을 기울였습니다. 중국은 자신들이 갑자기 세계 무대에 등장하면 다른 나라들이 불안해할 것이라는 사실을 잘 알고 있었습니다. 그래서 자신들이 위협적이지 않다는 것을 보여주기 위해 노력한 겁니다. 다른 나라도 이 시기 내내 중국이 경제력뿐만 아니라 군사력도 높아지고 있다는 것을 분명히 알고 있었으니까요.

미국과 중국, 진영 논리에서 벗어나야

미중 관계의 쇠퇴는 2000년대 들어 제가 말씀드린 사건들로 미국이 신뢰를 상실한 것에서 비롯되었다고 생각합니다. 그레이엄 앨리슨은 투키디데스의 함정이 세력의 차이가 아니라 두려움 때문에 발생한다고 강조합니다. 아테네의 부상을 두려워했던 스파르타가 전쟁을 할 수밖에 없었던 것처럼 말입니다. 미국에서도 중국에 대해 그런 종류의 두려움이 고조되는 것을 보았습니다. 특히 지난 5년 동안에요. 하지만 저는 이 두려움은 과장되었다고 말하고 싶네요.

미국은 오늘날 중국보다 훨씬 더 많은 자원을 가지고 있고 더 강력하다는 사실을 이해하는 것이 매우 중요합니다. 미국이 현명한 전략과 정책을 추구한다면, 앞으로도 수십 년 동안 건강한 글로벌 리더십 위치를 유지할 수 있을 겁니다. 오늘날의 중국은 그들의 야망을 이루기 위한 수많은 도전에 직면해 있습니다. 솔직히 어떤 경우에도 외부 세력이 중국의 발전 궤도에 영향을 미칠 수는 없을 겁니다. 미국은 작은 나라들, 중국보다 훨씬 작고 약한 다른 나라들의 궤적과 발전에 끼치는 자신의 영향력에 대해 항상 과장된 시각을 가지고 있었습니다. 따라서 미국이 과거에 중국을 얼마나 변화시켰는지, 앞으로 얼마나 변화시킬 수 있는지에 대해서도 조금 더 겸손한 자세를 가지는 것이 도움이 될 겁니다.

제가 걱정하는 것은 미국이 중국과의 경쟁에 계속 집착하면서 미국 본래의 장점을 약화시키는 왜곡된 정책을 추구할 수 있다는 점입니다. 우리는 서로 건강한 동맹 관계를 유지해야 합니다. 그러기 위해서는 미국이 동맹국의 이익을 존중하는 모습을 보여야 합니다. 중국과의 경쟁 때문에 그들의 이익을 짓밟으면 안 됩니다. 미국은 국제 리더십에서 우위를 유지해야 합니다. 따라서 모두에게 이익이 되는 좋은 아이디어를 가지고 있어야 합니다. 중국과의 경쟁을 부추기는 것이 아니라요. 전세계 사람들에게 어필하려면 다른 누군가와 경쟁하고 있다는 것을 보여주기만 할 것이 아니라 올바른 일을 해야 합니다. 미국이 긍정적인 의제를 추구하지 않는다면 중국과의 경쟁에서 아무리 우위를 점한다고 해도, 그 우위를 지속할 수 없다고 생각합니다.

수잔 손튼

다행스럽게도 미국과 중국, 아니 전세계 모두가 중국과의 관계 없이는 아무것도 할 수 없다는 사실을 다시 배웠다고 생각합니다. 특히 지난 몇 년 동안 우리가 목격한 미중 관계의 불안정성은 미국과 중국 양측 모두에게 해를 끼쳤습니다. 그리고 전세계 많은 사람들을 불안하게 만들었습니다. 최근 고위급 외교적 접촉이 있었고, 샌프란시스코에서 두 정상 간의 만남으로 정점을 찍었습니다. 이를 통해 전세계 사람들이 진정으로 원하는 안정의 새로운 기회가 열리기를 바랍니다. 이는 기업들도 바라는 바일 겁니다.

미국과 중국이 진정으로 보여줘야 하는 모습은 하나의 세계질서를 유지할 수 있는 건설적인 경쟁입니다. 두 개의 축으로 분열되는 모습이 아닙니다. 이미 우리는 소련과의 냉전으로 그런 상황을 충분히 겪은 바 있습니다. 21세기에는 그런 방식이 도움이 되지 않을 겁니다. 무엇보다 저는 세계가 두 진영으로 나뉘는 것이 현실적인지, 또 실현 가능한지 잘 모르겠습니다. 합의와 원칙 그리고 규칙으로 묶인 하나의 세계질서가 유지되어야 한다고 생각합니다. 건설적인 경쟁은 실제로 중국과 미국을 국제체제 속으로 더 깊숙이 들어오게 할 겁니다. 현재는 미국과 중국 모두 국제체제에서 벗어나려 하거나, 자국의 필요에 부합하지 않을 때는 국제체제를 회피하는 경향이 있습니다. 이러한 경향은 억제되어야 합니다. 저는 합의된 다자간 규칙을 마련함으로써 이를 억제해야 한다고 생각합니다.

다자주의는 정말 인기가 없어지고 있는데요, 그 이유에 대해 논의해볼 수 있을 것 같습니다. 합의를 도출하는 것은 확실히 어려운 일입니다. 이번 주에 열린 'COP 28' UN 기후변화협약 당사국 총회처럼, 특히 많은 국가가 서로 다른 의견을 가지고 있는 상황에서는요. 하지만 다자체제를 계속해서 강화시키는 것은 정말 중요합니다. 이를 추진하기 위해서는 정치적 의지가 더 많이 필요하지요. 하지만 개혁과 그 개혁을 추구하려는 의지가 있다면, 다자체제를 다시 가동할 수 있다고 생각합니다. 그리고 군소 국가들이 미국과 중국을 압박해 이러한 개혁을 추진하게 하고, 다자무역체제에 다시 복귀하도록 하는 것이 중요합니다. WTO를 예로 들어보겠습니다. 최근 APEC 정상회의에서 APEC 정상들의 성명서 결과 중 하나는 WTO를 개혁하고 재가동하겠다는 약속이었습니다. 미국과 중국에 이 문제를 강력히 촉구하고 문제가 해결되기를 매우 바라고 있습니다. 정말 필요한 일이니까요.

미중 경쟁 구도에서 벗어나 건설적인 경쟁으로 전환하는 것은 어려운 일입니다. 하지만 지금 시대는 그 어떤 국가도 안보와 글로벌 공공재를 제공하는 데 있어 모든 것을 혼자 할 수 없다는 점을 인식해야 합니다. 미국은 세계의 다른 유능한 정부들과 협력해야 합니다. 그렇게 하려면 중국을 빼놓을 수 없습니다. 저는 그 점을 인식하기를 바라는 것입니다. 기후변화의 뚜렷한 징후, 기타 우리 삶을 위협하는 여러 가지 요인으로 인해 세계가 더 많이 대화하고 협력해야 한다는 생각이 점점 더 힘을 얻고 있습니다. 그런 변화가 일어나기를 바랍니다. 여러분 모두 저와 함께 그런 일이 실현되도록 노력해주시면 좋겠습니다. 감사합니다.

미국은 왜 중국을 두려워하는가?

문정인 매우 유익한 강연을 해주셔서 감사합니다. 첫 번째 질문을 드리겠습니다. 중국은 정말 미국에 큰 위협이 될까요? 중국은 정말 세계 패권을 원할까요? 어떤 사람들은 중국의 위협이 실제적이라기보다 만들어진 것이라고 주장하기도 합니다. 이런 주장에 대해 어떻게 생각하시나요? 중국이라는 위협이 미국 대중에게 이토록 선동적으로 다가오는 이유는 무엇인가요?

수잔 손튼 네, 좋은 질문입니다. 저는 중국의 위협이 다소 혼란스럽고 오해받는 면이 있고, 확실히 과장되어 있다고 생각합니다. 미국이 기본적으로 우려하는 바가 무엇인지 말씀드리겠습니다. 그런 다음에 한 번에 하나씩 살펴볼 수 있을 것 같습니다. 중국이 세계를 장악하고, 국제체제를 운영하고, 우리 거실에 들어와서 아이들에게 중국어를 가르치고자 한다는 생각은 분명히 도를 넘어선 것입니다. 보통 정치인들이 그런 말을 하죠. 진지하게 중국이 진짜로 그런 위협을 가한다고 여기는 사람은 많지 않다고 생각합니다. 이는 일종의 반공주의자나 1950년대 냉전시대로 회귀하는 생각입니다. 현재의 중국과 중국이 하는 일에 대한 깊은 지식과 이해가 없는 것이지요.

하지만 중국이 동아시아 지역의 패권국이 되고자 하거나, 아시아 태평양 지역의 국가에 대해 깊은 통제는 아니더라도 일종의 영향력을 가지려는 것에 대한 우려는 분명히 존재합니다. 특히 중국이 주변국과의 안보 문제에서 상호작용 하는 방식이나 경제 부분에 있어서 말입니다. 그것이 이 지역 국가들이 우려하는 부분일 겁니다. 한국이 이런 위협에 대해 어떤 시각을 가지고 있는지 궁금합니다. 이와 더불어 미국이 가진 대전략의 오랜 원칙 중 하나는 아시아나 유럽에서 '지역 패권국이 출현하는 것을 허용하지 않는다'는 것입니다. 이 또한 위협의 또 다른 측면입니다.

우려 사항이 두 가지 더 있습니다. 하나는 물론 대만과 관련된 것입니다. 이것은 동아시아 패권국이라는 주제와도 맞물려 있지만, '중국이 강제적으로 대만을 탈환하기 위해 군사 침략이나 작전을 시도할 것인가'라는 매우 구체적인 문제입니다. 강대국이자 거부권을 가진 UN 상임이사국인 중국이 군사작전을 개시한다면 세계질서의 미래에 어떤 영향을 미칠까요? 미국은 대만을 방어하거나, 적어도 충돌 가능성으로부터 대만을 보호하고자 합니다. 이는 우려할 만한 사항입니다. 대만은 미국과 중국이 상당히 구체적인 시나리오를 가지고, 가까운 시일 내에 군사적으로 충돌을 일으킬 수 있는 유일한 이유이기 때문입니다.

다른 하나는 지난 10여 년에 걸쳐 더 위협적이 된, 정말로 발생할 것 같은 문제입니다. 미국의 경제가 거대해진 중국 경제에 압도되는 것에 대한 우려이지요. 다른 많은 선진국도 비슷한 걱정을 하고 있습니다. 중국 남동부에 있는 거대한 제조시설과 그 효율성이 세계 경제의 여러 부문을 석권해가는 것을 보면 두려울 수밖에 없습니다. 예를 들어 현재 독일 자동차 산업과의 협력 아래 중국산 전기차가 유럽으로 쏟아져 들어오는 방식을 보면 알 수 있습니다. 그 외에도 다양한 사례가 있습니다. 미국의 풍력 발전, 제조업 등을 들 수 있겠지요. 정말 많은 사례가 있습니다. 미국의 태양광 패널 생산은 중국으로 아웃소싱이 되었습니다. 중국이 기술을 확보하면서 다른 나라의 태양광 산업이 전멸해버렸으니까요. 이런 거대한 규모의 사례들을 목격하고 나면, 중국의 기술 제조업 단계가 중국이 가고자 하는 지점에 도달한 후에 과연 우리 경제에 무엇이 남아 있을지 걱정하게 됩니다.

문정인 2020년 7월 21일, 당시 마이크 폼페이오 국무부 장관이 캘리포니아 닉슨도서관에서 했던 연설을 아직도 기억합니다. 그는 중국문제의 근본 원인이 중국 공산당에 있다고 주장했습니다. 중국 공산당을 해체시키거나 변화시키지 않고서는 미국이 중국과 협력할 수 있는 방법은 없다고 했습니다. 그의 주장에 동의하시나요? 과연 미국이 중국의 정치체제를 변화시킬 수 있을까요? 미국에 중국의 변화를 유도할 만한 레버리지가 있나요?

수잔 손튼 네, 사실은 저도 그가 정확히 무슨 말을 하려는 건지 잘 모르겠습니다. 문제가 단일 정당 시스템에 있다는 것인지, 아니면 '공산주의자'라는 점에 있다는 것인지, 그가 지적하려는 문제가 정확히 무엇인지 모르겠습니다. 하지만 여러분도 알고 있듯이 이는 공산주의에 대해 공화당이 오랫동안 취해온 익숙한 정치적 입장입니다. 한 가지 강조하고 싶은 것은 중국에서 많은 시간을 보내지 않은 사람들이 주로 이런 식으로 말한다는 것입니다. 이들은 중국체제의 특정한 이면에 이전 공산주의의 흔적이 막연하게 남아 있다고 생각하지만, 실제로는 그다지 많이 남아 있지 않습니다. 중국 경제는 확실히 자본주의 시스템을 따르고 있고, 이들의 국가자본주의 시스템은 세계 경제에 깊게 통합되어 있습니다. 폼페이오 전 국무부 장관이 뜻한 바는 아마도 하나의 국가, 즉 중국의 규모가 너무 커서 위협적이라는 점일 겁니다. 권위주의 정부가 국가자본주의 시스템과 결합되어 있으면, 잠재적인 야망만큼이나 위험할 수 있습니다. 아마도 그 점을 말씀하신 것 같아요. 하지만 그 말은 아주 모호해서, 깊은 성찰이나 조사에 기반한 것은 아닌 것 같습니다.

치열한 경쟁 VS 건설적인 경쟁

문정인 또 다른 질문입니다. 손튼 연구원님이 말씀하신 '건설적인 경쟁'에 대한 아이디어가 정말 좋았습니다. 정말 일리가 있는 말씀입니다. 저는 중국과 미국이 정말로 건설적인 경쟁을 공동으로 추구해야 한다고 생각합니다. 그런 맥락에서 바이든 대통령은 대중국 원칙으로 협력과 경쟁, 대결을 제안했습니다. 팬데믹, 기후변화, 핵 비확산 등 전세계적인 이슈에 대해 협력하고 동시에 무역과 기술 분야에서는 중국과 치열한 경쟁을 벌이겠다는 것이지요. 그러나 대만문제나 남중국해와 같은 지정학적 문제와 신장에서의 민주주의 및 인권과 같은 문제에 대해서는 미국이 양보하지 않겠다는, 즉, 이 분야에서는 미국이 중국과 대결도 불사하겠다는 것입니다.

손튼 연구원님은 중국에 관해서는 최고 전문가이십니다. 미 국무부에서 선도적인 전문가 중 한 명으로 손꼽히는 분이시니까요. 지정학과 가치의 영역에서 대결을 추구하면서도 중국과 미국이 전세계적인 사안에 있어서는 협력할 수 있을까요? 미국이 대만해협, 남중국해, 신장, 티베트, 홍콩 등에 대해 문제를 제기할 때, 중국이 과연 건설적인 경쟁과 협력을 위한 미국의 제안에 응할까요?

수잔 손튼 글쎄요, 제 생각에는 이전에도 항상 그랬어요. 미국은 대만문제로 항상 중국과 갈등을 빚어왔습니다. 40년, 45년 동안 대만을 두고 중국과 이견을 보여왔습니다. 미국은 항상 인권에 대해 이견이 있었습니다. 빌 클린턴이 대통령으로 취임했을 때, 그는 중국과의 관계에서 인권을 최우선 과제로 삼겠다고 말했습니다. 하지만 길게 가지 못했죠. 클린턴이 중국과는 신경 써야 할 이해관계가 많다는 사실을 알게 되었기 때문입니다. 하지만 인권은 항상 중국과의 관계에서 중심에 있는 사안입니다. 중국과 많이 싸우고 의견 차이를 보였던 부분이에요. 그렇다고 해서 다른 부분에서 협력하지 못하는 것은 아닙니다.

지금의 진짜 변화는 그동안 추구해왔던 '관여정책'을 내려놓은 것입니다. 2018년에 미국은 더 이상 관여정책을 추구하지 않고, 전략적 경쟁정책을 추구하겠다고 선언했습니다. 저는 중국이 전략적 경쟁을 전세계적 사안에 대한 협력이 아니라 대결이라고 볼 것이라고 예상합니다. 실제로는 대결인 것이지요. 기술 및 무역에서의 경쟁도 중국은 전략적 경쟁의 하나이자 대결로 바라보고 있습니다.

또 다른 어려운 점은 미국이 선언하고 싶어하는 바가 바로 중국과 '대립'을 일으킬 것이기 때문입니다. 예를 들어 대만과 영토 문제는 중국의 최우선 과제입니다. 이런 문제는 중국인의 마음속에 있는 절대적인 레드라인 같은 겁니다. 실존적인 문제인 거죠. 미국은 중요한 사안에 대해서는 중국과 대립적인 입장을 유지하는 반면, 중국의 우선순위에서 하위에 있는 사안에 대해서는 중국과 협력을 원하는 입장일 겁니다. 그래서 이 또한 어려운 겁니다.

문정인 제가 지난주에 중국을 방문했는데요, 중국 정부 관계자, 당 관계자, 학자 등과 매우 흥미로운 토론을 했습니다. 중국인들은 샌프란시스코에서 열린 바이든-시진핑 정상 회담 이후 미중 관계에 대한 기대가 높고 매우 긍정적인 발전을 기대하고 있었습니다. 이 세션에는 존 손튼도 참석했고 예일대학교 중국센터의 스티브 로치 교수도 참석했습니다. 하지만 그들은 미중 관계에 대해 낙관적인 전망을 내놓는 데는 다소 신중한 태도를 보였습니다. 그들은 모두 내년 미국 대선에 초점을 맞추고 있습니다.

차기 대선이 미중 관계에 미칠 영향에 대해서는 어떻게 생각하시나요? 트럼프가 당선된다면 어떻게 될까요? 미중 관계에 어떤 영향을 미칠까요? 과거에 보시다시피 트럼프는 중국 정치체제에 대해서는 수용적인 태도를 보였습니다. 그에게 중요한 것은 경제적 이익, 즉 미국의 국익이었죠. 그는 인권과 민주주의 등에는 관심이 없습니다. 반면에 마이클 폼페이오, 존 볼턴 등 다른 모든 사람은 가치문제 등 여러 문제에 관심을 기울였습니다. 그렇다면 미국 대선이 미중 관계에 미칠 영향에 대해 어떻게 평가하십니까? 특히 트럼프가 당선될 경우, 실제로 어떤 영향을 미칠까요?

수잔 손튼 이 질문이야말로 제 강연을 듣는 모든 외국인 청중 그리고 모든 국내 청중이 제게 답을 바라는 질문입니다. 안타깝게도 저는 미국 국내 정치 전문가는 아니지만, 몇 가지 의견은 있습니다. 우선 바이든 대통령이 재선에 성공해 두 번째 임기가 시작되면, 미중 관계가 개선될 기회가 있을 것입니다. 대선 기간에는 크게 개선되지 않을 겁니다. 선거 운동과 관련된 만큼 어떤 말이든 꺼내기가 어렵기 때문입니다. 하지만 바이든이 재선에 성공한다면, 중국과의 관계를 조금 더 건설적인 경쟁으로 전환할 기회가 있을 겁니다. 적어도 저는 그렇게 되기를 바랍니다.

실제적인 문제가 하나 있죠. 제가 강연에서 미중 협력을 뒷받침하는 근거를 찾는다고 언급했었지요. 미중 협력은 소련과의 경쟁이라는 명분과 실리를 가지고 있었고, 그 이후에는 경제적 촉진이라는 실리가 있었습니다. 하지만 지금은 딱히 근거가 없습니다. 가장 큰 문제 중 하나는 미국이 외교정책에 대한 전반적인 근거를 잃어버렸다는 점입니다. 우리는 미국 스스로와 전세계를 위한 새로운 사명을 찾고, 세계 속 미국이 가진 목적을 찾으려고 고군분투하고 있습니다. 이는 아마도 혼란스러운 미국 국내 정치의 기능 장애와 매우 밀접한 관련이 있을 겁니다. 이에 대한 부분적인 답은 미중 관계에 대한 정책 결정은 미국의 외교정책이 조금 더 명확하고, 더 통합이 될 때까지 기다려야 할 것입니다. 이를 위해서는 국내 정치가 더 통합될 필요가 있을 겁니다. 이는 시간이 오래 걸릴 수 있습니다.

이번에는 트럼프가 당선된 시나리오로 돌아가볼게요. 사람들은 트럼프가 첫 번째 임기에서 무역 외에는 아무것도 신경 쓰지 않았다고 평가합니다. 그래서 걱정을 하는 것 같습니다. 존 볼턴은 그의 책에서 "대만, 대만, 대만은 신경 쓰지 않아. 이 펜을 봐, 대만은 이 펜끝과 같아"라고 적었습니다. 트럼프가 대만을 전혀 신경 쓰지 않았다고 말이지요.

하지만 코로나 19 이후 벌어진 모든 일을 고려할 때, 트럼프는 2020년 선거의 패배를 중국 탓으로 돌리고 있는 것 같아요. 트럼프의 두 번째 임기에는 미국 사람들이 가장 우려하고 있는 미국 정부의 구조조정에 우선적으로 집중할 것이라고 생각합니다. 하지만 트럼프는 중국에 대해서도 전반적으로 매우 부정적인 태도를 보일 겁니다. 아마도 자신에게 일어난 많은 일을 중국 탓으로 돌리겠지요.

또한 많은 사람들이 트럼프가 푸틴 대통령을 지지할 가능성이 매우 높다고 말합니다. 그가 누구를 쫓을 것인지에 대해서는, 공화당 측의 많은 자문역들이 미국은 아시아 태평양 지역에 집중하고, 유럽, NATO, 우크라이나에서 벗어나야 한다고 끊임없이 말하고 있습니다. 그 논쟁이 지금 미국에서 벌어지고 있습니다. 유럽에서 벗어나 아시아에 집중하면 중국을 두 배로 압박할 수 있습니다. 트럼프 대통령 임기 내에 그렇게 될 겁니다. 그러면 미중 관계가 큰 시험대에 오를 것으로 예상됩니다.

디커플링과 디리스킹

문정인 현재는 인도태평양조약기구 창설과 인도-태평양 전략에 대해 민주당과 공화당 양당이 함께 지지하고 있습니다. 인도-태평양 전략의 목표는 중국을 포위하고 봉쇄하는 것입니다. 그렇다면 트럼프가 재선이 된다면 어떻게 될까요? 인도태평양조약기구, 인도-태평양 전략에 끼치는 영향은 무엇일까요?

수잔 손튼 자유롭고 개방적인 인도-태평양 전략은 바이든이 채택한 트럼프의 전략이었습니다. 저는 트럼프가 소위 인도-태평양 전략, 즉 중국을 봉쇄하고, 중국의 발전을 해치고, 중국을 약화시키려는 전략에서 돌아서거나, 이를 주저할 것 같지는 않습니다. 또 하나의 질문은 트럼프 하에서 이 전략이 이루어지면 '동맹국이 하는 역할은 무엇인가'라는 겁니다.

제 생각에는 트럼프 대통령이 첫 임기 이후 태평양 지역의 동맹국에 대한 생각이 변화한 것 같습니다. 미국은 한국과 일본이 국방비를 늘리고, 방위비 분담을 강화하는 것을 보았습니다. 트럼프가 당시 불만을 표출했던 부분이 조금은 해결된 것이지요. 트럼프가 중국과 관련된 인도-태평양 전략에 집중할 것이기 때문에, 아시아보다는 유럽 동맹국들에 대한 분노에 더 집중할 것으로 보입니다. 다른 한 가지는 트럼프가 여전히 무역에 매우 집중할 것이라는 점입니다. 한미 FTA는 이미 끝났으니까요. 한미 FTA는 아마도 다시는 거론되지 않을 것이고, 이런 무역협정은 문제가 되지 않을 겁니다.

하지만 트럼프가 중국과의 무역 관계에 동맹국들을 어떻게 참여시킬 것인지가 아시아 동맹국들에게는 골칫거리가 될 수 있습니다. 일반적으로 미국의 무역 자체는 나쁜 상황이 아니라고 생각합니다. 이것 또한 현재 양당 간의 합의 사항인데요, 새로운 무역 거래나 무역협정을 체결하지 않을 겁니다. 이는 트럼프 행정부에서도 계속될 것이라고 봅니다. 얼마나 오래 지속될 수 있을지는 모르겠지만, 현재로서는 양당이 모두 같은 입장입니다.

문정인 바이든 행정부는 대중국 전략을 '디커플링에서 디리스킹으로', 탈동조화에서 탈위험으로 변경한다고 주장했습니다. 디커플링과 디리스킹의 차이점을 자세히 설명해주시겠습니까? 그리고 제이크 설리번과 다른 이들이 제안한 '마당은 좁게, 담장은 높게'라는 주장이 의미하는 바가 무엇인가요?

수잔 손튼 네, 최선을 다해 설명보겠습니다만, 사실 이런 다양한 문구들은 의미가 불분명합니다. 부분적으로는 의도적으로, 부분적으로는 그들 스스로가 구체적인 내용을 정확히 모르기에 불분명하게 남겨놓는 것입니다. 디커플링은 일종의 허수아비예요. 그렇죠? 디커플링은 모두가 처음부터 "우리는 그렇게 하지 않아"라고 했지만 지금은 중국에 대한 극단적인 정책에서 벗어나고 있다는 것을 보여주는 중요한 포인트가 되었습니다. 디커플링이 실제로 정책인 적도 없는데도 말입니다.

디커플링이 무슨 뜻이든지간에 그건 결과적으로 중국 경제를 차단하는 것입니다. 선진국이 러시아 경제를 차단하려고 시도했던 것처럼요, 맞지요? '마당은 좁게, 담장은 높게'는 제이크 설리번이 사용한 아주 초기의 문구였습니다. 그것이 디리스킹으로 이동한 이유는 주로 수출 통제와 관련이 있습니다. 그렇겠죠? '마당은 좁게, 담장은 높게'는 미국이 생산한 군사기술이 중국에 넘어가지 않도록 막기 위한 것입니다. 현재 수출 통제가 적용되는 기술은 매우 좁은 범위의 기술이어야 합니다. 이는 냉전 시대 소련 등에 대한 COCOM(대공산권 수출통제위원회)을 부활시키려는 것입니다. 냉전 당시에는 선진국들 사이에 소련이 가져서는 안 되는 많은 기술이 목록에 있었습니다. 하지만 이를 수행하기 위한 형식적인 구조는 성공적으로 마련되지 못했습니다.

물론 여러 국가들 입장에서는 많은 이견과 이해관계가 얽혀 있습니다. 또 국가안보에 유의미한 군사기술이 무엇이며, 무엇이 보호되어야 하는지에 대해 모든 사람이 동의하기도 어렵습니다. 제이크 설리번은 이 목록을 설명하면서 '마당은 좁게, 담장은 높게'라는 용어를 사용했습니다. '이중용도기술'의 목록이 끝없이 길어지지 않을 것이라고 사람들에게 안심시키기 위함이었습니다. 보호대상 기술들이 적힌 짧은 목록이 될 겁니다. 그리고 모두가 그

수잔 손튼

285

기술들을 중국에 넘기지 않는 것에 동의하게 해야지요. 이건 현재 진행 중인 일입니다.

디리스킹은 중국이 통제할 수 있는 의존성 및 병목지점과 더 관련이 있습니다. 가령 전기자동차 배터리에 들어가는 핵심 광물을 들 수 있겠네요. 현재 모두가 거기에 관심을 가지고 있지요. 디리스킹은 어떻게든 대체 공급원을 확보하자는 의미입니다. 이런 의미에서 애플의 모든 아이폰은 중국에 있는 공장 한 곳에서 생산하지 않습니다. 생산을 다각화하여 중요한 노드 하나에 지나치게 의존하지 않아야 합니다. 문제가 생길 수 있으니까요. 이는 코로나 19 사태에서 얻은 경험 때문이지만, 한편으로는 과장된 두려움 때문이기도 합니다. 중국이 우리를 압박할 수 있는 병목지점에 대한 두려움 말입니다. 중국이 그렇게 하고자 하는 동기가 생기거나 분쟁이 발생할 수도 있으니까요.

그리고 잊지 말아야 합니다. 러시아의 우크라이나 침공이 우리로 하여금 중국의 위협이나 병목지점, 그러니까 중국이 우리에게 미칠 수 있는 영향에 대해 정말 많은 생각을 하게 만들었다는 사실을요. 러시아의 우크라이나 침공이 아니었다면, 중국과 관련된 문제에서 이만큼 진전을 이루지 못했을 겁니다. 비록 우크라이나를 침공한 것은 중국이 아니었지만, 이런 일이 일어날 수 있겠다는 생각의 전환이 확실히 빠르게 일어났거든요.

미중 경쟁 속의 한반도

문정인 마지막 질문은 한반도에 관한 질문입니다. 지금 북한 핵문제가 해결의 실마리를 찾지 못하고 있습니다. 상황은 점점 더 나빠지고 있습니다. 지금은 일종의 비난 게임이 벌어지고 있거든요. 미국과 한국은 중국을 비난하고 있습니다. 중국이 북한의 행동을 변화시키는 데 더 적극적으로 역할을 하고 있지 않기 때문입니다.

그에 비해 중국 정부는 우리가 역할을 충분히 하지 않았다고 주장합니다. 숙제를 다 하지 않았다는 것이지요. 이제 북한 핵문제는 당신들 미국과 한국의 문제라는 식으로요. 그래서 한편으로는 워싱턴과 서울, 다른 한편으로는 베이징, 이렇게 심각한 입장 차이가 있습니다. 이 문제와 의견 차이에 대해 어떻게 생각하십니까? 북핵문제에 대한 새로운 돌파구를 어떻게 마련할 수 있을까요? 미중관계만큼이나 어려울 테지만 말입니다.

수잔 손튼 저는 이런 '비난 게임'이 지금 실제로 벌어지고 있다는 걸 처음 들었습니다. 이 문제를 다뤄온 이래로 계속 제기되어왔던 이야기라서 놀랍지는 않지만요. 사실 미국은 중국이 충분히 역할을 하고 있지 않다고 말해왔습니다. 중국은 더 많은 일을 해야 합니다. 중국은 훨씬 더 많은 일을 할 수 있습니다. 중국은 북한을 훨씬 더 압박할 수 있습니다. 그런데 중국은 "만약 북한이 원하는 제안을 미국이 하지 않는다면, 우리는 아무것도 할 수 없습니다. 북한은 미국과 대화를 하고 싶어 하는데, 미국은 북한과 대화를 하고 있지 않네요"라고 말합니다. 이런 비난 게임은 적어도 20년 동안 지속되고 있지요. 하지만 그게 문제가 아닙니다.

이건 정말 회피하는 겁니다. 주의를 분산시키는 것이지요. 지금 진짜 문제는 북한이 매우 엄격한 제재 속에서도 버틸 수 있는 것처럼 보인다는 것입니다. 코로나 19 사태로 국경이 폐쇄된 상황에서도 말입니다. 문제는 북한의 행동을 바꾸기 위해 우리가 생각해낸 압박이 충분하지 않다는 것입니다. 분명히 우리의 영향력은 충분하지 않습니다.

중국도 북한에 매우 엄격한 제재를 가하던 시기가 있었지만, 그 것으로 충분하지 않았습니다. 전문가들이 예상했던 것보다 훨씬 더 오랫동안 중국이 북한의 핵실험을 막아왔던 것을 잘 알고 있습니다. 이제 그러지 못할 것을 다들 걱정하고 있어요. 그들은 조만간 북한이 핵실험을 할 거라고 예상하고 있습니다. 김정은이 블라디미르 푸틴이라는 새로운 친구를 찾았기 때문에, 중국의 영향력이 약해졌다고 생각합니다. 김정은이 어떤 끔찍한 패를 가지고 있든 간에 이를 최대한 활용하고 있고, 지금 러시아와 함께 일하거나 많은 활동을 하고 있는 것으로 보입니다.

문 교수님, 제가 오늘 북한에 대한 트럼프의 새로운 계획을 다룬 기사를 읽었는데요, 트럼프가 김정은을 끌어낼 수 있는 새로운 거래를 제안하지 않을지도 모르겠습니다. 하지만 현재로서는, 솔직히 말해서 서울과 워싱턴, 그리고 다른 정부들도 북한을 그냥 방치하고 있다고 생각합니다. 다른 문제들도 산적해 있고, 김정은은 진지한 협상에 임할 의지도 없는 것 같고, 딱히 우리한테 원하는 것도 없는 것 같습니다. 우리가 무엇을 할 수 있을지 모르겠지만, 이 문제가 계속 곪아 터지고 있다는 것이 걱정됩니다. 전세계에서 이런 문제가 곪아 터지고 있고, 언젠가는 무슨 일이 일어날 것이라는 것을 알고 있으니까요. 그러니 적어도 북한과 대화를 시도해야 한다고 생각합니다. 대화를 하는 동안에는 이런 큰 문제가 발생할 가능성이 낮을 테니까요.

* * *

김준기 연세대학교 법학전문대학원 교수 김준기입니다. 지금 우크라이나에서 일어나고 있는 일이 대만을 향한 중국의 태도에 어떤 영향을 미칠까요? 우크라이나 전쟁이 중국이 대만을 향해 더 모험적인 행동을 취하도록 고무시킬까요, 아니면 대만에 대한 군사적 행동이나 강경한 조치를 취하는 것을 억제시킬까요?

수잔 손튼 저는 우크라이나 전쟁이 중국을 고무시키거나 대만에 대한 군사적 행동을 취하는 것이 쉬울 것이라고 여기게 만들지는 않을 것이라 생각합니다. 오히려 전쟁의 어려운 현실과 상황은 매우 예측할 수 없고 계획대로 진행되지 않을 수 있다는 점을 모두에게 상기시켜줄 겁니다.

중국이 주저하게 만드는 여러 측면이 있습니다. 저는 중국이 우크라이나 전쟁을 통해 많은 것을 배우고 있다고 생각합니다. 러시아의 경험에서 제재를 우회하는 방법에 대해 많은 것을 배우고 있지요. 물론 일이 잘못되는 방식, 커뮤니케이션의 문제, 하지 말아야 할 일 등에 대해서도 많은 것을 배우고 있습니다. 저는 중국이 러시아 군대의 성능에 충격을 받았을 것이라고 확신합니다. 중국도 러시아 군용 장비가 많기 때문에 그 요인 또한 중국을 멈추게 할 수 있을 겁니다. 중국은 어떤 일을 시도하기 전에 반드시 숙지해야 할 것이 무엇인지에 대해 많은 것을 배우고 있다고 생각합니다. 어떤 면에서는 중국이 무언가를 준비하는 데 도움이 될 것이고, 어떤 면에서는 무언가를 실행할 때 중국은 더 조심스러워질 겁니다.

제가 동의하지 않는 일부 사람들의 주장이 있습니다. 지금 우크라이나 전쟁이 계속되고 있고 이스라엘과 가자지구, 서안지구 등 중동에서 전투가 벌어지고 있는 상황인데요. 이 모든 것을 서방이 선점하는 것으로 보고, 모두가 한눈을 팔고 있는 지금을 기회로 삼아 중국이 대만을 취할 것이라는 주장 말입니다. 저는 이런 주장을 믿지 않습니다. 중국이 어떤 식으로든 이 일을 서두를 것이라 생각하지 않습니다. 오히려 속도가 이전보다 느려질 수도 있다고 생각합니다.

청중 두 가지 질문이 있습니다. 트럼프가 재선이 된다면 미국, 일본, 한국 3국 협력의 미래를 어떻게 보십니까? 그리고 워싱턴선언의 미래는 어떻게 될까요?

수잔 손튼 정말 좋은 질문이네요. 트럼프는 다자주의를 좋아하지 않지만, 국가안보팀에 누가 합류하느냐에 따라 크게 달라질 것 같습니다. 저는 트럼프 팀이 일본과 한국의 협력을 긍정적으로 바라볼 것이라고 생각합니다. 특히 중국에 대한 의제 측면에서 말입니다. 따라서 트럼프가 3국의 협력을 훼손하거나 무시하는 방향으로, 자동적으로 움직이지는 않을 것이라고 생각합니다. 저는 보험적인 정책 차원에서 내년 한 해 동안 가능한 한 협력을 제도화하고 심화시키려는 노력을 기울이는 것이 더 낫고 안전하다고 생각합니다.

워싱턴선언에 대해 질문하셨는데요, 트럼프가 원칙적으로 워싱턴선언 그리고 미국의 핵우산과 억지정책을 계속 유지하는 데 동의하고, 특히 중국을 봉쇄하는 문제에 집중할 것이기 때문에 괜찮을 것이라고 생각합니다. 특히 김정은을 설득하고 북한 ICBM의 대미 위협을 줄이려는 계획을 가지고 있기 때문에, 이를 유지할 겁니다. 그래서 아마 그렇게 할 거라고 생각한다면 워싱턴선언과 핵우산 등을 계속 유지해도 괜찮을 거라고 생각합니다.

이에 대해 한국과 일본이 괜찮다고 생각하는지는 또 다른 문제입니다. 그렇지요? 물론 저도 잘 모르지만, 미 행정부에서 일해본 경험으로 볼 때 그렇지 않을까 추측합니다. 아시다시피 트럼프는 매우 예측하기가 어려운 사람이니까요.

정소진 정말 감사합니다, 교수님, 정말 훌륭한 강연 감사합니다. 강의 초반부 언급하신 부분에 대해서 간단한 질문이 있습니다. 미중 경쟁에서 벗어나기 위해 개혁이 필요하다고 말씀하셨는데요. 현실에서 정확히 어떻게 나타날지 궁금합니다. 경제적 상호의존도가 높아지는 것일까요? 아니면 제도주의에 대한 신뢰가 강화되는 것일까요? 이러한 기대와 현 상태 사이의 간극은 어떻게 메울 수 있을까요? 중국의 일대일로 구상과 그에 대비돼 세계은행과 IMF 중심의 전통적인 미국 주도의 세계질서 사이의 경쟁이 있는 상태에서요. 미국이 세계 반도체 시장에서 중국을 전략적으로 배제하기 위해 한국, 일본, 대만과 적극적으로 협력하는 모습도 볼 수 있습니다. 저는 이런 개혁, 경쟁에서 벗어나는 모습이 현실에서 구체적으로 어떻게 나타날지 궁금합니다.

수잔 손튼 네, 실제로는 어떻게 될까요? 잘 모르겠네요. 현재로서는 아무도 정치적 의지를 가지고 있지 않기 때문에, 제가 촉구하고 있는 것입니다. 그래서 몇 가지를 말씀드리자면, 미국과 중국은 서로 다른 비교우위를 가지고 있죠? 따라서 각국이 잘하는 것에 따라, 서로 다른 기여를 한다는 관점에서 국제 시스템을 생각하면 개혁이 나아갈 방향이 될 것입니다.

예를 들어 일대일로 이니셔티브를 생각해봅시다. 일대일로 이니셔티브에는 많은 문제점이 있지만, 동시에 긍정적인 면도 많습니다. 전세계 인프라 구축을 지원해야 하는 국제 금융기관이 일대일로 이니셔티브로부터 배울 수 있는 것들이 있습니다. 또한 일대일로 이니셔티브도 다른 국제 금융기관들의 경험에서 배워야 할 것들이 있습니다. 프로젝트의 수익성을 확인하기 위한 타당성 조사라든가, 정부 관료들의 허영심이 가득한 '하얀 코끼리' 프로젝트를 만들지 않는 방법 등이지요.

저는 미국이 일대일로 이니셔티브와 정면으로 경쟁할 필요가 없다고 생각합니다. 미국인들이 자주 언급하는 그런 정책은 매우 잘못된 방향으로 가고 있는 겁니다. 저는 솔직히 일대일로 이니셔티브와 경쟁하는 것에 반대합니다. 미국이 그런 면에서 비교우위에 있다고 생각하지 않습니다. 미국은 미국이 비교우위에 있는 일을 해야 하고, 중국도 중국이 비교우위에 있는 일을 해야 합니다. 그렇게 브레튼우즈체제와 WTO를 개혁하고, 디지털 무역과 같은 분야를 위한 새로운 다자간 체제를 만들어야 할 것입니다. 디지털 무역 이니셔티브가 있지만 현재로서는 모두 분산되어 있고 별개로 운영되고 있습니다. 모두가 하나의 표준이 나올지, 아니면 두 개 또는 다섯 개의 표준이 나올지 기다리고 있습니다. 만약 모두가 모여도 공통의 표준이 무엇인지, 어떻게 하면 더 나은 표준을 만들 수 있는지 알아낼 수 없다면 정말 안타까운 일이지요. 기후변화야말로 실제로 비교우위를 파악하고, 더 큰 기여와 더 많은 도움이 필요한 또 다른 분야입니다.

미국과 중국 간의 전략적 경쟁으로 인해 많은 자원이 소모되는 것을 봅니다. 우리가 직면한 모든 문제는 글로벌 기관뿐만 아니라 사람들의 일상 생활에 실제로 영향을 미치는 초국가적 문제이기도 합니다. 현재 자원을 사용하는 방식과 해야 하는 방식 사이에 분명한 불일치가 있습니다. 그래서 저는 이 문제에 초점을 맞추고 싶습니다. 경제기구부터 시작할 겁니다. 경제기구들이 사람들의 일상 생활에 가장 큰 영향을 미치는 기관이니까요.

전수환 인상적인 강연을 해주셔서 감사합니다, 손톤 교수님. 저는 지금 말라야대학교에서 교환학생으로 공부하고 있습니다. 지금은 중국의 외교정책 수업을 듣고 있습니다. 최근에 전략국제연구센터(CSIS)에서 미국, 중국, 대만의 전쟁 시나리오를 발표한 것이 매우 인상적이었는데요. 그 보고서를 보면, 대만이 전쟁에서 이기려면 미국도 전쟁에 참여해야 하고, 일본도 전쟁에 참여해야 합니다. 그렇다면 중국과 대만 사이에 전쟁이 일어날 수 있다고 생각하십니까?

한국 군대도 대만문제에 개입하고 동참할 수도 있을 것 같은데요, 미국과 한국 사이에 상호조약이 있으니까요. 그렇다면 대만 전쟁이 곧바로 일어날 수도 있을 것 같습니다. 제 생각이지만요. 북한도 대만 지역에서 전쟁에 참여해야 할 가능성이 있습니다. 그렇다면 한국군도 대만에서 군사행동에 참여할 거라고 보십니까?

수잔 손톤 네, 알겠습니다. 타일러 씨가 손을 드셨는데 혹시 제가 한 번에 두 가지 질문에 답해도 괜찮을까요?

타일러 훌륭한 발표와 강연에 감사드립니다. 저는 올해 초 윤 대통령께서 한국의 독자적 핵무기 보유에 대해 언급하신 것에 대해 이야기하고 싶습니다. 올해 초 윤 대통령의 미국 방문을 통해 바이든 대통령이 상대적으로 이해관계를 어느 정도 잠재울 수 있었다는 것을 알 수 있었습니다. 하지만 한국 내에서, 특히 대중들 사이에서는 한국의 핵보유에 대한 관심이 높아지고 있습니다. 미국이 한국은 핵무기를 보유하지 않기를 바라는 입장이라는 것을 알고 있습니다. 하지만 이에 대한 양국 간의 대화는 어떨 것이라고 생각하십니까? 만약 미국이 한국의 핵무기 보유를 원하지 않는다면, 어떻게 하면 한국 내 관심을 잠재울 수 있다고 생각하십니까?

수잔 손튼 좋아요. 둘 다 어려운 질문이네요. 질문해주셔서 감사합니다. 자, 첫 번째는 대만 사태에 대한 한국의 참여에 관한 질문입니다. 우선 우리는 전쟁이 일어나지 않기를 정말로 원한다는 점을 말씀드리고 싶습니다. 그래서 미국의 억지력은 대만의 군사력을 강화하는 데 초점을 맞추고 있지만, 대만이 독립하지 않을 것이라는 점을 중국에게 안심시키는 데도 초점을 맞추고 있습니다. 그들이 그 선을 넘을 필요가 없기를 바라는 것이지요. 저는 바이든 행정부가 이를 위해 매우 열심히 노력하고 있다고 생각합니다. 하지만 우발적인 군사 사태가 발생한다면 아마도 미국이 관여할 것이고, 일본도 관여할 것이고, 아니 일본군이 직접 관여할지는 모르겠지만요, 적어도 일본의 미군 기지는 분명히 관여할 거라고 말씀하신 것 같습니다. 그리고 한국의 개입에 대해 질문하셨는데, 한국 정부 관계자들은 일반적으로 한국이 당연히 지원할 것이라고 말하지만, 한국도 그러한 비상사태에서 북한이 무엇을 할지에 대해 우려해야 할 것입니다. 그 점에 주의를 기울여야 합니다. 유사시에 북한이나 한국군이 대만에 투입될 것이라고 예상하기는 어렵습니다. 하지만 어떤 군수 지원이나 다른 형태의 지원을 제공할 수는 있지 않을까요? 그게 오히려 질문이 될 것 같습니다. 북한이 그런 비상사태에 관여할 가능성은 없다고 봅니다. 러시아도 그런 비상사태에 관여하지 않을 겁니다. 중국은 아마 이 문제를 스스로 해결할 수 있을 것이고, 군사력도 충분할 겁니다. 꽤 오랫동안 이 문제를 연구했으니까요. 질문에 답이 되었는지 모르겠습니다.

한국이 독자적인 핵 억지력을 갖추는 것에 대해서, 저는 매우 반대하는 입장입니다. 저는 핵확산에 반대합니다. 우리는 이미 잘못된 방향으로 가고 있습니다. 핵보유국과 핵무기 수를 줄이는 방향으로 나아가야 합니다. 그런데 이를 제대로 추진하지 못하고 있습니다. 그럼에도 불구하고 저는 반대합니다. 미국 정부도 한국이 핵무기를 갖는 것을 반대하고 있지요. 윤 대통령의 워싱턴 방문 때 워싱턴선언에 서명한 것도 미국의 핵우산이 실제로 작동할 것이고 한국이 그것에 대해 걱정할 필요가 없다고 안심시키기 위한 것이었습니다. 어떤 이유에서인지 한국에서는 그것에 만족하지 않고 핵을 보유하고 싶어 하는 것 같지만, 이런 생각이 곧 사라지길 바랍니다.

한국은 북한에 대한 강력한 억지력, 전통적인 억지력, 압도적인 힘을 가지고 있습니다. 북한의 공격으로부터 자신을 방어하기 위해 핵무기가 필요하다는 생각은, 정치적 이유인지 뭔지는 모르겠지만, 현재로서는 그 에너지와 시간을 사용하기에 좋은 방법은 아닌 것 같습니다. 돌봐야 할 다른 일들이 많거든요. 확실히 자원 투자를 고려할 때도, 지금처럼 실시간으로 다루어져야 하는 주제는 아닌 것 같습니다. 어쨌든 이 문제가 사라지면 좋겠네요.

문정인 손튼 연구원님, 오늘 정말 훌륭한 강연이었고 시간과 노력에 정말 감사드립니다. 모두 큰 박수 부탁드립니다. 감사합니다.

수잔 손튼 감사합니다.

후기

트럼프가 2024년 미국 대선에서 결정적 승리를 거둔 지 불과 몇 주
밖에 지나지 않았지만, 그의 새 행정부에 대한 논의가 이미 전세계
헤드라인과 회의실을 장악하고 있습니다. 트럼프는 매번 언론 매
체를 그의 움직임으로 들썩이게 만드는 특유의 능력을 과시하며,
여러 논란이 되는 내각 지명자들과 정책 방향을 발표했습니다. 앞
으로 몇 주 동안 이러한 내용이 더 많이 공개될 것이 분명합니다.
현재 전문가들이 트럼프 2기 행정부의 미국 외교정책에 대해 내놓
는 주요 평가는 한마디로 '불확실성'입니다.

　트럼프가 예측 불가능하다는 점은 널리 인정되지만, 우리가 확
신할 수 있는 몇 가지 본능적 경향이 있습니다. 그것은 강압적 지
도자들에 대한 경외, 동맹 및 다자주의에 대한 경멸, 수입 및 무역
전반에 대한 불만입니다. 이러한 기본 본능과 그로 인해 나타날 수
있는 접근 방식은 다음과 같은 주요 질문들을 제기합니다.

　1. 트럼프의 무역정책과 관련국 대응이 새로운 글로벌 경제 및
금융 위기를 초래할 것인가?
　트럼프는 임기 초부터 관세를 인상하고 무역을 표적으로 하는
기타 조치를 취하며 이를 무역 파트너들에 대한 지렛대로 이용하
려는 새로운 시도를 시작할 가능성이 매우 큽니다. 그가 얼마나 멀
리 나아갈지는 분명하지 않지만, 그는 글로벌 경제의 취약성, 관세
의 2차 및 3차 효과, 무역 파트너의 대응 조치에 대해 과소평가할
가능성이 큽니다.
　2. 트럼프의 아시아 안보 접근 방식은 과연 어떨 것인가?
　북한, 대만, 남중국해와 관련한 그의 접근 방식은 이른바 '화염

과 분노'로 시작할 것인가, 아니면 푸틴 및 김정은과 협상하려는 '아름다운 사랑의 편지' 방식일 것인가? 아마도 트럼프는 우크라이나 문제를 먼저 다룰 가능성이 크며, 이는 아시아에서 그의 접근 방식이 어떻게 평가될지를 결정짓는 중요한 변수가 될 것입니다. 이 과정에서 독재자들과의 개인적 관계를 선호하는 트럼프의 경향이 두드러질 것으로 보입니다.

3. 미국이 떠난 다자간 포럼의 공백을 중국이 채울 것인가? 또는 다른 강대국들이 다자주의 틀을 유지하기 위해 협력할 것인가, 아니면 코로나 19 동안 보았던 것처럼 다자주의체제가 붕괴할 것인가?

트럼프는 기후 및 환경, 개발, 군비통제, 과학적 진보 등 여러 국제적 노력에서 미국을 철수시킬 가능성이 큽니다. 중국은 자신들이 우선시하는 분야의 다자간 시스템에서 리더십을 주장하거나 브릭스 같은 그룹을 강화하는 데 집중할 수 있습니다. 중국과 '서방 세계 나머지'와의 관계는 향후 국제체제의 궤적을 결정짓는 중요한 열쇠가 될 것입니다.

아시아 동맹국들에게 트럼프 행정부가 가져올 불확실성은 반가운 일이 아닙니다. 지역 경제는 역풍에 직면해 있으며, 유럽과 중동의 갈등은 자원을 분산시키고 변동성을 증가시키고 있습니다. 또한 기후변화와 같은 초국가적 도전은 각국 정부들에게 더 빈번한 위기를 초래하고 있습니다. 게다가 많은 국가들이 국내 정치적 취약성 또는 위기를 겪고 있으며, 이는 아시아의 선진국들조차 예외가 아닙니다. 이러한 현실에 직면하여, 아시아 동맹국들이 불확실성에 대비해 더 강인해질 수 있는 몇 가지 방안이 있습니다.

①자주국방을 위한 계획과 지원 강화 조치를 마련하라.
트럼프는 중국, 북한, 이란에 집중하기 때문에 동맹국들에 대한

안보 지원을 철회하지는 않겠지만, 이 문제에 대한 압박을 계속할 것입니다.

②위기관리 메커니즘 및 소통 채널을 발전시켜라.

트럼프는 예측 불가능하기로 잘 알려졌지만, 이 못지않게 두려움을 조장하는 경향이 있어 위기를 초래할 가능성이 큽니다. 미국의 동맹국들은 내부 및 외부와의 소통 및 협력 채널을 강화해야 합니다. 트럼프 행정부 하에서 소통 채널은 좁아지고 신뢰할 수 있는 신호가 줄어들 가능성이 큽니다.

③미국 내 투자 기회를 모색하라.

트럼프는 무역에 대해 징벌적 조처를 할 가능성이 있지만, 미국으로의 인바운드 투자 프로젝트에는 열려 있는 듯 보입니다. 이는 바이든 전 대통령과도 유사한 태도입니다.

④네트워크 협력 및 지역 통합을 확대하라.

미국은 앞으로도 세계에서 가장 강력하고 부유한 국가로 남을 것이지만, 트럼프 2.0 시대에 동맹국들은 탈세계화와 분열에 대비해 상호 연결을 강화하고 다자간 협력을 촉진해야 합니다. 그래야 균형을 맞출 수 있습니다. 이러한 탄력성 강화 조치는 누가 백악관에 있든지 간에 그 자체로도 유용합니다. 세상이 점점 더 어렵고 위험한 곳으로 변해가고 있기 때문입니다.

7장

우크라이나와 가자 전쟁의 종식?

전쟁, 외교, 그리고 전망

칼 아이켄베리

오늘 제임스 레이니 강좌에서 이야기를 들려주실 분은 여러 영역에서 활동하신 다재다능한 분입니다. 칼 아이켄베리 교수님은 육군 장군이자 미국대사의 경력도 가지고 있습니다. 이렇게 초청할 수 있어 영광입니다.

아이켄베리 교수님은 미국 육군사관학교인 웨스트포인트를 졸업하고(하버드와 스탠포드대학교에서도 수학했습니다) 육군 중장으로 퇴역하셨습니다. 이후 아프가니스탄 주재 미국대사로 임명되셨죠. 군인으로 근무하던 당시 한국에 있는 UN군 사령부 부참모장도 지냈고, 아프가니스탄에서는 다국적군 연합군 사령관을 역임하신 바 있습니다. 대사직에서 퇴임하신 후에는 스탠포드대학교에서 실무 교수로 재직하셨습니다. 스탠포드대학교 재직 중에 여러 학자들과 공동 연구를 수행하셨고, 특히 중국의 군사 기술에 관한 연구 그룹에서 매우 활발한 활동을 펼치셨습니다. 지금은 중국 칭화대학교의 슈워츠먼칼리지 특임 교수로 계십니다.

아이켄베리 교수님의 이력 중 가장 독특한 것은 북한 및 중국과의 접촉을 위해 매우 흥미로운 '트랙 2 경로(비공식적인 대화 채널)'를 개척하셨고, 서해에서의 위기 방지를 위한 비공식 대화를 주도한 바 있다는 점입니다. 교수님은 한반도에서 분쟁이 발생한다면, 계획된 군사도발보다는 우발적 충돌로 시작될 가능성이 높다고 강력하게 믿고 계셨죠. 그래서 한반도에서의 우발적 충돌을 예방하는 방안에 대해 주의를 환기시키는 데 주력하셨습니다.

아이켄베리 교수님은 군 장성으로서, 석학으로서, 또 외교관으로서의 풍부한 경험을 토대로 미국의 외교정책, 안보 전략, 군사 태세, 그리고 전세계에서 전개되는 다양한 정세에 대해 포괄적이고 깊이 있게 이해하고 계십니다. 그래서 오늘 아이켄베리 교수님을 연사로 모시게 된 것을 더없이 영광스럽게 생각합니다.

한국과의 인연

문정인 교수님, 제임스 레이니 강좌에 초청해주셔서 대단히 감사합니다. 제 나이를 드러내는 일인 것 같지만, 강좌 제목에 등장하는 제임스 레이니 대사님을 실제로 뵌 적이 있다는 걸 말씀드리고 싶습니다. 그분이 주한 미국대사로 재임하실 때였죠. 당시 저는 미국방부 장관인 윌리엄 페리 박사를 모시고 일하고 있었는데, 페리 박사와 함께 또는 따로 한국을 여러 차례 방문했었습니다. 그래서 이 강연 시리즈와 직접적인 인연이 있다고 할 수 있겠네요. 올해 '미국과 세계'라는 주제로 진행하시는 제임스 레이니 강좌 프로그램을 주의 깊게 살펴보았는데, 정말 훌륭한 연사님들을 모셨더군요. 이전에 강연하신 분들도, 앞으로 강연하실 분들도 모두 대단하신 분들입니다. 다시 한번 말씀드리지만, 이 자리에 함께할 수 있어 진심으로 영광입니다.

　여기 앞서 소개한 제 이력에 한 가지를 추가하고 싶은데요. 특히 연세대학교와 한국분들 앞에서 이야기할 때 자부심을 느끼는 부분입니다. 웨스트포인트를 갓 졸업하고 소위로 임관했을 때, 제가 맡은 두 가지 현장 임무 중 하나는 미 제2보병사단에 배속된 것이

칼 아이켄베리

었습니다. 그곳에서 저는 비무장지대(DMZ)를 지원하는 보병 부대에 속해 있었지요.

두 번째는 1984년부터 85년까지 판문점에 있는 UN 군사정전위원회 경비대대의 부대대장을 맡았습니다. 그곳에서 저는 첫 전투 경험을 했어요. 소련에서 온 망명자가 우리 쪽으로 넘어왔는데, 북한 경비병들이 그를 잡으려고 쫓아왔거든요. 그때 심각한 총격전이 벌어져서 우리 부대의 한국군 병사 한 명이 전사하고 미군 한 명이 부상을 입었습니다.

그런데 재미있는 건 그곳에서 제 아내를 만났다는 거예요. 제 아내는 미네소타 주지사와 함께 온 대표단의 일원이었는데, 비무장지대를 견학하러 왔었죠. 그래서 저는 농담 삼아 "비무장지대는 세계에서 가장 잘 숨겨진 로맨틱한 장소 중 하나"라고 말하곤 합니다. 이제 제 경력에 대해 두 가지 더 말씀드리고 싶네요.

지난 몇 년간, 2021년부터 2023년까지 사우디아라비아 왕국에서 근무했습니다. 그래서 이스라엘과 하마스, 중동 분쟁에 대해 더 자세한 논의를 원하신다면 기꺼이 그렇게 할 수도 있습니다. 현재는 칭화대학교 슈워츠먼칼리지에 재직 중입니다. 중국의 퇴역 장성들과 미국의 퇴역 장성들 간의 흥미로운 트랙 2 대화에 참여하고 있습니다. 그럼 문정인 교수님, 괜찮으시다면 이스라엘-하마스 분쟁과 러시아-우크라이나 전쟁에 대해 간략히 설명드리고자 합니다.

그 이후로는 교수님께서 원하시는 대로 진행하시면 될 것 같습니다. 교수님과 함께 이 먼 곳의 분쟁이 인도-태평양과 아시아 태평양 지역 안정에 미치는 영향과 함의에 대해 이야기를 나누고 싶습니다. 흥미로운 점은, 우리가 이스라엘과 하마스, 러시아와 우크라이나에 대해 이야기할 때, 2년 반 전, 아니 3년 전을 떠올려보면 좋겠습니다. 그때 우리가 이렇게 모여서 이런 질문을 던졌다고 가정해보는 거지요. "가까운 시일 내에 유럽에서 대규모 전쟁이 일어날 거라고 생각하는 분 손들어보세요." 아마 손을 든 사람이 거의 없었을 겁니다. 하지만 지금 우리는 그런 상황에 처해 있습니다.

우려되는 점이 있죠. 6개월 전에 우리가 "중동이 다시 전쟁의 불길에 휩싸일 가능성이 있다고 생각하시는 분 손들어보세요"라고 물었다면, 많은 사람들이 "그렇다"고 말하지 않았을 겁니다. 이런 점을 되돌아보는 것이 좋을 것 같습니다. 분쟁은 갑자기 발생하고, 그러다 보면 그것이 새로운 일상이 됩니다. 우리는 그런 상황에 익숙해지죠. 하지만 지난 3, 4년 동안 우리가 어떤 상황을 겪어왔는지 다시 한번 살펴봅시다. 지정학과 국제 안보에 관심 있는 사람들이라면, 국제 사회가 이 분쟁의 확산을 집단적으로 다룰 수 있는 능력에 대해 우려하고 있을 겁니다. 곧 우리가 집단적으로 대처하는 능력을 초과하는 어떤 임계점에 도달하게 될까요?

끝이 보이지 않는 중동 사태

이스라엘-하마스 전쟁부터 이야기해볼까요. 전쟁은 계속되고 있습니다. 현재 가자지구에서는 23,000명 이상의 팔레스타인인이 사망했고, 가자지구에 있던 약 440,000채의 주택 중 70% 이상이 손상되거나 파괴되었습니다.

이스라엘 측에서는 10월 7일 약 1,200명의 이스라엘 시민이 학살당했습니다. 그리고 현재 이 전쟁에서 이스라엘 군은 500명 이상의 군인을 잃었습니다. 이스라엘은 인구가 1천만 명 미만인 작은 나라입니다. 500명은 작은 수치로 보이겠지만, 인구를 비례적으로 계산하면 상당히 큰 숫자입니다.

칼 아이켄베리

최근 언급되고 있는 전쟁 확대의 위험성에 대해 이야기해보죠. 후티 반군이 홍해에서 선박을 공격하고 있습니다. 전세계 해상 무역의 12%, 전세계 컨테이너 물동량의 약 20%가 홍해를 통과한다는 점을 기억해야 합니다. 일부 보도에 따르면 이란의 대리 세력인 후티 반군이 외국 선박을 향해 미사일 및 드론 공격을 시작했다고 합니다. 이제 미국과 영국은 해군 주둔뿐만 아니라 예멘에 대한 공습으로 대응하고 있습니다. 이스라엘 북부의 레바논에서는 또 다른 이란의 대리 세력인 헤즈볼라와 이스라엘 간의 전쟁 가능성이 높아지는 것 같습니다. 이스라엘은 헤즈볼라의 부사령관인 살레 아우리를 사살하는 데 성공했고, 헤즈볼라는 복수를 다짐했습니다. 시리아와 이라크에서는 이란이 지원하는 민병대가 미군을 상대로 공격을 감행하고 있습니다.

약 1주 반 전에는 이슬람국가(IS)가 이란에서 끔찍한 테러 공격을 감행해 60명 이상의 이란 시민을 살해했습니다. 이는 가자에서 시작해 북쪽의 레바논, 북동쪽의 이라크와 시리아, 남쪽의 예멘으로 확산되면서 지역 전체가 분쟁에 휩싸일 수 있는 상황입니다. 이 모든 상황이 어떻게 끝날지 곰곰히 생각해봐도, 아직은 아무것도 확실히 알 수 없습니다. 이스라엘도 현재로서는 군사적 목표가 무엇인지 명확히 알지 못하는 것 같습니다. 그러다 보니 우리도 잠재적인 최종 상태가 어떨지 예측하기 어렵습니다. 하지만 이 분쟁이 중동 전역으로 얼마나 확산될 것인가에 대해서는 어느 정도 확신이 있습니다. 다만 그 확신이 점점 약해질 수는 있지만요. 확실히 대부분의 아랍 국가들, 특히 사우디아라비아와 걸프 국가들은 이 분쟁이 계속되기를 원하지 않습니다. 현재 경제 혁신 프로그램에 매우 전념하고 있거든요.

사우디아라비아와 걸프 국가들은 만약 분쟁이 계속 확대되고 커진다면, 화석 연료에서 다른 분야로 경제를 전환하는 데 필요한 투자가 들어올 가능성이 매우 제한적이라는 것을 알고 있습니다. 그래서 배후에서 분쟁을 종식시킬 방법을 찾으려고 열심히 노력하고 있습니다. 이란의 경우에도 대부분의 지표가 현재의 분쟁 상태가 그들이 원하는 최대 수준이라는 것을 보여줍니다. 만약 분쟁이 확산된다면 이란 경제에도 마찬가지로 피해가 갈 것이고, 그들은 현재 처해 있는 제재 상태에서 벗어날 방법을 찾는 것이 절실히 필요한 상황입니다.

중국과 미국은 이 지역에 평화를 어떻게 정착시킬 것인가에 대해서는 매우 다른 시각을 가지고 있지만, 두 나라 역시 분쟁이 확대되는 것을 원하지는 않습니다. 그 이유는 첫째, 중동과 걸프, 특히 사우디아라비아가 세계 경제 성장의 엔진 역할을 하기 때문입니다. 둘째, 중동에서 나오는 에너지 공급과 흐름이 중단될 가능성이 있기 때문입니다. 현재 중동과 걸프 국가들, 사우디아라비아가 중국으로 유입되는 화석 연료의 주요 공급원이니까요.

가자 전쟁의 다섯 가지 함의

그럼 이스라엘과 하마스 간의 전쟁에서 주목해야 할 장기적인 영향 다섯 가지를 간단히 살펴보겠습니다.

첫째, 세계에서 이스라엘의 위상에 대한 장기적인 영향이 어떨 것인가 하는 점입니다.

둘째는 이른바 '두 국가 해법'의 미래입니다. 하지만 이는 이스라엘만 해결해야 할 문제가 아닙니다. 양쪽 모두 '두 국가 해법'을 위해 자신들의 정책을 변경해야 할 것입니다. 하지만 현재 팔레스

칼 아이켄베리

타인 정치가 극도로 분열되어 있다는 점을 감안해야 합니다. 팔레스타인 역시 '두 국가 해법'에 대해 일관된 태도를 갖추기 위해 노력해야 합니다.

셋째는 우리가 방금 이야기했던 중동 전체의 평화 또는 전쟁에 대한 전망입니다.

넷째는 흥미롭게도 이스라엘과 팔레스타인 문제를 둘러싼 미국 정치의 분열입니다. 최근 몇 년간 미국 국내 정치의 분열이 외교정책에 미치는 영향이 점점 더 커지고 있습니다. 미국 정가에는 오래된 속설이 하나 있습니다. 미국 국내 정치나 외교정책을 둘러싼 갈등이 아무리 심각해도 동서로 각각 대서양과 태평양 연안에 닿으면 끝난다는 거지요. 미국 해안을 벗어나는 순간 그 너머부터는 통일된 입장으로 외교정책을 수행한다는 말입니다. 그런데 이제 그런 말이 통하지 않고 있어요. 전세계를 상대로 한 미국의 외교정책 역시 분열된 국내 정치의 영향을 받는 경우가 점점 더 많아지고 있습니다. 이에 대한 한 가지 지표를 살펴보지요. 최근 미국의 여론조사를 보면 55세 이상의 미국인들, 대략 제 나이대의 사람들 중 약 63%가 이스라엘을 지지합니다. 하지만 18세에서 34세 사이의 사람들을 보면 상황이 정반대입니다. 64%가 팔레스타인을 지지한다고 말할 겁니다. 인종적인 차이를 보면, 백인 미국인의 경우 61%가 이스라엘을 지지한다고 말합니다. 유색인종은 30%가 이스라엘을 지지한다고 답할 겁니다.

다섯 번째이자 마지막 요점은 도덕적 상대주의 문제인데, 매우 걱정스럽습니다. 10월 7일의 공격을 규탄하지 않은 많은 국가들이 국제규범이 무엇인가에 대한 의문을 제기하기 시작했습니다. 물론 10월 7일에 일어난 하마스의 야만적인 이스라엘 공격을 규탄한다고 해서 이스라엘에게 면죄부를 준다는 뜻은 아닙니다. 가자지구 하마스에 대한 이스라엘의 군사작전이 비례성의 원칙(군사행동이 그 목표를 달성하는 데 필요한 수준을 넘어서지 않아야 한다는 원칙)을 지키고 있는가에 대한 의문이 증폭되고 있습니다. 러시아-우크라이나와 이스라엘-하마스 분쟁을 볼 때, 여전히 도덕적 상대주의가 자리 잡고 국제규범에 대한 합의를 약화시킬 위험이 있습니다. 러시아-우크라이나에 대해 아주 간단히 말씀드린 다음, 문정인 교수님과의 대화를 시작할 수 있을 것 같습니다.

지구전으로 들어가는 러시아-우크라이나 전쟁

러시아와 우크라이나는 현재 명확히 소모전을 벌이고 있습니다. 물론 존재할 수 없을 테지만, 제1차 세계대전 당시의 영국, 프랑스, 독일 참모진 출신 장군이라면 이 상황을 더 잘 이해할 것 같습니다. 1990년대와 21세기 첫 10년 동안 미래의 전쟁을 논하던 사람들보다 말이죠. 러시아나 우크라이나 어느 쪽도 전진할 수 있을 것 같지 않습니다.

이제 질문은 양측의 가용 인력과 물적 우위에 대한 것으로 많이 옮겨가고 있습니다. 원하신다면 이에 대해 더 깊이 논의할 수도 있습니다. 평화를 이루는 데 있어 직면한 과제는 러시아와 우크라이나 양측의 전쟁 목표를 현재로서는 알 수가 없다는 것입니다.

푸틴 대통령은 최근 4시간에 걸친 대규모 기자회견을 가졌지요. 전쟁 목표에 대해 질문을 받았을 때, 푸틴 대통령은 "탈나치화, 비무장화, 중립적 지위"라고 답했습니다. 이 답은 우크라이나 침공을 시작한 날에 했던 발언과 전혀 다르지 않습니다. 그러니 푸틴 대통령이 이 전쟁에서 무엇을 원하는지 전혀 알 수가 없는 것이죠.

칼 아이켄베리

의미 있는 협상을 시작하기 전에, 양측 모두 자신들의 전쟁 목표가 무엇인지 명확하게 알아야 합니다.

현재로서 우리가 아는 바는 푸틴 대통령이 시간이 자신의 편이라고 믿고 물적, 인적으로 우위에 있다고 생각하는 것 같다는 겁니다. 푸틴의 목표가 단지 서방과 우크라이나를 지치게 하는 것이라면요. 이는 어느 정도 효과를 보고 있는 것 같습니다. 한편 젤렌스키 대통령은 우크라이나에서 여전히 인기 있는 대통령으로 남아 있습니다. 지지율이 60% 이상입니다. 전세계 대부분의 민주국가 지도자들이 부러워할 만한 높은 지지율이죠. 하지만 젤렌스키 대통령은 충분한 병력을 전장에 투입하는 데 점점 더 어려움을 느끼고 있습니다.

젤렌스키 대통령은 푸틴 대통령이 서방의 물질적, 정치적 지원이 약화되는 것을 주의깊게 바라보고 있다고 생각합니다. 이에 대해 나중에 더 이야기해볼 수 있겠네요. 과대평가된 것 같지만, 확실히 푸틴 대통령은 2024년 11월 미국 대선 결과를 보고 나서야 극단적이고 광범위한 전쟁 목표에서 더 현실적이고 타협 가능한 목표로 전환할 것인지 결정할 겁니다.

우크라이나 측에서는 젤렌스키 대통령이 영토를 양보하려 해도 큰 어려움이 있습니다. 결국 그는 국민에 의해 선출된 대통령이니까요. 만약 젤렌스키 대통령이 현재 협상 테이블에서 우크라이나 영토를 러시아의 안전보장 및 서방의 지원과 맞바꾸는 것을 심각하게 협상해보자고 말한다면, 빠른 시간 내에 대통령 직에서 물러나게 될 겁니다. 결국 양측 모두가 '고통스러운 교착 상태'에 있지는 않습니다. 서로 옴짝달싹 할 수 없는 심각한 교착 상태야말로 장기화된 분쟁에서 양측을 협상 테이블로 나오게 하는 중요한 변수일 텐데 말입니다.

러시아와 우크라이나에 대해 마지막으로 하고 싶은 말은, 전략적으로 볼 때, 푸틴 쪽이 결과적으로 우크라이나 침공으로 더 많은 영토를 얻게 될 수 있다는 것입니다. 아마도 동결된 분쟁 상태로 끝나게 될 가능성이 높으니까요. 그렇게 되면 푸틴은 사실상 우크라이나 동부의 4개 주를 자신의 통제 하에 두게 됩니다.

지도를 보면 푸틴 대통령이 승리했다고 말할 수도 있을 겁니다. 매우 큰 대가를 치렀지만 결국은 그가 우세했다고 말이죠. 세계적으로 푸틴 대통령을 전략적 천재로 여기는 경향이 있습니다. 하지만 저는 만약 이 사태가 결국 동결된 분쟁 상태에 이르고 4개 주가 그의 통제 하에 있게 된다고 해서, 과연 푸틴 대통령이 전략적 입지에서 우위를 차지한 것인지 묻고 싶습니다.

첫째, 그 4개의 주를 얻기 위해 푸틴이 내준 것은 무엇일까요? 푸틴 대통령은 2014년 크림반도 점령으로 시작한 것을 마무리지었다고 생각할 수 있습니다. 이를 통해 우크라이나의 국가적 결정체로서의 우크라이나 현대 민족주의를 약화시키고 우크라이나 군대에 손실을 입혔을 수도 있고요. 그러나 역설적으로 우크라이나 국민의 지지를 받는 훨씬 더 강력한 우크라이나 군대를 러시아 국경에 두게 될 것입니다.

둘째, 푸틴 대통령은 이 전쟁이 NATO가 가까이 밀려오는 것을 막기 위한 것이라고 말했지만, 정작 핀란드와 스웨덴을 침공하지 않고도 NATO를 자신의 국경 가까이 끌어들이고 말았습니다. 핀란드와 스웨덴이 러시아의 위협을 느끼고 자발적으로 NATO에 가입하는 역설적 결과를 가져왔으니까요. NATO가 이들 국가의 가입을 로비한 것이 아닙니다.

셋째, 푸틴 대통령이 처한 전략적 환경입니다. 이 전쟁이 시작된 이후 코카서스 지역에서 러시아의 영향력은 분명히 감소했습니다. 러시아의 위대한 친구이자 러시아를 '마더 러시아'로 여기며 어려울 때 지원을 요청했던 나라, 아르메니아가 좋은 예입니다. 아르메니아가 점령하고 있던 영토를 아제르바이잔이 침공했을 때 러시아는 도우러 오지 않았지요. 그래서 코카서스에서 러시아의 입지는 약해졌습니다. 중앙아시아에서의 입지도 분명히 약화되었습니다. 푸틴 대통령이 승리를 주장하려 한다면, 전술적인 승리일 수는 있겠지만 전략적으로 앞으로 러시아가 어떻게 나아가는지 두고 봐야 할 것입니다.

마지막으로 푸틴 대통령이 평화를 얻었다는 결론에 도달했을 때, 그가 한 일은 러시아를 전시 동원이 아닌 전시 경제로 변모시켰다는 것을 기억해야 합니다. 아직 인력을 완전히 동원하지 못했다는 사실은 그가 러시아 국민을 밀어붙이는 데 한계가 있음을 보여줍니다. 하지만 그는 경제를 동원했죠. 전쟁이 끝나거나 마침내 동결 분쟁 상태에 이르고, 러시아가 그 전시 경제에서 벗어나려고 할 때, 지금으로서는 상상하기 어려운 경제적 여파를 보게 될 것 같습니다.

현재 러시아는 고용률이 높은 상태입니다. 표면상으로는 GDP가 꽤 좋아 보입니다. 하지만 그것이 전시 경제라는 사실을 간과하지 말아야 합니다. 역사적으로 볼 때 국가들이 전쟁에서 벗어날 때 적어도 일정 기간 동안은 경제가 바닥을 쳤다는 점을 기억해야 합니다.

그럼 문정인 교수님, 괜찮으시다면 강의는 여기서 멈추고 대화를 시작하겠습니다.

분쟁 중재와 미국의 한계

문정인 가자와 우크라이나 전쟁에 대해 매우 포괄적이고 통찰력 있는 분석을 해주셔서 대단히 감사합니다. 몇 가지 질문이 있습니다. 첫 번째로, 우크라이나와 가자 사태에 대한 미국의 대응에 대해 어떻게 평가하십니까? 전세계적으로 불만이 있는 것 같습니다. 미국은 이 문제를 외교적으로 해결하지 못했고, 군사적으로도 적극적인 개입을 하지 않았습니다. 그리고 지적하신 것처럼 미국은 지원 여부에 대해서 내부적으로 의견이 분분합니다. 이 두 경우에서 미국의 외교 및 안보 성과에 대해 솔직하게 평가를 해주시겠습니까?

칼 아이켄베리 네, 러시아-우크라이나 전쟁의 경우, 바이든 행정부가 이를 다루는 방식에 꽤 좋은 점수를 줄 수 있을 것 같습니다. 우크라이나 침공이 시작되기 전 푸틴과의 협상을 전개했고 외교적으로도 진지하게 노력했습니다. 행정부가 최선을 다했다고 생각합니다.

러시아가 우크라이나를 침공할 것이라는 경고 지표가 증가했을 때, 바이든 행정부가 영국 및 다른 NATO 국가들과 함께 매우 혁신적으로 대응했던 점을 기억하실 겁니다. 러시아가 곧 움직일 것이라는 점을 경고하기 위해 선별적으로 정보를 공개하려고 시도했고, 여기에는 중국도 포함되어 있었죠. 그래서 러시아의 침공 이전에 취해진 노력들에 대한 제 생각은 분명합니다. 푸틴의 침공을 막으려는 진정한 노력이 있었습니다.

침공이 시작된 후 푸틴 대통령의 목표는 분명했습니다. 처음에는 우크라이나 지도부를 제거하는 것이었습니다. 젤렌스키를 죽이거나, 체포하거나, 서방으로 도망가게 만든 다음 우크라이나를 러시아의 꼭두각시 국가나 위성 국가로 만들려는 것이었죠. 이는 군사 계획에서 분명히 드러납니다. 그들이 달성하려고 했던 목적이 무엇인지 말이죠. 푸틴 대통령의 글을 보면 우크라이나를 실제 국가로 보지 않는다는 것이 분명해 보입니다. 그에게 우크라이나는 '마더 러시아'의 연장선상일 뿐입니다. 그런 맥락에서 봤을 때, 푸틴 대통령의 즉각적인 목표는 우크라이나 국가의 파괴였습니다. 미국과 서방 국가들이 당시 푸틴에게 접근했을 때를 생각해보면, 그의 전략은 이미 2-3주 내에 우크라이나를 궤멸시키는 것이었죠. 그 시점에서는 사실상 어떤 조치를 취해도 소용없었다고 볼 수 있습니다.

그 이후로 우크라이나를 지원하기 위한 노력이 계속되었습니다. 문 교수님, 푸틴 대통령이 이 전쟁의 목표가 무엇인지 명확히 밝히지 않는 상황에서는 서방 국가들이 대응하기가 매우 어렵습니다. 우리가 기억해야 할 점은, 유럽과 미국에서만 그런 반응이 나온 것이 아니라는 겁니다. 일본도 대응에 나섰죠. 한국도 비난 성명을 냈고, 호주와 싱가포르도 이 공격을 규탄했습니다.

따라서 이 문제를 단순히 미국과 러시아 간의 갈등으로만 보는 것은 너무 협소한 시각입니다. 이는 유럽에게는 실존적인 문제이고, 서태평양 또는 아시아 태평양 지역에도 영향을 미칩니다. 이에 대해서는 나중에 더 얘기해볼 수 있겠죠. 그렇다면 이 문제는 미국, 특히 바이든 행정부로 질문이 넘어갑니다. 문 교수님, 이건 결국 지속가능성에 대한 문제입니다.

미국 정치권에서 지금의 우크라이나의 지원 수준을 계속 유지할 수 있을까요? 불분명합니다. 트럼프 행정부나 다른 공화당 행정부가 들어서면 지원 수준이 낮아질 거라고 보는 사람들도 있죠. 하지만 트럼프가 대통령이었을 때를 봐야 합니다. 그의 재임 기간 동안, 실제로는 오바마 행정부보다 더 높은 수준으로 우크라이나에 무기를 제공했고, 우크라이나의 EU 가입도 지지했습니다. 트럼프 행정부가 어떻게 할지, 푸틴이 어떻게 대응할지 정확히 예측하기 어려운 상황입니다.

중동정책에 관해서는 제 개인적인 견해로는 바이든 대통령이 신속하게 중동으로 가서 이스라엘과의 연대를 보여준 것은 현명한 결정이었습니다. 그렇게 함으로써 미국이 이스라엘의 향후 정책과 군사작전에 더 큰 영향력을 행사할 수 있는 위치에 서게 되었기 때문이죠. 다만 제 생각에는 행정부가 그 이후 공개적으로나 비공개적으로 이스라엘의 군사작전의 비례성에 대해 논의를 시작하기에는 늦었던 것 같습니다. 지금은 행정부가 공개적으로 이스라엘의 군사작전을 완화하고 제한하려는 움직임을 보입니다. 이스라엘의 군사작전이 하마스 지도부에 더 집중되도록 유도하는 것처럼 보이지요. 군사적으로 이는 매우 어려운 일입니다. 제가 비판할 점이 있다면, 이를 전쟁의 첫 번째 원칙으로 공개적으로 언급하는 데 너무 늦었다는 것입니다.

칼 아이켄베리

문정인 러시아의 우크라이나 침공에서 미국은 단호하게 우크라이나 편을 들었습니다. 사실상 미국은 러시아를 '악마'화하고 있죠. 이 때문에 워싱턴과 모스크바 간의 외교적 교류 가능성은 극히 희박해 보입니다. 만약 미국이 NATO와 함께 러시아에 맞서는 입장을 취한다면, 유럽의 안보질서는 앞으로 어떻게 될까요? 유럽에서 과거의 냉전 구조가 부활할 것이라고 보십니까? 이런 안보 딜레마를 극복할 방안이 있을까요? 미국이 유럽의 새로운 안보질서 형성에 있어 주도적인 역할을 할 수 있을까요?

중동에서도 마찬가지입니다. 미국은 이스라엘 편을 들었죠. 아랍국들과 다른 나라들은 미국이 아랍과 팔레스타인 문제를 다루는 데 있어 공정성이나 중립성에 의문을 제기하고 있습니다. 만약 중동 질서가 분열되고 미국이 이스라엘 편을 든다면, 새롭게 대두되는 중동의 안보질서에는 어떤 영향이 있을까요? 유럽과 중동 두 지역 모두의 전문가이시니 이에 대한 의견을 듣고 싶습니다.

칼 아이켄베리 여기서 우선 미국의 세계적 영향력이 25년 전, 아니 50년 전과는 같지 않다는 점을 생각해야 합니다. 새로운 유럽 안보질서에 대해 역사적으로 유추를 할 때, 미국 전략가들은 미국의 영향력이 훨씬 더 컸던 시절을 떠올리는 경향이 있죠. 중동에서도 마찬가지입니다. 미국이 중동에서 군사적으로 가장 영향력 있는 국가이긴 하지만, 중동에는 다른 국가들도 있습니다. 2024년 미국의 영향력은 2000년과 같지 않습니다.

그렇다고 해도, 이른바 새로운 유럽 안보구조를 바라볼 때 두 가지 방향을 내다볼 수 있습니다. 하나는 러시아-우크라이나 전쟁이 종결되는 지점에 도달할 수 있는가 하는 것입니다. 그것도 단순히 동결된 갈등이 아닌 진정한 전쟁의 종결 말입니다. 이는 러시아가 원하는 방향의 우크라이나 국가 성격을 가지게 되는 결과가 될 뿐입니다. 우크라이나가 명확하고 빠른 경로로 NATO 회원국이 될 것인가? 푸틴과 러시아 국가안보 엘리트들의 공통된 견해는 이는 애시 당초 논의할 거리도 되지 않습니다. 19세기 용어를 빌리자면, 우크라이나는 그들의 '근외(近外, near abroad)' 국가이며 세력권 내에 있다는 거죠. 따라서 그들은 우크라이나의 방향성에 대해 발언권을 가진다고 보는 겁니다. 반면 우크라이나의 입장은 만약 러시아와 평화 협정이나 장기적 해결책을 얻는다면 그것이 신뢰할 수 있고 '안전보장'이 가능한 협정이어야 한다는 겁니다. 러시아(모스크바)로부터는 나올 수 없는 것이죠. 신뢰받지 못할 테니까요.

그렇다면 신뢰할 만한 안보보장을 할 수 있는 올바른 공식은 무엇일까요? 우크라이나 국민들이 합의에 나설 수 있게 말입니다. 유럽의 시각은 아마도 EU와의 통합, 경제적 통합으로의 경로일 것입니다. 그러나 여전히 안전보장이 어떻게 가능할 것인가 하는 문제가 남아 있습니다. 러시아의 의심 때문에 NATO가 일방적으로 안전보장을 제공할 수는 없다고 봅니다. 유럽 내에서, 대서양을 넘어서, 그리고 전세계적으로 인정받는 더 넓은 구조를 통해 일련의 안전보장을 제공해 우크라이나가 앞으로 나아가게 할 수 있을까요? 이것이 가능하다면, 유럽의 안보구조를 만들 수 있을까요?

사람들이 우려하는 것은 동유럽과 서유럽 사이의 새로운 분열이 아닙니다. 만약 우리가 동결된 분쟁에 빠지고 어느 쪽도 장기적인 안전보장에 대한 확신을 가지지 못한다면, 동과 서 사이의 경계가 동쪽으로 이동했지만 양극화된 세계로 한 걸음 더 나아가는 상황에 처할 것 같습니다. 이는 러시아-중국 관계, 그리고 러시아와 북한, 이란 같은 국가들과의 관계가 어떻게 될 것인가 하는 질문으로 이어집니다. 우리가 새로운 냉전에 대한 자기실현적 예언의 길

칼 아이켄베리

을 걸고 있는 걸까요?

　중동과 관련해서는 러시아를 제외한 주요 외부 강대국들 사이의 이해관계가 수렴되고 있다고 봅니다. 러시아는 전세계적 혼란으로부터 이익을 얻죠. 서방과 미국의 주의를 분산시킬 수 있는 곳이라면 어디든 러시아가 그 역할을 할 것입니다. 이는 안정을 장기적인 이익으로 보는 중국과는 매우 다릅니다. 따라서 출발점은 미국과 유럽, 중국과 인도, 그리고 이 전쟁의 확산을 막고 싶어 하는 모든 주요 외부 강대국들 사이에 외교적 가능성이 열려 있다는 것입니다.

　도전 과제는 이스라엘 정치와 팔레스타인 정치입니다. 팔레스타인인들과 이스라엘인들이 매우 다른 방식으로 답해야 할 질문은 하마스의 역할은 무엇이며, 서안지구의 팔레스타인 당국의 성격은 어떠할 것이며, 가자지구에서 그들의 역할은 무엇인가 하는 점입니다. 이스라엘에게는 더 어려운 두 번째 질문이 있는데, 바로 정착촌을 어떻게 할 것인가 하는 점입니다.

　문 교수님, 저는 이스라엘과 중동을 자주 방문합니다만, 이스라엘이 일부 정착촌을 해체하고 일부에서 철수하지 않는 한, 실행 가능한 '두 국가 해법'의 길을 보기 어렵습니다. 물론 지금 당장은 정치적으로 불가능하겠죠. 하지만 6개월이나 12개월 후에 이스라엘이 10월 7일의 트라우마에서 회복하기 시작하면서 자국과 접경 지역에서 지속가능한 안보를 확보할 방도에 대한 새로운 정치적 논의를 할 수 있을까요? 가능성은 있습니다. 저는 블링컨 국무부 장관이 중동을 여러 차례 방문할 때 비공개로 바로 이 점을 논의하고 있다는 걸 알고 있습니다. 중국도 비공개로 이에 대한 답을 얻으려고 노력하고 있을 겁니다. 전쟁이 아직 치열하게 진행되고 있는 지금 당장은 돌파구를 볼 수 없겠죠. 하지만 1, 2년 후에 이스라엘에서 팔레스타인 국가와 함께하는 새로운 질서 재편의 가능성을 볼 수 있을까요? 그건 가능하다고 봅니다.

미국은 세 개 혹은 그 이상의 전선을 감당할 수 있을까?

문정인 하지만 현실을 보면 유럽에서 갈등이 있고, 중동에서도 갈등이 있습니다. 동아시아에서도 또 다른 분쟁이 일어날 수 있습니다. 미국 군대가 유럽, 중동, 동아시아 이 세 지역 모두를 감당할 수 있다고 보십니까?

칼 아이켄베리 우선 미국은 러시아와 우크라이나 간의 분쟁에 직접적으로 관여하지 않고 있으며, 이스라엘-하마스 갈등에도 간접적으로만 관여하고 있습니다. 현재 미국은 영국과 함께 예멘에 공습을 하고 있는 정도입니다. 하지만 미군의 대규모 직접 개입은 없습니다. 물론 이 두 전쟁을 위해 정보와 자원을 활용하는 데 있어, 세계의 다른 지역에서 그 대가를 치르고 있습니다. 현재 미국의 주요 비용은 우크라이나와 이스라엘에 제공하는 군수품과 군사지원 및 원조 수준과 관련이 있습니다.

우크라이나에 대한 지원은 말 그대로 상상을 초월하는 수준입니다. 지난 1년 반 동안 미국은 우크라이나에 직접적으로 450억 달러의 군사지원을 제공했습니다. 50대의 전차, 150대의 보병 전투차량, 많은 곡사포, 대량의 탄약 등을 포함하고 있죠. 이 450억 달러와 이스라엘에 지원한 연간 30억 달러의 군사지원금을 한 번 비교해보세요.

군사지원으로 미국의 군사 재고가 줄어들고 있다는 얘기를 많이 들었을 겁니다. 이는 주로 탄약, 유도 미사일과 같은 소모성 품목에서 일어나고 주요 무기 체계인 항공기, 함정과 같은 최종 품목 종류에서는 일어나지 않습니다. 전쟁이 계속되면서 우크라이나와 이스라엘에 대한 공급도 줄어들고 있습니다. 아시아 태평양 지역에 대한 미국의 안보 공약에 부정적 영향을 미칠까요? 사용 가능한 보급품과 군수품 수준 측면에서는 그렇습니다.

하지만 문 교수님, 러시아-우크라이나 전쟁이 시작되기 전에 미국이 보유했던 재고를 보면, 이미 그때도 불충분했을 겁니다. 러시아-우크라이나 전쟁에서 배운 점은 전투원들의 탄약 소비량이 엄청나게 많다는 것입니다. 이 전쟁은 사실 전세계의 군사 전략가들과 지도자들에게 커다란 경각심을 주고 있습니다. 전세계의 군사 전략가들과 지도자들은 군사 충돌이 일주일 만에 끝난다면 충분히 재고를 확보할 수 있을 거라고 생각합니다. 그러다 전쟁의 혼란 속에서, 전쟁이 일주일 만에 끝나지 않고 몇 달 동안 계속된다는 것을 깨닫게 되죠.

그래서 이는 미국인들에게, 또 한국과 유럽인들에게도 잠재적인 부족분을 해결해야 한다는 자극제가 되었습니다. 하지만 우리가 그렇게 하려고 노력하는 동안에도, 우크라이나의 재고를 계속 보강하고 채워야 할 필요성이 미국 군대에 스트레스를 주고 있습니다. 미국의 전세계적인 안보 공약을 고려할 때, 이는 커다란 부담이 되고 있습니다.

결론적으로 말하자면, 군수 측면에서는 스트레스가 있지만 가용한 작전 병력 측면에서는 덜합니다. 하지만 여기서도 비상 계획을 생각해야 합니다. 중동의 전쟁이 확대되거나, 러시아-우크라이나 전쟁이 (신께서 금하시길) 확대된다면, 전세계에 배치된 미군에 영향을 미칠 수 있는 비상 계획이 필요할 것입니다.

문정인 그게 바로 핵심입니다. 특히 11월에 트럼프가 재선되거나 다른 공화당 후보가 당선된다면, 미국의 이런 군사적 개입과 안전보장정책이 급격히 바뀔 수 있는데요. 그렇다면 이는 동아시아, 특히 한국과 대만에 어떤 영향을 미칠까요?

칼 아이켄베리 지금은 미국의 양당, 즉 공화당과 민주당 양대 정당이 같은 목소리를 내고 있습니다. 국내 정치를 포함해서 정치적으로 두 당을 하나로 묶는 유일한 외교정책, 아니 유일한 이슈는 '중국에 대한 우려'이며 이에 대응하기 위해 외교, 경제, 군사 등이 포함된 '포괄적 전략'이 필요하는 것입니다.

공화당의 승리가 대중국정책에 어떤 영향을 미칠까요? 제가 보기에는 큰 변화는 없을 것 같습니다. 가장 큰 질문은 동맹국들에 대한 정책이 어떻게 바뀔 것인가 하는 점이죠. 지난 트럼프 행정부는 동맹과 파트너들에게 자체 국방비 지출을 늘리고 자국 안보에 더 큰 책임을 지라고 압박했습니다.

과연 그때의 기조로 돌아갈까요? 아시아 태평양 지역에서는 그럴 것 같지 않습니다. 유럽에서는 확실히 그럴 것 같은데, 물론 유럽도 이미 달라졌습니다. 어쩌면 그 점에서는 트럼프가 약간의 공로를 인정받을 만합니다. 아시아 태평양 지역에 관해서는, 트럼프 행정부가 중국에 대해 더 총체적으로 생각할 것 같습니다. 한국이나 일본에 공개적으로 압박을 가해 국방비 지출을 더 늘리라고 요구할 가능성은 낮아 보입니다. 일본과 한국 모두 이미 국방비를 증액했으니까요

문정인 그럼 한 가지 질문을 더 하겠습니다. 아시아 태평양 지역에서 지금 진행 중인 논쟁이 있습니다. 현재 우리는 러시아의 우크라

이나 침공과 가자 사태를 목격하고 있습니다. 그렇다면 다음은 무엇일까요? 이에 대한 커다란 논쟁들이 일어나고 있죠. 어떤 이들은 '대만해협'이 다음이 될 거라고 말합니다. 또 다른 이들은 '한반도'라고 말하죠. 대만의 새로운 정치적 변화로 대만해협의 긴장이 고조될 수 있습니다. 하지만 동시에 남북한은 '강 대 강' 대결 국면으로 접어들고 있습니다. 한국에서 분쟁이 고조될 가능성에 대해 어떻게 보시나요? 지금 베이징에 계시니 어느 정도 감이 오실 것 같은데요.

칼 아이켄베리 러시아-우크라이나 문제로 돌아가보면, 전쟁이 처음 발발했을 때 전문가들 사이에서 '오늘은 러시아-우크라이나, 내일은 중국-대만'이라는 말이 유행했던 걸 기억하실 겁니다. 이런 유추에는 정말 주의해야 하지만, 아시아 태평양 지역에서 이런 비교가 유행했죠.

　이런 비교를 사용할 때 좋은 연구자나 전략가라면 먼저 '무엇이 다른가' 하고 물어야 합니다. '무엇이 같은가'가 아니라 '무엇이 다른가'를 말이죠. 다른 점들을 면밀하게 검토하다보면, '이 토론을 그만두자. 너무 다른 게 많다'고 말하게 될 겁니다.

　러시아-우크라이나와 중국-대만의 경우를 보면, 러시아가 우크라이나에 대해 주장하는 주권은 국제법상 전혀 근거가 없습니다. 반면 중국-대만의 경우, 미해결된 내전이라는 걸 전세계가 인정합니다. 따라서 법적 문제가 매우 다릅니다. 러시아-우크라이나의 경우는 흑백논리가 명확합니다. 하지만 다른 한편으로, 미국은 국내법을 가지고 있습니다. 물론 베이징은 인정하지 않지만, 대만관계법이라는 것이 있죠. 이는 일종의 국내 법적 지위를 가집니다. 따라서 중국과 대만 사이에 분쟁이 발생하면, 미국은 자국의 국내

법을 통해 대응할 의무가 있지만, 우크라이나에 대해서는 그런 의무가 없습니다.

러시아-우크라이나 전쟁이 가지는 유럽과의 근접성, 유럽의 오랜 분쟁의 역사, 그에 따른 일종의 민감성을 고려해보면 유럽인들은 더욱 이 전쟁을 실존적인 문제로 바라볼 수 있습니다. 그들의 역사와 러시아와의 미래에 대한 해석에 기반해서 말이죠. 반면 중국 본토와 대만의 경우 물론 주변국들도 우려하고 있지만, 지역 내 경제적 영향에 대한 걱정이 있을 뿐 같은 수준의 문제가 아닙니다.

마지막으로 말하고 싶은 점은 러시아-우크라이나의 '동결 분쟁'입니다. 푸틴은 조지아를 공격했고, 거기서 동결 분쟁을 만들었습니다. 몰도바에서도 동결 분쟁이 있었지요. 러시아-우크라이나도 동결 분쟁으로 끝날 수 있습니다.

하지만 중국 본토와 대만의 경우는 매우 다릅니다. 의견이 다를 수 있지만, 만약 중국이 대만에 무력을 사용하는 시점이 온다면, 저는 과연 이것이 동결 분쟁으로 끝날 수 있을지 어떨지 모르겠습니다. 무력 사용이 일정 수준에 도달하면, 중국 입장에서는 동결 분쟁이 전혀 지속가능하지 않다고 볼 겁니다.

그렇다면 러시아-우크라이나 전쟁을 바라보는 중국은 어떤 결론을 내릴까요? 미국이 우크라이나에 지상군을 투입하지 않았다는 점, 푸틴 대통령이 핵무기 사용을 암시했을 때 미국이 주저했다는 점, 러시아에 대한 경제제재가 초기에 예상했던 만큼 효과적이지 않았다는 점을 어떻게 볼까요?

이 모든 요소들을 고려할 때, 중국은 미국이 대만에 무력을 사용할 가능성이 생각만큼 크지 않다고 판단할 수 있을 것입니다. 전쟁 이전에 생각했던 것만큼 말입니다. 하지만 다른 한편으로, 우리는 러시아와 우크라이나 전쟁에서 러시아의 군사 장비와 기술이 실

칼 아이켄베리

패하는 것을 목격했습니다. 중국은 많은 장비를 보유하고 있지만, 그 장비들의 핵심은 여전히 러시아 기술입니다.

개전 초기, 전쟁의 전개를 한치 앞도 내다볼 수 없던 상태에서 러시아가 압도적인 군사력으로 우크라이나 군대를 금방 물리칠 것이라는 생각이 지배적이었습니다. 하지만 결과는 놀라웠습니다. 우크라이나가 러시아의 군사 시스템에 대항할 방법을 찾아낸 능력, 무엇보다 우크라이나 국민의 항전 의지가 놀라웠습니다. 우리는 전쟁이 일종의 경쟁 스포츠라는 사실을 잊어서는 안 됩니다. 결국에는 각자의 의지가 크게 중요합니다. 물론 물질적인 것도 중요하지만 국민의 의지가 중요합니다.

이 모든 것이 사람들로 하여금 전쟁의 결과가 불확실하다고 느끼게 할 수 있습니다. 하지만 타이페이에 있든, 베이징에 있든, 워싱턴에 있든 누구도 대만해협에서 분쟁이 일어나기를 원하지 않는다는 것입니다. 매우 중요한 점은 중국이 대만과의 분쟁에 영향을 줄 수 있는 자원을 살펴보면, 군사력 이상의 것을 가지고 있다는 점입니다. 막대한 경제적 자원, 정보 자원, 외교적 자원을 가지고 있죠. 이른바 도구상자가 푸틴 대통령보다 훨씬 더 다양하고 크다고 볼 수 있습니다.

'조용한 대화'의 필요

문정인 대만문제에 관해 미국과 중국 간의 소통 수준은 어느 정도인가요? 중국과 미국 간의 군사 대화에 대해 잘 알고 계신 걸로 압니다. 이 점에 대해 좀 더 자세히 설명해주시겠습니까?

칼 아이켄베리 조금 말씀드릴 수 있겠네요. 양측 간에 많은 외교적 접촉과 조용한 대화가 있었다는 것을 알고 있습니다. 이를 통해 각자의 입장을 명확히 하려 노력하고 있죠. 미국은 계속해서 '하나의 중국정책'에 대한 의지를 재확인하고 있습니다.

군사적인 측면에서 조금 더 말씀드릴 수 있는 부분은요, 지난 몇 년간 군 대 군 사이의 국방 대화가 감소하고 여러 번 중단되었다는 점입니다. 미국의 견해에서는 이것은 위험한 사인입니다. 양측에 사고가 발생할 경우를 대비해 군 대 군 통신이 매우 중요하다고 보는 것이죠. 이는 사고를 방지하는 데 중요합니다. 만약 사고가 발생한다면, 바로 또 직접적으로 상대방과 대화할 수 있어야 합니다.

문제는 수년간 미국과 중국이 '사고 방지와 위기 관리'에 대해 근본적으로 다른 견해를 가지고 있다는 점입니다. 미국은 국제법에 따라 국제 수역과 영공을 정의하고 서태평양에서 활동하고 있습니다. 그리고 그 때문에 중국이 미군을 감시하고 요격할 것이라는 점을 알기에 미국의 입장에서는 오히려 약간 더 위험하다고 보는 것이죠. 그래서 양측이 자주 만나 사고 방지 방법에 대해 논의해야 합니다. 언젠가는 사고가 발생할 가능성이 충분하기 때문입니다. 의도치 않게 기계가 고장나거나 운영자가 실수를 할 수 있으니까요.

그래서 사고가 발생했을 때, 어떻게 소통하고 위기를 관리할지에 대해 논의해야 합니다. 하지만 중국의 견해는 이렇습니다. "미국은 사고 방지와 위기 관리를 이야기하고 싶어 하지만, 사실상 이 문제를 해결하는 가장 간단한 방법은 미군이 중국의 해안과 영공에서 더 멀리 떨어지는 것입니다. 그렇게 하면 사고 발생 가능성이 크게 줄어들 겁니다. 미군이 멀리 있으면 위기 관리에 그렇게 많은 시간을 할애할 필요가 없을 겁니다. 미군이 그렇게 작전을 수행하고, 태평양 더 먼 곳에서 일어나는 사고 방지에 대해 이야기하고 싶다면, 그렇게 할 수 있지요."

흥미롭게도 저는 1990년대 후반 중국과 미국 간의 초기 회담에 참여했습니다. 당시 우리는 양측 간의 '신뢰구축조치'를 달성하려 노력했고, 성공적으로 합의가 이루어졌습니다. 이를 '군사해상협의협정'이라고 부릅니다.

하지만 그 당시에도 중국의 군사적인 시각은 제가 오늘 말씀드린 것과 매우 비슷했습니다. 오늘날 미국은 "중국이 더 공격적으로 변하고 있다. 과거보다 훨씬 더 자주 미국 항공기를 통제하고, 미국 함선을 마주치고 있다"고 말합니다. 이에 대해 중국은 "그건 우리가 이제 그런 능력을 갖추었기 때문"이라고 응답하죠. "만약 1990년대에도 우리가 같은 능력이 있었다면, 그때도 똑같이 했을 겁니다. 이제서야 우리도 미군을 감시할 수 있고, 실제로 항공기와 함선을 발진하고 미군과 대척할 수 있는 능력을 갖추게 되었지요."

다행스러운 소식은 작년 11월 시진핑 주석과 바이든 대통령이 샌프란시스코에서 만났을 때, '군 대 군' 대화 재개가 의제에 올랐고 양측이 지금 진행하고 있다는 것입니다. 이처럼 대화가 천천히 재개되고 있습니다.

문정인 마지막으로 한반도의 안보 상황에 대해 어떻게 보시나요? 지금 긴장이 고조되고 있습니다. 남북한은 선제공격, 공세적 억제 전략, 정면 대결에 대해 이야기하고 있죠. 정말로 상황이 악화일로를 걷고 있습니다. 한반도에 대해 어떻게 생각하십니까?

칼 아이켄베리 네, 저도 걱정이 됩니다. 우선 현재 세계 지정학적 상황으로 보면, 일종의 축이 형성되고 있는 것 같아 걱정이 됩니다. 어쩌면 너무 과대평가하는 것일 수도 있지만, 군사적 차원에서의 연결이 있지요. 모스크바, 테헤란, 평양 사이에 실제적으로 말입니다. 평양과 이란이 러시아에 탄약과 드론을 제공하고 있거든요. 매우 걱정스러운 일이죠.

이런 종류의 축이 형성되면서 모스크바와 테헤란에서 평양으로 어떤 종류의 기술 이전이 이루어지고 있다는 생각이 듭니다. 김정은이 순수한 선의로 이런 일을 하고 있고 그 대가로 아무것도 받지 않는다고 생각하는 것은 우리의 착각일 겁니다. 그래서 저는 북한의 불안정화, 고립 심화, 그리고 이로 인해 발생하는 불안정에 대해 걱정하고 있습니다.

중국은 북한의 움직임에 대해 어떤 생각을 가지고 있을까요? 아마도 북한이 러시아 쪽으로 기울고 있는 것에 대해 불만족스러울 겁니다. 김정은이 자신의 계산 속에서 베이징과 모스크바를 이용하려 하고 있는 걸까요? 저는 이를 주시하고 김정은이 오판을 할 가능성에 대해 고민해야 한다고 봅니다.

항상 존재하는 위험이 있지요. 북한 측의 오판이나 사고로 인해서 도발이 발생할 수 있습니다. 그런 상황에서 한국이 "우리는 이에 대응해야 한다"고 말할 수 있습니다. 매우 신중하고 비례적인 방식으로 대응하는 것이 아니라, 위기 상황에서 "우리는 (비례성의 원칙을 따르지 않고) 3대 1로 대응하여 교훈을 주고 이를 끝내겠다"고 할 수 있습니다. 그러면 북한이 이를 오해하고, 여기서부터 매우 빠르게 확전이 시작될 수 있습니다.

지금 북한은 트럼프 시대로 돌아가 마침내 미국으로부터 인정을 받고자 하던 외교적 목표를 더 먼 목표로 보고 있습니다. 김정은은 어떻게 미국과 한국의 관심을 끌어 협상 테이블로 돌아갈 수

칼 아이켄베리

있을까요? 저는 지금 당장은 그 방법이 보이지 않습니다. 오히려 실수할 가능성이 크다고 봅니다.

* * *

문정인 아이켄베리 교수님, 감사합니다. 이제 청중들에게 질문을 받도록 하겠습니다. 질문이나 의견이 있으신가요?

타일러 훌륭한 강연 감사합니다. 제 질문은 아프가니스탄에 대한 교수님의 경험과 지식으로 돌아가고 싶습니다. 중동에서 벌어지는 지정학적 복잡성 속에서요. 아프가니스탄에서 일어난 일, 특히 미국의 실패라고 할 수 있는 부분에서 우리가 배울 수 있는 교훈이 있을까요? 아니면 실패라고 하기보다는, 철수해야 했던 상황에서 얻은 교훈이 있을까요? 이러한 경험에서 중동의 맥락에서 적용하거나 피할 수 있는 것들이 있을까요? 특히 외교, 군사, 또는 국가 건설 측면에서요.

칼 아이켄베리 네, 좋은 질문들입니다. 먼저 실패라고 부르는 것을 주저하지 마세요. 우리는 외교적으로나 군사적으로 일련의 실패를 겪었습니다. 간단히 말씀드리자면, 첫 번째 교훈은 군사력 사용을 결정하는 것은 매우 쉽지만, 철수하는 것은 매우 어렵다는 것입니다. 2001년 아프가니스탄에 들어갔을 때, UN 결의안과 연합군의 지지를 받았지만, 우리의 임무는 오사마 빈 라덴을 넘기지 않은 탈레반 정권을 응징하는 것이었습니다. 임무의 실제 목적이 알카에다의 파괴였던 겁니다. 우리는 목적을 달성하지 못했고, 2001년 10월, 11월의 초기 공세 동안 빈 라덴을 잡는 데도 실패했습니다.

그 결과 미국은 일종의 진퇴양난에 빠졌습니다.

아프가니스탄에서 우리는 빈 라덴을 잡지 못했습니다. 알카에다 수색이 계속되는 동안 미군은 그곳에 머물러야 했습니다. 그렇게 시간이 지나면서 탈레반이 재건되었죠. 빈 라덴을 잡겠다는 매우 구체적인 임무에서 시작해, 탈레반에 대한 반군 진압 작전으로, 그리고 결국 국가 건설 캠페인으로 확대되었습니다. 아프가니스탄에서 얻은 가장 중요한 교훈은 중동을 포함해 전세계 어디에서나 적용될 수 있는데요. 미국이 군사력을 너무 빨리 사용했다는 겁니다. 특히 냉전 종식 이후 미국을 제어할 만한 대등한 경쟁자가 없었던 시기라서 더욱 그랬죠. 그것이 첫 번째입니다.

두 번째는 미국이 세계의 여러 지역을 바라볼 때, 더 겸손해져야 한다는 것입니다. 다른 지역 행위자들과 주요 외부 세력들을 모아 함께 협상 테이블에 앉고 그들이 각자의 목소리를 낼 수 있도록 투표권을 가지게 해야 한다는 점에서 말입니다. 특정 이슈 영역에서 모든 행위자가 동등한 투표권을 갖지 못할 수 있습니다. 하지만 아프가니스탄의 경우를 예로 들자면, 아프가니스탄 분쟁을 종식시킬 수 있는 지속가능한 해결책을 얻을 수 없을 겁니다. 러시아, 중국, 이란, 파키스탄과 같은 중요한 투표권을 가진 국가들을 테이블에 앉히지 않는다면 말입니다. 그럼 어떻게 할 수 있을까요? 쉽지 않은 일이죠. 미국이 이에 대해 심각하게 고민하지 않았다는 게 아닙니다. 하지만 어떤 방향으로 나아가고 있는데, 상대방을 협상 테이블로 데려올 수 없다면, 외교 전략을 다시 생각해봐야 합니다. 왜냐하면 미국이 아프가니스탄에서 무엇을 하려고 했든 간에, 파키스탄의 예를 들자면, 아프가니스탄에 100억 달러의 지원을 제공하고 그것이 결정적일 거라고 생각할 수 있습니다. 하지만 파키스탄 정부나 국가 전체의 관점에서 보면, 그들이 1,000만 달러만 쓰

칼 아이켄베리

면 미국의 모든 노력이 물거품이 될 수 있습니다.

세 번째는 현재 진행 중인 분쟁에 대한 해결책을 찾을 때, 현실적이어야 한다는 것입니다. 미국의 경우, 냉전 종식 이후 아마도 처음 15년에서 20년 동안 전세계의 모든 내전, 모든 분쟁의 해결책은 민주화와 시장 개방이라는 생각이 있었던 것 같습니다. 아프가니스탄과 이라크에서 미국 정부와 군대의 매우 실망스러운 성과로 인해서, 이제 우리는 한 국가가 지속가능한 정치적 안정을 찾는 방법이 반드시 투표함을 통해서만 가능하다는 것은 아니라는 견해를 가지게 된 것 같습니다.

이 질문에 대한 답변을 영국의 전 총리 고든 브라운의 매우 도발적인 인용구로 마무리하겠습니다. 그는 노동당 출신이죠. 아프가니스탄 전쟁이 절정에 달했을 때 몇 년간 영국 총리를 맡았습니다. 그는 변호사 출신이며 학문적, 지적으로 매우 뛰어난 사람입니다. 그가 쓴 논문에서 1215년 마그나 카르타 시대부터 1688년 명예혁명까지의 영국의 경험에 관해 이야기했습니다. 영국이 끝없는 내전에서 민족주의 의식을 가진 민주국가로 통합되기까지의 과정을 말이죠.

그 글의 요점은 1215년 마그나 카르나가 서명되었을 때, 사람들이 영국 역사를 돌아보며, 그 이후 영국이 오늘날의 민주국가가 되는 길을 걸어왔다고 말한다는 겁니다. 그러나 사실은 서명 이후 1년 만에 국왕과 귀족들 사이에 반란이 일어났고, 곧바로 내전으로 돌아갔습니다. 그 후 1600년대 말까지 영국에서는 20-25년마다 내전이 있었습니다. 그래서 그의 논문에서 말하길, 법치주의 확립에 있어 첫 400년이 가장 어려웠다고 말했습니다.

저는 그것을 읽고 아프가니스탄에서의 경험을 떠올렸습니다. 그리고 미국이야말로 이 역사적 교훈을 훨씬 깊이 이해하게 되었다고 생각합니다. 이제 한 나라가 오늘날의 갈등에서 정치적 안정과 경제적 현대화로 가는 길은, 오직 그 나라 스스로가 자연스럽게 찾을 수 있는 길이라는 걸 말입니다. 반대로 외부인들이 와서 "여기 당신들이 채택해야 할 정치 제도들이 있습니다. 이것만 하면 모든 것이 잘 될 겁니다"라고 이끄는 것은 아니라는 것을 말이죠.

신언 아이켄베리 대사님, 다시 뵙게 되어 반갑습니다. 파키스탄에서 한국대사로 근무했던 신언이라고 합니다. 한국의 보수진영에서는 11월 선거를 통해 또 다른 공화당 행정부가 들어서면, 미국의 이른바 고립주의 경향이 더 강해질 것이라는 우려가 있습니다. 이는 현 바이든 행정부의 정책과 상충되는 것이죠. 공화당이 정권을 잡게 되면 한국인, 특히 보수진영에 있는 사람들의 이런 우려가 현실이 될 거라고 보시나요?

두 번째 질문은 네타냐후 총리에 관한 것입니다. 그의 국내 정치적 입지가 그리 강하지 않다고 알고 있지만, 어떤 면에서 하마스의 이스라엘 공격이 그에게 교착 상태에서 빠져나올 수 있는 일종의 틈새를 제공했다고 볼 수 있습니다. 이스라엘의 국내 정치 상황이 현재의 하마스-이스라엘 분쟁에 어떤 영향을 미칠 수 있다고 보시나요? 두 가지 질문입니다. 감사합니다.

칼 아이켄베리 대사님, 반갑습니다. 먼저 네타냐후와 이스라엘에 대해 말씀드리겠습니다. 제 견해로는, 아직 분쟁 초기라 6개월 후 이스라엘 정치가 어떤 모습일지 이해하기는 어렵습니다. 저도 물론 동의합니다. 10월 7일 공격은 역설적으로 네타냐후에게 새로운 생명을 불어넣었죠. 전시 상황에서 국기 아래 뭉치는 현상이 일어났고, 그는 전시 내각을 구성했으니까요. 이 전쟁이 계속됨에 따

칼 아이켄베리

라, 이스라엘의 하마스에 대한 정책, 가자지구에서의 전쟁 목표, 그리고 '두 국가 해법'에 극적인 영향을 미칠 몇 가지 추세를 보게 될 것 같습니다.

우선 이 상황이 지속되면 네타냐후에게 심판의 날이 올 것입니다. 네타냐후는 하마스의 위협이 대두된 대부분의 기간 동안 총리였고, 이스라엘 군과 정보기관이 이를 놓쳤습니다. 그것은 분명히 네타냐후의 책임입니다. 이 책임을 피할 수 없을 것입니다. 두 번째로, 현재 이스라엘 내에 여전히 붙잡혀 있는 100명 이상의 인질들을 어떻게 다룰 것인지, 가자지구와 하마스에 대한 전쟁을 어떻게 진행할 것인지에 대한 긴장이 고조되고 있습니다.

네타냐후는 하마스 지도부 제거에 중점을 두고 있습니다. 달성하기 매우 어려운 과제이지요. 그들은 아직 하마스 지도부, 핵심 지도부를 찾지 못했습니다. 만약 그들이 가자지구에 있다면, 이스라엘 군이 아직 찾지 못한 땅굴단지 어딘가에 있을 것입니다. 남부 가자지구로 빠져나갔을 수도 있습니다. 지금 논쟁이 되는 것은, '네타냐후가 하마스에 대한 강력한 전쟁 수행에서 한발 물러나 인질들을 구출하는 데 우선순위를 두고 나서 노력을 재개해야 하는가'입니다.

세 번째로 가장 중요한 것은 이스라엘 경제에 미치는 영향일 것입니다. 전쟁이 시작된 이후 GDP가 2% 하락했습니다. 현재 35만 명의 민간인이 예비군으로 동원되었습니다. 예를 들어 첨단기술 산업은 큰 타격을 받고 있습니다. 첨단기술산업에 전념해야 할 사람들이 동원된 것이죠. 현재 이스라엘 수출의 12%, GDP의 약 8%가 첨단기술 부문에서 나오고 있고, 다른 부문들도 타격을 받고 있습니다. 그들은 이런 수준의 동원을 몇 달 더 지속할 수 없을 것입니다. 그 전에 엄청난 경제적 결과를 맞게 겁니다.

특히 이스라엘은 국경을 넘어 이스라엘로 들어오는 팔레스타인 노동자들에 대해 엄격한 제한을 가하고 있습니다. 이 때문에 이스라엘은 현재 팔레스타인들을 대체할 외국인 노동자들을 인도에서 데려오기 위해 협상 중입니다. 다시 말하지만, 이는 지속 불가능한 종류의 문제인 것 같습니다.

길게 말씀드렸지만 요점은 6개월 후 이스라엘이 어떤 상황일지 아무도 예측할 수 없다는 것입니다. 하지만 제 생각에는 네타냐후의 유산이 명백히 신뢰를 잃을 가능성이 있습니다. 혹시 이스라엘인들이 다시 뭉쳐서 더 중도적인 정치세력을 형성할 가능성이 있을까요? 지금으로선 그냥 희망사항이지만, 실제로 그런 일이 일어날 가능성이 아예 없다고는 생각하지 않습니다. 그것이 실현되지 않으면, 이 분쟁이 어떻게 끝날지, 그리고 어떻게 '두 국가 해법'으로 가는 길을 찾을 수 있을지 모르겠습니다.

그것이 실현되지 않는다면 물론 몇 년 후에 다시 돌아갈 가능성도 있습니다. 모든 것이 다시 잊혀지고, 이스라엘이 군사적 목표를 달성했다고 여기며, 세계는 계속 앞으로 나아갈 것입니다. 10월 7일 이전과 마찬가지로 팔레스타인의 노력을 잊어버릴 것입니다. 하지만 그 시점에서 우리가 한 일은 단지 5년 후 더 심각한 폭발을 기다리는 것뿐입니다.

미국과 우리의 다가오는 선거에 관해서 제가 걱정하고 있다는 사실을 숨기지는 않겠습니다. 두 가지 점에서 걱정됩니다. 미국 국내 정치에서 양당이 소위 '게임의 규칙', 즉 제도에 대한 헌신이 약화되고 있다는 점이 우려됩니다. 우리는 이에 대해 진지하게 생각해봐야 합니다.

도널드 트럼프가 처음 미국 제도에 대한 신뢰를 약화시킨 것은 아닙니다. 이는 트럼프 이전부터, 20년 전부터 장기적으로 진행되어왔습니다. 여론 조사를 보면 미국 의회에 대한 미국인들의 호감도는 15%, 대법원은 25% 정도였습니다. 트럼프가 한 일은 호감도 하락을 가속시켰지만, 지금은 걱정스러울 정도로 호감도가 낮습니다.

민주주의는 일종의 스포츠이고 모든 사람이 게임의 규칙을 믿을 때 작동합니다. 점점 더 사람들이 미국에서 이 민주주의라는 스포츠를 하고 있지만, 관중뿐만 아니라 경기장에 있는 선수들도 규칙에 대한 신뢰를 잃어가고 있습니다. 그렇다면 이번 2024년 선거가 일종의 분수령이 되어서 연방정부 차원에서의 통치가 어려워지기 시작할까요? 그것이 가장 최악의 결과이죠.

하지만 11월까지는 아직 시간이 많이 남아 있습니다. 민주당의 극단적인 정책을 재고하도록 만드는 성격의 또 다른 공화당 후보가 나올 수 있는 시나리오도 있겠지요. 그러면 민주주의의 달콤한 지점에 도달할 수도 있습니다. 주요 경쟁 세력들이 모두 중도를 향해 경쟁하는 상황 말입니다. 지금은 모두 극단을 위해 싸우고 있지만요.

외교정책과 관련해서는 어떤 영향이 있을까요? 바이든 행정부가 돌아온다면, 지금과 비슷할 것 같습니다. 국제무역정책 측면에서 몇 가지 노력을 더 볼 수 있을 것 같습니다. 하지만 현재 미국 국민들의 상황을 볼 때, 다자간 무역협정에 대한 초당적 지지가 있던 시절로 돌아갈 수 있을 것이라고 보지 않습니다. 다만 양자 협정에 대해 더 강력한 노력이 있을 수는 있겠죠.

공화당 행정부가 들어선다면, 질문하신 것처럼 저도 걱정이 됩니다. 과연 바이든 행정부에서보다 더 고립주의적인 접근으로 이어질까요? 저는 가능하다고 봅니다. 다만 예외적으로 세계 일부 지역에서는 일관성을 볼 수 있을 것 같지만, 유럽이나 중동에 대한 정책에 영향을 미칠까요? 아마도요. 서반구에서 점점 더 큰 문제들이 나타나고 있죠. 제가 있는 중국은 아니지만요. 서반구에서 문제가 커지고 있죠. 만약 서반구의 문제가 충분히 두드러지면, 미국은 그쪽으로 다시 초점을 맞출 것입니다. 그곳이 우리 뒷마당이니까요.

문정인 아이켄베리 교수님, 오늘 훌륭한 강연 정말 감사합니다. 교수님에게서 많은 것을 배운 것 같습니다. 제임스 레이니 대사님께도 교수님의 따뜻한 말씀을 전하겠습니다. 95세의 고령이시지만 항상 저희 강의를 시청해주고 계십니다. 레이니 대사님께 여러분의 칭찬의 말씀 전하겠습니다. 다시 한번 정말 감사드립니다.

칼 아이켄베리 문 교수님, 감사합니다. 정말 즐거웠습니다.

트럼프 대통령의 두 번째 임기 동안 외교정책을 전망하는 것은 어려운 과제입니다. 이는 국제 안보 환경이 2021년 그가 퇴임한 이후 크게 변화했기 때문이며, 이 글을 작성하는 시점에서 아직 그의 국가안보팀이 구성되지 않았고, 행정부의 우선순위도 명확하지 않으며, 여러 주요 사안에 대한 차기 의회의 지지 여부도 불확실하기 때문입니다. 그래도 다음과 같은 점을 예상할 수 있습니다.

①러시아-우크라이나 전쟁을 끝내기 위한 외교적 해결 방안 모색에 중점

②미중 안보관계에 불확실한 결과를 가져올 수 있는 중국에 대한 관세 및 무역 제재 확대

③이스라엘의 대하마스 전쟁에 대한 지속적인 지원

④첨단기술 분야에서 미국의 경쟁 우위 유지에 초점

⑤미국 미래 군사 역량에 대한 높은 수준의 투자

트럼프는 외국 지도자들과의 개인적 관계를 중요시하며, 임기 초기에 시진핑 중국 국가주석 및 블라디미르 푸틴 러시아 대통령과 직접 접촉할 가능성이 높습니다. 또한 북한의 김정은 위원장과 대화를 재개하는 방안도 고려할 수 있습니다.

트럼프 대통령이 직면할 외교정책의 도전 과제 중 하나는 글로벌 안보 및 경제문제가 점점 더 상호 연관성을 가지면서, 단일 사안을 개별적으로 다루려는 노력이 복잡해지고 있다는 점입니다. 러시아-우크라이나 전쟁이 그 한 예입니다. 이 전쟁은 현재 북한과도 직접적으로 연관되어 있으며, 미국, 유럽, 중국, 이란이 교전 당사자들을 지원하면서 지속되고 있고, 경제제재를 위해 복잡하게 체제가 얽혀 있습니다.

8장

미국의 신경제책략과 중산층 외교

경제 외교정책은 어떻게 작동하는가

비노드 아가왈

오늘은 미국의 신경제책략과 중산층 외교를 주제로 비노드 아가 왈 교수님을 모시고 이야기를 들으려고 합니다. 교수님은 캘리포 니아대학교 버클리캠퍼스의 정치학과 베드포드 기금 석좌교수를 맡고 계십니다. 버클리 하스 경영대학원에서도 가르치시고, 버클 리 법학대학원 연구원이시기도 합니다.

버클리캠퍼스 외에도 아가왈 교수님은 여러 곳에서 활발하게 활동하고 계십니다. 케임브리지대학교 출판부에서 발간하는 정치 경제 분야의 가장 명망 있는 학술지 〈비즈니스 앤 폴리틱스(Business and Politics)〉의 편집장이시기도 합니다. 최근에는 미국에서 가 장 영향력 있는 APEC 싱크탱크 중 하나인 버클리 APEC센터를 운 영하고 계십니다. 아가왈 교수님은 세계무역기구, OECD, APEC 등 국제기구 컨설팅에도 많은 역할을 하고 계시고, 미국 정부에 무 역정책과 지역주의, 세계의 다자간 경제기구에 대해 자문을 하고 계시기도 합니다. 세계적인 지식인들을 초청해 공개 강연을 진행 하는 EBS 프로그램 〈위대한 수업〉에 게스트로 여러 차례 출연해 한국에서도 인지도가 높아졌습니다.

오늘 아가왈 교수님께서는 '경제책략'이 무엇을 의미하는지, 이 른바 중산층을 위한 외교가 무엇인지에 대해 강연하실 겁니다. 미 국은 지금까지 '중산층 정치'라는 용어를 별로 사용한 적이 없습니 다. 미국은 항상 미국의 패권, (미국의) 리더십, 국제체제 창출, 무 임승차국 및 방해자에 대한 용인 등에 대해서만 이야기해왔습니 다. 하지만 이제 상황이 바뀌었습니다. 미국 중산층이 미국의 대외 경제정책 형성에서 매우 중요한 주체가 되고 있습니다. 오늘 아가 왈 교수님께서 중요한 강연을 해주실 거라고 기대하고 있습니다. 자, 교수님, 부탁드립니다.

경제제재와 신경제책략의 차이

문 교수님, 대단히 감사합니다. 이렇게 강연할 수 있어 기쁩니다. 보통 한국에 오면 중앙대학교, 연세대학교, 서울대학교 등에서 강연을 해왔는데, 이번에 제임스 레이니 강좌의 강연자 중 한 사람이 되어 큰 영광입니다. 무엇보다 경제책략이라는 주제로 강연하게 되어 매우 기쁩니다. 이 주제는 미국뿐만 아니라 중국, 한국, 일본, 싱가포르, 또 유럽의 많은 국가들에도 영향을 미치는 중요한 사안입니다.

오늘 이야기할 주제는 '신경제책략'입니다. 개념과 사례, 문제점들에 대해 말씀드리겠습니다. 특히 문 교수님과의 대담 시간에는 바이든 행정부가 추진하고 있는 정책에 대해 논의하겠습니다. 이는 트럼프 행정부와는 일부 다르지만, 동시에 많은 유사점도 있습니다. 문정인 교수님께서 말씀하셨듯이, 중산층을 위한 외교가 무엇인지, 미국이 이러한 문제들에 대해 왜 그토록 관심을 갖고 있는지 생각해보는 것이 매우 중요합니다.

먼저 고전적 경제책략에 대한 일반적인 인식부터 시작해보겠습니다. 전통적 의미의 경제책략은 본질적으로 경제책략의 정치학,

안보, 국가의 전략적 행동에 대한 고찰입니다. 경제책략의 핵심은 동맹 관계, 국제 갈등, 그리고 때로는 군비통제조약을 통한 협력에 있습니다. 헨리 키신저와 같은 사람들조차 경제에 대해 많은 논의를 하지 않았습니다. 키신저는 군사 및 국가안보 응용에 매우 집중했고 경제에는 거의 관심을 기울이지 않았습니다. 다만 주목할 점은, 작년 타계하기 전 말년에 키신저가 인공지능과 경제 및 정치 문제의 중요성에 대해 언급하기 시작했다는 것입니다.

콜롬비아대학교의 데이비드 볼드윈 교수의 선행 연구가 있는데, 바로 볼드윈이 이 '경제책략'이라는 용어를 만들어냈습니다. 하지만 볼드윈 교수의 본래 주된 연구 초점은 경제제재였습니다. 그 예로 이라크에 대한 제재, 이라크로 들어가는 자금 유입을 차단하려는 시도, 또는 러시아로 유입되는 무기를 막으려는 시도, 러시아가 석유 시장에 접근하는 것을 제한하려는 시도 등이 있습니다. 이러한 경제제재들은 경제 문제를 정치적으로 다루려는 시도로 볼 수 있습니다. 문제는 경제제재가 중요하긴 하지만 대체로 효과가 크지 않다는 점입니다. 가령 러시아는 중국과 인도에 석유를 판매하면서 경제제재를 극복할 수 있었습니다. 경제제재로 러시아의 우크라이나 내 활동을 제한하려는 서방의 여러 노력은 큰 성과를 거두지 못했고, 러시아의 전쟁 지속을 막지 못했습니다.

이제 '신경제책략'이라는 주제로 넘어가 이것이 '경제제재'와 어떻게 다른지 보겠습니다. 첫 번째 질문은 아주 오래된 질문입니다. 정부가 시장에서 손을 떼야 하는가? 이 문제는 오랜 논쟁이 되어 왔죠. 많은 이들이 경제를 시장에 맡기고 정치적 개입 없이 기능하게 해야 한다고 주장합니다. 일부 국가, 특히 공산주의 국가들은 매우 적극적으로 정부정책을 펼칩니다. 물론 자본주의 시장경제에서도 국가가 시장에 영향을 미칠 수 있습니다. 중국을 보면, 중국 공산당과 시장경제가 많은 면에서 혼합되어 있습니다. 중국의 경우 무역, 금융, 투자를 적극적으로 조작하고 있습니다. 주목할 점은 중국에서 정부 개입이 있다는 사실 또는 한국에도 어느 정도 정부 개입이 존재한다는 사실이 아닙니다. 역사적으로 한국은 중화학공업 육성, 조선업 육성, 자동차산업 육성 등에 있어 적극적인 정부 개입이 있었습니다. 따라서 특정 산업을 육성한다는 것은 새로운 아이디어가 아닙니다.

특히 흥미로운 점은 미국의 변화입니다. 미국은 산업정책에 대해 언급하기를 꺼렸습니다. 이전에 어느 정도 산업정책을 가지고 있었음에도 말입니다. 하지만 지금은 많은 면에서 중국의 관행을 모방하고 있고, 어느 정도는 일본과 한국, 싱가포르와 같은 동아시아 국가의 과거 산업정책을 도입하려는 것 같습니다.

국가는 왜 시장에 개입하는가

국가가 시장에 개입하는 이유를 이해하는 것이 중요합니다. 최근 공급망 안보에 대한 논쟁이 있었죠. 미중 갈등으로 공급망이 손상되었고, 전세계적 팬데믹과 우크라이나 전쟁 등이 공급망에 영향을 미쳤습니다. 이제 국가들은 단순히 한 국가에서 수입하고 다른 국가에 판매하는 것을 넘어, 여러 국가에 걸쳐 제품을 생산하고 있습니다. 이 때문에 글로벌 공급망을 이해하는 것이 매우 중요합니다. 더 중요한 점은 미국과 중국이 지금 대립하고 있다는 사실입니다. '냉전'이라고 부를 수는 없지만, 일종의 '차가운 무역 갈등' 또는 '경제 갈등' 상황에 있다고 볼 수 있습니다. 아마도 이렇게 표현하는 것이 더 적절할 것 같습니다. 이것이 냉전(Cold War)이나 실제

전쟁(Hot War)으로 발전하지 않기를 바랄 뿐입니다.

이는 또한 중요한 질문을 제기합니다. 최근에 마가렛 케니와 공동 편집한 《강대국 경쟁과 중견국 전략(Great Power Competition and Middle Power Strategies)》이라는 책에서 과연 중견국들은 어떻게 대응해야 할까라는 문제를 다루었습니다. 강대국들 사이에 끼어 있는 한국, 싱가포르, 일본 같은 중견국들은 이 초강대국 간의 갈등에 어떻게 대처해야 할까요? 우리 접근 방식에는 두 가지가 있습니다. 먼저 무역과 투자, 금융 분야에서의 개입 유형을 분류합니다. 어떤 종류의 개입이 가능한지 이해하려 노력하는 거죠. 그런 다음 국가가 시장에 전략적으로 개입할 가능성이 가장 높은 시기를 조사하고, 이에 대해서 일종의 이론을 개발하려 합니다. 이를 살펴볼 때 우리가 말하는 개입이 무엇인지 설명해야 할 것 같습니다. 실제로 우리는 '국경 내', '국경에서', '국경 너머'의 영역을 살피고 있습니다.

이에 대해서는 더 자세히 설명하겠습니다. 또한 각국이 어떻게 글로벌 거버넌스 메커니즘을 활용해 자국의 이익을 도모하는지 알아보고자 합니다. 간단한 예로, 중국은 현재 아시아 태평양 지역의 다른 국가들과 역내 포괄적 경제동반자협정(RCEP, Regional Comprehensive Economic Partnership)을 성공적으로 추진하고 있습니다. 인도는 이 협정에서 철수했지만, 현재 15개국이 RCEP 회원국입니다. 우리는 또한 포괄적·점진적 환태평양경제동반자협정(CPTPP, Comprehensive and Progressive Agreement for Trans-Pacific Partnership)과 같은 협정도 있는데, 이는 미국이 환태평양경제동반자협정(TPP, Trans-Pacific Partnership)에서 철수한 후 발전된 형태입니다. 이에 대해서는 더 자세히 이야기하겠습니다. 이제 시장 개입에 대해 생각해 볼 때, 두드러진 점은 모든 이가 각자의 산업이 국가안보에 매우 중요하다고 주장하고 있다는 겁니다. 따라서 이것을 조심스럽게 받아들여야 합니다.

기업들이 "우리는 국가안보에 매우 중요하다. 우리 산업을 보호해야 한다"고 말할 때, 그 말이 진실인지 의문을 가져야 합니다. 제가 가장 좋아하는 예시는 약 65년 전으로 거슬러 올라가는데요. 당시 미국의 양모 담요 산업은 핵전쟁이 일어날 경우 생존을 보장하기 위해 1억 5천만 장에서 2억 장의 양모 담요가 필요하다고 주장했습니다. 기본적으로 그들은 양모 담요 산업을 보호해야 한다고 주장했습니다. 일본이나 다른 국가로부터 수입을 제한하면서 미국에서 양모 담요를 생산해야 한다고 주장했지요. 이것이 방사능으로부터 우리를 보호해줄 것이라면서요. 저는 물리학자는 아니지만, 양모 담요가 방사능으로부터 우릴 구해주지는 못할 것이라는 건 잘 알고 있습니다. 핵폭발이 일어났을 때 여러분의 머리를 가릴 수는 있겠지만요. 안타깝게도 살아남지는 못할 것입니다. 이건 일종의 넌센스입니다. 기업들이 자신들을 보호해달라고 로비하는 걸 보면 말이죠. 따라서 국가안보에 중요한 것과 중요하지 않은 것을 주장할 때는 매우 조심해야 합니다. 이건 이중용도기술 문제로 이어집니다.

군수-민수 이중용도기술의 정치

이중용도기술이란 무엇일까요? 이중용도기술은 민간 부문과 군사 부문 모두에서 사용될 수 있는 기술을 의미합니다. 예를 들어보겠습니다. 10년 전에 만약 제가 우크라이나-러시아 전쟁에서 양측이 폭발물과 폭탄을 투하하는 데 드론이 적극적으로 사용될 것이라 말한다면, 여러분은 말도 안 되는 소리라고 생각했을 것입니다. 드론은 그저 가지고 노는 장난감일 뿐이었으니까요. 저는 작은 장난감 드론을 가지고 있는데요. 이리저리 날리면 정말 재미가 있습니다. 이제 드론 기술은 군사적 응용 측면에서 매우 중요해졌지요. 다른 군사 응용 사례도 있습니다. 인공지능(AI)을 비롯해서 말입니다.

지금 ChatGPT가 있지요. 많은 학생들이 ChatGPT로 에세이를 씁니다. 왜냐하면 AI가 정말 좋은 에세이를 만들어내거든요. 저희 학생들이 그렇게 하는 건 말리려고 노력합니다. 하지만 AI는 군사적으로 중요한 응용성을 가지고 있습니다. 로봇 등에 응용할 수 있죠. 그렇다면 이러한 응용성이 무엇을 초래했을까요? 미국에서는 국방성, CIA, In-Q-Tel이라는 벤처 캐피털 회사를 통해 정부 자금이 지원되고 있습니다. 실리콘밸리와 같은 지역의 기업에 자금을 제공하려고 했죠. 그 목적은 AI와 양자컴퓨팅, 합성생물학과 같은 핵심 분야를 개발할 수 있도록 하는 것입니다. 미 국방성과 CIA가 국가안보에 매우 중요하다고 생각하는 핵심 분야 말입니다. 이와 더불어 인적 자본을 개발하는 노력도 이어지고 있습니다.

이 문제에 대해 생각해봅시다. 오늘날 캘리포니아대학교 버클리캠퍼스 컴퓨터공학 학부 졸업생의 초봉은 스톡옵션과 기본급을 합쳐 약 20만 달러입니다. 하지만 정부는 이런 학부 졸업생에게 6만 달러에서 7만 달러를 지불합니다. 이제 정부는 이런 인재들이 모두 실리콘밸리의 민간 부문에서 일하게 되는 현상에 대해 우려하고 있습니다. 사이버 보안에 대한 전문 지식을 가진 인재들이 국가안보국이나 CIA와 같은 기관에서 일하려 하지 않거든요.

그래서 정부 기관들은 젊은 인재들을 유치하기 위해 교환 프로그램을 만들고 다양한 프로그램을 개발하려 노력하고 있습니다.

젊은 인재들이 사이버 보안 및 AI를 포함한, 우리가 보기에 군사적으로 중요한 부문에서 일하도록 말입니다. 과거에는 원자력공급국그룹(NSG, Nuclear Suppliers Group), 미사일기술통제체제(MTCR, Missile Technology Control Regime), 바세나르협정 등을 통해 이를 통제하려는 노력이 있었고, 이제는 외국인 직접투자와 기술이전에 대한 새로운 규칙들이 생겼습니다.

이제 이 문제에 대해서 어떻게 생각하는지 잠시 말씀드리겠습니다. 모델들을 소개하는 데 많은 시간을 할애하지는 않겠습니다. 실제적인 문제에 대해 이야기하는 것이 더 흥미로우니까요. 하지만 우리가 이 문제를 어떻게 생각하는지, 앤드류와 제가 이 문제에 대해 어떻게 접근하는지 간단히 설명하겠습니다. 우선 시장 개입을 살펴봅시다. 첫 번째 단계는 이를 분류하는 것인데요. '국경에서', '국경 내', '국경 너머'로 분류하는 것입니다. 이것이 무엇을 의미할까요?

신경제책략: 국경, 국경 내, 국경 너머에서의 조치

먼저 '국경에서' 이루어지는 조치들은 무역에서 가장 흔히 볼 수 있는 형태입니다. 여기에는 관세, 쿼터, 수출세 부과 노력, 현재 미국이 시행 중인 수출 통제, 세관 규정 등이 포함됩니다. 이 모든 것이 국경에서 이루어지는 조치들이죠. 이는 외국 기업과 국내 기업 사이의 국경에서 취해지는 조치들입니다. 우리는 또한 국경에서 외국인 직접투자에 대한 제한, 심지어 해외투자에 대한 제한도 볼 수 있습니다. 예를 들어, 중국이나 러시아 기업이 실리콘밸리에 투자하려 할 때 제한이 있었습니다. 대미 외국인투자위원회(CFIUS,

비노드 아가왈

Committee on Foreign Investment in the United States)라는 정부 간 기구가 있는데, 이 기구가 국가안보를 이유로 이러한 투자를 검토합니다.

현재 미국에서 일어나고 있는 가장 흥미로운 사례 중 하나는 여러분 중 일부도 알고 계실 수 있는 틱톡 사례입니다. CFIUS가 현재 틱톡을 검토 중이며, 의회에서는 미국 내 틱톡 사용을 금지하려고 많은 노력을 기울이고 있습니다. 우려되는 점은 미국인들이 틱톡을 사용할 경우—현재 미국에서 7천만 명이 넘는 사람들이 사용하고 있습니다—그들의 데이터가 중국 인민해방군이나 국방부 등을 포함한 다양한 중국 보안기관과 공유될 수 있다는 것입니다. 그래서 기본적으로 동영상 모음에 불과한 틱톡에 대해서도 큰 우려를 표하는 것입니다. 해외투자에 대한 규제도 있습니다. 미국은 자국 기업들이 중국에서 반도체 개발에 투자하는 것을 막으려 하고 있습니다. 한국을 비롯해 다른 나라 기업들의 투자도 만류하려 노력하고 있죠. 이렇게 해외 직접투자를 규제하려는 많은 노력이 있습니다. 이 모든 것이 '국경에서' 이루어지는 조치의 예시들입니다.

다음으로 살펴볼 것은 '국경 내' 조치들인데 이 역시 잘 알려진 개념입니다. 우리는 국가가 보조금, 보건 규제, 기술 표준 등을 활용하는 것을 볼 수 있습니다. 이들은 국내에서 시행되는 조치들입니다. 이는 국경에서 이루어지는 조치가 아니라, 보건과 안전, 환경 등에 관한 국내 규칙과 규제들입니다. 투자정책에서도 우리는 외국인투자를 장려하거나 억제하는 사례들을 볼 수 있습니다. 현재 미국은 삼성전자와 대만의 반도체 기업 TSMC가 미국에 투자하도록 적극 유도하고 있습니다. 이들 기업은 이미 애리조나와 텍사스에 투자를 단행했죠. 이는 보다 광범위한 의미에서 산업정책의 일환으로 볼 수 있으며, 특히 국내 차원에서 그렇습니다.

이는 결코 새로운 현상이 아닙니다. 국가들은 오랫동안 산업정책을 추진해왔습니다. 다만 현재의 산업정책은 다양한 규칙과 규제를 포괄하는 광범위한 개념으로 발전했습니다. 이 중 상당수는 기존의 국제무역협정이나 금융협정으로 충분히 다루어지지 않고 있습니다.

마지막으로 '국경 너머'의 노력들을 볼 수 있습니다. 이는 정부가 자국 기업의 무역이나 해외투자를 촉진하는 것을 의미합니다. 일본무역진흥기구가 대표적인 예시입니다. 일본무역진흥기구는 일본 기업들에게 정보를 제공하고 때로는 지원을 함으로써 해외 시장 진출을 돕습니다. 미국도 보잉과 같은 자국 기업들이 저금리 대출을 통해 해외판매를 할 수 있도록 지원해왔죠. 이처럼 정부가 무역과 투자를 촉진하는 것은 새로운 현상이 아닙니다.

우리는 또한 글로벌 경제에서 규칙을 제정하려는 더 적극적인 노력들을 목격하고 있습니다. 유럽연합은 이 분야의 선두 주자로 EU 규정을 시작으로 이를 확장해나가고 있습니다. 디지털 프라이버시에 관한 EU의 '일반 개인정보보호법'은 이제 캘리포니아 등 미국에까지 영향을 미치고 있습니다. 또한 EU가 인공지능 규제에 나섰다는 점도 주목할 만합니다. 이는 약 2년 전부터 시작되어 지금까지 계속되고 있는데, 다소 아이러니한 점은 EU에는 인공지능 기업이 거의 없다는 것입니다. 프랑스의 신생 기업 미스트랄 정도가 있을 뿐이죠. 기본적으로 인공지능은 여전히 미국과 중국의 영역입니다. 우리는 또한 국제기구를 활용해 다른 국가들과 기업들을 통제하려는 시도도 볼 수 있습니다.

'국경 너머'의 또 다른 예시로 다양한 국가들이 새로운 기관을 만들거나 기존의 국제기구와 제도를 수정하여 자국의 경제적, 정치적 입지에 영향을 미치려는 노력들을 볼 수 있습니다. 중국 주도의 역내 포괄적 경제동반자협정(RCEP)이 그 좋은 예시입니다. 이를 설명하려면 매우 복잡한 도표처럼 보일 수 있지만, 실제로는 그렇게 복잡하지 않습니다. 이는 단순히 국가 개입을 생각할 때 중요한 여러 요소들의 집합일 뿐입니다. 제가 앞서 말씀드린 국경 내, 국경에서, 국경 너머의 개입들 말이죠.

그렇다면 어떤 요소들이 중요할까요? 우선 우리가 주로 첨단기술에 관심을 두고 있으므로, 산업의 기술적 특성을 살펴봐야 합니다. 해당 산업의 중요성은 어디에서 오는 걸까요? 어떤 특징들이 있을까요? 생산이 얼마나 어려운가? 진입 장벽이 높은가? 기술이 쉽게 확산될 수 있는가? 민간 응용 가능성은 어떠한가? 이러한 질문들이 매우 중요합니다.

둘째, 시장 구조는 어떠한가요? 반도체나 어느 정도 AI 분야처럼 소수의 기업만이 제품 생산에 참여하고 있나요? 물론 지금은 실리콘밸리에서 수많은 AI 스타트업이 등장하고 있어, 참여자 수 측면에서 시장이 크게 확대되고 있긴 합니다. 또한 각국의 국내 구조를 이해해야 합니다. 한국의 산업정책과 경제책략 접근법은 미국의 정책과는 매우 다른데, 이는 한국의 독특한 국내 구조 때문입니다. 싱가포르에서도 매우 다른 구조를 볼 수 있으며, 각국은 기업과 정부 간의 관계도 서로 다릅니다.

마지막 두 요소는 더 국제적인 성격을 띱니다. 첫째, 시스템 수준의 특성은 무엇일까요? 케네스 월츠와 다른 학자들이 주장한 것처럼 우리가 양극 세계나 다극 세계에서 살고 있는 걸까요? 아니면 소련 붕괴 이후부터 최근 10년 전 중국이 부상하기 시작할 때까지 우리가 경험했던 것과 같은 단극 세계일까요? 물론 중국만이 유일한 신흥국은 아닙니다. 인도도 부상하고 있고, EU 또한 강대국입니다. 하지만 대부분의 전문가들은 앞으로 10년을 중국과 미국의 양극체제로 예측하며, 이 두 극 사이에 긴장이 커질 것으로 보고 있습니다. 다만 국제관계 학자들의 견해로는 이것이 반드시 전쟁으로 이어지지는 않을 것입니다.

둘째, 세계 경제적 측면에서 작동하는 국제 레짐은 제가 특히 관심을 가졌던 개념입니다. 국가들은 세계무역기구, 국제통화기금, 역내 포괄적 경제동반자협정 등과 같은 국제 레짐을 발전시켜왔습니다. 이러한 레짐들은 국가의 행동과 기업의 행동을 규제하기 위해 만들어졌습니다. 즉, 기업은 정부의 규제를 받고, 정부는 다시 국제 레짐의 규제를 받는 구조입니다.

이 모든 변수의 집합은 우리가 무역, 투자, 금융 분야에서의 국가 개입을 폭넓게 생각할 수 있게 해줍니다. 이는 국경 내, 국경, 국경 너머에서 일어나는 모든 개입을 포함합니다. 이것이 우리의 일반적인 분석 프레임워크입니다.

중산층을 위한 외교

이 주제에 대해 깊이 들어가지는 않겠습니다. 다만 경제책략의 실제 사례에 대해 간략히 말씀드리겠습니다. 최근 일어난 몇 가지 예를 살펴보죠. 얼마 전 우리는 문정인 교수가 편집인으로 참여하는 〈Global Asia〉 특집호를 발간했습니다. 이 특집호에서는 반도체와 경제책략에 대해 폭넓게 다루고 있습니다. 이 주제에 관심 있는 학생들에게 좋은 자료가 될 것입니다. 읽기도 쉽고요. 특히 미중 경쟁이 한국, 일본 등 아시아의 중견국들을 어떻게 압박하고 있는지를 다루고 있습니다.

몇 가지 예를 들어보겠습니다. 이 분야에 관심이 있으신 분들이라면 이미 주목하고 계셨을 테지만, 정부 주도 펀드의 활성화나

'중국제조 2025(Made in China 2025)'와 같은 정부주도정책 등이 있습니다. 중국 정부가 첨단기술을 육성하려는 다른 사례들도 있죠. 여기에는 인공지능, 반도체 등이 포함됩니다. 중국은 이러한 기술들과 함께 전기차 등의 육성에도 매우 적극적입니다. 또한 중국은 2021년 '반외국제재법'을 제정하여 미국의 무역제재에 대응했습니다. 이는 중국의 주권을 보호하고 내정 간섭을 방지하기 위한 조치입니다. 앞서 RCEP를 예로 들었는데, 중국은 미국의 외국인투자 규제정책을 따라 자국의 국가안보 차원에서 외국인투자 심사제도를 도입했습니다.

그렇다면 미국의 정책과 이른바 '중산층을 위한 외교'의 사례는 어떤 것들이 있을까요? 바이든 행정부는 2022년 두 가지 중요한 법안을 통과시켰습니다. 바로 반도체 및 과학 법(CHIPS and Science Act)과 인플레이션 감축법(IRA, Inflation Reduction Act)입니다. 이 법안들은 반도체와 기타 첨단기술 분야에 세액 공제, 보조금, 대출, 투자 등을 제공합니다. 이는 미국이 자국의 첨단기술산업을 더욱 발전시켜야 한다는 취지에서 비롯됐죠. 에너지 산업과 전기차 산업 육성도 포함됩니다.

바이든 행정부는 이를 통해 지난 20-30년간 중산층이 겪어온 문제들을 해결할 수 있다고 보고 있습니다. 한편 트럼프 행정부 시절에는 '중국제조 2025'에 대응하여 무역법 301조에 근거한 관세 부과를 단행했습니다. 또한 화웨이와 ZTE 같은 기업들에 대한 수출통제와 강력한 압박을 가했죠. 최근에는 다른 중국 기업들에 대해서도 다양한 수출 통제 조치가 시행되고 있습니다.

이 모든 것은 외국인투자심의위원회에서 시작되었지만, 2018년에는 '외국인투자 위험검토 현대화법(FIRRMA)'이라는 새로운 법이 제정되었습니다. 이름은 복잡하지만, 본질적으로 미국으로 유입되는 외국인투자를 규제하는 법입니다. 최근의 대표적인 사례로 틱톡을 들 수 있고, 화웨이 등의 사례도 있습니다. 미국의 우려는 중국이든 다른 국가든, 이들 기업이 미국에 투자할 때 미국의 기술을 가져갈 수 있고, 디지털 메커니즘을 통해 어떤 식으로든 국가안보를 위협할 수 있으며, 심지어 미국의 기밀을 노출시킬 수도 있다는 것이죠. 매우 위험한 일입니다.

경제책략, 혹은 일부에서 부르는 경제적 강압에 관심을 가진 국가는 미국과 중국뿐만이 아닙니다. 유럽연합 집행위원회는 최근 'EU 반강압 수단'이라는 제도를 도입했습니다. 이는 EU가 제3국으로부터 경제적 강압을 받고 있다고 판단할 경우, 해당 국가와 대화를 진행하고, 만족스러운 결과를 얻지 못하면 무역, 투자, 금융 시장 접근 등의 분야에서 보복조치를 취할 수 있게 하는 제도입니다. 제가 기억하기로는 리투아니아 사례가 이런 맥락에서 다뤄졌던 것 같습니다. 이러한 움직임은 미국과 중국에 국한된 것이 아닙니다. EU를 비롯해 많은 아시아 국가들도 포함됩니다. 예를 들어, 인도도 중국에 대해 경제적 보복조치를 취한 바 있습니다.

시간이 제한적이어서 이 부분은 빠르게 넘어가겠습니다만, 일부에서 제기하는 중요한 질문에 대해 언급하고 싶습니다. 바로 '신경제책략을 어떻게 제어할 수 있을까?'라는 문제입니다. 신자유주의적 세계관에서는 국내 개입이나 국제적 개입이 없어야 하며, 세계무역기구가 국가들의 불공정 행위를 방지한다고 봅니다.

신경제책략의 실제와 통제방안

이러한 신자유주의 모델과 형평의 논리에도 불구하고, 실제로는 다양한 무역조치와 제한이 이루어지고 있습니다. WTO가 완전히 성공적이지는 못했다는 뜻이죠. 여기서 제가 흥미롭게 생각하는 점은 신경제책략, 신중상주의정책에 관한 것입니다. 중국, 미국, EU, 일본, 한국, 인도 등 다양한 형태의 경제책략을 구사하는 국가들을 어떻게 통제할 수 있을까요? 짧게 언급하겠지만, 간단히 몇 가지 접근법을 생각해볼 수 있습니다.

첫째, 글로벌 부문별 접근법입니다. 예를 들어 WTO 내에 정보기술협정, 금융서비스협정, 통신협정, 섬유협정 등을 포함시키는 방식입니다. 이들은 이미 존재하는 협정들입니다. 한 가지 방안은 국가들이 모여 인공지능, 양자컴퓨팅, 합성생물학, 사이버보안 등에 대한 협정을 개발하는 것입니다. 즉, 매우 특정한 부문별 합의를 만드는 것이죠.

WTO와 직접적인 연관이 없는 새로운 체제를 만드는 것도 하나의 방법이 될 수 있습니다. 예를 들어, 미국과 EU 사이에 논의되었던 범대서양 무역투자동반자협정 같은 것이 여기에 해당할 것 같네요.

다르게 접근해 WTO를 활용하고 개혁하는 방안도 있습니다. 많은 전문가들은 WTO가 약 20년 동안 문제를 겪어왔다고 지적합니다. 실질적인 협상이 이루어지지 않았죠. 2001년에 시작된 도하라운드(Doha Round: 2001년 카타르 도하에서 시작된 WTO의 다자간 무역협상)는 20년이 넘도록 진전을 보지 못했습니다. 이제 WTO를 부활시켜야 한다는 목소리가 높습니다. 그러나 안타깝게도 바이든 정부와 트럼프 정부 모두 WTO 분쟁해결기구의 상소기구 위원 임명을 지지하지 않았습니다. 결과적으로 WTO는 국가 간 분쟁을 중재할 능력을 상실한 상태입니다.

물론 WTO가 첨단기술 분야를 규제하려는 노력이 없었던 것은 아닙니다. 1995년에 체결된 무역관련 지적재산권협정이 그 예입니다. TRIPS는 지적재산권 문제를 다뤘죠. 이제 우리가 던져야 할 질문은 'WTO가 디지털 서비스와 그 보호를 규제할 수 있을까?'입니다. 이에 대한 논의가 일부에서 이루어지고 있습니다.

미국-멕시코-캐나다 협정은 디지털 서비스 제공, 소스 코드, 이러한 프로그램들이 작동하게 하는 코드에 대해 언급하고 있습니다. 하지만 다소 비관적인 견해를 말씀드리자면, 새로운 협상 라운드도 없고, 분쟁을 조정할 상소기구도 없는 상황입니다. 그래서 현재와 같은 WTO 상황에서는 경제책략을 제한하는 협의기구로 기능하기 어려울 것 같습니다.

또 다른 접근법으로는 양자 간 접근이 있습니다. 미국과 일본은 관세 철폐 등에 합의한 무역협정을 맺었죠. 캐나다와 미국 사이에는 자동차 부문 협정도 있었습니다. 양자 접근법은 글로벌 차원에서 합의가 어렵다면 두 국가 간에라도 합의할 수 있지 않을까 하는 발상입니다. 예를 들어 미중 간 합의 말이죠. 실제로 2020년 트럼프 행정부 때 미중 간 갈등 해소를 위한 협정이 있었습니다만, 성공적이지 못했습니다. 협정 직후 코로나 19가 발생했고, 중국은 약속한 만큼 수입을 할 수 없다고 밝혔죠. 일부 조항은 제대로 작동하지 않았고 긴장은 더 고조되었습니다.

제가 언급한 1단계 협정은 기술 이전 등 여러 이슈를 다뤘지만, 코로나로 인해 중국이 의무를 이행하지 못했습니다. 결국 양자 접근법은 성공하지 못했습니다. 한미 자유무역협정도 한 예입니다. 이는 '자동차산업 분야 실무협의체' 등을 통해 특정 산업 문제를 다루려 했죠. 넓은 범위의 협정이지만 구체적인 부분도 있는 겁니다.

마지막으로 소다자적 접근을 생각해볼 수 있습니다. 부문별 접근, 즉 일부 국가들 간의 부문별 자유화가 가능할까요? RCEP은 현

비노드 아가왈

재 섬유·의류 무역장벽 축소를 추진 중입니다. 미국-멕시코-캐나다 협정에는 생명공학 제품과 지리적 표시(원산지 표시)에 관한 농업 규정이 있습니다. 이는 소수 국가 간의 부문별 접근법이라 할 수 있죠.

그렇다면 이런 방식이 미중 갈등과 경제책략 문제를 통제하는 데 효과가 있을까요? 저는 몇 가지 우려되는 게 있습니다. CPTPP를 보면, 트럼프 행정부 때 미국이 탈퇴했고 일본이 주도권을 잡아 TPP를 CPTPP로 변경했습니다. 하지만 CPTPP에는 중국도, 미국도 없습니다. 글로벌 경제의 두 핵심 국가가 빠진 상태에서 미중 관련 논의를 제대로 할 수 없죠. 이에 비해 RCEP는 15개국 간의 자유무역협정입니다. ASEAN 회원국들과 중국, 일본, 한국, 호주, 뉴질랜드 간 논의는 가능하지만, 역시 미국이 없고 인도도 탈퇴하면서 빠졌습니다. 하나 더 언급한다면 바이든 행정부가 추진하는 인도-태평양 경제 프레임워크(Indo-Pacific Economic Framework)가 있는데, 이는 문제가 있다고 봅니다. RCEP이나 CPTPP에 대한 적절한 대응이 아닙니다. 시장 접근 조항이 없거든요. 바이든 행정부는 이를 통해 중국을 배제하고 중국과 경쟁하려 합니다. 결국 낙관적 전망은 어렵다고 봅니다. 이 세 가지 '소다자적 지역 간 협정(minilateral transregional agreements)'을 통해 신경제책략을 통제할 수 있을 거란 전망 말입니다.

이제 결론을 내리겠습니다. 많은 내용을, 어쩌면 너무 많은 내용을 다뤘지만, 흥미로웠기를 바랍니다. 핵심 요점들을 정리해보겠습니다.

첫째, 신경제책략이 부상하고 있습니다. 전통적인 제재를 넘어 미국과 중국, 또 다른 많은 국가들 간의 첨단기술 갈등으로 나아가고 있습니다. 특히 이런 기술들의 이중용도적 성격에 주목했습니다.

둘째, 제가 앤드류 레디와 함께 진행 중인 연구에서는 '개입'의 유형을 살펴보고, 각국의 서로 다른 개입을 야기하는 요소들을 이해함으로써, 신경제책략을 체계적으로 검토할 수 있다고 믿고 있습니다.

또한 신자유주의 경제 모델이 국내 시장과 국제 시장 사이에 일종의 그럴듯한 균형을 가지고 있다고 언급했습니다. 이를 좋아하건 않건 말이죠. 기본적으로 이 모델은 국내 시장에 개입하지 말고 국제적으로도 개입하지 말라고 합니다. 그러면 모든 것이 잘될 거라고 말이죠. 기업들이 자유시장에서 경쟁하고 전세계 소비자들에게 판매할 수 있으니까요. 이것이 제2차 세계대전 이후 경제 질서에 대한 신자유주의적 비전이었습니다. 우리가 여전히 크게 의존하고 있는 비전이죠.

하지만 불행히도, 어쩌면 다행히도, 신자유주의 질서를 어떻게 보느냐에 따라 다르겠지만, 이는 이제 막을 내리고 있습니다. 지금은 신중상주의적 개입이 부상하고 있습니다. 중국, 일본, 한국, 싱가포르와 같은 전통적인 개입국들뿐만 아니라 미국, 유럽, 인도 등과 같은 나라들에서도 신중상주의적 개입이 벌어지고 있어요.

이러한 파괴적인 국가 행위들을 다룰 명확한 국제 제도적 해결책은 아직 등장하지 않았습니다. 각국은 "나는 그저 우리 국민을 돕고 있을 뿐이야. 중산층만 돕고 있어. 우리의 기술적 위치를 개선하려는 것뿐이야"라고 말할 수 있습니다. 하지만 솔직히 모든 국가가 이렇게 한다면, 우리는 1930년대의 신중상주의 경쟁으로 돌아갈 수 있습니다. 이는 투자와 무역체제에 매우 해로웠고, 실제로 많은 국제 갈등을 야기했죠.

다소 비관적인 결론을 내려 죄송합니다만, 저는 앤드류와의 공동 연구와 제 개인 연구에서 현실적이고자 노력합니다. 그리고 이것이 우리의 현 상황이라고 생각합니다. 문 교수님의 질문과 대화를 기대하고 있습니다.

또 하나의 산업정책

문정인 교수님, 정말 감사합니다. 훌륭한 발표였습니다. 제 첫 번째 질문입니다. 국가 개입에 대해 말씀하실 때, 무역정책과 투자정책 두 가지를 지적하셨습니다. 이는 국가의 문지기 역할과 밀접한 관련이 있습니다. 이러한 국가의 문지기 역할이 미국 헌법의 기반을 훼손하지는 않을까요? 미국 정부는 승자를 선택할 수 없지 않습니까? 시장이 그 역할을 해야 하죠. 그런데 만약 미국이 시장에서 특정 승자를 선택하기 위한 제도를 설계한다면—예를 들어, 오늘날 미국이 반도체 분야에서 인텔을 명시적으로 지원하고 있는 것처럼—무역정책, 투자정책, 산업정책으로 구성된 신경제책략은 미국 헌법을 위배할 수 있다고 생각됩니다. 그럼 먼저 신경제책략과 산업정책 사이의 연관성에 대해서도 설명해주실 수 있을까요? 또한 왜 국가 개입의 영역에서 산업정책 부문을 생략하셨는지 말씀해주시겠습니까?

비노드 아가왈 그렇지 않습니다. 제가 그런 인상을 줬다면 죄송합니다. 국경 내 조치에 대해 말할 때, 산업정책은 매우 중요합니다.

비노드 아가왈

여기에는 보조금 사용, 기업 육성, 기업 지원 등이 포함됩니다. 이렇게 생각해보죠. 우리가 구상하는 신경제책략은 '확장된 산업정책'이라고 할 수 있습니다. 여기에는 국내 산업정책이 포함됩니다.

일반적으로 산업정책은 매우 국내적이지만, 국제적일 수도 있습니다. 우리는 국경 내 산업정책에 중점을 두는데, 이는 매우 중요합니다. 모든 국가가 이를 추진해왔죠. 심지어 미국도 산업정책을 추진했습니다. 다만 우리는 '국경 내'라는 용어를 선호합니다. 그래서 '산업정책'이라는 용어를 많이 사용하지 않습니다. 하지만 제 생각에 이것은 당연히 산업정책입니다. 앞의 강연자료에서도 언급했듯이, 이는 산업정책의 한 측면입니다. 그러니 산업정책에 대한 고려가 없다고 생각하지 않으셨으면 좋겠습니다.

하지만 여기서 말하는 산업정책은 단순히 국내시장을 넘어섭니다. 국경에서의 제한과 국경 너머의 제한도 포함합니다. 저는 산업정책이 국가들이 사용하는 이러한 조치들의 중요한 구성 요소라고 믿습니다. 제 견해로는 산업정책이라는 용어만으로는 우리가 다루려는 국경 너머의 조치, 국경에서의 조치, 해외 투자 및 개입 등을 완전히 포착하지 못합니다.

일반적으로 산업정책이라고 하면 국내정책 조치, 투자 촉진, 기업 육성 등을 떠올리죠. 이에 대해 논쟁할 수 있습니다. 신경제책략을 그저 산업정책이라고 불러야 하는가에 대해 물을 수 있죠. 저는 그렇게 생각하지 않습니다. 곧 발표할 산업정책에 관한 새 논문에서, 저는 산업정책이 신경제책략이라는 이름 아래 포함될 수 있다고 주장합니다.

문정인 예를 들어, 1970년대와 80년대에 한국, 일본, 대만, 싱가포르 등 동아시아 국가들은 모두 산업정책을 추구했습니다. 미국은 이 동아시아 국가들을 비판하며 산업정책을 포기해야 한다고 주장했죠. 실제로 미국과 WTO의 압력 하에 이 국가들은 '산업정책'이라는 용어를 포기했습니다. 현재는 산업정책이라는 용어를 사용하지 않습니다. 그런데 갑자기 미국이 '신경제책략'이라는 새 이름으로 산업정책을 끌어들이고 있습니다. 이를 어떻게 정당화할 수 있을까요?

비노드 아가왈 우선 신경제책략이라는 용어는 바이든 행정부나 트럼프 행정부가 만든 것이 아닙니다. 이는 앤드류 레디와 제가 미국과 중국, 또한 다른 국가들이 사용하고 있는 다양한 개입 방식을 설명하기 위해 사용하는 용어입니다.

저는 미국 정부가 경제책략에 관여하지 않는다고 말하는 것이 아닙니다. 물론 관여하고 있죠. 그리고 산업정책에도 관여하고 있습니다. 하지만 제게 경제책략은 정치적 이유로 외국을 조종하는 것도 포함합니다. 일본이 그랬듯이 단순히 자국 경제를 발전시키기 위해 산업정책을 펼칠 수도 있습니다. 또는 한국이 철강산업을 육성하기 위해 산업정책을 펼쳤던 것처럼 말이죠. 제 생각에 그것은 경제책략이 아닙니다. 그것은 단순히 국내 경제를 발전시키는 것입니다.

1950년대 이후 인도에서 브라질, 아르헨티나, 가나에 이르기까지 대부분의 개발도상국들은 수입대체 산업화를 추진했습니다. 이것이 바로 산업정책이었죠. 하지만 이는 글로벌 시장에서의 무역과 금융을 조작하는 것과는 거의 관련이 없었습니다. 따라서 저는 이것이 산업정책과 경제책략의 차이라고 봅니다. 산업정책은 주로 자국을 발전시키기 위한 경제적 동기에서 비롯된 것인 반면, 경제책략은 정치적 목적을 위해 무역, 투자, 산업정책을 포함한 국내 개입을 조작하는 것입니다. 우리는 이러한 경제책략을 미국과 중국의 행동에서 볼 수 있습니다. 최근 한일 갈등에서 일본이 한국을 상대로 취한 조치나, 사드 배치 문제로 중국이 한국을 상대로 취한 조치가 그 예입니다. 우리는 한국이 미국의 사드 시스템 설치를 허용했을 때, 이에 대한 보복으로 롯데 등 중국에 진출한 한국 기업이 제재를 받았다는 것을 알고 있습니다. 그건 비산업정책입니다. 그것이 바로 경제책략입니다.

문정인 그러니까 신경제책략은 단순히 경제와 경쟁력만을 다루는 것이 아니네요. 이는 경쟁력을 넘어서 안보 고려사항, 국가 위신, 그리고 다른 요소들을 포함하는 거네요.

비노드 아가왈 그렇습니다. 제가 말씀드렸듯이, 많은 산업정책은 자국의 경제를 발전시키는 것에 관한 것입니다. 가나가 산업정책을 사용하거나 인도가 수입대체정책을 사용했을 때, 그들은 미국과의 무역과 금융을 조작하려는 것이 아니었습니다. 단순히 주로 농업 중심이었던 자국 경제를 발전시키려고 했을 뿐입니다. 따라서 우리는 경제적 동기와 정치경제 안보 동기를 구별해야 한다고 생각합니다.

신경제책략은 강자의 도구다

문정인 그렇다면 미국의 신경제책략은 결국 강자의 도구라는 말씀이군요. 그들은 모든 것을 차지하길 원하는 거죠? 경쟁력, 국가 안보, 군사력, 국력 등 모든 면에서 1위가 되고 싶어 하는 거고요.

신경제책략을 세계 정치에서 미국의 지배력을 강화하는 수단으로 볼 수 있을까요?

비노드 아가왈 네, 그게 미국인들의 생각이라고 봅니다. 트럼프도 그렇게 생각하죠. 하지만 중국도 마찬가지입니다. 미국만 그렇게 생각하는 게 아닙니다. 중국은 매우 공격적으로 신경제책략을 추구하고 있습니다. 일본과 한국을 상대로 그랬죠. 그들은 여러 면에서 원하는 바를 어느 정도 달성했습니다. 지금은 호주를 상대로 그렇게 하고 있고요.

안타깝게도 이는 미국이나 중국만의 문제가 아닙니다. 강대국들의 게임이죠. 강대국들은 자신들이 가진 모든 국력 요소를 공격적으로 사용할 겁니다. 클라우스 노르 교수가 오래전에 말했듯이, 다른 나라들을 조종하기 위해 모든 수단을 동원하는 겁니다. 이는 특별히 놀라운 아이디어가 아닙니다. 경제학자들에게만 놀라운 거죠. 정치학자나 정치경제학자들에게는 놀랍지 않습니다. 제가 로버트 코헤인 교수님과 정치경제학을 공부할 때, 비대칭적 상호의존이나 경제 조작 같은 개념들은 새로운 게 아니었습니다. 우리가 말하는 것은 새로운 개념이 아닙니다. 새로운 부분은 첨단기술 갈등과 이를 다양한 조치들을 통해 더 잘 이해하려는 시도입니다. 그게 우리가 할 수 있는 기여입니다. 우리가 산업정책이나 무역정책을 발명했다고 생각하지 않습니다. 그건 우리의 목표가 아닙니다.

문정인 그렇다면 민주당과 공화당 사이에 새로운 경제책략에 대한 초당적 합의가 있다고 보시나요?

비노드 아가왈 안타깝게도 그렇습니다. 트럼프 행정부와 바이든 행정부가 추진한 정책 사이에 거의 차이가 없다고 봅니다. 미국 국민에게 물어보면, 65%의 유권자들이 CHIPS 법을 지지합니다. 공화당원과 민주당원 사이에 차이가 거의 없죠. 다가오는 선거에서 민주당과 공화당 사이에 많은 긴장이 있겠지만, 산업정책, 신경제책략, 중국에 대한 관세에 관해서는 양당 모두 동의하고 있고 대부분의 미국 국민도 동의하고 있습니다.

이게 좋은 일일까요? 저는 그렇게 생각하지 않습니다. 이 조치 중 일부는 좋지 않고, 미국 경제에 해로울 수도 있기 때문입니다. 저는 모든 국내 개입을 찬성하지 않습니다. 제가 양모 산업의 예를 들었듯이, 정부가 국내 경제에 개입하기 시작하면 국가안보와는 아무 관련이 없고 단순히 기업들의 보호주의적 노력일 뿐인 온갖 터무니없는 개입이 생깁니다. 석탄 채굴을 생각해보세요. 저는 석탄 채굴이 국가안보 이익과 관련 있다고 생각하지 않습니다. 철강산업은 중요하지만, 더 이상 국가안보에 그렇게 중요하다고 생각하지 않습니다. 미국은 브라질, 한국, 아르헨티나 등에서 충분한 철강 공급업체를 가지고 있습니다. 철강은 모든 나라가 만듭니다.

제가 생각하기에 지금 진행되고 있는 일들은 다음과 같습니다. 미국 국민들은 트럼프와 바이든을 겪으면서 정부의 시장 개입이 좋은 것이라는 말을 그대로 믿게 되었습니다. 이는 국민 사이의 만장일치와 공화당원과 민주당원 사이의 차이가 없다는 점에서 매우 놀랍습니다. 미국에서는 일부 경제학자들과 저 같은 강경파들을 제외하고는 개방적인 무역과 개방된 시장에 대한 신자유주의적 합의가 없습니다. 우리는 여전히 개방된 시장이 유익할 수 있다고 생각하지만, 나머지는 모두 정부의 시장 개입 쪽으로 기울었습니다.

문정인 네, 정말 그렇습니다. 제가 작년에 피터슨국제경제연구소를 방문했을 때, 그곳 연구원들은 TPP나 CPTPP에 대해 이야기하는 사람이 없고 미국이 TPP에 다시 가입해야 한다고 말하는 사람도 없다며 한탄했습니다. 의회에서는 TPP에 대한 미국의 지속적인 약속을 지지하는 목소리를 전혀 들을 수 없습니다.

비노드 아가왈 그 점에 대해 말씀드리자면, 꽤 아이러니합니다. 사실 CPTPP, TPP, TTIP는 제도를 통해 중국을 견제하는 꽤 좋은 방안이었을 겁니다. 그런데 트럼프는 유럽과의 협정, 일본 및 다른 국가들과의 협정 모두에서 철수했죠. 이는 정말 놀라운 일이었습니다.

저는 바이든이 대통령으로 당선되기 전에 여러 무역 자문단 중 한 명으로 자문을 했습니다. 당시 시점에서 저는 바이든이 대통령이 될 수 있어 기쁘다고 말했습니다. 이제 우리가 TPP(지금의 CPTPP)로 돌아가고, 유럽과의 TTIP로 돌아갈 수 있을 것이기 때문이었죠. 이는 좋은 일일 것이라고 말했습니다. 그런데 바이든의 다른 자문단 몇 명이 이는 매우 구식의 사고방식이라고 말했습니다. 그들은 바이든 행정부가 새로운 경제정책과 새로운 무역정책을 추구할 것이라고 했습니다. 저는 화가 나서 그게 보호무역주의라고 불리는 것이냐고 물었습니다.

그들은 제가 이렇게 말하는 걸 좋아하지 않았고, 그래서 저는 바이든 행정부의 자문역을 오래 맡지 않았습니다. 하지만 현실은 바이든 행정부가 매우 보호주의적이며, 트럼프가 중국에 부과한 관세가 바이든 행정부에서도 계속되고 있다는 것입니다. 여러 면에서 바이든은 중국에 대해 똑같이 공격적인 정책을 추구해왔습니다. 다만 차이점은 바이든이 실제로 한국, 일본 등의 동맹국들을 끌어들여 미국 및 EU와 협력하도록 노력했다는 점입니다. 반면 트럼프는 일률적으로 모든 국가를 싫어했죠.

중산층의 이익이라는 함정

문정인 그렇다면 교수님이 지적하신 대로, 트럼프든 바이든이든 미국이 추구하는 이 신경제책략이 미국 중산층의 이익을 증진시킬 것이라는 보장은 없다는 말씀이군요.

비노드 아가왈 네, 그렇습니다. 여기에는 오해의 소지가 있습니다. 저는 부자들이 많은 혜택을 받을 것이라고 봅니다. 부자들은 일부 첨단기술 업체들로부터 이익을 얻습니다. AI 산업을 보세요. 엄청난 연봉을 받는 젊은이들로 가득합니다. 이에 비해 미시간주의 철강 노동자나 자동차 노동자와 같은 중산층들은 어떤 혜택도 받지 못합니다.

최근에 소식을 들으셨겠지만 아이러니하게도 트럼프는 이제 전기차를 공격하고 있습니다. 그는 전기차가 중산층에게 나쁘다고 말하고 있죠. 트럼프가 하는 말에는 어느 정도 진실이 있습니다. 다음과 같은 방식으로 중산층에게 불리할 수 있습니다: 전기차는 부품이 더 적고 수리가 덜 필요하며 가솔린을 사용하지 않습니다. 그런 의미에서 전기차가 없으면 일부 사람들이 혜택을 받을 것이라고 말할 수 있습니다.

하지만 전기차는 지구 온난화 대응을 위해 환경적으로 매우 중요하고, 여러 면에서 가솔린차나 내연기관차보다 훨씬 더 효율적이고 안전합니다. 그러나 심지어 자동차도 미국에서 트럼프와 바이든 사이의 정치적 논쟁 대상이 되었습니다. 바이든이 전기차를 원한다면 그것들이 나쁜 것임에 틀림없다는 게 트럼프의 논리니까요.

문정인 아가왈 교수님은 오래전부터 테슬라 전기차를 운전해오셨죠. 하지만 교수님 말씀이 절대적으로 맞다고 봅니다.

비노드 아가왈 저는 전기차를 초기부터 사용했어요. 기후변화에 대한 초기 적응자라 할 수 있습니다.

문정인 전기차를 사용하면 주유소와 모든 자동차 정비소들이 사라지게 될 겁니다. 이 오래된 산업들이 바로 소위 미국 중산층을 대표하는 것들이죠. 그런 비전들이 사라질 겁니다. 하지만 트럼프는 이 문제를 다루고 있지 않습니다.

비노드 아가왈 문제는 이렇습니다. 정말로 미국 중산층을 돕고 싶다면, 저도 그렇게 하고 싶습니다만, 교육 재훈련 노력에 참여해야 합니다. 가령 스웨덴 정부나 사회가 하는 조치 같은 게 필요합니다. 보편적 의료 보험을 도입해 사람들이 쉽게 직업을 옮길 수 있게 해야 합니다. 이동 가능한 연금 제도도 필요합니다. 모델은 이미 있습니다. 스웨덴을 보세요. 스웨덴은 매우 개방적입니다. 제가 스웨덴을 언급하면 사람들은 사회주의 국가라고 합니다. 하지만 아닙니다. 스웨덴은 개방된 국가입니다. 자본주의 국가죠. 이케아가 어디에나 있잖아요. 이건 사회주의가 아닙니다. 1960년대 알바니아 공산주의자들이나 북한 같은 게 아닙니다. 스웨덴은 여러 면에서 개방된 시장입니다.

비노드 아가왈

미국에서도 의료보험과 연금을 제공하면 사람들은 더 쉽게 적응하고 새로운 일자리를 찾으려 할 겁니다. 오늘날 미국에는 채워지지 않은 일자리가 너무 많습니다. 어느 첨단기술 기업의 웹사이트에 가보면 1,000에서 3,000개, 어떤 경우에는 5,000개의 연봉 25만 달러짜리 빈 일자리를 볼 수 있습니다. 하지만 대다수의 사람들에게는 그 일을 할 자격이 없습니다.

문정인 그렇다면 미국 정치 시스템의 문제점은 무엇일까요? 우리 모두 미국의 신경제책략이 중산층에게 이익이 되지 않을 수 있다는 걸 알고 있습니다. 그런데도 중산층은 그것이 자신들에게 행운을 가져다줄 거라고 믿고 있죠. 그들이 정치적 수사에 세뇌된 걸까요?

비노드 아가왈 글쎄요, 저는 미국 국내 정치 전문가가 아닙니다. 오히려 국제정치보다 더 혼란스럽다고 느낍니다. 이는 정치 지도자들이 국민을 도와주겠다고 주장하며 어떻게 그들을 속이는지에 관한 문제라고 할 수 있습니다.

안타깝게도 이는 미국만의 문제가 아닙니다. 우리는 이탈리아와 프랑스에서 우파의 부상을 보았습니다. 시진핑 주석이 종신 지도자가 되는 것을 보았고, 푸틴이 최근 5번째 임기에 당선된 것을 봤죠. 우리는 도처에서 권위주의의 부상을 목격하고 있습니다. 그래도 민주주의 국가로서 미국은 물론 적당히 잘 해왔고 어떻게든 헤쳐나왔습니다. 누구도 민주주의가 효율적이라고 비난한 적은 없죠.

문정인 하지만 이 문제를 극복할 방법이 전혀 없을까요?

비노드 아가왈 글쎄요, 시간이 걸릴 것 같습니다. 사람들이 자신들이 저지르고 있는 실수를 깨달아야 합니다. 그들이 지원하려는 일부 기술이나 산업들이 필수적이지 않다는 것을 알게 될 겁니다. 중산층이 여러 지도자의 약속이 이행되지 않고 있다는 것을 깨달을 때 반발이 있을 거라고 봅니다. 실제로 그들을 도울 수 있는 정책들이 시행되지 않고 있죠. 이것이 진짜 문제입니다.

하지만 변화의 가능성도 보입니다. 민주주의체제의 장점은 무능한 지도자들을 투표로 물러나게 할 수 있다는 겁니다. 반면 권위주의 국가에서는 지도자를 제거하기가 매우 어렵죠. 우리가 많은 경우에서 봤듯이 말입니다. 권위주의는 종종 무기한 지속되며, 대개 국민에게 해롭습니다. 예를 들어 러시아는 인구 감소에 직면한 상태에서 우크라이나와 전쟁 중입니다. 푸틴은 이 전쟁을 지속하기 위해 석유 판매 대금에 의존하고 있죠. 권위주의 지도자들이 반드시 훌륭한 일을 하는 건 아닙니다.

세계가 맞이한 혼돈

문정인 교수님의 주장을 따르자면, 이 신경제책략의 부상은 국제체제에 깊은 영향을 미칠 것 같습니다. 교수님은 몇 가지 문제점을 지적하셨습니다. 하나는 신자유주의, 특히 부문별 신자유주의가 유지하기 매우 어려워졌다는 것입니다. WTO 기반의 다자주의는 어느 정도 구시대적이 되었고, 심지어 개방적 지역주의도 약화되고 있습니다. 하지만 인도-태평양 경제 프레임워크와 같은 이른바 소다자주의 접근법을 언급하셨습니다. 뜻을 같이하는 국가 간의 경제협력이 새로운 국제 경제협력의 패턴이 될 것이라고 보시는 건가요, 아니면 양자 FTA 형태의 협정이 더 많아질 것이라고 보시 나요? 이에 대해 자세히 설명해주시겠습니까? 특히 소다자주의에 대해 말씀하실 때, 이는 배타성을 띤 클럽 형태의 접근법처럼 보입 니다. 이는 WTO 방식의 다자주의나 APEC 방식의 개방적 지역주 의와 상충되는 것 같은데요.

비노드 아가왈 글쎄요, WTO도 일종의 클럽이라고 생각합니다. 먼 저 WTO에 가입해야 하니까요. 이 또한 클럽 형태의 협정입니다. 하지만 WTO는 일단 가입하면 매우 큰 클럽이고 많은 이슈가 있 었죠. 지금 일어나고 있는 일은 우리가 점점 더 글로벌 경제의 분 열을 목격하게 될 것이라는 점입니다. 사람들은 계속 그럴 리 없다 고 말하지만, 저는 이와 같은 일이 일어나고 있다고 봅니다. 오랫 동안 주장해왔고 미국과 중국 사이의 새로운 양극경제체제에 대 한 논문을 써왔습니다. 앞으로 이러저러하게 나뉜 구역들을 보게 될 것입니다. 중국은 자체적으로 RCEP, 즉 ASEAN 국가들과 일부 동아시아 국가들과의 역내 포괄적 경제동반자협정을 가지고 있습 니다. 이제 그런 경제권이 형성된 걸 보게 되겠죠. 그리고 중국을 제외한 다른 국가들과의 CPTPP가 있습니다.

현재 미국은 멕시코에 많은 초점을 맞추고 있는 것처럼 봅니다. 많은 내용이 미국, 멕시코, 캐나다에 관한 것입니다. 멕시코와의 무역은 이제 중국으로부터의 수입보다 더 큽니다. 아이러니한 것 은 멕시코로부터의 많은 수입의 상당수가 중국 기업, 유럽 기업, 일본과 한국 기업들이 멕시코 북부에 투자한 것에서 나온다는 점 입니다. 이는 멕시코에게 매우 유리한 상황입니다. 제가 한 달 전 멕시코에서 강연을 했는데, 그들은 미중 간 긴장 관계에 대해 상당 히 고무되어 있더군요. 이렇게 표현하는 게 적절할 것 같습니다만,

여러분이 생각하는 것만큼 그들은 이 상황을 우려하지 않습니다. 왜냐하면 미국 기업들을 포함해 모든 이들이 멕시코에 투자하려고 몰려들 것이기 때문입니다. 아이러니하게도, 미중 갈등의 결과로 멕시코 경제가 호황을 누릴 가능성이 높습니다.

문정인 미국은 국내적으로 심각한 혼란에 빠져 있는 셈이군요. 동시에 미국의 신경제책략정책이 국제질서와 체제를 실질적으로 훼손하고 있다고 볼 수 있겠네요. 결국 세계가 정말로 문제 상황에 직면해 있네요, 그렇죠?

비노드 아가왈 교수님 의견에 전적으로 동의합니다. 학문적 관점에서는 흥미로워지고 있지만, 정책적 관점에서는 큰 문제입니다. 지금 우리는 거대한 불확실성의 시대로 들어가고 있다고 생각합니다. 어느 시점에는 일종의 양극화된 안정 상태가 올 것 같습니다. 아마도 인도가 부상할 때까지 그럴 것이고, 그 후에는 삼극체제 세계나 글로벌 경제의 또 다른 형태의 변환을 보게 될 수도 있겠죠.

하지만 지금으로서는 세계의 글로벌 공급망이 점점 더 미국과 중국, 그리고 그 주변 국가들을 중심으로 재편되는 것을 봅니다. 아마도 라틴아메리카의 일부를 포함할 수도 있겠죠. EU가 이 모든 것에 어떻게 맞춰갈지는 지켜봐야 할 것 같습니다. EU가 아직 결정을 내리지 않았다고 생각합니다. EU는 자체적으로 중국에 대해 훨씬 더 공격적이 되고 있습니다. EU는 이전에 미국의 대중국 관계에 대해 매우 비판적이었고, 미국이 중국에 대해 너무 공격적이라고 지적했었죠. 그런데 이제 EU는 향후 5년 안에 전기차가 EU 시장의 25%를 차지할 것이라는 사실에 공황 상태에 빠져 있습니다. 이는 BMW, 폭스바겐, 메르세데스 벤츠에 막대한 타격을 줄 수 있기 때문입니다. 그들은 완전히 혼란에 빠져 어떻게 대응해야 할지 고민하고 있으며, 중국 자동차에 대한 규제를 고려하고 있습니다. 미국인의 입장에서 말씀드리자면, 이제야 유럽인들도 중국을 상대하기가 그리 쉽지 않다는 교훈을 얻은 것 같습니다.

* * *

문정인 자, 이제 청중의 질문을 받도록 하겠습니다. 질문이나 의견이 있으신 분들은 손을 들어주세요.

이승주 오늘 강연과 토론은 지적으로 매우 자극이 된 시간이었습니다. 감사합니다. 제 질문은 전통적인 산업정책과 신경제책략 시대의 산업정책 사이의 차이점에 관한 것입니다. 한 가지 주요 차이점을 강조하고 싶습니다. 21세기의 산업정책은 글로벌 가치사슬의 광범위한 맥락에서 수행되고 있습니다. 이는 주요국들이 신경제책략을 추구하면서도 외국 기업들까지 지원하는 경향이 있는 이유 중 하나입니다. 예를 들어, 바이든 행정부의 '2022년 반도체 생산 및 과학을 위한 유용한 인센티브 창출 법'이나 일본 정부, 특히 일본 경제산업성이 대만의 TSMC에 대규모 직접 보조금을 제공하기로 한 결정이 있습니다. 일본의 산업정책 역사에서 외국 기업을 지원하는 것은 새로운 현상입니다. 글로벌 가치사슬 시대에는 산업정책의 배타성과 포용성 사이의 경계가 모호해지는 것을 볼 수 있을 것 같습니다.

비노드 아가왈 네, 이승주 교수님의 의견에 전적으로 동의합니다.

맞는 말씀입니다. 차이점은 미국이 일부 국가의 기업들을 동맹으로 보고 있다는 것입니다. 전통적으로 산업정책은 자국 기업을 돕는 것에 관한 것이었습니다. 이것이 순수하게 경제적 동기로 정책을 추구하는 것과 '신경제책략'이라고 부르는 것의 차이라고 봅니다. 후자는 다른 행위자들을 포함한 정치적 목표에 관한 것이죠. 이는 꽤 다른 점입니다. 이승주 교수님이 정확히 지적했듯이, 글로벌 가치사슬의 출현은 단순히 자국 기업만을 지원할 수 없다는 것을 의미합니다. 예를 들어 반도체산업에서는 한 곳에서 식각을, 다른 곳에서 조립을, 실리콘밸리에서 설계를 해야 합니다. 따라서 반도체산업이나 다른 많은 산업에서 순수하게 미국적인 산업정책을 가질 수 있다고 생각하는 것은 순진한 발상입니다.

이만석 육군사관학교에서 정치학과 조교수로 근무하고 있는 이만석입니다. 감사합니다, 교수님. 정말 흥미로운 내용이었습니다. 제 질문은 우선, 신경제책략은 막대한 재정 지출을 필요로 하는 것 같습니다. 이 정책이 과연 지속가능할지 궁금합니다. 현재 미국의 국가 부채가 33.5조 달러를 넘어선 상황이니까요. 게다가 올해부터는 이자 지급액이 국방비 지출을 초과한다고 하더군요. 이것이 첫 번째 질문입니다. 둘째, 이 신경제책략이 향후 달러의 위상에 어떤 영향을 미칠까요? 이 정책으로 중국이나 러시아 같은 일부 국가들은 미국의 영향권에서 벗어날 수도 있습니다. 그렇게 되면 이들 국가가 달러 대신 자국 통화 사용을 늘리게 될 텐데, 이는 앞으로 달러의 사용에 어떤 영향을 미칠까요?

비노드 아가왈 맞습니다. 미국의 예산 적자가 증가하고 있는 것은 사실입니다. 우리가 논의하는 경제책략을 추진하는 데는 막대한 비용이 듭니다. 일부는 규제를 통해 해결할 수 있지만, 산업정책 중심의 조치들은 대규모 지출을 수반합니다. 반도체를 비롯한 여러 산업에 엄청난 자금이 필요하죠.

이에 대한 바이든 대통령의 해법은 부자 증세입니다. 물론 공화당은 이를 반기지 않습니다. 흥미로운 점은 공화당이 전통적으로 작은 정부를 추구하고 지출을 제한하려 했다는 것입니다. 하지만 이런 기조는 레이건 행정부에서 변화했고, 트럼프 행정부에서는 완전히 뒤바뀌었습니다. 지금은 공화당과 민주당 모두 대규모 지출에 동의하는 이상한 현상이 벌어지고 있습니다. 대부분의 사안에서 의견이 갈리는 두 당이 안보 관련 산업정책에 대해서만은 의견을 모으고 있죠. 이런 추세라면 앞으로도 재정적자는 계속 늘어날 것으로 보입니다.

달러에 관한 질문은 매우 흥미롭습니다. 달러의 몰락을 예견하는 목소리는 이미 지난 40년간 계속 나왔습니다. 1970년대 초 IMF가 '특별인출권(SDR, Special Drawing Rights)'을 도입했을 때, 달러가 SDR로 대체될 거라는 전망이 있었습니다. 2000년 유로화가 출범했을 때는 전세계가 유로화로 전환할 거라고 했고, 중국 경제가 강해졌을 때는 위안화가 새로운 기축통화가 될 거라고들 했습니다. 하지만 아무것도 실현되지 않았습니다. 달러에서 다른 통화로의 뚜렷한 이동은 없었죠. 오늘날까지도 달러는 여전히 강세를 유지하고 있습니다.

물론 높은 금리가 한 원인이지만, 여러 면에서 미국 달러는 스위스 프랑과 비슷한 역할을 합니다. 스위스 프랑만큼 유명하진 않지만, 안전자산 통화로서 기능하죠. 그래서 달러는 일부 경제 지표들이 시사하는 것보다 훨씬 더 강세를 보입니다. 최근의 고금리 상황에서 달러 강세는 당연한 현상이기도 합니다. 하지만 루블이 달러를 대체한다? 그건 있을 수 없는 일입니다.

위안화의 경우, RCEP 국가들과 중국 간의 일부 거래에서는 사용될 수 있겠죠. 그러나 결국, 한국과 중국 간의 무역을 포함한 많은 거래가 실제로는 달러 기반입니다. 이승주 교수님께서 지적했듯이, 글로벌 가치사슬이 라틴아메리카, 아시아, 유럽을 아우르는 상황에서 달러는 계속 사용될 겁니다. 물론 미국이 막대한 재정적자를 기록하고 달러 가치가 급격히 하락한다면 상황이 달라질 수 있겠죠. 하지만 지금으로서는 그런 일이 일어날 것 같지 않습니다. 그래서 제가 말씀드리는 거죠. 달러의 몰락을 예견하는 말들이 수년간 있었지만, 실제로는 그렇게 되지 않았다고요.

정소진 안녕하세요, 연세대학교 대학원의 정소진입니다. 두 가지 질문이 있습니다. 첫 번째는 국가 개입의 다양한 유형에 관한 것입니다. 국경 안과 밖에서 이루어지는 개입 유형에 대한 설명을 들으니, '무기화된 상호의존성' 개념이 떠올랐습니다. 이는 강대국들이 서로 연결된 네트워크에서 자신의 우월한 위치를 이용하는 것을 말하죠. 교수님께서 언급하신 틱톡, 화웨이, ZTE, 그린더 같은 사례들이 바로 그 예시인 것 같습니다. 무기화된 상호의존성과 선생님께서 말씀하신 신경제책략 사이의 연관성이 궁금합니다.

둘째로, 결론 부분에서 세계가 1930년대와 비슷한 신중상주의 시대로 미끄러져 들어갈 수 있다고 언급하셨습니다. 그 시기는 대공황이 일어나고 제2차 세계대전이 발발하기 직전이었던 때죠. 미래를 정확히 예측할 순 없겠지만, 만약 이런 추세가 계속된다면 제3차 세계대전을 겪게 될 가능성이 있을까요?

비노드 아가왈 네, 무기화된 상호의존성은 우리가 논의하는 일부 아이디어와 맞닿아 있습니다. 무기화된 상호의존성이라는 개념은 좋은 아이디어지만, 이론적으로 충분히 발전되지는 않았습니다. 매력적인 개념이고 국제관계 논의에서 종종 볼 수 있는 종류의 것이며, 일리가 있습니다. 저는 이 용어를 비판적으로 보지는 않습니다. 하지만 우리의 목표는 더 체계적인 접근입니다. 1970년대와 1980년대에 우리가 상호의존성에 대해 이야기할 때는, 비대칭적 상호의존성에 관한 것이었습니다. 코헨과 제가 함께 한 연구가 바로 그런 종류의 것이었습니다. 비대칭적 상호의존 관계에서는 한 국가가 다른 국가를 조종할 수 있는 위치에 있게 됩니다.

제 견해로는 무기화된 상호의존성은 이러한 관점의 연장선상에 있습니다. 이는 글로벌 경제의 일부 측면이 공격적 행동을 위해 무기화될 수 있다고 제안합니다. 하지만 이는 매우 체계적인 접근법이라고 보기 어렵습니다. 우리 연구에서 하려는 것은—이 분야의 다른 연구자들을 비판하는 것은 아닙니다—국경 내, 국경에서, 국경 너머의 조치들을 체계적으로 추적하고, 그 다음 첨단기술 분야에서 부문별로 무슨 일이 일어나고 있는지 체계적으로 살펴보는 것입니다.

무기화된 상호의존성은 국가들이 상호의존성의 조작을 통해 갈등에 관여한다는 일반화된 주장인데, 이 점에 대해서는 동의합니다. 하지만 이것이 이론적 프레임워크와 접근법으로 잘 발전되었다고 생각하지 않습니다. 이것이 바로 앤드류와 제가 우리의 연구에서 이루고자 하는 바입니다.

이제 우울한 질문에 대해 답하자면, 경제적 갈등이 제3차 세계대전으로 이어질까요? 저는 그렇게 생각하지 않습니다. 제 동료 케네츠 월츠는 핵무기가 있으면 전쟁 가능성이 낮다고 저를 설득했고, 저는 여전히 그것을 믿습니다. 하지만 세계 경제에 심각한 문제들은 이미 많습니다. 우리는 남북 간 비대칭성으로 인한 이주 증가와 같은 문제에 직면해 있습니다. 또한 지금 세계적으로 우파 정부의 부상을 목격하고 있습니다. 사람들이 일자리를 잃어 불만을 품거나, 우파든 좌파든 정치인들이 대중의 두려움과 중산층의 우려를 이용하면서 말입니다. 그들은 기꺼이 약속을 합니다. 저는 현재의 추세를 보면 암울합니다. 근본적으로 저는 민주주의를 신봉하는 사람(democrat)입니다. 특정 당 소속이 아니라 '민주주의를 믿는 사람'이라는 의미에서요. 국가마다 민주주의에 대한 반발과 우파의 부상이 일어나고 있습니다. 저는 우파를 완전히 반대하는 것은 아니지만, 일단 권력을 잡고 나면 더 이상 민주주의를 믿지 않는 이들을 반대합니다. 그들은 자유민주주의를 이용해 권력을 얻지만, 일단 권력을 잡으면 민주주의를 없애려고 합니다. 특정인을 지목하고 싶지는 않지만, 가령 빅토르 오르반 헝가리 총리가 떠오르네요.

문정인 여기서 마무리하겠습니다. 미국의 신경제책략은 모두에게 좋은 소식은 아닙니다. 미국에게는 좋을지 모르지만, 세계 각국에게는 그렇지 않습니다. 역설적이게도, 경쟁력과 국가안보를 추구하는 이 미국의 신경제책략이 오히려 미국 사회에 부메랑 효과를 가져올 것 같습니다. 중산층을 위한 정책으로 여겨지지만, 실제로는 부유층과 소수 엘리트에게만 이익을 주면서 중산층의 이익을 해칠 수 있습니다. 문제는 미국 국민이 이를 인식하지 못한다는 것입니다. 그들은 포퓰리즘적인 말들에 매료되어서 새로운 보호주의의 함정에 빠져 있습니다. 저는 이런 방향의 발전이 우려됩니다.
　더 걱정이 되는 것은 세계에 미치는 영향입니다. 신경제책략의 맹목적 추구가 무역, 투자, 공급망 등에 관한 국제체제를 훼손한다면, 그것은 정말 심각한 문제입니다. 세계무역기구를 되살릴 가능성은 거의 없고, 아시아 태평양의 개방적 지역주의는 거의 사라지고 있습니다. 이제는 태평양에서 인도-태평양 경제 프레임워크라는 배타적 클럽 형태의 새로운 협력체가 등장하고 있습니다. 이러한 디커플링과 디리스킹으로 인해 세계는 극도로 분권화되고 불안정해지고 있습니다. 이는 지역의 안보와 번영을 훼손할 수 있습니다.

우리가 해야 할 일은 미국 시민들에게 과거의 미국 리더십을 상기시키고, 거기로 돌아갈 것을 촉구하는 것입니다. 제2차 세계대전 이후 미국은 '관세 및 무역에 관한 일반협정체제'와 '브레튼우즈체제' 심지어 '국제연합'까지 만들었습니다.

어쨌든, 아가왈 교수님, 훌륭한 발표 감사합니다. 비노드 아가왈 교수님께 큰 박수 보내주세요. 감사합니다, 교수님.

비노드 아가왈 정말 감사합니다.

트럼프 2.0 하에서 미국의 경제외교책략은 어떤 경향을 보일 것인가? 이 장에서 논의된 신경제책략과 제도라는 주제는 새 행정부와 관련하여 특히 적절합니다. 트럼프가 분명히 밝혔듯, 우리는 중국과 미국, 또 다른 국가들이 정치적 목적을 위해 경제적 조치를 더욱 적극적으로 사용하는 것을 목격할 가능성이 큽니다. 트럼프는 스스로를 '관세맨(Tariff Man)'이라 부르며, 관세를 넘어 국경 내외에서 다양한 조치를 사용하는 데 강한 신념을 가지고 있습니다. 그의 관점에서, 신자유주의적 무역과 금융체제는 어리석은 게임이며, 미국은 다른 나라에게 이용당하며 어리석게 굴었다고 생각합니다. '아메리카 퍼스트'가 이제 새로운 게임의 규칙입니다.

1기 트럼프 정부에서 경제와 안보의 강력한 연계성을 이미 목격했습니다. 멕시코가 미국으로의 이민을 멈추지 않으면 관세를 부과하겠다고 위협하고, 유럽 국가들에게 NATO에 더 많은 기여를 요구하기 위해 경제적(및 정치적) 압박을 가한 것이 그 예입니다. 이런 맥락에서 그는 공급망 안보에 대한 우려를 제기하며, 미국 기업들에 중국과의 탈동조화 전략을 추진하도록 압박했습니다.

국내정책 측면에서는 다음과 같은 조치가 포함되었습니다. 트럼프는 국방물자생산법을 사용해 핵심 자재 및 제품의 국내 생산을 장려했습니다. 미국 반도체산업을 재건하기 위한 이니셔티브를 추진했으며, 바이든 행정부는 2022년 CHIPS와 과학법을 통해 이를 대규모 재정지원으로 이어갔습니다. 에너지 측면에서는 미국의 석유산업을 촉진해 외국산 석유 의존도를 줄이고자 했습니다.

국제전략 측면에서는 다음과 같은 조치가 이루어졌습니다. 기

불공정통세를 강화했습니다. 2018년 초당적으로 통과된 '외국인 투자위험심사현대화법'은 중국의 핵심기술 투자제한을 통해 이중 용도로 사용 가능한 기술의 획득을 방지하기 위한 노력이었습니다. 호주와 캐나다와 같은 국가들과의 협력을 통해 핵심 광물의 대체 공급원 확보 노력도 있었습니다. 2007년 시작된 쿼드를 남중국해와 일대일로에 대응하기 위한 전략으로 부활시켰습니다. 또한 2017년 '자유롭고 열린 인도-태평양' 전략을 추진해 중국에 대응하는 공급망 및 대체 투자 강화에 중점을 두었습니다.

트럼프 2.0 행정부에서도 이러한 노력은 지속될 것으로 보입니다. 미국 주도로 진행되며 제도적으로 개발되지 않은 이 노력들은 높은 관세, 미국으로의 제조업 회귀 압박(멕시코 근처로의 재배치만으로는 부족), 산업정책 강화, 기술 탈동조화, 에너지 독립 확대 등을 포함할 것입니다.

국제기구에 관해서는 어떨까요? 트럼프는 IMF, 세계은행, WTO와 같은 신자유주의적 경제체제를 구성하는 기구들에 대해 거의 신뢰하지 않는다는 점을 명확히 했습니다. 새로운 무역협상 라운드, WTO 분쟁 해결 기구의 부활, 또는 첨단기술을 관리하기 위한 다자간 접근 방식은 거의 가능성이 없어 보입니다. 트럼프와 바이든 행정부 기간 신자유주의적 제도 질서에 변화가 있었지만, 앞으로의 변화는 지난 80년 동안 글로벌 무역과 금융을 지배해온 국제체제를 크게 변모시킬 것입니다. 새로운 국제경제질서를 목격하게 될 것입니다. 그러나 이는 1970년대 개발도상국들이 요구했던 질서와는 다른 모습일 것입니다. 트럼프의 관점에서 최선의 접근 방식은 각국과의 양자 협상을 통해 이루어지는 것입니다. 그 나라가 친구이든 적이든 상관없습니다. 각국은 이 새로운 세계질서에서 협상 기술을 더욱 연마해야 할 것입니다.

아태 전략에서 인태 전략으로

미국의 변화하는 지역 전략

밴 잭슨

위의 QR 코드를 통해
해당 글의 강연 동영상을 보실 수 있습니다.

오늘은 뉴질랜드 빅토리아대학교의 밴 잭슨 교수님을 모시고 이야기를 듣습니다. '아태 전략에서 인태 전략으로'라는 주제 아래 미국의 새로운 전략의 추구가 실현 가능한가, 그 한계는 무엇인가를 다룰 것입니다. 백 잭슨 교수는 상당히 진보적인 학자입니다. 미국의 다양한 시각을 배울 수 있는 기회가 될 것이라고 생각합니다.

인도-태평양 전략이 우리 지역에서 새로운 패러다임이 되고 있는데, 사실 이 전략에는 약간의 문제가 있습니다. 일단 이 지역 개념에는 아시아가 빠져 있지요. 이 지역의 평화와 번영이 가능했던 것은 미국의 아시아 태평양 전략 덕분이었다고 할 수 있습니다. 솔직히 저는 아시아 태평양 패러다임을 인도-태평양 패러다임으로 변경하는 것이 이른 감이 있다고 봅니다. 이 주제로 밴 잭슨 교수님을 모시게 되어 다행스럽게 생각합니다. 인태 전략과 관련해 잭슨 교수는 도발적 사고를 지니고 있으며, 문제해결에 있어서 매우 실용적입니다.

밴 잭슨 교수는 지금까지 다섯 권의 책을 썼으며, 그중 두 권은 한국에 관한 책입니다. 작년에는 예일대학교 출판부에서 《태평양 세력의 역설(Pacific Power Paradox)》을, 올해는 영국 캠브리지대학교 출판부에서 《좌파의 대전략(Grand Strategies of the Left)》이라는 책을 발간했습니다. 미국 외교정책의 역사적 진화를 진보적 시각에서 깊이 있게 다룬 논쟁적인 책입니다. 이후로는 미국과 중국의 대국 간 경쟁이 어떻게 평화를 위협하고 민주주의를 약화시키고 있는가를 파헤친 《The Rivalry Peril: How Great-Power Competition Threatens Peace and Weakens Democracy》가 예일대학교 출판부에서 출간될 예정이라고 합니다.

이제 잭슨 교수님을 모셔 강연을 들어보겠습니다.

인도-태평양의 대두와 지워지는 동아시아 평화론

네, 매우 감사합니다. 대단히 친절한 소개와 오늘 강연할 수 있는 기회를 주셔서 감사합니다. 저는 이 지역에 대해서 생각할 때 얻는 것과 잃는 것에 대해 언급하려 합니다. 동아시아는 핵심 지역입니다. 우리가 보통 '아시아'라고 할 때는 이 지역을 말하는 거지요. 갈등과 지정학적 대립이 동아시아 국제관계에 영향을 끼치면 이는 태평양 원양지역과 인도양 지역에까지 파급 효과를 가져옵니다. 이 두 지역은 각자의 지역적 정체성을 지니고 있습니다만 동아시아의 주변지역에 위치해 있습니다. 마치 동아시아가 그들의 주변지역에 위치해 있는 것처럼 말이죠.

이것을 언급하는 이유는 이 지역 모두가 인도-태평양이라고 상상하는 것에 의해 희석되거나 심지어 지워질 수 있기 때문입니다. 그래서 정부가 아시아 태평양이나 동아시아 대신 인도-태평양이라고 언급하기 시작할 때, 아무 생각이 없는 행동이거나 혹은 매우 위험한 신호를 보내고 있다고 느껴집니다. 이들 정부의 정책 결정자들 마음속에는 여러 인접 지역을 통일하는 유일한 길은 대국 간의 전쟁이며, 이러한 전쟁에 대비해야 한다는 마음이 자리 잡고 있습니다.

밴 잭슨

이런 말은 상당히 무겁습니다. 아마도 이를 설명하는 데는 약간의 맥락이 필요할 것 같습니다. 그래서 저는 이 주제를 연구하고 이해해오게 된 경로에 대해 먼저 이야기하는 것부터 시작할 필요가 있을 것 같습니다. 저는 워싱턴에서 안보정책 실무자로서 커리어를 시작했고, 그 전에는 미군에서 근무하며 전통적인 시선으로 미국의 힘을 바라보도록 사회화되었습니다. 저는 여전히 '자유주의 헤게모니' 또는 '자유주의적 우위'라고 부르는 것을 통해 세계를 보도록 배웠습니다. 완곡하게 표현하자면 '미국의 리더십은 항상 옳다'라는 교육을 받았던 것이죠. 이것은 사실을 검증할 수 없는 명제로서, 미국의 힘을 전세계적 공공재로 여기는 것을 전제로 합니다. 이런 식의 믿음은 세력 균형 이론을 정면으로 거부하는 것이기도 합니다. 그러나 우리는(미국은!) 항상 예외적이라고 생각하기 때문에 이러한 점을 인정하지 않고, 항상 대결에 직면해왔습니다.

우리는 세력 균형의 가장 기본적인 논리를 위배하고 있었기 때문에 우리 자신의 오만과 자만심의 심각성을 인정할 필요가 없었습니다. 우리는 미국의 힘이 전세계적 안정의 근원이자 아시아의 안보를 보장하는 것이라고 생각하는 것을 당연시했습니다. 하버드대학교의 조지프 나이 교수는 미국을 '아시아의 산소'라고 부르기도 했지요. 시카고대학교의 존 미어샤이머 교수는 미국을 아시아의 '평화 기제'라고 불렀습니다. 이러한 관점에 반박하지 않는 것이 자연스러웠습니다. 마치 다른 방법이 없다는 것처럼요.

이것이 우리가 세상을 보는 방식이었습니다. 제가 오바마 대통령 시절 미 국방성에서 근무하면서 경험한 현실이었고요. 당시 저는 국방부 장관실에서 일을 하면서 박사 공부를 하고 있었습니다. 그러다가 저는 '동아시아 평화'라는 경험적 수수께끼에 관한 논문들에 노출되기 시작했습니다. 저는 이 주제에 관련된 많은 학자들이 아시아의 국제관계를 분석하고 아시아 안보를 설명하면서, 거의 아무도 미국의 힘에 대해 언급하지 않고 있다는 것을 알게 되었습니다. 그들이 미국의 힘을 무시하고 있었던 이유는 동아시아 평화라는 현상을 분석할 때 태평양을 포함하지 않았기 때문이었습니다. 그러나 태평양 역시 동일한 시기에 상대적 평화의 시기를 경험하고 있었습니다.

학자들이 아시아 평화, 실제로는 동아시아 및 태평양 지역의 평화에 대해 생각하는 방식과 워싱턴의 정책 실무자들이나 주류 안보 연구 학자들이 같은 현상에 대해 생각하는 방식 사이에는 명확한 차이가 있었습니다.

이는 대략 2011년, 2012년경의 이야기입니다. 따라서 저는 이 불편한 격차 속에서 고민하게 되었습니다. 미국 정책 입안자들은 미국의 힘이 아시아에서 전쟁을 방지하기 위해 필요하고 충분하다고 생각하고 있었지만, 제가 봤을 때는 그것은 명백한 오류로 보였습니다. 아시아 평화를 이야기하는 학자들은 아무도 미국처럼 생각하지 않았으니까요.

그들은 미국의 힘을 무시하고 동아시아의 내재적인 것들에 초점을 맞추고 있었습니다. 그래서 그들은 동아시아 평화가 실제로는 '블루 퍼시픽(태평양 원양지역)'을 포함하고 있음에도 불구하고, 그러지 않는 것처럼 오도하고 있었던 것이지요. 작년 출간된 《태평양 세력의 역설》이라는 책을 쓰게 된 것도 이러한 격차를 규명하기 위해서입니다.

제가 《태평양 세력의 역설》에서 주장하는 바는 오늘 강의의 핵심과도 연관이 있습니다. 아시아 평화라는 관찰 가능한 현상은 지리적 경계가 있습니다. 그렇다면 아시아 평화란 무엇인가요? 그것은 주목할 만한 상대적 안정의 시기를 의미합니다. 1979년 이후 동아시아와 태평양에서는 어떤 국가 간에도 새로운 전쟁이 발생하지 않았습니다. 그러나 인도양 지역은 상황이 달랐지요. 1999년에 인도와 파키스탄 사이에 카르길 전쟁이 있었으니까요. 게다가 이는 그들 사이의 첫 번째 충돌이 아니었습니다. 그래서 남아시아와 인도양 지역에서는 아시아 평화를 설명하는 요인이 적용되지 않는다는 나름의 시사점이 있었습니다.

특정 정부들이 인도-태평양을 하나의 현실로 인정하고 그들의 국가전략 초점으로 삼으려고 할 때, 그들은 중요한 실증적 수수께끼를 지우거나 간과하고 있습니다. 아시아 평화는 모든 국가에게 매우 높은 우선순위가 되어야 합니다. 왜냐하면 아시아 평화는 이 지역과 세계에 분명한 공공의 이익이기 때문입니다. 그렇기 때문에 아시아 평화의 결정 변수들을 규명하는 데 관심을 가져야 하는 것입니다.

적대적 안보

그러나 정책 입안자들은 지역 간 경계를 흐릿하게 생각함으로써 아시아 평화를 유지하는 원천과 우리의 국가전략을 일치시키는 능력을 상실하고 있습니다. 사실 저는 더 나아가서 아시아가 인도-태평양에 함몰된 상황 아래서는 아시아 평화를 보기 힘들다고 말하고 싶습니다. 그 증거는 인도-태평양이라는 용어를 사용하는 어떤 정부 관료도 아시아 평화를 언급한 적이 없다는 것입니다. 저는 그것이 우연이 아니라고 생각합니다. 이는 인도-태평양이 적대적이고 배타적인 지역 개념이기 때문이라고 생각합니다.

인도-태평양과 같은 지역 개념은 아이러니합니다. 이 지역 개념은 너무 광범위해서 지구의 대부분을 포괄하는 것처럼 보이지만, 동시에 배타적이기도 합니다. 그래서 평화의 개념은 정책 입안자들이 묘사하고 실행하는 인도-태평양과는 양립할 수 없습니다. 지금 강조하고 싶은 것은 아시아 평화가 항상 매우 평화로웠던 것은 아니었다는 점입니다. 1979년 이후 전쟁이 없었다고 했지만, 더 예전부터 지금까지 한국전쟁은 휴전 상태로 남아 있습니다. 또 1980년대 대부분 동안 베트남은 캄보디아를 군사적으로 점령했습니다. 필리핀과 동남아시아 일부 지역에서는 농촌 반군 진압 작전과 평정 작전이 있었고요.

또한 아시아와 태평양에서는 평화 연구자들이 '구조적 폭력'으로 묘사하는 여러 현상이 있었습니다. 정경 유착과 과두제가 만연했기 때문입니다. 미얀마에서는 지금도 내전이 벌어지고 있습니다. 심지어 핵확산과 핵위기로 인해 아시아 평화가 거의 끝날 뻔한 적도 있었습니다. 가장 심각한 것은 북한입니다. 그래서 아시아 평화라는 표현에는 오해의 소지가 있습니다. 평화롭긴 했지만 안정적이지는 않았기 때문입니다.

1979년 이전 한 세기 반 동안의 아시아를 보십시오. 국가 간 전쟁이 반복되었고 대규모 사상자들이 발생했습니다. 그러나 1979년 이후의 기간은 비교적 눈에 띄게 안정된 시기였습니다. 사실 아시아에서 대규모 사상자를 수반하는 폭력이 증가했지만, 1979년 이후로 급격히 감소했습니다. 새로운 국가 간 전쟁이 발생하지 않았기 때문입니다. 이 이야기는 아직 끝나지 않았습니다. 우리는 이 이야기의 뜨겁고 흥미롭고 위험한 중간에 있습니다. 2막에 있거나, 어쩌면 희망적으로 1막에 있을지도 모릅니다.

제가 말하고자 하는 것은, 인간은 다가올 앞날에 대해 정확한 예

밴 잭슨

측을 할 수 없으며, 그만큼 우리는 앞으로 어떤 일이 일어날지 모른다는 것입니다. 우리가 제3차 세계대전으로 향하고 있다고 해도 이상하지 않을 모든 이유가 있습니다. 전쟁이 우리의 미래로 보이는 이유는 아시아 평화의 원천이 우리의 눈앞에서 붕괴되고 있기 때문입니다. 이 말까진 하기 싫지만, 이 붕괴 문제의 일부 책임은 미국에 있습니다. 역사적으로 아시아 평화는 다층적인 평화였습니다. 즉, 평화의 단일한 원천이 없었다는 것입니다. 평화는 여러 가지 요인에 의해 이루어졌습니다. 각각이 개별적으로 평화를 설명하기에 충분한 여러 요인이 있었고, 우리는 그 모든 요인을 가지고 있었습니다. 1979년 이후의 안정성의 다양한 원천 중에서 말입니다.

《태평양 세력의 역설》에서 저는 미국 동맹과 일반적인 억지력이 때로는 긍정적인 역할을, 때로는 부정적인 역할을 했다는 증거를 보여주고 있습니다. 경제적 상호의존과 지역주의가 분쟁을 예방하는 중요한 완충 역할을 해왔다는 것도 알 수 있습니다. 아시아 평화는 단순히 두려움을 조작하여 전쟁을 피하는 얕은 술책 이상의 깊은 의미를 지닙니다.

물론 아시아 평화의 가장 강력한 원천은 이제 아무도 말하고 싶어하지 않는 것, 즉 중국과 미국 간의 데탕트였습니다. 1979년에 아시아 평화가 시작된 것은 우연이 아니었습니다. 그해는 중국과 미국이 외교 관계를 정상화한 해이기도 합니다. 데탕트 이전에 중국은 혁명적인 외교정책을 전개하고 있었고, 여러 곳에서 군사적 모험을 즐겼습니다. 중국은 미국과 미국의 아시아에서의 이익에 대해 극도로 적대적이었습니다. 하지만 덩샤오핑은 중국 인민해방군을 개혁하고 민족주의적 보복정책보다 국가 발전을 우선시하기 위해 미국과의 협력 관계가 필요했습니다. 이는 여러 아시아 국가들이 같은 시기에 했던 선택과 유사합니다. 즉, 민족주의보다 발전을 우선시한 것입니다. 그래서 데탕트는 중국뿐만 아니라 미국도 자제토록 했습니다. 또한 데탕트는 동아시아 지역의 경제적 상호의존을 촉진시켰습니다. 강대국들이 지역기구에 참여하고, 2008년 금융위기 이후 세계 경제를 안정시키는 데 직접적으로 기여했습니다. 이 모든 것은 아시아가 인도-태평양이 아니라 아시아 태평양으로 불리던 세계에서 일어난 일입니다. 제가 강조하고자 하는 것은 강대국 간의 기능적 협력 관계가 아시아 평화를 유지하는 데 다른 어떤 요인보다 더 큰 역할을 했다는 것입니다. 미국 외교정책의 실질적 문제점은 바로 여기에 있습니다.

아시아 평화에 가장 큰 위험은 데탕트를 장기적 경쟁으로 대체한 데서 옵니다. 데탕트를 없애고 장기적 경쟁을 도입한 것, 이것이 바로 인도-태평양과 그 함의를 생각하는 맥락입니다. 지역 안정성의 관점에서 우리가 집중해야 할 질문은 바로 이것입니다.

인도 태평양은 중국의 부상을 봉쇄하려는 암호화된 언어

우리가 아시아를 인도-태평양으로 상상한다면, 그것이 무엇을 열어줄까요? 그것이 전쟁과는 무관하고 상관없는 것일까요? 인도-태평양이 우리의 시대에 평화의 약속을 여는 것일까요? 혹은 그것은 우리 모두에게 위협일까요? 아니면 다른 무엇일까요?

저는 이미 제 입장을 밝혔습니다. 저는 인도-태평양이 아시아 평화와 논리적으로 상충한다고 봅니다. 그것은 아시아 평화를 가로막는 개념이자 정책입니다. 인도-태평양이라는 이름으로 우리가 벌이고 있는 실질적인 사안들을 살펴보면 심각한 문제점에 직면하게 됩니다.

인도-태평양이 미국과 중국 간의 소위 대국 경쟁을 상징한다는 것은 누구도 의심하지 않습니다. 혹시 기억하지 못할 수도 있겠지만, 트럼프 행정부 당시 국방부 장관인 제임스 매티스는 2017년에 중국과의 경쟁 공간을 확대하고 싶다고 말했고, 그때부터 아시아를 인도-태평양으로 부르기 시작했습니다. 그것이 중국과의 경쟁 공간을 확대하는 방법이었기 때문입니다. 이것은 전적으로 펜타곤, 즉 국방성과 관련된 사안으로 그 외에는 아무것도 아니었습니다. 펜타곤은 아시다시피 미국 정부 내에서 가장 자원이 풍부하고 주도적인 기관이지요.

또한 주목할 만한 점은 미국 정부 부서 중에서 모든 아시아 명칭을 인도-태평양으로 변경한 유일한 부서가 국방성이라는 점입니다. 국방성에서는 지역 조직의 명칭을 인도-태평양으로 바꾸었지만 국무성에서는 그렇지 않았습니다. 마지막으로 확인했을 때 상무성에서도 그렇지 않았고, 미국 무역대표부도 그렇게 하지 않았습니다. CIA도 하지 않은 것으로 알고 있습니다. 여전히 그곳의 정책 담당자들은 아시아, 동아시아, 또는 아시아 태평양이라는 명칭을 사용하고 있습니다. 이러한 기본적인 사실들은 제가 이전에 주장했던 것처럼 워싱턴의 암묵적인 배경을 공개적으로 강화하는 것입니다. 즉, 인도-태평양이라는 명칭은 중국의 힘을 억제하려는 노력을 의미하는 암호로 기능합니다.

여기에는 두 가지 복합적인 문제점이 있습니다. 인도-태평양이 보편적으로 받아들여지지 않는 이유 중 하나는 이 말이 역사적으로 사용되던 지역 개념이라는 점입니다. 그래서 때때로 사람들이 인도-태평양에 대해 이야기할 때, 특히 학자들은 인도-태평양을 오늘날의 의미와는 상관없는 오래된 역사적 의미로 사용합니다. 빅토리아대학교의 제 동료인 만지 파르데시는 역사적 국제관계

연구를 많이 합니다. 그는 인도-태평양에 대해 20세기 초반과 나치시대 중반까지 존재했던 것으로 파악하고 있고, 더 거슬러 올라가 15세기와 16세기에도 사용되었다고 쓴 적이 있습니다. 그러나 이러한 역사적 계보는 오늘날 정책 입안자들이 의미하는 바와 명확히 관련이 없습니다.

인도-태평양의 의미를 복잡하게 만드는 또 다른 요소는 오늘날 이 수사적 프레임워크 내에서 협력이 이루어지고 있다는 점입니다. 그래서 사람들, 특히 정부 인사들이 인도-태평양에 대해 선전할 때는 항상 다른 정부들과의 협력에 초점을 맞추고 있습니다. 하지만 이 부분이 좀 의심스럽습니다. 모든 협력이 동일하게 이루어지는 것은 아닙니다. 인도-태평양 협력의 성질, 색깔, 목적은 지정학적 경쟁 블록을 형성하는 데 있습니다. 예를 들어, 쿼드나 오커스, 그리고 어느 정도는 미국-일본-한국 삼자 협력 등입니다. 이것들은 협력 네트워크입니다. 이 안에서 신뢰 구축의 요소가 있다고도 할 수 있습니다.

블루 퍼시픽에서는 삼자 협력 같은 형태나 소규모 다자 협력이 많지는 않지만 전례 없는 수준으로 안보 협력이 전개되고 있습니다. 그러나 쿼드든 태평양 양자주의든 관계없이, 이는 적대적 신뢰에 기초하고 있습니다. 그것을 좋은 종류의 협력이라고는 할 수 없지요. 이런 협력은 공동의 적에 맞서 음모를 꾸미는 자들 간에 형성되는 유대감이며, 아시아와 태평양의 국제관계를 그들의 강대국 경쟁 이미지에 맞추어 재구성하려는 시도입니다. 이런 협력은 부작용과 독성이 강합니다. 미국 우위를 주장하거나 경제적 상호의존 구조를 분열시키려는 협력은 아시아 평화에 적대적인 협력입니다.

쿼드, 오커스와 같은 모든 지역 협력은 대국 간 경쟁 구조의 일

밴 잭슨

부입니다. 그리고 이러한 협력은 실제로 국제체제의 불균형을 초래하고 있습니다. 미국이 중국을 전략적으로 포위하고, 중국의 부상을 봉쇄하며, 장기적으로 아시아와 태평양 경제를 중국과 단절시키려는 시도를 반영하는 것입니다. 따라서 이러한 선택은 긴장 완화보다는 경쟁을 선호합니다. 여기에 미국의 동맹, 파트너, 우방국들이 동참하여 경쟁의 힘을 강화하거나 증폭시킨다면 이 지역은 점차 전쟁에 더 가까워질 것입니다. 현재의 역사적 순간에서 경쟁을 받아들이는 것은 실질적인 세력 균형을 공공연히 거부하는 것이며, 아시아 정치경제의 구조적 현실을 거부하는 것과 다를 바 없습니다.

대안으로서의 포용적 지역주의

우리가 뭐라고 부르든, 이 지역은 평화를 유지하기 위한 새로운 방안이 절실히 필요합니다. 평화는 억지력이라는 허황한 이야기에서 오지 않을 것입니다. 평화는 미사일 확산, 새로운 군사기지, 경제적 민족주의, 디커플링이나 디리스킹 같은 것에서 오지 않을 것입니다. 우리에게 필요한 평화의 원천은 포용적인 지역주의입니다. 강대국 간의 새로운 데탕트와 무엇보다도 군사적 자제가 필요합니다. 그러나 인도-태평양이라는 명칭 아래에서는 그러한 것들이 이루어질 가능성이 보이지 않습니다. 저는 인도-태평양이 그모든 것의 반대를 의미한다고 생각합니다. 이것이 우리가 우려해야 할 점입니다. 얼마나 오래 이야기하고 있는지 모르겠지만, 아마도 시간이 다 된 것 같습니다.

잘못된 전략

문정인 네, 훌륭한 강연 감사합니다. 그러니까 인도-태평양 전략이 미국의 대전략으로 잘못 구성되었다는 말씀을 하시는 건가요? 그 전략이 잘못된 것이라는 주장에 동의하시나요?

밴 잭슨 네, 전적으로 잘못된 전략입니다. 이상하게도 인도-태평양 전략은 대전략을 대체하는 보기 드문 지역전략입니다. 그래서 미국의 대전략은 우위에 관한 것이지, 인도-태평양 전략이 될 수 없습니다. 아시아 또는 인도-태평양에서의 우위를 확보하는 지역전략을 정책 입안자들이 대전략으로 환치한 것이지요. 적어도 지난 70, 80년 동안 미국 역사에서 우리가 대전략을 특정 지역으로 축소시킨 사례를 기억할 수 없습니다. 이것은 다소 이상합니다.

문정인 인도-태평양 전략이라는 개념은 오바마 행정부에서 시작되었는데, 트럼프 행정부가 이어받았습니다. 이는 매우 드문 현상입니다. 이에 대해 어떻게 생각하십니까? 오바마 행정부와 트럼프 행정부 간의 연속성에 대해 어떻게 보시나요?

밴 잭슨 네, 좋은 지적입니다. 엄청난 연속성이 있습니다. 제가 이 모든 것에 대해 생각이 바뀌기 시작한 것은 오바마에서 트럼프로, 더 나아가 트럼프에서 바이든으로 이어지는 매우 걱정스러운 연속성을 보게 되었을 때였습니다. 이는 지적으로 상당히 급진적인 퇴행이었습니다. 우리가 하고 있는 거의 모든 일에 대한 부정이기도 했습니다.

트럼프 시절, 저는 미국 외교정책 전문가 그룹의 일원이었고, 물리적으로는 뉴질랜드에 있었지만 주로 워싱턴의 동료들과 많은 논의를 했습니다. 다행히 줌 덕분에 자주 돌아다니지 않아도 되었죠. 우리는 트럼프 시대의 아시아정책에 대해 정말로 걱정했습니다. 과도한 군사지출, 군사 예산의 확대, 과도한 핵 현대화 등 모든 것이 우위와 지배에 관한 것이었죠. 우리는 공개적으로 트럼프를 비판했습니다. 모두가 트럼프를 비판하는 글을 썼습니다. 그런데 사실 트럼프의 아시아정책은 오바마와 크게 다르지 않았습니다. 그의 북한정책은 매우 대립적이었습니다. 한 가지 다른 점은 제한된 기간 동안이지만 북한과 정상 외교를 했다는 것입니다.

오바마는 절대 그렇게 하지 않았고, 바이든도 절대 그렇게 하지 않았습니다. 그러나 일반적으로 근육을 과시하고, 군사지출과 핵 과잉을 늘리는 건 오바마 때도 마찬가지였습니다. 지금은 바이든이 트럼프를 능가하고 있습니다. 바이든은 특히 중국에 대해 트럼프보다 더 강경합니다. 북한 핵문제는 지난 3년 동안 트럼프 때보다 더 악화되었습니다. 그래서 이러한 연속성들이 저로 하여금 아래와 같은 의문점을 가지게 했습니다. 우리 담론들이 실제로 얼마나 현실을 반영하는가? 우리 정책 입안자들, 혹은 우리 스스로 '좋은 사람들'이라고 자부하고 있는데 그게 사실일까? 평화에 대한 위협을 다루어야 하는 우리의 일상적 역할을 지워버린 것 아닐까?

한반도가 그 좋은 예입니다. 우리는 북한과 반복적인 위기를 겪고 있습니다.

워싱턴에서 이것이 제도적 기억으로 자리 잡는 방식은 이렇습니다. 북한이 나쁜 짓을 해서 우리가 전쟁 직전까지 갔습니다. 그리고 북한이 다시 나쁜 짓을 해서 또다시 전쟁 직전까지 갔습니다. 여기서 우리는 어떤 역할도 하지 않는 것인가요? 북한이 주도권을 쥐고 있는 것처럼 보이는 이 상황은 무엇인가요? 국제관계는 본질적으로 상호적입니다. 모든 것이 상호작용적인데도, 우리는 여전히 지배적인 힘을 주장하고자 합니다. 그것이 우리의 대전략을 추진하는 힘입니다.

그렇다면 우리가 지역에서 이렇게 큰 힘을 발휘하고 있다면, 어떻게 이 지역에서 일어나는 나쁜 일들에 대해 우리가 아무런 책임을 지지 않을 수 있는 걸까요? 우리가 도덕적으로, 인과적으로, 전략적으로 어떻게 무고한가요? 우리가 좋아하지 않는 일을 다른 행위자들이 할 때 거기에 대한 우리의 담론, 정책, 분석에 대한 설명은 사실상 없는 것과 같습니다.

다른 나라들과의 상호작용 방식에 대해 생각해보면 정말로 모든 것을 다시 생각하게 됩니다. 하지만 시작은 오바마에서 트럼프로 이어지는 엄청난 연속성을 인식하는 것에서 시작되었습니다. 당시 저는 오바마 행정부에 있었는데 우리가 매우 잘못된 방향으로 가고 있다는 것을 알아차렸습니다. 오바마의 국가안보 부보좌관이었던 벤 로즈는 그 당시 이렇게 고백했습니다. 그는 "아시아로의 회귀 정책의 목적은 미국이 세계 지도국으로서 50년을 더 유지하는 것이다"라고요. 그것이 목적이었습니다. 하지만 그것은 가당치 않은 것이었습니다. 미국이 50년 더 세계 지도국으로서의 지위를 유지한다는 것은 무엇을 의미합니까? 결국 그것은 우위와 지배를 의미할 뿐입니다.

모든 국가전략, 모든 정책 선택과 자원을 이 목표를 위해 사용한다는 미래 비전은 미친 짓입니다. 그것은 우리가 훨씬 더 공격적인일을 많이 하도록 요구했고, 우리는 그 모든 것을 트럼프에게 넘겨주었습니다. 트럼프가 공개적으로 적대적인 행동을 하는 데 더 관대한 환경을 제공했습니다. 적어도 오바마는 어느 정도의 자제력을 가지고 있었지만, 원인을 제공한 것은 오바마였습니다.

외교적 수사에 관해서 오바마는 책임 있는 모습을 보이는 데 신경을 썼습니다. 반면 트럼프는 전혀 신경 쓰지 않았습니다. 아마도트럼프는 그것이 불리하다고 생각했을 것입니다. 이제 바이든 행정부는 다시 책임 있는 모습을 보이는 데 신경을 쓰고 있습니다.하지만 이들은 안보와 불안감의 원천에 집중하지 않고 있습니다.그들은 '책임 있는 모습'을 보이는 데만 집중하고 있으며, 아시아평화를 약화시키는 원천에 대해서는 아무것도 하지 않고, 북한에대해서도 아무것도 하지 않고 있습니다. 그들이 아시아에서 관심을 두는 분야는 강대국 경쟁입니다. 이는 아시아 평화의 반대편에있다고 생각합니다.

인도-태평양 전략의 세 가지 측면

문정인 잭슨 교수의 강의를 들어보면 미국의 인도-태평양 전략을세 가지 주요 전략으로 특징지을 수 있을 것 같습니다. 첫 번째 전략은 중국, 러시아, 북한에 대한 지정학적 봉쇄입니다. 두 번째 전략은 지경학적 디커플링과 디리스킹, 그리고 배타적인 지역 블록을 만드는 것입니다. 세 번째 전략은 소위 가치동맹 전략으로, 민주주의 연합의 관점에서 중국과 러시아, 북한을 포위하려는 것입니다. 이러한 인도-태평양 전략의 세 가지 이니셔티브를 고려할 때, 이것들이 실행 가능합니까? 미국이 그 전략을 추구할 수 있는 힘과 능력, 자원이 있습니까?

밴 잭슨 큰 질문이군요. 제 말은 그들이 지금 그 전략을 추구하고 있다는 것입니다. 문제는 그들이 과거에 행사할 수 있었던 종류의 통제를 행사할 수 있는 힘의 위치와 지렛대가 부족하다는 것입니다. 그런데도 여전히 그렇게 하려 하고 있습니다. 그래서 제가 문제시 하는 것은 실제로 실행할 국력이 부족한 데 그런 전략을 추구하려 할 때의 위험입니다. 그것은 문제입니다. 위험합니다. 미국이 자기 자신과 다른 나라들에게 위험이 되는 방식이 있습니다. 물론 다른 나라들도 위험하지 않다는 것은 아닙니다. 아니요, 하지만 이들 국가 중 가장 큰 국가인 미국도 위험합니다. 그러나 이것은 미국이 전적으로 나쁘다는 뜻을 의미하는 건 아닙니다.

《태평양 세력의 역설》에서는 꽤 복잡한 그림을 그리고 있습니다. 그러나 그 그림의 일부, 즉 자기 생성적 위험에 대해서는 아무도 이야기하지 않습니다. 언급하신 인도-태평양 전략의 구성 요소들, 즉 봉쇄, 경제적 배제와 블록, 특정 동맹들이 미국의 국가 이익을 실현하는 데 도움이 되는가 하는 문제점이 제기됩니다. 왜냐하면 국가 이익을 지향하지 않는 어떤 전략도 지속가능하지 않을 수 있기 때문입니다. 이것이 인도-태평양 전략의 문제이기도 합니다. 만약 국가 이익이 미국의 모든 사람, 또는 거의 모든 사람의 이익을 의미한다면, 현재의 미국이 취하는 전략은 미국의 국가 이익에 반합니다.

즉, 현재의 전략은 방위산업을 지원하며, 사회적 지출에서 돈을 빼앗아가고, 실제로 기후위기를 해결하거나 의미 있게 다루지 않습니다. 결국 이 모든 것에서 파생되는 전쟁에 부적절하게 징집될 사람들은 가장 가난한 미국인들입니다. 우리가 중국에 관세를 부과할 때, 궁극적으로 그 비용을 지불하는 것은 미국의 노동자들과 농부들입니다. 우리가 달러를 세계의 기축통화로 유지하려고 할 때도 마찬가지입니다. 왜 그렇게 하느냐고요? 국제 시스템에서 미국의 힘을 극대화하기 위함이지요. 그것은 '국가안보국가(national security state)'에 자산이 됩니다. 그러나 불행히도 그러한 지위는 미국이 해외로 수출할 수 있는 능력을 약화시킵니다. 그래서 우리는 지적으로 막다른 골목에 처해 있는 겁니다.

우리는 전체 국가의 이익을 추구하지 않고 있습니다. 우리는 미국 내 소수의 이익만을 증진하고 있으며, 그것을 '국가안보'라고 부르고 있습니다. 진정으로 포용적인 인도-태평양의 비전이 있다면 그것은 인상적일 것입니다. 그러나 그것은 중국과 미국 간의 경쟁이 아니라 데탕트를 지원해야 합니다.

뉴질랜드의 전임 총리 재신다 아던은 인도-태평양이란 용어를 받아들였습니다. 주로 다른 정부들도 그렇게 하고 있었기 때문이지요. 정부 엘리트로서 다른 엘리트들과 다자간 회의에 참석할 때 어색하게 보이고 싶지 않기 때문입니다. 그래서 모두가 그렇게 하면, 본인도 그렇게 합니다. 그것은 일종의 그룹 압력, 사회적 압력입니다. 하지만 아던 총리는 인도-태평양 용어를 사용하기 시작한 후 연설에서 이렇게 말했습니다. "저는 인도-태평양을 생각할 때, 다른 사람들과 다르게 생각합니다. 저는 그것을 경쟁의 반전으로 생각합니다. 저는 동아시아가 이룩한 협력을 확대하여 포괄적인 개념으로 만들고 싶습니다." 아무도 그녀의 말을 듣지 않았고, 그 모델을 따르지도 않았습니다. 그러나 그것이 인도-태평양을 흥미롭게 사용할 수 있는 방식이었습니다. 하지만 아직 그 길을 가는 사람은 보지 못했습니다.

문정인 아시아 태평양 시대에서는 미국의 주도 아래 평화가 있었습니다. 공동 번영이 있었고, 이 지역의 다른 문화 블록들 간의 문명적 공존이 있었습니다. 그러나 지금 인도-태평양 전략의 결과로 평화가 위협받고 있으며, 번영이 약화되고 있습니다. 문명의 충돌 가능성도 제기되고 있고요. 미국이 왜 그렇게 인도-태평양 전략에 집착하고 있지요? 우려되는 바 큽니다.

밴 잭슨 민주당과 공화당의 외교정책 집단, 즉 직업 공무원과 정부의 정치 임명자들은 자신들만의 정보와 인식의 거품 속에 살고 있습니다. 그들은 다른 나라의 자기와 비슷한 사람들, 즉 다른 정부 관료, 다른 지배 엘리트, 다른 국제 외교관들과 이야기합니다. 이들은 서로가 자기 나라 시민들보다는 이들 엘리트 계층과 더 큰 친화력을 갖습니다. 제가 그 세계에 있었기 때문에 이것이 사실이라는 것을 압니다. 미국에서 가장 이상한 사람들은 외교관, 정책 입안자, 싱크탱크 전문가들 같은 전문가 계층입니다. 그들은 그들만의 세상에 살고 있습니다.

그들은 제가 언급한 많은 분석이나 역사에는 긍정적, 부정적인 측면이 공히 존재한다는 사실에 대해 생각조차 하지 않습니다. 그들은 역사를 선별적으로 선택하고, 스웨덴이나 심지어 한국의 다른 정부 관료들과 이야기할 때 자신들이 듣고 싶어 하는 이야기만을 듣습니다. 외교관의 역할 중 하나는 상대방이 듣고 싶어 하는 말을 하는 것입니다. 그것은 비용이 들지 않으며, 무엇인가를 얻을 수 있기 때문입니다. 그러나 그것은 당신의 생각을 왜곡시킵니다.

그들은 현실에서 벗어나게 됩니다. 여기 있는 분들 중 외교관이나 그런 경험을 가진 분이 있다면 죄송하지만, 외교관들은 소시오패스들입니다. 민주적 의지와 전혀 상관없는 자기들만의 사회적 네트워크 같은 폐쇄된 공간에서 엘리트들이 외교정책을 선택합니다. 일반 사람들은 그것을 감수해야 합니다. 전쟁 직전과 같은 극단적인 순간이 아니면 일상적인 일에 대해 발언할 기회가 없습니다. 전쟁으로 가는 과정에서 일어나는 일들에 대해 아무도 발언할 기회를 얻지 못합니다.

외교정책의 비책임성은 외교정책 결정을 내리는 사람들이 동료 시민들과 같은 생각을 하지 않거나 현실을 인식하지 못하는 경우에 심각한 문제가 됩니다. 이들은 서로의 선전을 소비하면서 현실과는 동떨어진 인식 기반을 형성합니다. 그들은 로마가 불타고 있는 동안에도 상상 속의 매우 낭만적인 삶을 살고 있는 것과 같습니다. 국내와 국제 사이의 연계를 만들지 못하고 있습니다. 그들은 여전히 "우리는 세계를 위해 이 위대한 글로벌 프로젝트를 수행하고 있다"고 생각합니다. 예를 들어 수도가 폭동으로 공격받고, 대통령이 궁중 쿠데타를 시도해도, 그런 것에는 신경 쓰지 않습니다. 그들은 현실과 매우 동떨어져 있으며, 이는 아시아의 권력 현실과는 별개입니다. 중국은 아시아 정치경제의 생산 및 가치사슬 네트워크의 중심입니다. 또한 중국은 상당히 큰 군사 강국입니다. 그들을 어떤 방식으로도 수용하지 않고, 오히려 모든 방식으로 적대감을 표출한다는 것은 지역의 실패를 초래할 뿐입니다.

그런 결정에 누가 발언할 기회를 갖습니까? 기본적으로 서로만 이야기하고 민주적 의지에 책임을 지지 않는 정부 관료들만이 발언할 기회를 갖습니다.

미국 권력의 세 단계

문정인 《태평양 세력의 역설》에서 잭슨 교수는 아시아 태평양에서의 미국 권력의 세 가지 단계를 구별하셨습니다. 첫 번째는 냉담한 패권, 두 번째는 불안정으로부터의 보호자, 세 번째는 고압적 초강대국입니다. 현재 미국이 인도-태평양 전략을 추구하는 단계는 어떤 단계로 보십니까?

밴 잭슨 그 답은 아마 알고 계실 겁니다. 사실 모든 단계의 요소가 조금씩 있지만, 현재 고압적 초강대국 요소가 가장 강하다고 봅니다. 만약 미국이 아시아에서 전반적으로, 특정 지역에 국한되지 않고 군사적 존재를 축소할 수 있다면, 아니면 군사 부문이 전략의 주된 부분이 아닌 보조적인 부분이 될 수 있다면, 미국 중심의 동맹체제가 다시 한번 안정적인 역할을 할 수 있을 것입니다. 그러나 미국의 동맹이 더 이상 우위를 차지하지 않는 지역에서 힘의 우위를 재확립하기 위한 것으로 동맹 강화, 억제, 강대국 경쟁을 목표로 인도-태평양 전략을 전개하는 것이라면 이는 매우 위험합니다. 제가 걱정하는 것은 미국 정책 입안자들이 자신들이 초래한 위험을 인식하지 못하는 것입니다. 그들은 우리가 예외적인 힘을 가지고 있으며, 우리의 힘이 예외적인 공공재라는 유아적이고 낭만적인 시각으로 이 지역을 보고 있습니다. 미국이 여전히 냉담한 패권국으로 남아 있는 방식도 있습니다. 왜냐하면 미국은 이 지역의 세력 변화 현실을 인식하지 못하고, 자신의 역할과 가치를 과대평가하고 있기 때문입니다.

문정인 정확히 그렇습니다. 미국은 전반적인 능력이 부족합니다.

밴 잭슨

그래서 미국은 동맹과 파트너에게 모자란 힘과 자원을 아웃소싱하고 있으며, 한국과 일본의 투자를 미국으로 끌어들이려고 하고 있습니다. 또한 일본과 한국, 그리고 다른 떠오르는 파트너들에게 국방비용 분담을 증가시키도록 강하게 압박하고 있습니다. 저는 미국의 능력과 동맹 및 파트너에 대한 의존도 증가 사이에 커지는 모순을 보고 있습니다. 미국 정부가 이 모순된 문제를 어떻게 해결할 것이라고 생각하십니까?

밴 잭슨 네, 그것을 모순으로 인식하는 것은 매우 현명한 접근입니다. 모순이라는 것은 지속가능하지 않다는 것을 의미합니다. 그래서 어느 방향으로든 해결되어야 합니다. 이는 다른 사람들이 목소리를 내고 선택을 할 수 있는 기회가 될 수도 있습니다.

이 모순이 해결될 수 있는 방법 중 하나는, 특히 트럼프 행정부 같은 경우, 미국이 단순히 동맹국들을 협박하거나 버리는 것입니다. 트럼프 시대에 이미 그런 징후를 보았습니다. 그러나 그것은 제한적이었고, 트럼프가 산만해지면서 더 이상 진행되지 않았습니다. 협박이나 포기는 가능한 미래 중 하나입니다. 그러나 제 생각에 이는 최악의 결과는 아닙니다.

최악의 결과는 동맹국들이 지역 질서의 분열에 참여하여 한쪽 편에 서서 다른 쪽과 맞서 싸우는 것입니다. 이는 결국 전쟁으로 가는 길입니다. 질서의 분열과 한쪽이 다른 쪽에 맞서는 상황, 그리고 동맹이 이런 결과를 낳는다면 그 동맹은 아무런 가치가 없습니다. 왜냐하면 그것이 강대국 전쟁을 초래하고, 동맹국들이 미국의 전쟁에 끌려 들어가거나, 미국이 아시아 전쟁에 끌려 들어가는 상황이 될 수 있기 때문입니다. 이것들은 모두 끔찍한 결과입니다.

동맹국들이 미국의 우위를 유지하기 위해 더 많은 일을 해야 한다는 생각은 지속될 수 없는 상황입니다. 이미 미국과 미국 엘리트들 사이에서는 외교정책과 미국의 세계에서의 역할에 대해 다양한 비전통적이고 이단적인 관점들이 있습니다. 다른 나라들은 이에 대해 들어보지 못했을 수도 있지만, 워싱턴에서는 논쟁이 활발하게 진행되고 있습니다.

　정부 관료들은 다른 정부 관료들에게 이런 이야기를 하지 않겠지만, 우리는 치열한 논쟁을 벌이고 있습니다. 몇 주 전에 워싱턴에 있었을 때도 많은 사람들과 논쟁을 벌였습니다. 때로는 같은 편의 사람들과 싸우기도 했습니다. 우리는 '해야 할 일'과 '할 수 있는 일'에 대한 상상력이 훨씬 더 다양해졌고, 대부분은 미국이 세계에서 우위를 유지하는 것에 반대합니다. 대부분은 우위가 바람직하지 않고 지속가능하지 않다는 것을 인식하고 있으며, 어떤 관점에서는 이미 그 우위를 잃어버렸다고 생각합니다. 모든 사람이 다른 가정을 하고, 각자의 우선순위를 가지고 있지만, '미국 우위론'에 집착하는 사람들은 워싱턴의 두세 개의 싱크탱크와 바이든 행정부뿐입니다.

트럼프와 인도-태평양

문정인 만약 11월 선거에서 트럼프가 재선된다면 어떻게 될까요? 트럼프와 그를 둘러싼 사람들은 트럼프가 인도-태평양 전략을 계속할 것이라고 제안해왔습니다. 동시에 트럼프가 배제와 고립 전략을 추구할 가능성도 매우 높습니다. 잭슨 교수님은 어떻게 보십니까? 트럼프 행정부가 재선될 경우 인도-태평양 전략에 큰 변화가 있을 것이라고 생각하십니까?

밴 잭슨

밴 잭슨 좋은 질문입니다. 저는 트럼프 대통령에 대해 매우 걱정하고 있습니다. 아시아도 이에 대해 걱정해야 한다고 생각합니다. 하지만 바이든 시절의 아이러니 중 하나는 바이든의 아시아정책의 90%가 트럼프의 아시아정책이라는 것입니다. 저는 이 점을 매우 불편하게 생각하며, 아시아에 중점을 둔 정책이 워싱턴 싱크탱크 전문가들의 신뢰성을 크게 떨어뜨렸다고 생각합니다. 왜냐하면 그들은 매우 공격적인 외교정책과 위험하고 비현실적인 전략에 완전히 동화되었기 때문입니다.

트럼프 재선 시 워싱턴이 선호하는 용어는 여전히 인도-태평양일 것이라고 예상합니다. 이는 경쟁 공간을 최대한 확보하려는 신호입니다. 트럼프 하에서는 더 많은 군사지출과 경제적 민족주의를 볼 가능성이 큽니다. 특히 일본과 한국은 상당히 큰 희생을 강요받을 가능성이 높습니다. 그 희생이 무엇인지 정확히 알 수는 없지만, 트럼프의 기분에 따라 달라질 것입니다.

트럼프의 지난 임기 동안, 그는 이미 한국과 일본에서 막대한 현금을 얻으려 했습니다. 이를 막은 요인 중 하나는 그의 정책 관료들이 반대했기 때문입니다. 그러나 이제 MAGA 운동에는 트럼프와 MAGA 리더십에 맹목적으로 충성하는 사람들이 있습니다. 이들이 다시 백악관에 들어간다면, 훨씬 더 훈련되고 충성스러운 참모들을 데리고올 것입니다. 이는 악몽입니다.

그들은 여전히 모든 것을 인도-태평양 전략이라고 부를 수 있지만, 한편으로 "미국 우선, 미국 혼자"라는 입장을 취할 것입니다. 동맹국들은 우리와 함께하거나, 아니면 혼자 남게 될 것입니다. 그러는 과정에서 대만문제로 대규모 대치가 벌어질 것입니다. 워싱턴의 일부 미친 전쟁광들은 트럼프 팀의 일부였고, 지금은 플로리다의 파시스트 같은 론 디산티스 대통령 선거 캠페인을 자문하고 있습니다. 이들은 중국에 대해 매우 미친 소리를 하고 있으며, 전쟁을 예방하려고 한다고 말하지만, 실제로는 전쟁을 자초하는 행동을 하려고 합니다. 그들은 전쟁이 올 것이라고 확신하고 있습니다. 그래서 지금 모든 것을 해야 한다고 믿고 있으며, 이는 전쟁을 초래할 것입니다.

문정인 또 다른 아이러니가 있습니다. 바이든 행정부는 일본, 한국, 필리핀과의 동맹을 강화한 것을 매우 자랑스럽게 생각하고 있습니다. 커트 캠벨도 인도-태평양 지역에서 동맹국 및 파트너와의 향상된 동맹관계를 매우 자랑스러워하고 있습니다. 그러나 일본의 기시다 총리, 한국의 윤석열 대통령, 필리핀의 마르코스 주니어 대통령의 낮은 인기를 보십시오. 이들 모두 지지율이 10%에서 20%대에 불과합니다. 이는 무엇을 의미합니까? 미국과의 동맹에 대한 국내 지지 기반이 매우 취약하다는 것을 의미합니다. 미국은 이러한 문제를 어떻게 처리할 것이라고 생각하십니까?

밴 잭슨 아주 흥미로운 관찰입니다. 지금 전세계적으로 우익 정부가 인기가 없습니다. 뉴질랜드도 마찬가지입니다. 그런데도 이런 우익의 인기 없는 정부들은 더 공격적인 외교정책을 추진하고 있습니다. 모두 100% 그렇습니다.

그렇다면 누가 이로 인해 이익을 얻을까요? 예를 들어, 친일파라는 용어가 있듯이, 친미파라는 용어도 있습니다. 이는 권력에 아첨하며 우익 민족주의 의제를 추진하는 경우가 많습니다. 그러면서도 우리는 단지 좋은 미국 동맹국일 뿐이라고 가면을 쓰고 있습니다. 전통적인 파트너일 뿐이라고, 미국의 패권이라고 말입니다. 그러나 말씀하신 대로, 대부분의 외교정책에 대한 대중의 지지는 없습니다. 이것은 일반 시민들의 의지가 아니기 때문입니다.

일반적으로 민주주의 국가들은 외교정책에서 상당히 무책임합니다. 지금 이 역사적 순간에 그 무책임성이 공격적이고 주의를 분산시키며, 전환적이고, 민족주의적이고, 과도하게 군사화된 외교정책 의제를 추진하는 데 이용되고 있습니다. 이러한 것들은 대중적인 지지 기반이 없습니다. 그것들은 현명하지도 않고, 현실적이지도 않으며, 필요하지도 않기 때문입니다. 외교정책에서 공격적인 행동을 할 때 누가 대가를 치르나요? 노동계층과 시민 사회의 대다수가 그 대가를 치르게 됩니다. 정책 입안자들 자신은 그 대가를 치르지 않습니다. 저는 이 사실을 알고 있습니다. 왜냐하면 제가 그들 중 하나였기 때문입니다.

그래서 희망적인 점은, 제가 오늘 매우 비관적이었기 때문에 낙관적인 점을 찾자면, 만약 현재의 정부들이 여론 조사에서 나타나는 것처럼 정말로 인기가 없다면, 예를 들어 지지율이 17% 또는 20%에 불과하다면, 결국 그들의 반대파가 선출될 것입니다. 만약 그 반대파가 권력을 잡으면 더 합리적이고, 군사적으로 자제된 외교정책을 수용할 기회가 생깁니다. 이러한 합리적이고 비현실적인 외교정책 접근법을 뭐라고 부를지 모르겠지만, 아마 인도-태평양 전략이라고 부르지는 않을 것입니다.

태평양의 지정학

문정인 마지막 질문입니다. 100년 전 독일 지리학자이자 나치 전략가인 카를 하우스호퍼는《태평양의 지정학(Geopolitics of the Pacific)》이라는 책을 썼습니다. 그 책에서 그는 일본이 영국, 프랑스,

네덜란드, 미국이 주도하는 서구 식민지 지배에 맞서기 위해 인도-태평양 전략을 추구해야 한다고 주장한 바 있습니다. 2007년 아베 신조 총리가 인도와 케냐 순방 시 최초로 인도-태평양 개념을 제시한 바 있는데 일부에서는 하우스호퍼의 영향을 받은 것으로 알려져 있습니다. 아베의 인도-태평양 전략 아이디어는 오바마 행정부에 전달되었고, 아시아 태평양 지역에서 미국의 공식 전략으로 채택되었습니다. 인도-태평양 전략의 이러한 지적 기원에 대해 어떻게 생각하십니까? 미국 정책 입안자들이 인도-태평양 전략의 지적 기원이 나치 독일의 카를 하우스호퍼에서 비롯되었다는 것을 알고 있었을까요?

밴 잭슨 훌륭한 질문입니다. "미국이 무엇인가를 알고 있었는가?"라는 질문에 대한 일반적인 대답은 항상 '아니오'입니다. 이는 미국이 자신의 결백함을 주장하는 일환으로, 결백하기 위해서는 역사를 모르는 것이 필요하다고 믿기 때문입니다. 그래서 그런 방식으로 작동합니다.

하지만 이 질문은 정말로 중요한 질문입니다. 나치의 인도-태평양에 대한 지정학적 사고와 인도-태평양이 일본 제국의 대동아공영권을 의미하는 완곡어로 사용되었던 방식은 매우 중요한 주제입니다. 이것은 우리가 민감하게 받아들여야 할 기원적인 이야기입니다. 특히 아베 신조가 하우스호퍼를 인용하고 있다면 말이죠. 요즘 인도-태평양에 대해 이야기하는 사람들은 대부분 나치는 아니지만, 그 계보는 중요합니다. 하우스호퍼의 이론화된 개념은 일본 제국이 백인 우월주의 제국에 대한 균형을 맞출 수 있다는 것이었습니다.

저는 두보아라는 미국 흑인 학자를 통해 이 이야기를 접했습니다. 그는 미국의 위대한 국제관계 학자 중 한 명입니다. 그는 1920년대에 일본 제국이 백인 우월주의 제국에 대한 방벽이 될 수 있다고 비슷한 주장을 했습니다. 그러나 그는 나중에 자신의 생각을 바꾸었습니다. 한국인과 만주인들에게 일본 제국이 저지른 만행을 보고, 제국 대 제국은 해결책이 될 수 없다는 것을 깨달았던 것이지요.

이 점에서 그가 마음을 바꾼 이유가 중요합니다. 그는 자신의 실수를 인정했습니다. 일본 제국은 좋은 것이 아니라고요. 제가 이 이야기를 꺼낸 이유는 모이시 포스톤이라는 학자가 있었기 때문입니다. 그는 '공간 분석'이 반동적인 정치를 선호하며, 불안을 재생산하는 경향이 있다고 주장했습니다. 가령 지리적 경계를 만드는 것이 그러한 분석의 예입니다. 그것은 거의 항상 불안을 악화시킵니다. 최소한 미국, 일본, 호주는 인도-태평양의 비전을 비판적으로 생각할 책임이 있습니다. 하우스호퍼나 일본 제국의 상상과 어떻게 다른지 성찰적으로 생각해보아야 합니다. 그러나 이를 다루기 위해서는 역사적 연계를 인정해야 합니다.

이것이 미국의 예외주의, 자기 변명, 도덕적 순수성의 문제입니다. 이는 우리가 현실을 있는 그대로 볼 수 없게 만듭니다. 우리는 역사를 매우 이기적인 방식으로 읽고 있으며, 이는 미래 비극의 원천입니다. 이것이 외교정책 세계에서 우리가 끔찍한 판단을 내리게 되는 이유입니다. 저는 커트 캠벨이 인도-태평양이라는 경쟁 공간이 하우스호퍼가 상상한 것과 어떻게 다른지에 대해 답변하는 것을 보고 싶습니다. 그가 하우스호퍼가 누구인지 아는지조차 모르겠습니다.

문정인 제가 한 가지 발언을 정정하고 싶습니다. 아베 총리가 카를 카를 하우스호퍼를 직접 인용한 것은 아닙니다. 그러나 아베 총리가 카를 하우스호퍼의 저작에 영향을 받았다고 일반적으로 믿어지고 있습니다. 왜냐하면 《태평양의 지정학》이 1940년대에 일본어로 번역되었고, 이는 일본이 대동아공영권을 추구하던 시기와 맞물리기 때문입니다. 이 점을 정정하고자 합니다.

* * *

문정인 이제 청중들 가운데 질문과 의견을 받겠습니다.

찰스 윤 저는 현재 한국외국어대학교의 대학원생입니다. 말씀하신 모든 내용이 정치심리학과 관련이 있는 것 같습니다. 우리는 모두 인지적이지 못하며, 제한된 합리성을 가지고 있습니다. 복잡한 방식으로 생각할 수 없습니다. 그래서 미국 대 중국이라는 내러티브가 너무 깊이 뿌리박혀 있어서 민주당이든 공화당이든 그 내러티브가 바뀌지 않는 한 아무런 변화가 없을 것 같습니다. 지금 그 내러티브는 매우 깊이 뿌리박혀 있습니다. 제프리 레그로 교수에 따르면 전략이나 정책이 변화할 수 있는 유일한 방법은 문제가 발생했을 때입니다. 그때 사람들은 "이 정책이 효과가 없다"고 평가하기 시작합니다. 그래서 제 질문 중 하나는, 모든 사람을 최면에 빠뜨려서 문제가 없고 모든 것이 안전하다고 생각하게 만드는 억지가 이런 상황을 만들고 있는지, 아니면 워싱턴의 엘리트 합의가 다른 가능성을 인지적으로 닫아버렸기 때문인지 궁금합니다.

밴 잭슨 네, 좋은 질문입니다. 미국 외교정책 엘리트들이 안보를 생각하는 방식과 강대국 경쟁에 대한 합의적 성격은 반대 의견을 가진 사람이나 기존 상태와 다른 긍정적 아이디어를 가진 사람들에게는 매우 어려운 환경을 만듭니다. 합의된 환경에서는 대안을 제안하거나 옹호할 수 있는 능력이 거의 없습니다. 따라서 내러티브가 바뀌어야 더 나은 정책 옵션을 열 수 있습니다. 이는 확실히 맞습니다.

제프리 레그로에 대해 언급하셨는데 2005년에 출간된 그의 《Rethinking the World: Great Power Strategies and International Order》는 매우 좋은 책입니다. 이 책은 외교정책에서 아이디어 변화가 어떻게 일어나는지를 다룹니다. 변화가 자주 일어나지 않으며, 그는 시스템에 어떤 충격이 있어야 현 상태가 중단된다는 매우 간단한 방식을 설명했습니다.

하지만 변화에 대한 또 다른 희망이 있습니다. 그것은 엘리트들만이 가진 합의가 대중의 지지를 받지 않는다는 것입니다. 만약 통치 엘리트들이 바뀌거나, 갑자기 민주적 의지를 따르는 것이 그들의 이익이라고 결정하는 경우 그 합의는 정당성을 잃게 됩니다. 그것은 변화가 필요한 문제의 근원이 됩니다. 엘리트 합의가 유지되는 것은 그 엘리트들이 권력을 가지고 있는 한에서만 강력합니다. 따라서 강대국 경쟁과 같은 것이 인기가 없다는 사실에 희망이 있습니다.

토마스 하우 저는 멜버른의 모나시대학교에서 박사 과정을 하고 있는 톰입니다. 강연 정말 흥미로웠습니다. 잭슨 교수님, 인도-태평양이 배타적인 개념이라고 말씀하셨을 때의 의미를 설명해주실 수 있을까요? 이는 논쟁할 만한 가치가 있는 중요한 문제라고 생각합니다. 동시에 미국이 지역을 말하는 방식이 변화하면서 더 많은 동맹 네트워크에 대해 이야기하는 것을 볼 수 있습니다. 이에 따라 유럽 국가들도 점점 더 이 지역에 관심을 기울이고 있으며, 많은 유럽 국가들이 이제 인도-태평양 전략을 가지고 있습니다. 제가 연구하고 있는 영국의 맥락에서는 유럽 대서양과 인도-태평양 지역의 불가분성을 점점 더 많이 이야기하는 것을 볼 수 있습니다. 이는 할퍼드 맥킨더 같은 인물이나 영국 제국시대의 지정학적 논리에 어느 정도 기반을 두고 있습니다. 이에 대한 의견을 듣고 싶습니다.

밴 잭슨 네, 공간 분석은 반동적인 정치에 적합합니다. 우리가 보고 있는 것은 바로 그것입니다. 우리의 안보는 이 영역 내에서는 구분될 수 없지만, 실제로는 동일 공간 내에서도 고도로 나누어질 수 있습니다. 우리 자신을 둘러싼 고리를 구축하는 한, 분쟁을 피할 수 없고 세상을 불태울 수 있습니다. 하지만 우리가 함께 사는 지구에서 그런 방식으로 존재할 수는 없습니다.

인도-태평양은 대립적인 개념이라는 점에서 여러모로 배타적입니다. 그것은 중국을 겨냥하고 있으며, 중국을 인도-태평양에 포함하지 않으며, 결코 포함하지 않을 것입니다. 예를 들어 쿼드와 오커스와 같은 협력의 형태는 그 자체로 매우 중요한 것은 아니지만, 무엇보다 배타적이라는 게 중요합니다. 그것은 제한된 협력입니다. 쿼드에 속하면 그 원 안에 속하는 것이고, 그게 전부입니다. 오커스는 정의상 세 나라로 이루어져 있습니다.

커트 캠벨은 많은 이들에게 많은 것을 약속하는 것을 좋아합니다. 그리고 동맹국들의 범세계적인 외교관 집단은 미국이 하는 것을 보고 우리도 해야 한다고 생각합니다. 미국이 인도-태평양이라고 하면, 우리도 인도-태평양이라고 해야 한다고 생각합니다. 그들은 미국이 인도-태평양 전략을 가지고 있으니 우리도 인도-태평양 전략이 필요하다고 생각합니다. 장관이 좋아하니 우리도 그렇게 가자고 합니다. 이것은 정말 우스꽝스러운 일입니다.

다시 강조하지만 이러한 안보 개념과 인도-태평양 개념은 중국과 관련이 있습니다. 규칙 기반 국제질서라는 개념도 중국과 관련이 있습니다. 카일 라스쿠레츠가 몇 년 전에 쓴 《Orders of Exclusion》이라는 책에서 그는 1815년으로 거슬러 올라가 모든 강대국이 구축한 국제질서의 버전이 배타적이었다고 주장했습니다. 모든 규칙, 그들이 무엇이라고 부르든지 간에, 에드워디안 제국, 자유 국제질서, 규칙 기반 질서, 국제 연맹 모두가 특정 국가나 두려워하는 이데올로기에 대해 배타적이었습니다. 이는 위협에 대응하는 배타적인 방식이었습니다. 지금 우리가 실시간으로 다시 하고 있는 일이 바로 그것입니다.

신영덕 저는 동아시아 재단에서 활동하는 신영덕입니다. 문정인 교수님 밑에서 연구를 했습니다. 오늘 강연 정말 흥미로웠습니다. 제 질문은 주류 쪽에서, 특히 한국의 보수 외교정책 쪽에서 나오는 질문입니다. 제 질문은, 강대국 균형에 대해 이야기할 때, 예를 들어 미국이 중국을 포위하려고 할 때, 우리는 소국들의 이익을 간과하는 경향이 있다는 것입니다. 미국과 러시아의 균형 논쟁에서, NATO 확장을 비판하는 사람들은 미국이 일방적으로 러시아를 포위하려 한다고 이야기합니다. 하지만 실제로는 훨씬 더 복잡하며, 많은 발트해 국가들이 역사적인 침략과 러시아 제국의 잘못된 행동 때문에 미국의 개입을 원했다고 생각합니다.

동아시아와 인도-태평양 지역에서도 비슷한 논리를 적용할 수 있을 것 같습니다. 많은 아시아 국가들, 예를 들어 일본, 한국, 호주, 필리핀 등은 시진핑의 중국의 확장주의적 공격 때문에 미국이 아시아 지정학에 더 많이 개입하기를 원하는 것 같습니다. 클라이브 해밀턴의 《조용한 침략》이라는 책에서 이 문제를 다루고 있는데, 이는 과장된 것일 수 있지만, 중국 공산당의 영향력 확대에 대해 이야기하고 있습니다.

중국 공산당의 호주 사회에 대한 침투, 남중국해에서의 군사력 증강, 첩보 작전 등을 언급하고 싶습니다. 그래서 제 질문은, 아시아 국가들이 미국의 군사 균형을 원한다는 주장이 있습니다. 이는 중국의 공격을 억제하기 위해서입니다. 만약 그렇다면, 소국들의 이익을 강대국 균형 논쟁에 어떻게 포함시켜야 한다고 생각하십니까?

밴 잭슨 네, 좋은 질문입니다. 여러 가지 문제가 있기 때문에 여러 각도에서 접근할 수 있습니다. 보수적인 군사적 적대감은 그들의 국민의 이익에 부합하지 않습니다. 예를 들어, 우리가 '이 나라가 무엇을 생각하는가? 한국의 생각은 무엇인가? 일본의 이익은 무엇인가?'를 말할 때, 누가 그것을 대변하는가가 중요합니다.

지금 필리핀은 미국의 군사 개입을 매우 환영하고 있습니다. 이는 현재 매우 인기 없는 대통령과 약간 제멋대로 행동하는 중국 인민해방군 때문입니다. 시진핑은 그들에게 남중국해에서 꽤 공격적으로 행동할 수 있는 여지를 주었습니다. 두테르테 시절에도 마찬가지였습니다. 저는 두테르테를 좋아하지 않지만, 그는 민주적으로 선출된 대통령이었으며, 그의 미국에 대한 입장은 분명히 현재와는 반대였습니다.

문 교수님이 언급하신 매우 낮은 지지율의 정부들이 무책임한 외교정책을 추진하게 하는 것은 우연이 아닙니다. 그들은 대다수 국민의 의지를 반영하지 않으며, 민주적 의지에 따라 매우 인기가 없습니다. 이는 비극적이지만 논리적인 결과입니다. 따라서 소국들의 이익을 대변한다고 할 때, 누가 그것을 대변하는가를 신중히 고려해야 합니다. 소국들의 이익은 분명히 포용, 평화, 번영, 그리고 모든 측면에서의 군사적 자제에 의해 보호될 것입니다.

중국으로부터 많은 자제를 기대할 수 없지만, 미국으로부터도 많은 자제를 기대할 수 없습니다. 교수님께도 말씀드렸지만, 때로는 제 분석이 중국에서 공감을 얻기도 하고, 때로는 그들이 저를 싫어하기도 합니다. 이유는 제가 지적으로 정직하고, 국제관계가 상호작용적이라는 것을 인정하기 때문입니다. 중국의 외교정책 행동 중 일부는 저 역시 매우 문제라고 생각하지만, 중국이 지배하려고 한다고 생각하지는 않습니다. 오히려 미국이 더 자제하는 자세를 보인다면 자연스럽고 유기적으로 균형을 맞출 수 있을 것이라고 생각합니다.

보수적인 이해관계와 특히 각국의 국가안보 관점에서 균형에 대해 이야기하는 경향이 많습니다. 균형은 미국의 군사력이 어느 곳에서든 우위를 점하고 있다는 것입니다. 대만해협을 제외하고는 어디서나 미국이 우위를 점하고 있습니다. 대만의 경우 복잡한 문제입니다. 왜냐하면 대만은 사실상 중국 본토 해안에 위치해 있기 때문입니다. 미국이 중국 해안에서 어떻게 우위를 점할 수 있을까요? 그것은 말이 되지 않습니다. 균형에 대해 이야기하는 것은 오류입니다. 그것은 잘못된 표현입니다. 균형 이론에 따르면, 작은 국가들이 더 강한 국가에 균형을 맞추기 위해 협력합니다. 이 지역에서 가장 강한 국가는 중국이 아니라 미국입니다. 중국은 군사력을 빠르게 축적하고 있지만, 균형의 관점에서는 열세에 있습니다.

따라서 패권이나 지배에 대해 걱정한다면, 힘의 균형이 안정성에 더 좋다는 것을 인정해야 합니다. 균형은 글로벌 중심지에 극단

9장　아태 전략에서 인태 전략으로

적인 권력 집중이 없는 것을 의미합니다. 미국은 군사력을 줄이거나 자제할 여유가 많습니다. 이렇게 하면 신뢰를 쌓고 국제관계를 유리한 방향으로 형성할 수 있습니다. 이는 작은 국가들의 이익에 부합합니다. 왜냐하면 이들은 강대국 전쟁에서 죽을 필요가 없고, 대리 전쟁의 장소가 될 필요가 없기 때문입니다. 이 논리는 스스로를 입증한다고 생각합니다. 따라서 포용, 평화, 지역주의, 자제에 대해 생각하고, 이를 달성하기 위한 방법을 생각하는 것은 작은 국가들을 중심에 두는 것입니다. 이는 작은 국가들의 보수 엘리트 이해관계를 중심에 두는 것이 아니라, 작은 국가들을 중심에 두는 것입니다. 이것이 제가 하고 싶은 말입니다.

문정인 좋습니다, 잭슨 교수님, 대단히 감사합니다. 큰 박수를 보내드리겠습니다. 주류 보수적 사고에 많이 길들여져 있던 우리에게 오늘 비판적이고 개혁적인 생각을 들려주셔서 정말 멋진 시간이었습니다. 오늘 국제관계에 대한 신선한 아이디어와 생각을 나눠주셔서 감사드립니다.

트럼프 행정부 2기 하의 외교정책만큼 예측하기 어려운 것도 없습니다. 트럼프가 개인적으로 변덕스럽고, 거의 일관된 이념적 신념이 없으며, 모든 것을 거래 가능한 대상으로 취급한다는 것은 이제 누구나 아는 사실입니다. 자기애, 탐욕, 인종주의적 정치가 세계의 기존 화약고와 권력 균형 사이 그 어디에서 충돌할지 예측하기 어렵습니다.

그러나 트럼프 외교정책의 전반적인 형태를 미리 아는 것만큼 쉬운 것도 없습니다. 트럼프는 일본, 한국, 또 북대서양조약기구와의 동맹에 개인적으로 반감을 가지고 있습니다. 모든 것을 거래로 여기는 그의 접근법은 어떤 국가, 기구, 또는 법도 그 자체로는 목적이 아니라 수단에 불과하다는 것을 의미하며, 그 목적은 대개 자신의 권력이나 미국의 권력으로 귀결됩니다. 강경한 신보수주의자들, 실리콘밸리의 기술 기업가들, 금융업자들—즉, 과격한 과두제 지배자들이 그를 둘러싸고 있습니다. 아마도 가장 중요한 점은 소수지만 영향력 있는 반동적 엘리트 집단이 트럼프 뒤에 자리 잡아 외교정책을 정당화하고 방향을 잡는 지적 구조를 개발했다는 점입니다. 이른바 '국가보수주의자들'은 반자유주의적이고, 명시적으로 가부장적이며, 무엇보다 민족주의적입니다.

이 모든 점을 고려할 때, 다음과 같은 질문들은 신뢰할 만한 답을 얻기 어렵습니다. 트럼프는 김정은과의 관계에서 다시 '화염과 분노'로 돌아갈 것인가, 아니면 더 많은 정상회담을 시도할 것인가? 트럼프는 멕시코 침공을 명령할 것인가? 미국은 대만을 군사적으로 방어할 것인가, 아니면 대만을 중국 본토의 일개 성으로 만드는 외교적 합의를 시도할 것인가? 트럼프는 첫 임기 동안 몇 차례 시도했던 것처럼 동아시아에서 미군을 완전히 철수시킬 것인가? 누가 알겠습니까?

그러나 이러한 질문들은 이 질문들을 발생시키는 구조적 요인들에 비해 덜 흥미롭습니다. 후자의 요인들은 훨씬 더 예측 가능합니다. 트럼프는 공식적으로 1조 달러를 초과하는 국방 예산을 어떻게 다룰 것인가? 미국의 대전략은 패권주의로 남을 것인가? 대외 경제정책은 주로 관세와 제재로 구성될 것인가? 미군은 결국 멕시코 국경 안에서 어떤 종류의 작전을 수행하게 될 것인가? 미국은 이스라엘에 대한 백지수표 지원을 계속할 것인가? 이 질문들에 대한 답은 분명히 "예"입니다.

방위산업의 이익은 트럼프의 참모진과 임명직에 깊이 침투해 있습니다. 미국의 국가안보체제는 더 불평등하고 트럼프에게 맹목적으로 충성하는 방향으로 강제 변형될 것입니다. 이러한 문화적 변화는 장기적으로 해로운 결과를 초래할 것입니다. 또한 국가안보체제가 방대한 관료 조직이며 변화에 시간이 걸린다는 점을 감안할 때, 주로 중국과의 전쟁 및 봉쇄에 맞추어 재편된, 사실은 암울한 지정학적 구조가 지속될 것을 예고합니다. 국가정책 차원에서 미국은 트럼프가 시진핑과 거래를 시도하더라도 기본적으로 중국에 대해 대립적인 태도를 유지할 것입니다.

세계의 주도적 강대국인 미국은 이제 더 노골적으로 민족국가주의적인 접근을 시도할 것입니다. 한 가지 진정으로 우려스러운 것은 사실 그것이 바이든 및 오바마 대통령 하에서의 미국 외교정책과 근본적으로 다르지 않다는 것입니다. 트럼프는 강경한 국가안보체제를 주재할 것입니다. 이는 방위산업 기반을 확대하고 국가 자원을 제3차 세계대전 대비에 최적화하려는 강력한 과두제 이익과, 글로벌 공약에서 후퇴하되 특히 서반구에서 타국을 군사적 또는 기타 방식으로 지배하려는 반동적 지식인 집단의 요구를 충족하는 것입니다.

미국의 외교정책은 제국주의적일 것입니다─패권적이고, 폭력적이며, 배타적이고, '아메리카 퍼스트'에 초점이 맞춰질 것입니다. 내가 살아온 동안, 미국의 외교정책은 결코 다른 방식이었던 적이 없습니다.

10장

기후변화, 미국 국내 정치, 글로벌 거버넌스

기후변화 시대의 미국 외교

미란다 슈뢰어스

제임스 레이니 강좌의 이번 주제는 '기후변화, 미국 국내 정치, 글로벌 거버넌스'입니다. 오늘은 뮌헨공과대학교의 미란다 슈뢰어스 교수님을 모셨습니다. 미란다 교수님은 이 주제에 대해 의미 있는 강의를 할 수 있는 몇 안 되는 학자 중 한 명입니다.

그녀는 세계적으로 저명한 비교환경정치학자로, 미시간대학교에서 박사 학위를 받았고, 제 모교인 메릴랜드대학교에서 가르친 후 베를린자유대학교로 옮겼습니다. 그곳에서 약 10년간 가르친 후, 뮌헨공과대학교로 가셨지요. 또한 슈뢰어스 교수님은 유럽 환경자문위원회의 의장을 역임하였고, 유럽의 정치 지도자들에게 조언을 제공함으로써 정책 분야에서 중요한 역할을 하셨습니다.

저는 일본, 미국, 독일의 환경정치에 대한 비교 연구였던 그녀의 박사 논문이 책으로 출판된 것을 기억합니다. 그 당시에는 환경정책을 비교 연구하는 학자가 거의 없었지만 그녀는 훌륭한 연구를 해냈습니다. 기후변화는 이제 아무도 무시할 수 없는 글로벌 이슈가 되었습니다. 제가 그녀를 이 강의에 초대했을 때, 일부 사람들은 그녀가 미국인이 아니기 때문에 기후변화와 관련된 미국 국내 정치에 대해 강의할 수 있겠는가라고 의문을 제기하기도 했습니다. 하지만 그녀는 독일인이자 미국인입니다. 기후변화 주제에 대해 슈뢰어스 교수님은 미국과 유럽의 관점에서 모두 이야기할 수 있는 분입니다.

그럼, 슈뢰어스 교수님, 이제 당신 차례입니다.

변화하는 기후변화 담론: 정치학의 시각에서

문정인 교수님, 정말 감사합니다. 이것은 독일과 한국 사이의 만남입니다. 그래서 매우 기쁩니다. 한국과 독일의 관점에서 일부 질문들에 대해 생각할 기회를 갖게 되어 정말 기쁩니다. 한국과 독일의 상황이 미국과 유사한 점이 많다고 생각합니다.

오늘의 주제는 미국의 기후정책입니다. 정치학적 관점에서 기후변화에 대한 주요 담론이 시간이 지나면서 어떻게 변해왔는지를 살펴볼 것입니다. 지난 30~40년 동안 기후에 관한 제일 흔한 담론은 경제 성장이 미국의 우선순위이며, 환경보호는 경제 성장에 비용이 들게 한다는 것이었습니다. 저렴한 에너지와 자재가 필수라고 여겨졌고, 이것은 항상 '아메리칸 드림'과 연결되었습니다. 경제가 소비를 통해 성장한다는 오래된 생각이지요. 이러한 두 가지 담론이 미국 기후정책의 배경에 오랫동안 자리잡고 있었습니다. 문제는 이 담론이 어떻게 다루어졌고, 기후변화, 생물다양성 감소, 해양 플라스틱 문제와 같은 이슈에 대한 담론을 어떻게 변화시키려 노력했었는가입니다. 기본적으로 우리는 오래된 담론이 변해야 한다는 것을 알고 있지만, 그렇게 쉬운 일은 아니었습니다.

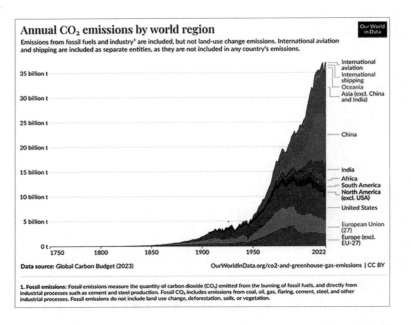

Annual CO₂ emissions by world region

Emissions from fossil fuels and industry¹ are included, but not land-use change emissions. International aviation and shipping are included as separate entities, as they are not included in any country's emissions.

International aviation
International shipping
Oceania
Asia (excl. China and India)
China
India
Africa
South America
North America (excl. USA)
United States
European Union (27)
Europe (excl. EU-27)

35 billion t
30 billion t
25 billion t
20 billion t
15 billion t
10 billion t
5 billion t
0 t

1750   1800   1850   1900   1950   2022

Data source: Global Carbon Budget (2023)   OurWorldInData.org/co2-and-greenhouse-gas-emissions | CC BY

1. Fossil emissions: Fossil emissions measure the quantity of carbon dioxide (CO₂) emitted from the burning of fossil fuels, and directly from industrial processes such as cement and steel production. Fossil CO₂ includes emissions from coal, oil, gas, flaring, cement, steel, and other industrial processes. Fossil emissions do not include land use change, deforestation, soils, or vegetation.

제 학생들은 이 그래프를 이미 봤겠지만 중요한 그래프라서 다시 한번 보여드리려고 합니다. 이 그래프는 1800년대 영국에서 시작된 산업혁명부터 독일을 거쳐 1880년대 말 미국으로 넘어간 온실가스의 글로벌 배출량을 나타냅니다. 1800년대 중반부터 1900년대 중반까지는 주로 EU와 미국에서 배출량이 나왔고, 이후 다른 지역에서도 배출량이 증가하기 시작했습니다. 하지만 미국의 배출량은 여전히 글로벌 배출량에서 큰 비중을 차지하고 있습니다. 미국과 중국의 현재 글로벌 CO^2 배출량 비율도 확인할 수 있습니다. 미국은 전세계 배출량의 약 15%를, 중국은 28~29%를 차지합니다. 이에 비해 EU는 현재 약 7% 수준입니다. 주요 국가들, 특히 중국과 미국의 배출량에 따라 기온이 현재보다 평균 3도 이상 상승할 수도 있고, 파리기후협정에서 논의된 대로 배출량을 줄일 수도 있습니다. 여기서 가장 중요한 발전은 오바마 행정부에서 타결된

2015년 파리기후협정입니다. 하지만 트럼프 행정부에서는 이를 큰 문제로 보았습니다. 이 부분은 잠시 후에 다시 이야기하겠습니다.

파리기후협정에 대해 상기시켜드리면 산업화 이전 수준보다 기온 상승을 1.5°C로 제한해야 한다는 것입니다. 이를 위해서는 온실가스 배출량을 대폭 줄여야 합니다. 이 부분이 다소 이상하게 보일 수 있지만, 2019년 수준의 배출량을 45% 줄여야 하며 이 목표를 향후 5~6년 내에 달성해야 합니다. 우리는 현재 상당히 뒤처져 있습니다. 여러 보고서가 발표되었고, UN은 G20 국가들이 현재 상황에 비해 훨씬 더 많은 노력을 해야 한다고 밝혔습니다. 미국의 기후과학자들은 기후변화가 이미 미국에 영향을 미치고 있다는 강력한 증거를 보여주고 있습니다. 해수면이 상승하고, 극한 날씨 현상, 폭우, 폭염, 산불 등이 자주 발생하고 있습니다. 전세계 및 미국의 온실가스 배출량은 계속 증가하고 있습니다. 이로 인해 인프라와 경제에 위험이 다가오고 있습니다.

미국 에너지 및 기후 정치: 두 개의 담론

하지만 보고서는 긍정적인 메시지로 끝맺으며, 여전히 대응할 시간이 있다고 말합니다. 우리는 완화와 적응을 위해 앞으로 나아가야 합니다. 이제 미국의 에너지와 기후정치에 대해 좀 더 자세히 살펴보겠습니다. 미국 기후정치의 왼쪽에는 민주당, 오른쪽에는 공화당이 있습니다. 여기서 두 가지 다른 담론을 볼 수 있습니다. 첫 번째 담론은 1970년대 OPEC 석유 금수조치로 인해 가스 부족 사태가 벌어졌을 때 미국 민주당의 반응에서 볼 수 있습니다. 중동의 욤키푸르 전쟁과 관련이 있었지요. 오늘날 중동에서도 전쟁이 일어나고 있습니다. 그때 가스 수요를 줄이고 재생 에너지를 도입하려는 노력이 있었습니다. 1979년에 당시 대통령이었던 지미 카터가 스웨터를 입고 겨울에 집을 더 시원하게 유지하자고 말하는 사진이 유명합니다. "스웨터를 입으세요"라고 말하면서 백악관 지붕에 태양광 패널을 설치했죠. 1990년대 초, 앨 고어는 기후변화 문제를 주도한 부통령이 되었습니다. 당시 그는 상원의원이었고 나중에 부통령이 되었습니다. 2000년 대통령 선거에 출마, 전국투표에서는 이겼지만 선거인단 투표에서는 졌습니다. 앨 고어는 기후행동을 촉구하는 민주당의 얼굴과 같았습니다. 미국이 리더십을 발휘해야 한다고 했죠. 버락 오바마도 같은 생각을 가졌습니다. 그는 기후변화가 미국뿐만 아니라 전세계가 직면한 가장 큰 도전 중 하나라고 보고 미국의 리더십을 강조했습니다.

반면 1980년대 이후 공화당의 목소리도 점점 더 강해졌습니다. 로널드 레이건이 몬트리올의정서에 서명한 대통령이라는 점을 주목할 필요가 있습니다. 몬트리올 의정서는 대기 중의 염화불화탄소와 오존층 파괴 문제를 다룬 중요한 협약이었죠. 하지만 기본적으로 공화당 쪽에서는 정부 규모를 줄이고 세금을 낮추려는 강한 움직임이 있었습니다. 기후변화는 그냥 환경문제로 여겨졌습니다. 상원의원 제임스 인호프는 인위적인 가스, 즉 이산화탄소가 지구 온난화 같은 재앙을 일으킨다는 생각이 미국인들에게 전해진 가장 큰 사기극이라고 말했죠. '사기'라는 말은 기본적으로 이 문제가 진짜가 아니며 가짜 뉴스라는 것입니다. 조지 부시 대통령 시절, 그의 부통령이자 석유 회사의 CEO였던 딕 체니는 에너지 안보가 미국의 중요 문제라고 했습니다. 화석연료 개발이 미국을 경제적으로 독립시키는 데 필요하다고 주장했죠. 가장 최근에는 도널드 트럼프가 경제적으로 어려운 지역의 지지를 얻기 위해 포퓰리즘 메시지에 집중했습니다.

이제 시간을 거슬러 올라가서 1970년대를 기억해보세요. 그때
는 미국이 환경문제에서 세계적인 리더로 여겨졌던 시기입니다.
당시 미국에는 강력한 환경운동이 있었고, 환경위기에 대한 인식
이 강했습니다. 정부가 환경을 보호하기 위해 무언가를 해야 한다
는 인식이 있었죠. 의회는 환경문제에 대해 초당적으로 협력했고,
대통령 선거에서도 중요한 이슈였습니다.

1980년대는 미국 정치가 더 보수적인 경제 방향(신보수주의)으
로 변하기 시작한 시기입니다. 더 작은 정부를 추진하고, 정부가
비즈니스에 개입하지 않도록 요청하는 목소리가 커졌습니다. 환
경 규제를 중단하라는 메시지가 난무했지요. 규제들이 비즈니스
에 너무 큰 부담을 준다는 주장이었습니다. 그래서 1970년대에 강
력했던 환경단체들보다는 산업에 더 우호적인 정치가 되었습니
다. 로널드 레이건은 석유가격 통제를 끝냈습니다. 1970년대의 석
유 파동 이후 석유가격이 하락하면서, 이는 당연히 저렴한 가스로
이어졌고, 더 많은 자동차와 더 많은 운전이 나타났습니다. 지미
카터가 재생에너지를 장려하기 위해 도입했던 세금 감면 혜택도
레이건 행정부에 의해 중단되었습니다. 그러면서 로널드 레이건
은 정부가 문제의 해결책이 아니라 문제 자체라고 말했습니다.

1990년대 초반에 본격적인 정치적 변화가 시작됐습니다. 1994년
선거에서 공화당 뉴트 깅그리치 하원의원이 '미국과의 계약'이라
는 아이디어를 도입했습니다. 이 아이디어의 핵심은 의회가 40년
동안 민주당의 손에 있었고, 이것이 의회를 너무 부패하게 만들었
다는 것입니다. 시스템에 너무 많은 비효율성이 존재하므로 다시
작은 정부가 필요하다는 것이었습니다. 이것이 지난 몇십 년간 공
화당 지도부 전반에 걸친 배경이 되었습니다. 조지 부시의 백악관

미란다 슈뢰어스

을 돌아보면, 그는 2000년 대통령 선거에 당선되어 2001년 대통령 직을 시작했습니다. 그가 첫 번째로 한 일 중 하나는 국무부 장관 콘돌리자 라이스로 하여금 교토 의정서는 도착과 동시에 사망 선고를 받을 것이라고 말하도록 한 일이었습니다. 1997년에 서명된 교토의정서는 기후변화에 대해 전세계적으로 첫 번째로 협력하려는 노력이었습니다.

하지만 조지 부시는 기후변화에 대한 행동에 완전히 반대하지는 않았습니다. 2007년에는 2050년까지 글로벌 온실가스 배출량을 절반으로 줄이자는 EU의 계획을 진지하게 고려하겠다고 동의하기까지 했습니다. 오늘날 우리는 2050년까지 탄소 중립을 달성해야 한다고 말합니다. 따라서 당시의 목표는 지금보다 훨씬 낮은 수준이었습니다.

중국 변수

그렇다면 민주당과 공화당 사이의 미국 내 논쟁 외에 어떤 일이 벌어지고 있었을까요? 중국이 큰 이슈였습니다. 여기 그래프를 보면 중국이 미국 의회의 생각에 어떻게 영향을 미치기 시작했는지 살펴볼 수 있습니다. 1997년, 미국 상원은 95대 0으로 결의안을 통과시켰습니다. 미국은 중국도 의미 있는 행동을 해야 하며 그런 참여가 보장되지 않는 교토의정서 같은 협정에 가입하지 말아야 한다는 내용이었습니다. 옆의 그래프에서 볼 수 있듯이 1990년에 미국이나 유럽에 비해 중국의 배출량은 상당히 낮았지만, 교토의정서가 협상될 때쯤부터 중국의 배출량이 급격히 증가하기 시작했습니다. 그래서 미국 정치는 "중국은 어떡하냐? 중국은 충분히 하고

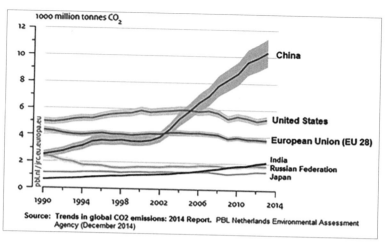

1000 million tonnes CO$_2$

China

United States

European Union (EU 28)

India
Russian Federation
Japan

Source: Trends in global CO2 emissions: 2014 Report. PBL Netherlands Environmental Assessment Agency (December 2014)

있나?"라고 중국을 비난하며 그것을 핑계로 책임을 미루는 일이 퍼지기 시작했습니다. 중국이 기후행동에 아무런 제한이 없는 상태에서 세계의 제조 중심지가 될 것이라는 걱정도 한몫 했습니다.

당시 부통령이었던 딕 체니는 미국이 에너지 안보에 집중해야 한다고 말했습니다. 이는 더 많은 화석연료를 의미했지요. 이는 보수적인 미국 기후정치의 지배적인 담론이 되었습니다. 특히 공화당에서 강하게 나타났던 담론이지요.

최근에는 그린이나 뉴딜 같은 단어가 포함된 새로운 담론이 유행하고 있습니다. 유럽에는 유럽 그린딜이라는 것이 있습니다. 미국에는 그린 뉴딜을 제안하는 상원의원들이 있지요. 또 중국에는 생태 문명이라는 개념이 있습니다. 유럽에서는 녹색 도시화나 순환 경제, 공정 전환에 대해 이야기하는 사람들이 많습니다. 이런 개념들은 미국보다 유럽에서 더 잘 뿌리내리고 있지요. 미국에서도 유럽에서 이야기하는 담론을 더 강하게 의제로 옮기려는 노력이 시작되고 있습니다. 오바마 행정부에서는 미국이 온실가스 배출량을 줄이는 방법에 대해 점점 더 많은 관심을 보였습니다. 많은

미란다 슈뢰어스

주에서 기후행동을 직접 실천하는 목소리가 커지면서 시작되었습니다. 뉴욕, 캘리포니아, 워싱턴, 오리건 등 여러 주가 기후행동을 원했습니다. 교토의정서에 참여하고, 글로벌 이니셔티브의 일원이 되고 싶다는 주들이 속속 등장했습니다. 많은 도시와 주가 주도적으로 나서기 시작했지요. 기존의 외교나 국제관계에서 볼 수 없었던 현상도 나타났습니다. 유럽이나 일본, 한국 등의 지자체들은 워싱턴 D.C.가 아니라 캘리포니아와 협상하는 모습을 보였습니다. 미국 내에서 캘리포니아주가 기후행동이나 기후정치를 선도하고 있었기 때문입니다.

2008년 민주당이 다시 의회를 장악하면서 오바마 행정부는 기후변화를 더 중요한 의제로 올리려는 노력을 보였습니다. 시간을 조금 뛰어넘어서 설명하자면, 오바마 행정부는 미국에서 처음으로 2025년까지 2005년 기준으로 배출량을 26~28% 줄이는 목표를 설정했습니다. 유럽에서 사용하는 1990년 기준과는 다르지만, 적어도 미국이 행동에 나서겠다는 방향으로 나아간 것입니다. 그러다 다시 공화당이 의회를 장악하면서, 오바마는 자신의 정책이 의회를 통과하지 못하자 대통령 권한으로 기존 법률을 이용해 정책을 추진하기 시작했습니다. 미국 발전소의 배출량을 줄이고, 효율성 기준을 설정하는 등의 노력을 했지요.

하지만 동시에 미국에서 일어나고 있던 기술적 변화도 있었습니다. 새로운 기술인 프래킹을 이용한 가스 채굴이 점점 더 많이 이루어졌습니다. 기술 자체는 그렇게 새롭지 않았지만, 그 규모와 범위가 커졌습니다. 미국의 아주 큰 프래킹 가스 지역들을 보면 미국이 사우디아라비아보다 더 많은 석유와 가스를 가지고 있다는 것을 알 수 있습니다. 이것이 기후정책에 관한 모든 논쟁에 갑자기 큰 영향을 미치게 되었습니다.

미국이 석탄에서 가스로 전환한 점은 긍정적인 측면과 그렇지 않은 측면을 모두 갖습니다. 나중에 보여드리겠지만 이로 인해 미국의 온실가스 배출량이 일부 감소했습니다. 하지만 여전히 화석연료 정치가 지속되었습니다. 우리가 봤듯이, 일부 상원의원들은 기후변화를 '사기'라고 말하며, 눈이 내리는 것을 보라고 했습니다. "눈이 오고 있는데 지구 온난화라니, 농담하지 마라"고 비웃는 사람들이 있었습니다.

트럼프 행정부와 기후변화의 운명

한편 미국 공화당 내에서는 극우파, 즉 티파티 운동이 대두되기 시작했습니다. 티파티 운동은 정부가 산업에서 손을 떼고, 지출을 줄이고, 세금을 낮추는 것에 중점을 두었습니다. 중국이 문제의 원흉이라는 담론을 앞세우고, 지구 온난화를 사회주의적 사기라고 불렀습니다. 다음 대통령인 트럼프 행정부 하에서는 오바마가 서명한 파리기후협정에서 미국이 탈퇴하기까지 했습니다. 대신 트럼프 행정부는 미국 일자리, 특히 석탄과 관련된 일자리에 더 중점을 두어야 한다고 주장했지요. 그러고는 석유와 가스 산업에서 돈을 번 자본가들의 자금 지원을 받았습니다.

〈워싱턴포스트〉는 트럼프 행정부가 재임 중에 100개 이상의 환경 관련 법안을 약화시켰다고 보도한 적이 있습니다. 여기에는 파리기후협정에서 미국을 탈퇴시키는 것도 포함되어 있었습니다. 도널드 트럼프는 트위터를 매우 좋아했는데, "텍사스와 루이지애나에 눈이 내리고, 전국적으로 기록적인 한파가 발생했다. 지구 온난화는 값비싼 사기다!"라는 트윗을 올리기도 했습니다. "오바마의 석탄산업과의 전쟁은 미국 일자리를 죽이고, 우리를 적에게 더 에너지 의존적으로 만들며, 큰 사업적 불이익을 초래하고 있다"라고도 했습니다. 그래서 다시 한번 미국을 에너지 독립국으로 만들려는 시도를 했지요. 유럽연합을 바라보며 도널드 트럼프는 이렇게 말했습니다. "내 친구 에마뉘엘 마크롱과 파리의 시위대가 내가 2년 전에 내린 결론에 동의하게 되어 기쁘다. 파리기후협정은 근본적으로 결함이 있다. 왜냐하면 책임 있는 국가들에 에너지 가격을 올리게 하고, 최악의 오염자들을 눈감아주기 때문이다."

행정부가 주춤할 때 주정부들이 다시 한번 앞으로 나아갔습니다. 그들은 '우리는 트럼프의 조치에 동의하지 않는다. 우리는 파리기후협정을 지지한다. 우리가 교토의정서를 지지했던 것처럼, 트럼프 행정부가 하지 않더라도 우리는 파리기후협정을 계속 진행할 것이다'라고 말했습니다. 하지만 그런 와중에도 트럼프 행정부의 기후정책에 대한 반대 시위만큼이나 많은 규제 완화가 이루어졌습니다. 이러한 규제 완화의 목록은 여러 곳에서 찾을 수 있습니다.

미국식 그린 뉴딜

반발은 민주당 내 좌파로 여겨지는 뉴욕의 유명한 하원의원 알렉산드리아 오카시오-코르테즈로부터 나왔습니다. 그녀는 그린 뉴딜 아이디어에 집중했습니다. 그린 뉴딜은 기본적으로 유럽의 그린딜 개념과 매우 유사합니다. 미국이 정말 급진적인 기후행동을 취해야 한다는 것입니다. 그녀는 공화당 반대자들로부터 사회주의자로 묘사되었습니다. 조 바이든은 "그린 뉴딜은 우리가 직면한 기후 문제를 해결하기 위한 중요한 틀입니다. 이는 두 가지 기본 진실을 강력하게 담고 있습니다. 미국은 이 도전에 맞서기 위해 더 큰 야망을 서둘러 받아들여야 하며, 우리의 환경과 경제는 완전히 연결되어 있습니다"라고 말하며 대통령 출사표를 던졌습니다. 이것은 제가 예전에 지배적인 담론이라고 부른 것과는 매우 다른 담론입니다.

바이든은 상원의원 시절부터 기후변화에 매우 적극적이었습니다. 1986년에 그는 의회에서 최초의 기후변화 법안인 '글로벌 기후보호법'을 도입했습니다. 이 법안은 대통령에게 글로벌 기후변화에 대한 연구, 개발 및 조정된 국가전략을 수립하기 위한 태스크포스를 설립하도록 지시했습니다. 환경 성과를 평가하는 보전유권자연맹은 바이든에게 83%의 환경 점수를 부여했습니다. 오바마 행정부 하에서 그는 녹색 일자리 전략을 수립하는 데 도움을 주었지만, 알렉산드리아 오카시오-코르테즈와 그녀의 그린 뉴딜보다는 항상 더 온건한 입장이었습니다.

바이든은 대통령이 된 후 기후변화를 인류의 위협으로 간주하며, 이를 '실존적 위협'이라고 불렀습니다. 그는 2035년까지 탄소 오염 없는 전력, 에너지 효율성을 위한 인프라 투자 등을 포함한 기후변화 계획을 발표했습니다. 그는 존 케리를 기후 특사로 임명했습니다. 존 케리는 오랜 기간 상원의원이자 기후행동의 챔피언으로 활동했으며, 그 자신 대통령에 출마한 적이 있습니다. 바이든은 대통령 임기의 첫날 파리 기후협정에 재가입했습니다. 대통령이 된 후, 그는 캐나다에서 미국으로 더 많은 석유와 가스를 가져오려던 파이프라인을 취소했습니다. 그는 2025년까지 2005년 수준보다 26~28%를 줄이겠다고 했고, 2030년까지 50~52%를 줄이겠다는 큰 목표를 제시했습니다.

그는 또한 2035년까지 100% 탄소 오염 없는 전력을, 2050년까지 넷 제로(Net Zero) 경제를 목표로 했습니다. 공화당이 의회를 장악하고 있을 때 어떻게 이렇게 할 수 있었을까요? 공화당도 동의할 수 있는 법을 제안하는 것입니다. 바이든 행정부는 인프라 법안을 통과시켰습니다. 이는 미국 일자리 계획으로 소개되었는데, 제목에 '기후변화'라는 단어가 전혀 없습니다. 이는 인프라, 도로, 다리, 철도, 디지털 전환을 위해 고속 인터넷 같은 것들에 투자하는 내용을 담고 있습니다. 실제로는 많은 기후행동이 포함되어 있는 법안이었지요.

더 놀라운 것은 인플레이션 감축법입니다. 모든 민주당원과 소수의 공화당원이 이 법안을 지지했습니다. 인플레이션 감축법은 세계 어느 나라의 것보다도 가장 큰 기후법안입니다. 청정에너지, 재생에너지, 에너지 안보, 에너지 효율성 등을 위해 보조금, 세액공제 및 대출 형태로 3,690억 달러가 투자되는 계획입니다. 이는 미국이 중국에 대해 청정에너지 산업에서 경쟁력을 갖추기 위함입니다. 법안의 이름인 '인플레이션 감축법'에서는 이 법안이 지금까지 통과된 가장 큰 기후법안이라는 것을 전혀 알 수 없도록 되어 있습니다.

그렇다면 미국의 배출량은 어떻게 되고 있을까요? 여기 산업혁명 이후의 배출량을 보면, 미국의 배출량이 계속해서 증가하다가 2005년쯤에 정점을 찍었습니다. 2005년을 기준으로 비교했을 때 그 이후로 배출량은 감소하고 있습니다. 현재 배출량은 1990년 수준보다 약 3% 낮습니다. 한편 중국의 배출량은 계속해서 증가하고 있습니다. 인도의 배출량도 넣었는데 중국만큼 급격히 증가하지는 않았지만 앞으로 계속 증가할 것입니다. 독일과 한국의 배출량은 현재 거의 같은 수준입니다.

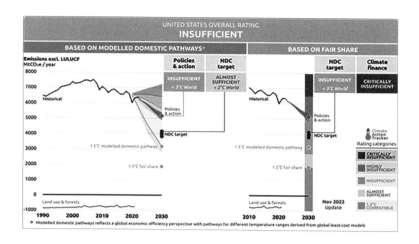

　미국의 배출량을 부문별로 보면 CO^2 배출량이 감소한 것을 볼 수 있습니다. 그러나 실제로 배출량이 감소한 것은 전력 부문뿐입니다. 미국의 다른 모든 부문에서는 큰 어려움을 겪고 있습니다. 여기 보시면 전력 부문에서 석탄 사용이 줄어들고, 프래킹이 시작되면서 천연가스 사용이 증가한 것을 볼 수 있습니다. 미국에서 큰 폭으로 감소가 나타난 이유 중 하나가 바로 이것입니다.

　주목할 만한 기후행동 단체 중에 '기후행동 추적기'라는 그룹이 있는데, 이 그룹은 각 국가들이 기후행동에서 어떻게 하고 있는지를 모니터링합니다. 기후행동 추적기에 따르면 미국은 아직 목표를 달성하지 못하고 있습니다. 이 그래프는 현재 미국의 배출량을 보여주고, 우리가 1.5°C 세계로 가기 위해 필요한 배출량 수준을 알려줍니다. 여기서 발표를 마치겠습니다. 경청해주셔서 감사합니다.

대화

정치가 되지 못하는 기후변화 의제

문정인 훌륭한 발표였습니다. 슈뢰어스 교수님께 큰 박수 부탁드립니다. 질문을 하나 드리고 싶습니다. 저는 1970년대 메릴랜드 대학교에서 박사과정을 밟으면서 데니스 피레이지스 교수, 경제학과의 만쿨 올슨 교수 밑에서 공부했습니다. 경제학과에서는 헤르만 데일리도 초빙하여 지속가능한 경제에 대한 강의를 제공하기도 했습니다. 그만큼 환경문제와 지속가능한 개발이 주요 관심사로 등장했습니다. 하지만 슈뢰어스 교수님이 지적한 것처럼, 1980년대 들어와 갑자기 기술적 해결책이 지배적인 것으로 나타났습니다. 인간이 환경문제에 대해 다시 낙관적인 패러다임으로 돌아가게 된 이유는 무엇인가요? 미국인들은 왜 과거의 교훈으로부터 배우지 않은 건가요?

미란다 슈뢰어스 아, 어려운 질문이네요. 왜 미국인들이 과거로부터 배우지 않는가? 배움이 아예 없는 건 아닙니다. 배움이 일어나고 있기는 하지만 모든 지역에서 그런 것은 아니지요. 캘리포니아나 뉴욕주에서 일어나고 있는 일을 보면, 많은 정책과 프로그램이 한국에서 기후변화를 해결하기 위해 취하고 있는 조치들과 크게 다르지 않습니다. 하지만 미국은 사회민주주의적 접근을 경제에 충분히 반영하지 못하는 문제가 있습니다. 미국 경제는 신자유주의에 중점을 두고 있습니다. 큰 승자가 되기 위해 할 수 있는 모든 것을 하는 거죠.

그래서 미국의 많은 지역은 러시아처럼 특정 자원에 지나치게 의존하고 있습니다. 예를 들어 웨스트버지니아나 루이지애나 같은 주는 에너지산업에 의존하고 있으며, 교육 수준과 일자리 다양성이 부족합니다. 그래서 이러한 지역에서는 "오늘 대가를 치러야 내일 더 깨끗하고 나은 일자리를 가질 수 있다"는 것을 설득하기가 매우 어렵습니다. 미국이 과거로부터 배우지 않으려는 것이 아니라, 매우 불균형한 경제와 경제적 분배가 문제라고 생각합니다. 서부 해안의 캘리포니아를 보면 실리콘밸리와 의료산업이 있고 다양한 경제적 면모를 갖고 있습니다. 뉴욕도 다양한 경제적 층위를 가지고 있지만, 공화당이 강한 중서부의 많은 주에서는 그렇지 않습니다.

문정인 또 다른 질문입니다. 11월 미 대통령 선거 의제를 보면, 경제, 의료, 이민 문제가 큰 이슈입니다. 낙태권도 큰 이슈이고, 외교 정책은 우크라이나와 가자 문제가 있습니다. 하지만 기후변화 이슈는 주요 의제가 되지 못하고 있습니다. 문제는 무엇일까요? 바이든이 인플레이션 감축법을 성공적으로 도입했음에도 불구하고, 다가오는 선거에서 기후변화 이슈가 주요 쟁점으로 부각되지 않는 이유는 무엇일까요? 이에 대한 견해가 있으신가요?

미란다 슈뢰어스 몇 년 전을 생각해보면, 특히 유럽에서 그레타 툰베리가 주도한 '미래를 위한 금요일' 운동이 있었고, 다른 지역에서도 기후변화가 큰 이슈였습니다. 수많은 사람들이 거리로 나와 시위했죠. 미국에서는 '선샤인 무브먼트'가 있었는데, 이는 '미래를 위한 금요일'과 유사한 운동이었습니다. 규모는 작았지만, 젊은 이들이 거리로 나와 시위를 했습니다. 그러다 코로나가 발생했습니다. 2-3년간의 코로나로 경제에 큰 타격을 입으면서 많은 사람이 일자리를 잃거나 수입이 줄었습니다. 이것이 기후변화에 대한 관심을 다른 곳으로 돌린 이유 중 하나라고 생각합니다.

또 다른 이유는 코로나 대응 방식에 대한 회의감이 생겼기 때문입니다. "정말로 정부가 우리에게 무엇을 해야 하는지 지시하길 원하는가?"라는 질문이 생겼습니다. 그리고 러시아의 우크라이나 침공은 전세계 에너지 가격을 급등시켰습니다. 코로나 위기가 끝난 후 1년간 인플레이션과 매우 높은 에너지 가격이 있었습니다. 경제가 회복되기 시작했지만 그 기억은 여전히 생생하며 많은 사람에게 영향을 미치고 있습니다.

마지막으로 소셜 미디어도 큰 역할을 한다고 말할 수 있습니다. 제 학생들이 많이 연구하는 주제 중 소셜 미디어가 정보 습득과 학습에 어떻게 영향을 미치는가가 있습니다. 우리가 듣고 배우는 정보가 신뢰할 수 있는 출처에서 오는 것인지, 아니면 러시아나 중국 같은 다른 영향력 있는 곳에서 오는 것인지 알 수 없습니다. 미국이 지금 가장 강력한 나라 중 하나이기 때문에, 미국의 방향을 바꾸고 싶다면 담론을 바꾸려는 시도가 있을 것입니다.

문정인 조 바이든이 재선된다면 미국이 기후변화 관련 정책을 계속 추진하리라 예측할 수 있습니다. 하지만 트럼프가 재선되고 공화당이 하원을 계속 지배하며 동시에 상원에서도 다수당이 된다면 미국의 기후변화정책의 미래는 어떻게 될까요? 트럼프가 다시 파리기후협정에서 탈퇴할 거라고 생각하십니까?

미란다 슈뢰어스 네, 트럼프는 다시 파리기후협정에서 탈퇴할 가능성이 있다고 생각합니다. 공화당은 현재 미국 국내문제와 이슈에 집중하고 있습니다. 환경문제는 민주당 이슈로 더 강하게 여겨지고 있기 때문에, 트럼프가 미국을 파리협정에서 다시 탈퇴시킬 가능성이 매우 높습니다. 아마도 일부 이슈에 대해서는 다른 나라들과 양자 협정을 맺을 수도 있겠지만, 트럼프가 재선된다면 기후변화에 긍정적인 발전이 일어날 가능성은 매우 낮다고 봅니다.

기후변화 대응을 늦추는 전쟁과 우익 포퓰리즘

문정인 기후정치에서 우크라이나 전쟁의 영향을 언급하셨는데 어떻게 보시나요? 최근 유럽 국가들은 화석연료 에너지원을 다양화하고 있습니다. 원자력 에너지로 돌아가자는 움직임도 있고요. 독일의 경우는 약간 혼합되어 있지만, 프랑스와 다른 나라들은 원자력 에너지를 다시 도입하고 있습니다. 우크라이나 전쟁과 에너지 및 환경정책에 대한 교수님의 해석은 무엇인가요?

미란다 슈뢰어스 우크라이나 전쟁의 영향은 매우 큽니다. 유럽은 러시아로부터 가스의 약 40%, 석탄의 약 40%, 또 비슷한 비중으로 석유를 수입하고 있었습니다. 전쟁이 발발한 이후, 유럽은 석탄 수입을 완전히 중단했고, 가스 수입은 거의 0에 가깝게 줄였으며, 석유 수입도 크게 줄었습니다. 헝가리를 제외하고는 대부분의 유럽 국가들이 러시아로부터의 수입을 크게 줄였습니다. 그로 인해 재생에너지의 성장이 급격히 빨라졌습니다. 우크라이나 전쟁 이후 처음 2년 동안 태양광과 풍력에너지가 크게 성장했습니다.

미국이 받은 영향은 유럽만큼 크지 않습니다. 유럽은 가스의 40%를 러시아로부터 수입했지만, 미국은 약 8%만을 수입했기 때문입니다. 따라서 미국에는 큰 영향을 미치지 않았지만, 유럽에는 큰 영향을 미쳤습니다. 한 가지 예로 프랑스와 독일 간에 유럽 수준에서 합의가 이루어졌습니다. 프랑스는 독일이 천연가스를 지속가능한 연료로 고려하는 것에 동의하는 한, 원자력을 지속가능한 에너지원으로 인정하는 데 동의했습니다.

많은 국가가 원자력 발전을 더 계획하고 있지만, 실제로 유럽에서는 원자력 발전의 축소를 볼 수 있을 것이라고 생각합니다. 현재 프랑스의 경우 전기의 72%를 원자력에서 얻고 있지만, 원자력 발전소들이 빠르게 노후화되고 있기 때문입니다. 따라서 프랑스는 노후화된 원자력 발전소를 거의 동시에 교체해야 하는 문제가 있을 것입니다. 새로운 원자력 발전소가 생기겠지만 과거만큼 많이 생기지는 않을 것입니다.

한 가지 말씀드리고 싶은 것은 우크라이나 전쟁이 원자력 에너지 논의에 다시 불을 붙였다는 것입니다. 영국과 프랑스는 유럽의 두 핵무기 보유국입니다. 두 나라는 원자력 에너지 개발을 핵무기 능력을 유지하는 데 중요하다고 보고 있습니다. 따라서 여기에는 단순히 에너지정책뿐만 아니라 안보정책도 포함되어 있다고 생각합니다.

문정인 하지만 국내 정치에서는 말씀하신 대로 유럽 전역에서 우익 포퓰리즘의 부상이 모두에게 큰 우려가 되고 있습니다. 독일의 대안당과 같은 우익 포퓰리즘 정당이 주요 정치적 지분을 차지하게 된다면 유럽 전역의 에너지와 환경정책에 어떤 영향을 미칠까요?

미란다 슈뢰어스 만약 우익 정당들이 유럽 선거에서 좋은 성적을 거둔다면, 극우 정당들이 강화되고 사회민주당 세력이 약해질 가능성이 있습니다. 녹색당이 어떻게 될지는 모르겠습니다. 그렇게 되면 유럽이 더 공격적인 기후정책을 추진하기가 훨씬 어려워질 것입니다. 유럽은 전체적으로 약 20%의 배출량을 감소시켰고, 독일은 1990년 대비 약 40%를 감소시켰습니다. 하지만 이는 쉬운 작업이 완료된 것일 뿐 비용이 많이 드는 어려운 작업이 아직 남았다는 것을 의미합니다. 만약 선거에서 강한 우익 정당이 부상한다면 주택을 더 에너지 효율적으로 만들고, 전력망 인프라를 늘리고, 전기차를 촉진하는 등의 법안을 통과시키기가 더 어려워질 것입니다. 하지만 유럽은 복합적입니다. 단일한 유럽의 관점이 없으며 일부 국가에서 극우가 증가하더라도 다른 국가에서는 사회민주당의 부활을 보고 있습니다. 이는 유럽에서 민주적 토론이 계속될 것임을 시사하며, 유럽이 도널드 트럼프 행정부 하의 미국에서 본 극단으로 가는 일은 없을 것이라고 생각합니다.

어떻게 기후 정치를 만들어낼 것인가

문정인 미란다, 지난해 도하 COP 회의에 대해 어떻게 생각하십니까? 많은 뉴스 매체에서 도하 회의가 성공적이지 않았고, 화석연료 산업의 로비가 심했으며, 기후변화에 대한 글로벌 거버넌스의 미래에 근본적인 질문을 제기했다고 비판하고 있습니다. 이러한 비판에 대해 어떻게 생각하십니까?

미란다 슈뢰어스 네, 그런 비판은 환경주의 관점에서 나온 것이며, 우리가 충분히 빠르게 움직이지 않고 있다는 우려에서 비롯된 것입니다. 만약 우리가 2050년까지 기후 중립을 달성해야 한다면 지금 우리 행보가 만족스러울 수 없을 것 같습니다. 목표에서 멀리 벗어나 있는 것처럼 보일 테니까요. 하지만 접근을 달리해 실용주의자로서 생각해보면, 아직 화석연료에 의존적인 국가들이나 화석연료가 풍족한 나라들을 참여시키기 위한 방법을 찾아가는 노력이라고 볼 수 있습니다. 지난 몇 년 동안 협상에 포함된 것 중 하나로 탄소 포집 및 저장, 활용 같은 기술이 있습니다. 이 기술은 대기 중에서 탄소를 제거하여 오래된 가스 필드에 저장하는 것입니다. 이 기술은 존재하지만 여전히 매우 비싸고 실용적이지 않습니다. 화석연료 국가들이 대규모로 이 기술을 연구하면 대기 중에서 더 많은 이산화탄소를 제거할 수 있을까요? 기본적으로 도하 협상은 중동 국가들을 위한 대안을 어떻게 도입할지에 관한 것이었습니다.

아제르바이잔도 도하와 비슷한 역할을 할 것입니다. 아제르바이잔은 다음 COP 회의가 열리는 곳으로, 여기서도 화석연료에 초점을 맞출 예정입니다. 전세계적으로 우리는 여전히 수조 달러 규모의 화석연료를 보조하고 있습니다.화석연료 경제에서 벗어나 이러한 자원을 청정 경제와 녹색 경제로 전환하려면 어떻게 해야 할까요? 이는 기후행동이나 기후정치에서 선진적이지 못한 국가들과도 협력하여 그들의 경제를 다양화할 방법을 찾아야 한다는 것을 의미합니다. 미국에서 일부 지역이 화석연료에 지나치게 의존하고 다른 경제가 부족한 것처럼, 중동과 러시아도 마찬가지입니다. 이 지역들도 미래를 가질 수 있는 방법을 찾아야 합니다.

문정인 이 문제는 한국 기업들에 존재론적 질문을 던집니다. 한국 기업들은 RE100을 준수해야 합니다. 하지만 한국 정부는 원자력 에너지와 수소 에너지를 포함하는 '탄소중립연합'을 국제 표준으로 추진하고 있습니다. 이 경우 한국 기업들이 EU의 RE100을 충족시키지 못할 수도 있어요. 일부 기업들은 RE100을 충족할 수 있는 다른 나라로 이전을 고려하고 있습니다. 이런 딜레마를 어떻게 해결할 수 있을까요?

미란다 슈뢰어스 아주 좋은 질문입니다. 제가 확실한 답을 가지고 있는 것은 아니지만, 지금 많은 나라가 자국 경제를 새로운 산업으로 촉진하기 위한 국가적 기후정책을 추진하고 있다는 점을 염두에 두어야 합니다. 이는 미래의 새로운 기후 산업혁명으로 이어질 수 있지만, 현재는 많은 무역 마찰을 일으키고 있습니다. 유럽연합의 탄소국경 조정 개념, 미국의 인플레이션 감축법, 유럽의 그린 뉴딜 계획, 한국의 수소와 원자력 에너지 추구를 보면 모든 나라가 자국의 이익을 추구하고 있습니다. 그래서 이런 국제 협상이 매우 어렵지만 여전히 매우 중요합니다.

문정인 마지막으로 한 가지 더 추가하고 싶습니다. 기후변화 의제를 추진하는 데 있어서 미국의 국제적 리더십을 어떻게 보십니까? 기후변화 특사로서 존 케리 상원의원의 역할에 대해 어떻게 평가하십니까?

미란다 슈뢰어스 존 케리는 매우 중요한 역할을 해왔고 국제적으로 매우 존경받는 협상가입니다. 하지만 우리는 미국 영향력의 한계도 보고 있습니다. 심지어 존 케리일 때도 그렇습니다. 이는 미국이 안정된 정치적 상황을 갖지 못했고, 다음 정부에서 무슨 일이 일어날지 모두가 의문을 갖고 있기 때문입니다. 만약 바이든이 승리한다면 미국의 리더십이 더 크게 발휘되고 존 케리의 비공식 협상이 효과를 발휘할 수 있을 것입니다. 하지만 트럼프가 재선된다면 기후행동의 입장에서는 매우 어려운 시기가 될 수 있습니다.

* * *

문정인 이제 강연의 질의응답 시간을 시작하겠습니다.

김성균 안녕하세요, 강연 감사합니다. 한국에너지환경연구원에서 선임 연구원으로 일하고 있는 김성균입니다. 방금 기후변화정책에 대해 말씀하셨는데, 저는 완화와 적응의 분리를 정말 고려해야 한다고 생각합니다. 완화는 사람들이 받아들이기 어려워하지만 적응은 비교적 쉽게 받아들이는 경향이 있습니다. 그래서 저는 어떻게 하면 사람들이 완화정책을 더 잘 받아들일 수 있을지 궁금합니다. 또한 미국 정부가 중국 전기차와 태양광 패널에 대한 관세를 각각 25%에서 100%로, 또 25%에서 50%로 인상한 소식을 들었습니다. 이것은 미국에서 전기차와 태양광 패널의 비용을 증가시킬 것입니다. 미국 정부가 시민들에게 어떤 메시지를 전달하려는 것인지 궁금합니다. 교수님은 이런 상황을 어떻게 보시는지요?

미란다 슈뢰어스 질문해주셔서 감사합니다. 적응은 물론 매우 중요한 문제입니다. 예측에 따르면 2100년이 되어 온도가 3도 상승할 때

플로리다의 1/5이 물에 잠길 것입니다. 많은 이들은 그것이 무엇을 의미하는지 이해하지 못한다고 생각합니다. 따라서 완화를 포기할 수는 없습니다. 온도의 작은 차이가 폭풍, 열파, 해수면 상승 등 기후변화의 심각성을 증가시킬 것입니다. 동시에 적응은 도시와 해안선을 기후변화에 대비해 조금 더 안전하게 만들 것입니다.

적응정책의 대부분은 좋은 완화정책이기도 합니다. 가령 나무 심기 같은 것들이 그렇습니다. 모든 사람이 나무를 심으면 그것이 좋은 적응과 완화가 될 것입니다. 가능한 한 많은 콘크리트를 제거해야 합니다. 가뭄 시기에 물을 이용할 수 있도록 물 저장 시스템을 마련해야 합니다. 뮌헨에는 유럽에서 가장 큰 물탱크가 공원 아래에 있습니다. 이는 비가 올 때 물을 저장해 가뭄 시기에 사용할 수 있도록 하기 위한 것입니다. 적응은 중요합니다. 그리고 우리는 그것을 해야 합니다. 하지만 완화도 계속 추진해야 합니다. 둘 중 하나가 아니라 둘 다 해야 합니다.

미국과 중국의 무역전쟁은 다음 산업혁명과 관련이 있습니다. 새로운 산업혁명은 재생가능에너지, 디지털 전환, 인공지능, 수소 기술 등 새로운 기술들이 지배할 것입니다. 과거에는 첨단기술 분야에서 중국이 뒤처지는 입장이었지만, 이제 중국은 태양광 패널과 전기차 분야에서 지배적 위치를 차지하고 있습니다. 미국은 이러한 중국 산업의 급격한 성장에 대해 보호주의적으로 반응하고 있고요. 이는 기후변화 영향보다는 일자리에 대한 영향에 반응하는 것입니다.

김서연 강의해주셔서 정말 감사합니다. 저는 김서연이고, 현재 연세대학교 언더우드 국제대학의 4학년 학생입니다. 정치적 내러티브 측면에서 교수님의 관점이 인상적이었습니다. AI와 기후정책

간의 관계에 관해 묻고 싶습니다. AI 산업의 환경 유해 측면에 대한 딜레마가 많지만 미국 정부와 전세계 다른 정부들은 AI 산업과 그 개발을 매우 촉진하고 있습니다. 정책적 관점에서 환경과 AI 간의 관계를 완화하는 방법이 있을까요?

미란다 슈뢰어스 네, 감사합니다. AI에 대해서는 양면성이 있다고 생각합니다. 한편으로는 AI가 큰 에너지 수요를 매우 빠르게 증가시키고 있습니다. 디지털화와 AI는 CO_2 배출량 측면에서 항공산업과 거의 비슷합니다. 다른 한편으로는 AI가 문제 해결에 더 빨리 도달하는 기회를 제공합니다. 예를 들어 AI를 사용하면 메탄 누출 지점을 더 쉽게 찾을 수 있고, 이를 통해 메탄 누출을 더 빨리 봉쇄하여 나쁜 온실가스를 더 빨리 제거할 수 있습니다. 또한 AI를 통해 대기와 해양 간의 상호작용을 더 잘 이해할 수 있을지도 모릅니다. 이를 통해 미래에 어떤 일이 일어날지 더 잘 예측할 수 있습니다. 우리 학생들은 기후변화와 관련된 앱을 개발하는 것을 좋아합니다. 예를 들어, CO_2 발자국을 계산해주는 앱이나, 어떤 친환경 제품을 구매해야 할지 도와주는 앱 등이 있습니다. 이런 앱들은 우리의 행동을 변화시키는 데 중요한 역할을 할 수 있습니다.

정소진 안녕하세요 교수님. 저는 언더우드 국제대학에서 정치학과 국제관계학을 전공하는 4학년 학생 정소진입니다. 기후정치의 전망에 대해 질문이 있습니다. 이전 대담 세션에서 기후변화가 2024년 선거에서 작은 이슈가 되었다고 말씀하셨습니다. 이는 코로나 19의 여파와 경제 침체로 인해 유권자들의 관심이 다른 분야로 이동했기 때문입니다. 특히 전세계적으로 확산 중인 국제 갈등 속에서 말입니다. 그렇지만 저는 여전히 기후변화가 유권자들 사이에서 일종의 리트머스 시험지 역할을 한다고 생각합니다. 한쪽 당은 기후변화를 부정하고 규제를 철폐하는 반면, 다른 당은 진보적인 변화를 추진하고 있습니다. 따라서 민주당이 기후변화에 대한 진보적이거나 다소 자유주의적인 의제를 완전히 포기한다면, 이는 유권자들 사이에서 큰 분열을 초래할 수 있다고 생각합니다. 코로나 19가 끝난 지금 기후변화의 미래 전망은 어떨까요?

미란다 슈뢰어스 다음 선거에서 어느 당이 우세하든 인플레이션 감축법과 인프라 법안은 철회되지 않을 것이라고 생각합니다. 이 법안들은 바이든 행정부 초기에 시작되어 이미 제도화되었고, 모든 주가 어느 정도 혜택을 보고 있습니다. 따라서 이를 철회하기는 매우 어려울 것입니다. 여기서 중요한 질문은 미국 국민이 새로운 기술 개발의 잠재력을 얼마나 볼 수 있는지, 사양산업을 보호하려는 문제에 빠지지 않을 수 있는지입니다. 미국 정치 예측에는 항상 어려움이 있었습니다. 힐러리 클린턴이 승리할 것이라고 확신했지만 그녀는 패배했습니다. 다음 선거에서 누가 승리할지, 트럼프일지 바이든일지 매우 불확실합니다. 젊은이들에게는 기후변화가 점점 더 명백해질 것입니다. 이를 피하기는 점점 더 어려워질 테고요. 중요한 질문은 사람들이 이러한 온도 상승, 산불, 홍수에 어떻게 반응할 것인가입니다. 사람들이 두려움과 무기력에 빠져 과거의 방식을 유지하려 할 것인지, 아니면 앞으로 나아가 연구하고 개발하며 실험하고 개선하려 할 것인지가 중요합니다.

문정인 독일에서는 어떤가요?

미란다 슈뢰어스 저는 여기 있는 젊은이들이 기후변화와 지속가능

미란다 슈뢰어스

한 발전에 대해 매우 열정적이라는 것을 알고 있습니다. 하지만 여기서도 기후변화에 대한 미디어의 관심이 줄어들고 있는 것을 볼 수 있습니다. '미래를 위한 금요일' 운동은 한동안 아주 활발했는데, 이제는 거의 새 소식을 듣지 못합니다. 독일 연방정부는 언론의 비판적 보도에 직면해 있고, 기후행동에 열심인 진보적인 정당들은 당내 갈등이 많아서 기후변화에 대해 계속 전진하기가 어렵습니다. 동시에 독일 대중은 기후에 대해 잘 인지하고 있습니다. 세계의 다른 많은 나라와 비교하면 독일은 보다 기후친화적인 나라 중 하나라고 할 수 있습니다.

문정인 그렇다면 왜 녹색당은 대중의 지지를 잃고 있나요?

미란다 슈뢰어스 지지를 잃고 있나요? 녹색당은 지난 선거에서 급등했습니다. 유럽의회와 독일 모두에서 약 20% 수준에 도달했습니다. 그 전에는 12%에서 15% 사이였거든요... 저는 그 기반이 사라지지 않을 것이라고 생각합니다. 문제는 그 5%의 급등이 사라질지 여부입니다.

문정인 미란다, 매우 흥미로운 강연과 발표에 대해 매우 감사드립니다. 제임스 레이니 강좌에 헌신해주셔서 다시 감사드립니다. 교수님 교실의 학생들에게도 인사를 전해주세요. 독일과 한국의 공동 프로젝트를 더 많이 할 수 있기를 바랍니다.

미란다 슈뢰어스 정말 감사합니다. 여러분 모두를 만나서 반가웠습니다.

도널드 트럼프의 재선은 미국의 기후 및 에너지정책에 중대한 변화를 가져올 가능성이 큽니다. 그의 첫 임기 동안 트럼프는 100개 이상의 환경 법규를 폐지하고, 미국을 파리기후협정에서 탈퇴시켰습니다. 여기에는 발전 및 교통 부문의 이산화탄소 배출량을 줄이기 위한 법규 완화, 자연보존구역에서의 석유 및 가스 시추 허용, 야생동물 보호 제한, 제품 에너지 효율 기준 완화 등이 포함되었습니다. 트럼프는 오바마 행정부와 이후 바이든 행정부가 추진한 기후정책과 프로그램에 동의하지 않음을 공개적으로 밝혔습니다. 이번 임기에는 공화당이 지배하는 상·하원, 보수 성향의 대법원, 공화당원 주지사나 그들의 주정부로부터 지원을 받을 것으로 예상됩니다. 트럼프는 최소한 2026년 차기 의회 선거 전까지 환경 프로그램, 규제, 정부기관을 대폭 축소할 자유를 누릴 것입니다.

트럼프의 여러 트윗은 기후과학과 국제기후협정을 의심하는 내용을 담고 있습니다.

"텍사스와 루이지애나에 눈이 내리고, 전국적으로 기록적인 한파가 발생했다. 지구 온난화는 값비싼 사기다!"(2014년 1월 29일)

"오바마의 석탄산업과의 전쟁은 미국 일자리를 죽이고, 우리를 적에게 더 에너지 의존적으로 만들며, 큰 사업적 불이익을 초래하고 있다."(2014년 6월 3일)

"내 친구 에마뉘엘 마크롱과 파리의 시위대가 내가 2년 전에 내린 결론에 동의하게 되어 기쁘다. 파리기후협정은 근본적으로 결함이 있다. 왜냐하면 책임 있는 국가들에 에너지 가격을 올리게 하고, 최악의 오염자들을 눈감아주기 때문이다."(2018년 12월 4일)

2024년 대선 캠페인 동안 트럼프는 화석연료산업의 강력한 지원을 받았습니다. 석유 및 가스산업은 트럼프 캠페인에 주요 기부자로 참여했으며, 트럼프는 환경 규제를 폐지하겠다고 약속했습니다. 그는 주요 기부자이자 화석연료산업의 경영자 중 하나인 크리스 라이트를 에너지부 장관으로 임명했습니다. 언론은 트럼프의 승리를 '파괴적인 도구'로 묘사하며 기후행동에 대한 주요 좌절로 묘사했습니다. 세계자원연구소는 "기후와 환경행동에 미칠 잠재적인 부정적 영향이 막대하다"고 평가했습니다.

트럼프는 미국의 부호들로부터도 지지를 받았습니다. 일론 머스크는 트럼프 캠페인에 2억 5천만 달러 이상을 기부했으며, 이에 대한 보상으로 새로운 비정부 기구인 정부효율성 부서를 맡았습니다. 머스크는 정부 예산과 공무원 조직을 대폭 축소하는 보수적 목표를 실현하게 될 것입니다. 환경보호청과 내무부를 포함한 환경문제를 다루는 정부 기관은 예산 및 인력 삭감을 겪을 가능성이 큽니다. 환경 규제에 적대적인 인사들이 이 기관들을 이끌 가능성이 있습니다. 그리고 트럼프는 파리기후협정에서 미국을 두 번째로 탈퇴시킬 수도 있습니다.

트럼프 재선의 간접적 효과로 인해 많은 유능한 환경 및 기후 전문가들이 자발적으로 대안을 모색할 것입니다. 이미 트럼프 첫 임기 동안 경험 많은 환경 공무원들이 정부를 떠나는 '두뇌 유출'이 크게 발생한 바 있습니다. 트럼프 2기 동안 같은 일이 일어날 수 있지만 대학들도 환경보호나 기후행동과 연계된 연방 보조금이 크게 줄어들 가능성 때문에 대체 일자리를 제공하기 어려울 것입니다. 첫 트럼프 행정부 기간에 심지어 MIT와 같은 기술 중심 대학조차 기후 관련 연구자금 삭감으로 어려움을 겪었습니다.

기후 관점에서 상황이 암울해 보이지만 몇 가지 완화 요인도 있습니다. 재생가능에너지는 더는 틈새산업이 아니며, 많은 공화당

우세주들이 풍력에너지 생산의 선두주자입니다. 텍사스는 미국에서 가장 큰 풍력발전 생산주이자 두 번째로 큰 태양광에너지 생산주입니다. 국제 경쟁 또한 청정에너지 및 환경기술 분야에서 지속될 가능성이 큽니다. 재생가능에너지, 배터리, 전기차, 탄소 포집 및 저장, 기후 복원력 작물 등은 계속해서 주목받을 것입니다. 바이든 행정부는 인프라법 및 인플레이션 감축법을 통해 환경 및 기후행동을 제도화했습니다. 공화당 지역들 중 일부 주들이 이 법안에서 제공하는 혜택을 받고 있어 전면적인 삭감에 저항할 가능성이 있습니다.

트럼프 행정부 동안에 환경 관련 비정부 기구들의 회원 수는 급증할 가능성이 있습니다. 캘리포니아, 오리건, 워싱턴, 뉴욕 같은 진보적인 주나 도시들은 지역 행동을 통해 기후 완화를 지속적으로 추진할 것입니다. 이러한 풀뿌리 환경주의는 트럼프 행정부에 불편함을 줄 가능성이 큽니다.

제임스 레이니 강좌를 위해 세계의 석학이라 불릴 만한 최상급 강사들을 초빙하는 작업은 쉽지 않았다. 물론 일부는 필자와의 개인적 친분도 작용했지만 모든 강사가 제임스 레이니 대사에 대한 존경심에서 흔쾌히 강연 요청을 수락해주었다. 누구보다 먼저 감사를 받아야 할 분은 한국과 70여 년 가까이 오랜 인연을 이어오고 미국과 한국이라는 두 세계가 서로에 대한 이해를 깊게 하도록 한 제임스 레이니 전 대사라고 할 수 있다.

섭외나 기획도 중요하지만, 재정적 지원 없이 이런 강좌를 진행하기는 어렵다. 다행히 미국의 태평양세기연구소의 설립자이자 연세대학교에 제임스 레이니 석좌교수제 설립을 지원해준 스펜서 김 회장이 너그러이 재정 지원에 동의해주었다. 이 점을 상당히 고맙고 다행스럽게 생각한다.

많은 이들의 관심과 배려로 이 프로젝트를 무사히 마칠 수 있었다. 차질 없이 진행하고 마무리할 수 있도록 도와주었던 분들에게 고마움을 표하고 싶다. 우선 제임스 레이니 강좌를 관장하는 연세대학교 통일연구원 원장 배종윤 교수와 김재학, 임재현 행정실장에게 심심한 사의를 표한다. 한편 제임스 레이니 강좌는 미국의 태평양세기연구소의 도움 없이는 불가능했다. 이 연구소의 설립자인 스펜서 김 회장과 더불어 캐시 스티븐스 이사장, 린 터크 이사, 엔지 박 사무국장에게도 감사의 마음을 전한다. 미국 로스앤젤레스의 제임스 김 재단도 제임스 레이니 강좌를 재정적으로 지원해 주었다. 이에 감사를 표하고자 한다.

　이번 제임스 레이니 강좌를 유튜브로 제작하여 배포하고 흔쾌히 단행본 출간에 응해준 메디치미디어의 김현종 대표에게 깊은 감사를 드린다. 이 프로젝트를 처음부터 끝까지 도와준 신혜선 이사, 진용주 실장, 백범선 감독에게도 심심한 사의를 표한다. 필자가 이 책을 최종 정리한 것은 독일 하이델베르크대학교에서 초빙교수로 지내면서다. 귀한 자리를 마련해준 오우렐 크로와상 교수와 하이델베르크대학교에 감사를 표한다. 그리고 이 프로젝트는 정소진 양처럼 탁월한 조교의 도움이 없이는 불가능했다. 헌신적으로 도움을 준 정소진 조교에게도 고마움을 표한다.

미국 외교는 왜 실패하는가
트럼프 2.0, 미국이 만드는 세계의 명암

초판 1쇄 2025년 3월 14일 발행

지은이 문정인
펴낸이 김현종
출판본부장 배소라 **책임편집** 진용주 **편집** 최세정 이솔림
디자인 조주희 김기현 **마케팅** 안형태 김예리
미디어·경영지원본부 신혜선 백범선 문상철 신잉걸

펴낸곳 (주)메디치미디어
출판등록 2008년 8월 20일 제300-2008-76호
주소 서울특별시 중구 중림로7길 4
전화 02-735-3308 **팩스** 02-735-3309
이메일 medici@medicimedia.co.kr **홈페이지** www.medicimedia.co.kr
페이스북 facebook.com/medicimedia **인스타그램** @medicimedia
유튜브 www.youtube.com/@medici_media

© 문정인, 2025
ISBN 979-11-5706-419-9 (03340)